权威·前沿·原创

皮书系列为
"十二五""十三五"国家重点图书出版规划项目

阿拉伯黄皮书

阿拉伯发展报告
(2017~2018)

ANNUAL REPORT ON DEVELOPMENT OF ARAB
(2017-2018)

教育部国别和区域研究培育基地
北京语言大学阿拉伯研究中心
主　编／罗　林
副主编／田文林　涂龙德

社会科学文献出版社
SOCIAL SCIENCES ACADEMIC PRESS (CHINA)

图书在版编目(CIP)数据

阿拉伯发展报告.2017-2018/罗林主编.--北京：社会科学文献出版社，2018.10
（阿拉伯黄皮书）
ISBN 978-7-5201-3698-3

Ⅰ.①阿… Ⅱ.①罗… Ⅲ.①区域经济发展-研究报告-阿拉伯国家-2017-2018 ②社会发展-研究报告-阿拉伯国家-2017-2018 Ⅳ.①F137.14

中国版本图书馆 CIP 数据核字（2018）第 240305 号

阿拉伯黄皮书
阿拉伯发展报告（2017~2018）

主　　编／罗　林
副 主 编／田文林　涂龙德

出 版 人／谢寿光
项目统筹／邓泳红　陈晴钰
责任编辑／陈晴钰

出　　版／	社会科学文献出版社·皮书出版分社（010）59367127
	地址：北京市北三环中路甲 29 号院华龙大厦　邮编：100029
	网址：www.ssap.com.cn
发　　行／	市场营销中心（010）59367081　59367083
印　　装／	三河市龙林印务有限公司
规　　格／	开本：787mm×1092mm　1/16
	印张：22.5　字数：340千字
版　　次／	2018年10月第1版　2018年10月第1次印刷
书　　号／	ISBN 978-7-5201-3698-3
定　　价／	98.00元

皮书序列号／PSN Y-2014-381-1/1

本书如有印装质量问题，请与读者服务中心（010-59367028）联系

▲ 版权所有 翻印必究

《阿拉伯发展报告（2017~2018）》
编委会

学术顾问 翟 隽

主 编 罗 林

副 主 编 田文林 涂龙德

编 审 组 王光远 田文林 罗 林 涂龙德 贾烈英
　　　　　 周 华 陆映波 刘风华 汪颉珉

英文翻译 刘林军

编辑助理 李赫男

主要编撰者简介

罗　林　先后毕业于北京大学、北京外国语大学，阿拉伯语语言文学博士。现任教育部国别和区域研究工作秘书处主任、教育部国别和区域研究基地——北京语言大学阿拉伯研究中心主任、北京语言大学中东学院院长、国别和区域研究院院长，教授、博士生导师，主要研究领域为阿拉伯伊斯兰文化和中东问题研究等。教育部高等学校外国语言文学专业教学指导委员会副主任委员、阿拉伯语专业教学指导分委员会主任委员、中国阿拉伯友好协会理事、中信改革发展研究基金会咨询委员、中信改革发展研究院资深研究员、察哈尔学会高级研究员。主持教育部国别和区域研究重大课题"一带一路"沿线国家研究系列智库报告、教育部"中非高校 20 + 20 合作计划－北京语言大学与埃及苏伊士运河大学合作项目"。2006 年荣获"北京市优秀教师"称号，2014 年 8 月获"第十届北京市高校教学名师奖"，2016 年获国务院特殊津贴。

田文林　供职于中国现代国际关系研究院，法学博士，中东学会常务理事，担任中信改革发展研究院研究员、北京语言大学中东学院客座教授、西北大学叙利亚研究中心特邀研究员等，主要研究中东政治、民族宗教和国际战略问题，曾在《世界经济与政治》《现代国际关系》《当代世界与社会主义》《马克思主义研究》《国际问题研究》《世界民族》《西亚非洲》《阿拉伯世界研究》《求是》等核心期刊发表学术论文上百篇，著有《国际政治社会学》（军事科学出版社 1999 年）、《困顿与突围：变化世界中的中东政治》（社科文献出版社 2016 年）、《走出依附性陷阱：第三世界的发展困境与道路选择》（社科文献出版社 2018 年）等，主持参与多项国家社科课题，担任多家媒体特约评论员,在《人民日报》《环球时报》《世界知识》《瞭望》等时政媒体发表评论数百篇。

涂龙德　1991年毕业于上海外国语大学阿拉伯语系,同年进入中国国际广播电台阿拉伯语部工作。阿拉伯语译审,国际台中东问题首席专家,希伯莱语部负责人,中宣部"四个一批"人才,享受国务院特殊津贴,曾获中国新闻奖一等奖。长期从事与中东地区相关的新闻工作和学术研究,曾两度赴国际台埃及记者站任记者和首席记者。2010年,与人合作撰写专著《伊斯兰激进组织》,发表相关学术论文若干篇。2018年5月调入北京语言大学工作,现任中东学院教授、阿拉伯研究中心执行主任。

摘　要

迄今为止，"阿拉伯之春"爆发已经7年，但中东国家并未由乱到治，许多矛盾正日益向纵深发展。

从国家层面看，叙利亚内战接近尾声，但各方博弈依旧激烈；也门战事依旧胶着，人道主义危机继续深化；突尼斯继续转型，经济困境日趋明显；利比亚仍处在四分五裂，经济发展严重受阻；阿尔及利亚政治转型存在隐忧，经济艰难前行；伊拉克忙于反恐，并因"伊斯兰国"搅局元气大伤。

从地区层面看，"伊斯兰国"已经日薄西山，但随时存在死灰复燃可能性；伊拉克库尔德人独立公投铩羽而归，但库族独立问题始终是中东"定时炸弹"；巴以问题日趋被边缘化，巴勒斯坦一方越发弱势；沙特与卡塔尔突然断交，使一向以团结著称的海合会公开分裂。

从国际环境看，美国特朗普政府在中东奉行"交易性现实主义"，既不愿在中东加大投入，又试图继续控制中东并从中牟利。俄罗斯强势重返中东，在叙利亚影响日趋壮大。欧洲因大量难民涌入，"欧伯拉"趋势日趋明显。相比之下，中国与阿拉伯世界各领域合作稳步推进。

《阿拉伯发展报告（2017～2018）》内容主要分为四篇：第一篇是总报告，分别从中东政治转型、地区秩序、反恐形势、大国博弈四方面，分析中东乱局的主要特征。第二篇是专题篇，分别对中东反恐形势、"后伊斯兰国时代"问题、巴以问题走向、沙特与卡塔尔断交、伊朗与阿拉伯世界关系等问题进行了深入分析；第三篇是国别篇，主要对埃及、利比亚、突尼斯、卡塔尔、阿尔及利亚、叙利亚、也门、伊拉克等国2017年形势进行了评估；

第四篇是阿拉伯与外部世界关系,分别探讨特朗普政府中东政策、俄罗斯中东政策,以及"欧伯拉"现象进行了深入探讨。最后,本书还系统分析了2017年中阿经贸合作状况、中国与海合会自贸区谈判进展等问题进行了探讨。

目 录

Ⅰ 总报告

Y.1 中东局势仍在动荡中调整 …………………………… 田文林 / 001

Ⅱ 专题篇

Y.2 2017年阿拉伯地区反恐形势：成果与展望 …… 戴 贝 涂龙德 / 023
Y.3 "后伊斯兰国时代"的全球反恐形势 …………………… 王 震 / 034
Y.4 "支持阵线"的演变与"基地"组织的战略应对 ……… 包澄章 / 052
Y.5 2017年巴以问题进程与前景展望 ……………………… 刘风华 / 075
Y.6 2017年阿拉伯地区格局中的伊朗因素 ………………… 秦 天 / 092
Y.7 沙特与卡塔尔断交事件的原因与影响 ………………… 王晓丽 / 108

Ⅲ 国别篇

Y.8 2017年埃及安全形势评估 ……………………………… 周 华 / 120
Y.9 卡塔尔危机背后的权力博弈 …………………………… 罗 林 / 136
Y.10 2017年阿尔及利亚形势及主要挑战 ………………… 陆映波 / 151

Y.11　2017年利比亚反恐形势评估 ………………………… 唐湉波 / 165
Y.12　突尼斯2017年形势评估 ……………………………… 王光远 / 187
Y.13　2017年也门危机发展态势及前景评估 ……… 李睿恒　刘欣路 / 198
Y.14　2017年叙利亚危机发展态势评估 …………………… 汪頡珉 / 213
Y.15　2017年伊拉克反恐形势及未来安全形势 …………… 魏　亮 / 222

Ⅳ　阿拉伯与外部世界篇

Y.16　简析特朗普的中东政策 ……………………………… 余万里 / 239
Y.17　"欧拉伯"现象研究 …………………………… 贾烈英　陈　苗 / 248
Y.18　俄罗斯中东政策新趋势评估 ………………………… 赵玉明 / 260

Ⅴ　中阿关系篇

Y.19　2017年中阿经贸合作状况 …………………… 丁　隆　卜晶晶 / 272
Y.20　中国与海合会自贸区建设进程与经济效益分析 ……… 刘　冬 / 286
Y.21　中国广播电视对阿传播分析与研究 ………………… 李贤睿 / 303

Ⅵ　附录

Y.22　2017年阿拉伯国家大事记 …………………………… 李赫男 / 318

Abstract ……………………………………………………………… / 335
Contents ……………………………………………………………… / 337

总报告

General Report

Y.1 中东局势仍在动荡中调整

田文林*

摘　要： 2017年，中东局势呈现四大基本趋势：一是中东政治转型呈现两极分化；二是阿拉伯世界分裂和衰落加剧；三是"伊斯兰国"气数将尽，地区热点问题此起彼伏；四是大国在中东博弈日趋激烈，"后美国时代"加速来临。

关键词： 中东格局　格局重组　"伊斯兰国"　后美国时代

中东是世界上政治生态最复杂、最脆弱的地区。2011年席卷阿拉伯世界的中东剧变，极大地破坏了中东原本脆弱的政治生态环境，由此引发了持

---

* 田文林，中国现代国际关系研究院副研究员，主要从事中东问题和国际战略问题研究。

续数年的中东大乱局。截至 2017 年，中东格局仍在动荡中调整，并呈现若干趋势性态势。

一 中东政治转型仍在"分权"与"集权"之间徘徊，"再集权化"趋势日益凸显

2011 年爆发中东剧变，主要原因是这些国家内部治理出现了大问题，政治转型是其中最主要的问题。从历史角度看，中东国家一直面临"集权"与"分权"的两难选择。从理论角度看，两种政体各有优缺点。集权政体的好处是政局稳定，中央政府行动能力强，缺点是容易出现权力世袭、家族腐败、政治僵化等弊端。分权政体（议会民主制是典型）的好处是相互监督、相互制衡，兼顾不同利益集团的诉求，缺点是容易出现中央政权缺乏行动力，导致政坛内耗和权力空转。

从实践来看，中东国家的政治转型不断"翻烙饼"，在"集权"与"分权"之间左右徘徊。中东伊斯兰世界最初都是东方式集权政体，并在数百年间行之有效，维系了国家的稳定与发展。近现代以来，随着"西风东渐"，中东国家纷纷效仿西式议会民主制度，并在 20 世纪 20 年代出现所谓的"自由阿拉伯时期"。但这种政体变革并未使相关国家走上富裕强大之路，到 20 世纪五六十年代民族解放运动结束后，这些国家又普遍被高度集权的民族主义政权取代。这种威权政体一度使中东国家国力蒸蒸日上，但后期则出现家族世袭和权力腐败等诸多问题。某种程度上，2011 年中东剧变既是这种积弊长期积累的爆发，也是中东从"集权"向"分权"转变的开始。但实践表明，从集权向分权的转型，使相关国家从一个极端走向另一个极端，再次陷入中央权力弱化、安全形势恶化、教派和民族分离意识抬头等诸多问题。目前，也门、利比亚等国则因原有权力格局被彻底打破，出现权力格局碎片化状况。突尼斯仍勉力推进民主转型。

正所谓"两害相权取其轻"，实践表明，对中东国家等发展中国家来说，集权政体更符合其现实需要。这是因为，发展中国家面临的首要问题

是国族整合和经济现代化，因此需要倡导集体主义，团结各方力量。要做到这点，政府必须强化权力，统一实施。尤其在中东，阿拉伯国家的地缘版图并非自然形成，而是一战后英法人为划定的，因此相关国家的部族和教派意识强于国家意识，实现国族整合、构建"国家共同体意识"是其首要任务。在国族整合未完成情况下，过早到来的民主化进程，只会使相关国家趋向教派意识复苏、民族分离主义抬头、中央政府议而不决等一系列"软政权化"。2011年以来，中东"民主转型"国家均不同程度地出现上述问题。

由此不难理解，当前中东再次出现"再集权化"趋势。在埃及，塞西军人政府取代民选的穆尔西政府，从民主政体重新转为集权政体；在伊拉克，民众日益怀念萨达姆时代；在利比亚，民众开始怀念卡扎菲时代，卡扎菲支持者的影响力越来越大。甚至长期实行议会民主制的土耳其，也在2017年4月通过修宪公投，从议会民主制转向总统制。按照土耳其新宪法，总统既是国家元首又是政府首脑，有权组建政府并任免各部部长，颁布法令、举行修宪公投，还可以计划预算、宣布国家紧急状态。这意味着一向被各界视为"民主楷模"的土耳其模式，日渐从分权模式转向集权模式。

沙特同样出现集权化倾向。沙特王室在王位继承上一直实行"兄终弟及"制度，权力分配遵循各支脉"轮流坐庄"传统。但2015年萨勒曼国王上台后，屡屡打破既定"游戏规则"：2015年4月29日，沙特国王废除穆格林王储，纳伊夫升任王储，其子穆罕默德·本·萨勒曼成为副王储，使沙特权力继承首次从"兄终弟及"转向"代际继承"；2017年6月，萨勒曼国王废除纳伊夫，直接立其子穆罕默德·本·萨勒曼为王储，使沙特王位继承首次从"轮流坐庄"转向"子承父业"。2017年11月5日，沙特成立由王储领导的"反腐败委员会"，同时宣布逮捕11位王子、4名现任大臣和11名前大臣（目前逮捕超过200人，其中包括皇室成员、政府高官和公务人员）。这些铁腕举措使沙特王储实现对王室、军队和经济部门的高度控制，集权程度前所未有。

种种迹象表明，"再集权化"已成为中东政治转型的新趋势。需要指出

的是，中东国家"再集权化"的国内和国际环境已发生巨大变化，当前中东国家集权化进程"只许成功，不能失败"，潜藏巨大风险。

二 沙特在中东地区主动"发牌"，阿拉伯世界内部分裂加剧

阿拉伯世界主要力量有两支：一是以埃及为代表的世俗共和国，二是以沙特为首的海湾君主国。过去相当长的时间，世俗共和制国家一直站在地区舞台的中央，其政治稳定性、政府行动力、文化感召力均强于沙特等君主制国家。2011年中东剧变后，突尼斯、埃及等世俗共和国相继垮台，以沙特为代表的地区保守力量则凭借"福利换平安"躲过"政权更替潮"，并取代埃及成为阿拉伯世界新"领头羊"。在此背景下，沙特外交日趋从温和谨慎转向大胆冒进，尤其2015年1月萨勒曼国王上台以及2017年6月21日萨勒曼之子穆罕默德·本·萨勒曼被立为王储后，沙特对外政策更加咄咄逼人。

沙特地区扩张政策的核心是"遏制伊朗"。在海湾地区，沙特与伊朗双雄并立；且双方的民族构成（沙特是阿拉伯人，伊朗是波斯人）、宗教信仰（沙特信仰逊尼派，伊朗信仰什叶派）、对外战略（沙特亲美，伊朗反美）均差异巨大，因此沙特一直将伊朗视为最大的对手。据维基解密披露的美国外交电报，沙特早在2008年就要求美国打击伊朗，"砍断蛇头"。2016年9月，沙特前情报局局长费萨尔亲王出席伊朗反政府武装"人民圣战者组织"在伦敦举行的会议，呼吁在伊朗进行政权更替。[①] 2016年12月6日，沙特特别法庭判处15名"为伊朗服务的间谍"死刑。进入2017年后，沙特不顾伊朗一再呼吁伊斯兰世界团结，沙伊和解的诉求（伊朗总统鲁哈尼公开称沙特敌视伊朗是"战略性错误"），不断加大遏制伊朗的力度。2017年11月，沙特外交大臣朱拜尔公开称，伊朗是恐怖主义的头号支持者并窝藏恐怖

---

① Bruce Riedel, Riyadh's bold gamble, *Al-Monitor*, September 20, 2016.

分子。2017年11月19日,在沙特要求下,阿盟外长在开罗举行紧急会议,共同指责伊朗干预阿拉伯国家内政。阿盟常驻联合国代表还寻求联合国安理会召开紧急会议,讨论所谓伊朗对中东地区国家的威胁。

在地区层面,沙特主动挑起"代理人战争",借其遏制伊朗,但这些举措导致阿拉伯-伊斯兰世界更趋动荡。

(一)贸然出兵也门,加剧阿拉伯世界内部动荡

2011年也门萨利赫总统下台,但新总统哈迪控局能力有限,北部什叶派背景的胡塞武装乘隙南下,2015年初占领首都萨那,此后继续南下。沙特于2015年3月26日公开出兵,武力打击胡塞武装,试图将其"推回"到北部山区,但最终"投入大、收益小",战争失败。

所谓"投入大"就是沙特为这场战争付出的成本十分巨大。一是经济代价大。沙特出兵也门前9个月,其军事花费就超过500亿美元。此后,沙特每月花费超过7亿美元。① 沙特财政负担严重,不得不抛售价值700亿美元的基金并多次发行国债。这场战争已经成为消耗沙特财力的"无底洞"。沙特的安全代价也很沉重。二是军事代价大。在也门战场,沙特联军已阵亡2000人,受伤4500人,损失450辆各类装甲车,4架阿帕奇武装直升机,15架其他飞机,3艘军舰,这种伤亡还会继续增加。沙特与也门边境线漫长,也门战争后,胡塞武装频频越境袭击沙特的村庄和城市,令沙特惊慌不已。三是外交代价大。沙特发动也门战争时,许多阿拉伯国家"出工不出力"。传统盟友巴基斯坦拒绝为沙特派兵参战,埃及是"只说不做",阿曼等国则袖手旁观。而沙特的地区对手——伊朗则"坐山观虎斗"。沙特陷入"升温乏力,解决无方"的尴尬处境。

所谓"收益小",就是战争并未达到预期效果。一是也门战争明显陷入胶着状态。沙特军队装备优良,但面对装备落后的胡塞武装却毫无办法。暴

---

① Bruce Riedel, Saudi king shows no signs of slowing aggressive foreign policy, *Al-Monitor*, July 9, 2017.

露出沙特军力孱弱的"纸老虎"本质。目前,沙特支持的哈迪政府虽夺回亚丁等南部地区,但胡塞武装及其盟友前总统萨利赫,仍控制首都萨那及北部地区。"战争如何收场"成为沙特一大难题。二是也门人道主义灾难加剧。也门本来就是中东最贫穷的国家,沙特出兵也门导致该国设施遭受严重破坏,也门陷入严重人道主义灾难。据报道,也门2740万人口中,近1880万人需要援助、730万人处于饥荒边缘。据联合国估计,自2015年3月以来,已有7600名平民死亡,4.2万人受伤。① 也门22个省中有20个省出现霍乱疫情。2017年4月至8月,感染霍乱的人数已突破50万人,感染霍乱死亡人数将近2000人。也门平均每10分钟就有一名儿童死亡。联合国称,这是自1945年以来世界上最严重的人道主义灾难。② 此外,也门战乱还使"基地"和"伊斯兰国"在也门趁机壮大,由此使沙特面临新的恐怖袭击威胁。也门战争已经成了"夹生饭"。

(二)高调与卡塔尔断交,导致海合会内部分裂加剧

2017年6月5日,沙特以卡塔尔埃米尔塔米姆5月在内部讲话中发表亲伊朗言论为由,携手7个阿拉伯国家同时与卡塔尔断交。沙特还向卡塔尔提出13点复交条件,条件十分苛刻。然而,卡塔尔并未轻易屈服,反而与伊朗全面恢复外交关系,并加强与土耳其的军事合作。总体来看,断交风波是沙特一大外交败笔。

一是阿拉伯世界碎片化趋势加剧。中东阿拉伯国家同文同种,过去一直强调"对外用一个声音说话",但当年埃及与以色列单独媾和,导致阿拉伯世界首次大分裂;1990年伊拉克入侵科威特,导致阿拉伯世界再次分裂;2011年沙特等国颠覆叙利亚、利比亚等国政权,使阿拉伯国家第三次分裂。而2017年沙特与卡塔尔断交,使以"团结"著称的海合会分裂为三个阵营:第一阵营是沙特、巴林、阿联酋阵营,其已切断与卡塔尔的联系;第二

---

① Al-Ashkar, New suffering in Yemen, *Al Ahram Weekly*, 17 November, 2017.
② Bruce Riedel, The long-term cost of Saudi succession shake-up, *Al-Monitor*, June 21, 2017.

阵营是科威特和阿曼，这两国态度温和，试图调停沙特与卡塔尔的关系；第三阵营是卡塔尔自己。断交风波使卡塔尔经济损失甚大。据穆迪估计，2017年6~7月，约有300亿美元从卡塔尔流出。①

二是土耳其和伊朗等非阿拉伯国家从海合会内部分裂中获益。伊朗为卡塔尔提供各种援助，土耳其则前所未有地在卡塔尔部署军队。② 2017年11月14~15日，土耳其总统埃尔多安访问卡塔尔，两国签订十多项合作协议和谅解备忘录。如果卡塔尔脱离海合会，转而倚重伊朗和土耳其，势必会削弱沙特的地位。中东格局将由以阿拉伯为中心，转向阿拉伯—伊朗—土耳其三足鼎立的局面。③

三是卡塔尔断交风波还间接损害了巴勒斯坦解放事业。近年来，卡塔尔不仅帮助加沙地带修筑公路、学校和医院，2014~2016年还为哈马斯任命的4万多名政府雇员发放工资。2017年6月沙特与卡塔尔断交后，复交条件之一就是卡塔尔停止支持穆兄会、哈马斯等"恐怖组织"。哈马斯领导人尤瑟夫认为，这些动向使哈马斯和加沙地带更加衰落。"中东地区的任何纠纷和冲突都将影响巴勒斯坦形势，并对巴勒斯坦事业产生消极影响。对巴勒斯坦的支持和援助也将减少。"④

（三）黎巴嫩可能成为新的动荡点

黎巴嫩种族教派构成复杂，实行"马赛克式"弱势民主政体。目前，黎巴嫩总理哈里里政策亲西方亲沙特，但"真主党"拥有自己的武装，在黎巴嫩影响甚大。2017年11月4日，在沙特访问的黎巴嫩总理哈里里突然宣布辞职，称伊朗干涉阿拉伯国家内政，"想要摧毁阿拉伯世界"，同属什叶派的黎巴嫩真主党充当其"帮凶"。有报道称，哈里里辞职实际是沙特胁迫的，目的是将打击矛头对准"真主党"。如果哈里里真的辞职，黎巴嫩原

---

① Moody's says Gulf dispute is bad for everyone, *Middle East Online*, 2017-09-13.
② Bruce Riedel, Influence-rich Saudis blow through Sunni unity, *Al-Monitor*, May 21, 2017.
③ Saudi Arabia is weakening itself and strengthening Iran, *Tehran Times Daily*, July 7, 2017.
④ Mohammed Othman, Palestinians divided over GCC-Qatar crisis, *Al-Monitor*, June 9, 2017.

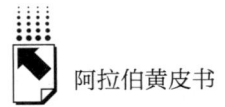

有的脆弱政治平衡很可能被彻底打破,这将成为中东新的地区动荡点。美国驻以色列前大使丹尼尔·沙皮罗(Daniel Shapiro)认为,由于未能推翻叙利亚巴沙尔政权,沙特打算在黎巴嫩开辟新战场。①

总体看,沙特虽然在2011年中东剧变后影响力大增,但其实力与野心并不匹配,经济大而不强,军队战斗力更弱,这些缺陷不足以支撑沙特的地区野心。同时,从政策层面看,沙特在中东地区"四面出击"(伊朗、卡塔尔、也门、黎巴嫩),由此导致其"四面树敌",这种态势显然不利于沙特优化外部环境。阿尔及利亚总理艾哈迈德·库亚哈(Ahmed Ouyahia)指出,为推翻叙利亚、利比亚和也门政权,部分阿拉伯国家已经花费了1300亿美元。② 这其中显然包括沙特。从地区范围看,沙特谋求对抗的政策思路,偏离了"和平与发展"主题,使中东经济和安全环境恶化。尤其沙特与伊朗公开对抗,导致伊斯兰世界内部逊尼派与什叶派的矛盾"高烧不退"。有学者指出,沙特在巴林、叙利亚、也门的政策并不复杂,即什叶派是坏蛋,什叶派的伊朗正在干预逊尼派阿拉伯国家的事务。这种信息只会使中东意识形态更加混乱。③ 这种"文明内冲突"对伊斯兰世界整体发展负面影响突出。

三 "伊斯兰国"气数将尽,地区热点 "按下葫芦又起瓢"

2014年6月"伊斯兰国"异军突起后,恐怖与反恐矛盾一度成为地区主要矛盾。数年来,在国际社会联手打击下,"伊斯兰国"在正面战场节节败退。在伊拉克,伊政府军接连攻占辛贾尔、拉马迪、费卢杰等军事重镇,

---

① Jonathan Cook, Saudi-Israeli Collusion? Is Israel Seeking Role as Leader of the Sunni Bloc? *Global Research*, November 14, 2017.
② Press TV, "Arab States Spent 130 Billion Dollars to Destroy Syria, Libya, Yemen: Algerian PM", *Global Research*, November 13, 2017.
③ Reza Marashi, Saudi Arabia Is the George W. Bush of the Middle East, *Foreign Policy*, January 5, 2016.

2017年7月9日正式收复伊拉克第二大城市摩苏尔。摩苏尔陷落前,"伊斯兰国"炸毁了有千年历史的努里清真寺,表明其已到了丧心病狂的地步。在叙利亚,叙政府军2016年12月拿下阿勒颇,2017年5月收复霍姆斯,并在2017年5月发起代号"伟大黎明"的军事行动,在哈马省、霍姆斯省和拉卡省取得阶段性胜利,收复9000平方公里土地,首次打通叙伊边境。10月17日,"叙利亚民主军"攻占"伊斯兰国"自封的"首都"拉卡,打击"伊斯兰国"的斗争取得决定性胜利。11月8日,叙政府军及其盟友武装攻下"伊斯兰国"在叙最后一座主要据点——阿布卡迈勒。11月21日,伊朗与伊拉克同日宣布:极端组织"伊斯兰国"已经被剿灭。

其他国家的反恐斗争也颇有进展。在利比亚,利比亚亲政府军攻陷"伊斯兰国"控制一年多的苏尔特;在土叙边境,土耳其军队及其支持的叙反对派武装夺取"伊斯兰国"最后几个据点,关闭了该组织的人员和武器运输通道;在阿富汗,2017年3月以来,至少有750名"伊斯兰国"成员被击毙,2/3占领区被收复;黎巴嫩军队也在2017年8月19日展开军事行动,彻底清剿了盘踞在黎叙边界的"伊斯兰国"武装分子。"伊斯兰国"距离覆灭已为期不远。

2011年中东剧变以来,中东出现了教派矛盾、恐怖主义和分离主义三大地区矛盾。随着"伊斯兰国"节节败退,中东三大矛盾此消彼长,交替迸发。

(一)库尔德独立倾向抬头,中东地缘格局出现"定时炸弹"

库尔德人总人口约3000万,人口规模仅次于阿拉伯人、土耳其人和波斯人,但始终没有建立自己的民族国家,因此库尔德人谋求民族独立的意识从未停止。由于库尔德人分布在土耳其、伊拉克、叙利亚、伊朗等不同国家,库尔德人谋求独立建国,势必涉及中东地缘版图重组,因此相关国家对库尔德独立运动长期高压严打,使之始终不能形成气候。

但近年来中东发生的一系列重大地缘政治事件,使中东库尔德独立问题(尤其是伊拉克库尔德人)再次抬头。一是1991年海湾战争后,英美在伊拉克北部设立"禁飞区",由此使伊北部库尔德地区成为脱离中央政府控制的"化外之邦"。二是 2003 年伊拉克战争后,萨达姆政权垮台使伊中央政府对北部库区控制力下降。根据 2005 年伊拉克新宪法,库尔德自治区作为联邦单位实行自治,拥有议会、政府和军队,库尔德语同阿拉伯语一起,被列为伊拉克官方语言,库尔德地区在法理上实现了高度自治。三是 2011 年叙利亚危机发生后,生活在该国东北部的库尔德人乘机实行自治,拥有自己的武装"人民保护军",并组建起自己的地方政府。由此与伊拉克、土耳其境内的库尔德势力形成遥相呼应之势。四是 2014 年"伊斯兰国"兴起后,伊拉克库尔德人乘机抢占了包括石油重镇基尔库克在内的诸多地区,库区政府控制区扩大了 40%。各国政府纷纷为其提供武器进行反恐,使库区武装从 10 万增至 40 万,战斗力日趋增强。

在此背景下,库尔德人独立建国意识日趋增强。伊拉克库尔德人原定于 2014 年 6 月举行独立公投,但"伊斯兰国"异军突起使该进程推迟。2017 年以来,随着围剿"伊斯兰国"战斗接近尾声,伊拉克库区独立公投被再次提上议程。2017 年 9 月 25 日,伊拉克库尔德人地方政府不顾各方反对强行举行独立公投,超过 92% 的民众赞同独立。

但伊拉克库区独立公投引发各界强烈反对。一是伊拉克政府反应强烈。库尔德地区占伊拉克国土总面积 1/5,且油气资源丰富,任其独立,伊拉克势必"国将不国",因此伊中央反应强烈。早在 2017 年 8 月 29 日,总理阿巴迪就公开表示独立公投违宪,不具法律价值;9 月 12 日,伊国民议会通过决议,反对库区举行独立公投;9 月 18 日,伊最高法院要求库区暂停公投,直到"法院对公投是否违宪作出裁决"。库区举行公投后,伊中央政府不仅关闭对库区的国际航班,还直接向基尔库克派遣军队,夺回油田控制权。二是国际社会强烈反对。土耳其、伊朗和叙利亚等国国内均有相当数量库尔德人,十分担心伊库区公投引发连锁效应。土耳其和伊朗于 9 月 25 日在库尔德地区边境开展联合军演。土耳其还多次威胁要阻断库尔德斯坦对外输送原油的路径,伊朗则实施"禁飞令",不再向往返库区的航班开放领空。连库尔德人最亲密的盟友美国也公开反对库区独立公投。

因各方阻力太大，伊拉克库尔德人短期内通过公投独立的可能性不大。但长远看，由于中东地缘版图碎片化趋势持续，库尔德人实力增强，库尔德独立问题始终像"定时炸弹"一样随时可能爆炸，引发更多流血冲突。

（二）中东反恐斗争将长期化

"伊斯兰国"受挫无疑是中东反恐斗争一大胜利，但这并不意味着反恐斗争可以"刀枪入库，马放南山"。相反，中东反恐形势正在呈现长期化趋势。

首先，"伊斯兰国"产生的社会经济根源依然存在。"伊斯兰国"的出现本质上是全球结构失衡的产物。在西方主导的美式全球化中，发达国家越来越富，而中东许多国家则日渐衰败、动荡甚至成为"失败国家"。即使在发达国家，穆斯林也大多生活在社会底层，就业比例明显偏低。据统计，英国只有19.8%的16~74岁穆斯林能找到全职工作（全国平均数字是34.9%），只有6%的穆斯林能获得管理者和教授级职位（全国平均数字为10%）。[①] 在此背景下，许多穆斯林丧失了依靠自身摆脱困境的信心，陷入无助、绝望和极端情绪之中。在某种程度上，"伊斯兰国"就是这种反全球化力量的产物和体现。该组织抓住广大穆斯林普遍存在的反抗和求变心态，为那些渴望摆脱奴役的受压者提供了有效的宣泄渠道。由此不难理解，该组织明明成为国际社会的众矢之的，但全球极端分子仍纷至沓来。目前，尽管有形的"伊斯兰国"渐被消灭，但导致该组织产生的结构性矛盾仍旧存在，滋生极端思想的土壤依然存在。

其次，"伊斯兰国"具有极强的意识形态属性，战场失利并不会使其自动消除。"伊斯兰国"对世界的威胁不仅仅是该组织本身，还包括其极端思想外溢，以及在全世界不断出现的"加盟连锁店"。某种程度上，"伊斯兰国"已经成为一种意识形态，成为全世界极端恐怖势力的"共有品牌"。这

[①] Mahmud el-Shafey, Muslims face rising suspicion in UK following terrorist attacks, *Middle East Online*, 2017-09-18.

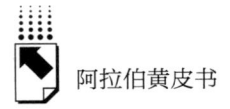

些特性决定了该组织将"形散神不散",其危害性不会因控制面积而缩减或降低。相反,随着"伊斯兰国"正面战场失利,该组织可能化整为零,"打一枪换一个地方",由此使各国反恐机构防不胜防。据法新社报道,瑞典安全局局长安德尔·松柏格于2017年7月3日表示,由于"伊斯兰国"精细而复杂的宣传机器,瑞典境内的伊斯兰极端分子人数在10年内增加10倍,达到2000多人。

历史表明,极端恐怖分子在正面战场被遣散后,很可能回流作案。20世纪80年代,许多在阿富汗参与抗苏斗争的阿拉伯志愿者,在战争结束后摇身变成了跨国恐怖分子。当前"伊斯兰国"拥有数万名极端分子。随着该组织在叙伊战场陷入颓势,这些极端分子可能返回国内,成为主要安全威胁。① 据估计,至少有5600名来自33个国家的"伊斯兰国"分子已返回本国,包括900名土耳其人,800名突尼斯人,760名沙特人,20%~30%的欧洲"圣战"分子已经回国。② 另据欧盟反恐报告估计,约有1500名接受过"伊斯兰国"训练的极端分子已回到欧洲。③

这些极端分子的潜在破坏能量不容低估。据德国安全部门称,极端分子从叙利亚政府机构盗走1.8万张空白护照,其中"伊斯兰国"就拥有1.1万张。④ 这意味着该组织可以通过合法渠道前往第三国。俄联邦安全局局长称,部分"伊斯兰国"恐怖分子还学会制造和使用化学武器,这些极端分子回流可能使相关国家面临化武袭击威胁。

实践表明,随着"伊斯兰国"在正面战场失利,世界各地"独狼式"恐怖袭击日趋增多。2017年3月以来,英国连续发生多起恐袭事件;瑞典首都斯德哥尔摩4月7日发生卡车冲撞人群事件,致死4人、致伤15人;5月23日,"伊斯兰国"分子在菲律宾马拉维市攻占多处据点,与警方持续

---

① Returnee foreign fighters pose major threat say US experts, *Middle East Online*, 2016-12-16.
② Rashmee Roshan Lall, "It's not Enough to Wish ISIS fighters Dead", *Middle East Online*, 2017-10-30.
③ Matthew Levitt, Shutting the Door to the Islamic State, *Alhurra*, September 9, 2017.
④ Germany thinks IS holding 11100 blank Syrian passports, *Middle East Online*, 2017-09-10.

交火；5月24日，印尼首都雅加达一个公交站发生自杀式爆炸袭击，5人死亡、10人受伤；5月31日，阿富汗首都喀布尔使馆区发生爆炸，至少90人死亡，400多人受伤，为近年来该国最严重恐袭；6月7日，伊朗议会大楼和霍梅尼陵墓外分别发生恐怖袭击，至少17人死亡、52人受伤；8月17日，西班牙巴塞罗那发生货车撞人事件，14人死亡，上百人受伤。埃及在2017年接连发生重大恐袭事件：4月9日，埃及北部城市坦塔和亚历山大同时发生爆炸袭击，44人死亡、100余人受伤；7月初，23名埃及士兵在西奈半岛一检查站遭袭身亡；10月20日，埃及警方在执行抓捕任务时遭恐怖分子伏击，16名警察殉职，路透社和美联社报道死亡人数超过50人。所有这些恐袭都与"伊斯兰国"有关。

2017年10月17日，英国国家安全局（MI5）局长安德鲁·帕克表示，"伊斯兰国"在叙利亚和伊拉克的军事失败，并不代表恐怖主义威胁会消失，英国有超过3000名极端主义分子，英国正面临史上最严重的恐怖威胁。两天后（10月19日），美国代理国土安全部部长伊莱恩·杜克发出警告，"伊斯兰国"和"基地"组织正策划发动超过"9·11"事件的恐怖袭击。据"简氏恐怖主义与叛乱中心"（JTIC）的数字，2016年10月至2017年9月，"伊斯兰国"在世界范围内共制造了5349起恐袭事件，造成8139名非军人人员死亡，恐怖袭击次数同比增加了38.3%。①

四 大国在中东博弈日趋激烈，"后美国时代"加速来临

（一）美国中东政策转趋功利化

美国是影响中东局势的最大外部因素。2017年特朗普上台执政后，美

---

① Simon Speakman Cordal, Long shadow of the Islamic State's crumbling caliphate falls upon Egypt, *The Arab Weekly*, 2017/11/26 Issue: 133 Page: 4.

国的中东政策再次出现重大调整。如果说奥巴马政府中东政策的主题是"战略收缩",那么特朗普政府中东政策的关键词就是"美国第一"。这种政策主要有以下两大特征。

一是摒弃理想主义,重回现实主义外交。长期以来,美国中东外交同时包含两大支柱:现实主义与理想主义。尤其小布什政府时期,美国在中东推行"民主改造"战略,体现出美国中东政策极强的理想主义色彩。然而,特朗普对这种输出"民主""自由"的做法兴趣有限。美国国务卿蒂勒森在美国国务院2018财年预算发表演讲时,对人权和民主只字未提。该预算提案将2018财年"公正和民主治理"部分支出从2016财年的23亿美元削减至16亿美元。相反,特朗普更加注重获得实际利益,并倾向于谋求"以最小投入获得最大产出"。这种做法也被称为"基于交易的现实主义"。

二是摒弃多边主义,重回单边主义外交。二战后,美国主动参与、构建了一系列国际规则和国际机构,如联合国、布雷顿森林体系、关税和贸易总协定、世界银行、国际货币基金组织等。凭借这些多边主义的国际机制,美国巧妙地将本国利益包装在国际主义之下。"制度霸权"成为美国维系霸权统治的一大秘诀。但特朗普总统对这种多边主义明显缺乏兴趣。迄今,美国已先后退出TPP、巴黎气候协定、联合国教科文组织等多个国际机制和组织。欧亚集团总裁伊恩·布雷默认为,特朗普是20世纪30年代以来首位认为担任世界领袖不符合美国利益的美国总统。相比之下,特朗普政府更加注重"一对一"的双边关系,并在双边交往中注重获得实际利益。因此,特朗普的外交政策本质上是一种单边主义。

受"商人思维"影响,特朗普政府将把与地区盟友的特殊关系,当作美国借机牟利的对象。2017年5月19日,特朗普上台后首次出访就选择中东,沙特是首个外访国家。因此沙特将特朗普此访视为"政治胜利"。① 但透过现象看本质,特朗普访问沙特重点是从沙特身上"揩油"。在访问期间,美沙签署1100亿美元的前所未有的军售大单。2017年10月,沙特又

---

① Dina Ezzat, The ultimate deal, *Ahram Weekly*, Issue 1346, May 2017.

花费150亿美元从美国购买萨德反导系统。因此不少人认为，特朗普访问沙特实际是替国内的军工复合体推销军火。

与此同时，特朗普还借沙特与卡塔尔关系恶化从中渔利。2017年6月5日，也就是特朗普访问沙特后不到一个月，沙特等国突然宣布与卡塔尔断交。事后，特朗普在推特上公开表示，围堵卡塔尔的计划是他5月访问沙特时确定的，并宣称断交事件是自己中东之行的杰作，目的是让卡塔尔从中受到教育。卡塔尔为赢取美国支持，在2017年6月16日花费120亿美元向美国购买F-15战斗机。两艘美国战舰在协议签署当天抵达卡塔尔，与卡塔尔进行联合军演。美国在断交风波中的表现，给人以"吃了原告吃被告"的印象。

美国对土耳其同样是以利用为主。土耳其一直自视为西方盟友，积极配合美欧地区政策，不惜与俄罗斯公开叫板，在2015年11月24日击落一架俄罗斯战机。但土耳其惹怒俄罗斯后，美国却没有"担当"，急于与土耳其撇清关系。美国还涉嫌卷入2016年7月土耳其未遂政变，在背后给埃尔多安"捅刀子"。特朗普上台后，埃尔多安期待土美关系好转，表示愿意帮助美国遏制伊朗地区扩张，但特朗普执意支持库尔德武装"人民保卫军"，令美土关系持续恶化。2017年10月8日双方爆发"签证战"。

需要指出的是，美国从中东盟友身上获利，主要是大量出售军火。这意味着，中东保持适度动荡甚至地区盟友间相互争斗，美国军火集团利益才能最大化，由此决定了特朗普的中东政策的目标之一，就是在中东挑起争端，制造"可控混乱"（如怂恿沙特与卡塔尔断交）。很显然，这是一种高度功利化的中东政策。

（二）功利化政策使美国短期受益，长期受损

特朗普政府这种"商人思维"特色，使其不愿在中东加大投入力度，同时又不愿放弃地区主导，甚至有意在中东制造不和，以从中获利。这种功利化政策使美国短期内获得诸多看得见的实际好处，但同时也使其忽视长远利益，由此造成"短期受益，长远受损"的状况。

1. "短期受益"主要体现在两方面

一是初步扭转了美国在中东持续消耗的局面。冷战结束后,美国成为世界唯一超级大国,在中东地区更是占据绝对主导地位。但由于美国中东政策屡屡犯错,使其软硬实力均明显受损。小布什政府时期是美国在中东犯错误最严重的时期。其主要失误有二:第一,理想主义色彩过于浓重,在中东推行"民主改造",由此导致中东国家陷入动荡,地区盟友日趋离心;第二,黩武主义色彩明显,接连在中东发动两场"反恐战争",结果导致美国深陷战争泥潭。痛定思痛,美国继任总统奥巴马不断降低"反恐"和"民主改造"调门,同时加快在中东的战略收缩步伐。然而,奥巴马从伊拉克撤军过快,导致伊拉克原本平息下来的极端恐怖活动重新升温,最终使极端组织"伊斯兰国"乘隙壮大,使中东再度陷入乱局。

相比之下,特朗普的中东政策更加务实有效:一方面,美国放弃"民主改造"等不切实际的想法和做法,转而谋求与沙特等地区盟友发展务实合作,并尽可能从中牟利。另一方面,特朗普也修正了奥巴马时期低调反恐的做法,转而加大中东反恐力度。2017年1月29日,特朗普上台不到一个月,美军就对也门中部地区展开定点空袭和特种破袭战。此后,美国不断加大在伊拉克和叙利亚反恐的投入力度。据报道,目前美军在伊拉克至少有5300人,在叙利亚至少有1000人。[①] 2017年6月,美国又向阿富汗增兵4000人,用于打击阿富汗的"伊斯兰国"和塔利班。由此使"伊斯兰国"在2017年遭遇毁灭性打击,并使美国在叙利亚、伊拉克获得与俄罗斯、伊朗、叙利亚等对立面进行地缘博弈的新筹码。总体看,特朗普的中东政策有助于美国摆脱中东困境,同时又不失去对中东局势的掌控力。

二是美国在伊核博弈中首次占据主动。美国一直将伊朗视为宿敌,伊核问题是近年来遏制伊朗的重要抓手。然而,在历时十多年的伊核博弈上,伊朗曾长期占据主动:尽管美欧等国一再反对伊朗从事核研发,但伊朗政府

---

① Stephen Lendman, US War Strategy: Destroy, Partition, Occupy and Control, Global Research, April 03, 2017.

"软硬不吃",频频突破国际社会设定的"红线",最终建立起较为完整的核工业体系,迫使西方国家不得不接受既成事实。奥巴马上台后,美国急于"战略东移",不愿与伊朗继续纠缠下去,因此主动谋求与伊朗和解,最终于2015年7月达成"伊朗削减核能力换取西方解除对伊制裁"的伊核问题全面协议。换言之,伊核协议是伊朗与六国在平等协商基础上达成的,因而也是伊朗外交的一大胜利。

然而,2017年特朗普上台后,对奥巴马政府与伊朗缓和的做法不屑一顾,持续推动针对伊朗的敌对行动:1月27日发布"禁穆令",暂停向伊朗等七个伊斯兰国家公民发放签证;2月3日,美国以参与或支持伊朗弹道导弹计划为由,对12个实体机构(包括一家中国公司)和13名个人实施新的制裁;6月15日,美国参议院通过制裁伊朗法案,将对参与伊朗弹道导弹计划的人员及与其有生意往来的人员实施制裁,并以涉恐为由,对伊朗伊斯兰革命卫队实施制裁,同时加强针对伊朗的武器禁运措施。11月20日,美国财政部宣布对2名个人和4个实体实施制裁,理由是他们协助伊朗革命卫队大规模制造假币。

特朗普对待伊核协议的态度最为典型。早在竞选期间,特朗普就宣称伊核协议是"最愚蠢的协议",可能导致"核浩劫"。[1] 他还多次威胁要废除核协议,或"至少改写其中的部分条款",如永久限制伊朗铀浓缩活动、将限制伊朗弹道导弹项目和伊朗在中东的军事动作纳入谈判等。2017年10月14日,特朗普公开宣布,如果不修改伊核协议,美国或将退出该协议。他还表示,美国不认为伊朗遵守了伊核协议,准备继续加大力度制裁伊朗。

伊核协议实际对美国好处甚大——它遏制了伊朗的核能力,美国也未真正放松对伊朗的制裁,符合美国"低成本、高收益"的原则。但特朗普认为美国从中获益还不够大。2017年1月一上台,特朗普就不断诋毁甚至破坏伊核协议,体现出特朗普"美国优先"和"美国利益最大化"的行事风

---

[1] Ahmed Mahdi, The Middle East and Donald Trump, Al-Ahram Weekly, Issue No. 1320, 17 November, 2016.

格。从效果看,特朗普的鲁莽做法,使美伊核博弈朝着有利于美国的方向发展:一方面,伊朗鲁哈尼政府为解除外部制裁,保留其最大外交成果,强调继续恪守核协议,主动限制自己的核能力;另一方面,美国则无须遵守核协议规定的承诺,继续对伊朗进行新制裁,使伊朗"缓解制裁"的愿望未能如期实现。换言之,美伊核博弈的主动权已经从伊朗转到美国手中。

2. "长期受损"主要体现在两个方面

中东政治生态是个复杂有机体,外部大国制定中东政策,必须从整体和全局角度出发。而特朗普倾向于"一事一议"的政策做法,使其很容易"一叶障目,不见森林",损害美国的长远利益。这主要体现在两大方面。

一是美国在阿以关系上立场失衡,因小失大。长期以来,美国在以色列与阿拉伯-伊斯兰世界之间,力图扮演"公正的掮客"角色,竭力避免因偏袒以色列触怒阿拉伯-伊斯兰世界。尤其奥巴马执政时,努力与以色列拉开距离,并竭力修补与伊斯兰世界的关系。但特朗普总统却反其道而行之,不加掩饰地表现出强烈的反穆斯林倾向。早在竞选期间,特朗普就主张美国应对穆斯林保持警惕,建立跟踪穆斯林的数据库。2015年12月6日,他公开提出要全面禁止穆斯林入境美国,因为"很多穆斯林都对美国怀有仇恨"。他2016年3月接受采访时表示,"我认为伊斯兰恨我们"。[1] 2017年1月27日,也就是特朗普刚上台不久,就签署了一份名为"阻止外国恐怖分子进入美国的国家保护计划"的政令(俗称"禁穆令"),未来90天内,禁止伊拉克、叙利亚、伊朗、苏丹、索马里、也门和利比亚七国公民入境美国。此举引发相关国家强烈反应。因各方反对,这项禁穆令被联邦法院否决,特朗普又在3月发布修订版。修订后的禁令在9月经过漫长法庭争辩后,被现在的版本所取代,并在2017年12月4日获得美国最高法院批准生效。来自伊朗、利比亚、叙利亚、也门、索马里和乍得的旅行者将无法进入美国。这项禁令同年初的禁穆令的初衷一样,都显示出对穆斯林群体

---

[1] Ahmed Mahdi, The Middle East and Donald Trump, Al-Ahram Weekly, Issue No. 1320, 17 November, 2016.

的公然歧视。特朗普这种反穆斯林倾向，无疑会激化美国与伊斯兰世界的关系。

特朗普这种反穆斯林政策的另一面，就是推行"大尺度"的亲以政策。2016年竞选期间，特朗普就在会见以色列总理内塔尼亚胡时表示，其一旦当选，耶路撒冷将成为以色列"不可分割"的首都。该立场明显偏离了美国在巴以问题上的传统政策。2017年1月22日，即特朗普就职总统第三天，特朗普就与内塔尼亚胡通话。2月14日，特朗普暗示美国不再支持"两国方案"，放弃了美国延续数十年的传统政策。2017年5月特朗普首次出访中东，第一站是沙特，第二站就是以色列。2017年10月，美国退出联合国教科文组织，原因之一就是该组织接纳巴勒斯坦为成员国并谴责以色列。2017年12月6日，特朗普打破美国数十年来的谨慎政策，承认耶路撒冷为以色列首都，并要求美国国务院启动美国驻以色列使馆搬迁计划。由此在中东乃至国际社会引发轩然大波。

众所周知，以色列一直被阿拉伯世界视为异类，此前美国"亲以远阿"政策已让美国在伊斯兰世界反美主义盛行，乃至使美国最终遭受"9·11"恐怖袭击事件。而特朗普推行更加鲜明的亲以反阿政策，毫不顾忌广大中东穆斯林的民族感情，这使奥巴马时期好不容易缓解的双方关系再度紧张，由此可能对美国利益构成长期损害。

此外，怂恿海合会公开分裂也是特朗普的败笔。海合会本来是中东地区最团结的地区集团，同时也是中东地区最亲美的地区集团。海合会保持统一团结，有利于美国的长远利益。然而，特朗普上台后，出于贩卖军火和教训卡塔尔亲伊朗的短期利益考虑，美国怂恿沙特等国主动与卡塔尔断交，由此导致海合会内部公开分裂。令美国没想到的是，卡塔尔非但没有屈服，反而与美国的死敌——伊朗关系越走越近。这种结果显然有损美国在海湾地区的整体利益。

二是美国的国际威望明显受损。特朗普的商人特性使其习惯于"漫天要价，就地还钱"的行为方式。这种交易型外交政策，使特朗普的诸多外交表态真假难辨，朝令夕改，由此极大损害了美国作为世界性大国的国际信用和国际威望。这在伊朗核协议问题上体现得十分明显。2015年7月达成的伊核协议，是伊朗与包括美国在内的六国共同达成的、具有法律约束力的国际条约。迄今为止，伊朗一直认真遵守协议，而且国际原子能机构的监督也一再表明，伊朗遵守和执行了伊朗核协议。然而，美国从一己私利考虑，单方面诋毁甚至破坏伊核协议，这种不讲信用的单边主义做法，极大地损害了美国的国际威望。

长远看，它使伊核事态朝着局势恶化的方向发展。第一，伊朗可能重启核研发，使美国及其地区盟友重新面临核扩散风险。1994年，美国曾与朝鲜达成朝鲜"去核"协议，但后来美国单方面毁约，最终促使朝鲜走上核武开发的不归路。这次美国对伊朗故伎重演，不排除伊朗成为"第二个朝鲜"的可能性。2017年10月29日，伊朗总统鲁哈尼在议会发言中表示，为了保护伊朗国家安全，伊朗在必要时会毫不犹豫制造任何武器，暗示伊朗可能会制造核武器。伊朗外交部长扎里夫也表示，伊朗的选项之一，就是退出现行的核协议。第二，美国在国际舞台上不再一呼百应。当年奥巴马奉行多边主义，高举"防止核扩散"大旗，将其他大国拉到美国阵营，伊核协议就是伊朗与六国数年博弈达成的。但特朗普从"美国第一"的单边主义和短期利益出发，罔顾国际条约的严肃性，使自身国际信誉严重受损。"人无信则不立，业无信则不兴"。美国自毁声誉，使奥巴马时期好不容易形成的"反伊统一战线"基本瓦解。目前，欧盟和中俄等国均表示，不会跟随美国继续制裁伊朗，美国正在重回独自遏制伊朗的无效政策。美国前国务卿克里认为，特朗普此举是"制造国际危机""危及美国及其盟友利益""缺乏常识和战略思想"。[1] 还有学者认为，在伊朗问题上，特朗普只有预期目标，而没有长远战略和实现目标的手段。[2]

---

[1] "Nuclear chief: Iran to halt Additional Protocol if nuclear deal ditched", *Tehran Times Daily*, October 15, 2017.

[2] Moon of Alabama, Iran-Trump Has No Strategy, Only Aims and No Way to Achieve Them, Global Research, October 16, 2017.

(三)俄罗斯乘机填补空白,"后美国时代"加速来临

特朗普功利化和朝令夕改的中东政策,令地区盟友深感美国"靠不住",为避免"将鸡蛋放在一个篮子里",这些国家纷纷转向俄罗斯。

土耳其最为典型。近年来,土耳其"疏欧近俄""远西向东"倾向明显。近年来,土俄关系一波三折,但经过2016年7月土耳其未遂政变,土耳其亲俄倾向日趋明显。2017年,土俄领导人连续举行5次会面,10次通话。2017年8月22日,土耳其不顾美欧反对,决定以25亿美元价格购买俄国S-400防空系统。俄总统普京于2017年9月28日访问土耳其,双方达成若干合作协议。土耳其还不断加强与伊朗的各领域合作。2017年10月19日,土伊达成本币结算双边贸易协定,不再使用欧元作为中间货币。三边合作方面,2017年初,土耳其与俄、伊共同主导有关叙利亚问题的阿斯塔纳会谈;经济领域,2017年8月,土耳其Unit International、俄罗斯国有企业Zarubezhnet、伊朗投资公司Ghadir签署70亿美元合作协议,共同开发伊朗石油天然气市场。在俄美关系、伊美关系、土美关系持续紧张的背景下,三国更需要"抱团取暖",联手制衡美国。

沙特也主动向俄罗斯高调示好。2017年10月4日至7日,沙特国王萨勒曼不顾高龄,亲赴莫斯科访问,这是沙特自建交91年以来首次访问俄罗斯,双方在军购和能源领域达成协议。卡塔尔也没有按美国的预期向沙特屈服,反而与伊朗全面复交,并强化与土耳其的军事合作。甚至连美国的铁杆盟友以色列也不断加强与俄罗斯联系。过去两年间,内塔尼亚胡三次访问莫斯科。俄罗斯还试图介入巴以和谈,打破美国在该领域的主导地位。[①]

美国地区盟友的这种离心倾向,使美国苦心经营多年的地区格局根基日渐动摇,美国在中东影响力加速下降,俄罗斯在中东的影响力则日趋上升。

---

① Ilan Goldenberg, U. S. - Russia Competition in the Middle East Is Back, Foreign Policy, March 7, 2017.

2017年8~9月，佐格比研究机构对九个中东国家进行的一项民调显示，多数受访民众认为，与俄罗斯保持良好关系至关重要。相反，多数人认为，美国的国际形象则变得更加负面，只有在沙特、土耳其和阿联酋，美国的形象是正面的。① 一个"后美国时代"的中东正日趋来临。

结　论

展望未来，中东局势仍在动荡中调整。在外部大国战略投入下降背景下，中东地区的内部矛盾日渐上升为主要矛盾。这其中既有国内治理模式现代化问题，也有地区大国权力博弈问题，还有地区热点"高烧不退"问题。尤其是沙特与伊朗之间"地缘政治+教派冲突"的地缘博弈，随着时间推移会越来越激烈，由此使中东地区动荡不定，始终难以实现稳定与发展。然而，正如我国党的十九大报告所说，"不能因现实复杂而放弃梦想，不能因理想遥远而放弃追求"。中东国家唯有坚持和平与发展的正确方向，并为此不懈努力，才可能构建一个美好的新中东。

---

① Thomas Seibert, Poll shows better image for Russia in the Middle East as US standing erodes, *The Arab Weekly*, 2017/12/03 Issue: 134.

专 题 篇
Special Topics

Y.2
2017年阿拉伯地区反恐形势：成果与展望

戴贝 涂龙德*

摘 要： 2017年阿拉伯地区反恐形势喜忧参半。一方面，多国针对"伊斯兰国"的军事行动进入决胜阶段，这个肆虐中东多年的恐怖毒瘤将被铲除；另一方面，恐怖组织化整为零，外溢蔓延，不断制造恐怖事件以刷其存在感，这加剧了地区国家各自反恐的压力，也彰显了国际反恐合作的重要性和必要性。此外，中东地区和域外大国争夺反恐"红利"日趋白热化，由此为中东带来极大不确定性。

关键词： 阿拉伯世界 反恐形势 "伊斯兰国"

---

* 戴贝，中国国际广播电台阿拉伯语部翻译，从事新闻采访、编辑、翻译等方面的工作，长期关注中东问题；涂龙德，原中国国际广播电台阿拉伯语译审、中东问题首席专家，现任北京语言大学中东学院教授、阿拉伯研究中心执行主任。

阿拉伯黄皮书

一 地区反恐形势概览

（一）军事打击"伊斯兰国"进入决胜阶段

近年来，阿拉伯地区的反恐行动一直以消灭"伊斯兰国"（IS）为核心目标，2017年更是打击"伊斯兰国"的关键年和决胜年。这一年，"伊斯兰国"在伊拉克和叙利亚所占大片领土被收复，残余分子只剩若干零星据点，大规模反恐战争已接近尾声。

自2015年11月20日联合国安理会一致通过决议，授权"有能力的会员国"打击"伊斯兰国"后，各方抱着各自的利益和初衷，纷纷加入军事打击"伊斯兰国"的行列。美国主导成立打击"伊斯兰国"国际联盟，英国、法国等西方国家和部分阿拉伯国家相继加入这一阵营，对伊拉克、叙利亚、利比亚等国"伊斯兰国"目标进行空中打击，为当地政府军、民兵武装开展反恐战提供支援；俄罗斯则重点投入叙利亚，帮助叙利亚政府共同打击该国"伊斯兰国"组织和其他恐怖势力。此外，土耳其、伊朗、黎巴嫩真主党也派出军事力量参与打击叙伊两国的"伊斯兰国"组织。

在遭受数年打击后，"伊斯兰国"实力不断削弱：财政上因失去多个重要油田而入不敷出；组织上包括首领巴格达迪在内的众多头目生死未卜，因缺乏有力指挥，作战能力不断下降；领土上，"伊斯兰国"先后失守伊拉克第二大城市摩苏尔、叙利亚的"大本营"拉卡以及其他所占城镇；军事上基本无还手之力，曾经建立的所谓"哈里发国"亦不复存在。临近2017年底，叙利亚、伊朗、俄罗斯等国均表示，针对"伊斯兰国"的军事行动已经取得胜利。

（二）极端组织残余势力破坏地区安全

过去一年来，"伊斯兰国"作为有形的实体已基本瓦解，但其人员组织尚未被彻底铲除，其战略由争夺领土转向保存有生力量、伺机制造恐怖袭击活动，对地区安全构成了严重威胁。

首先，在叙利亚和伊拉克，该极端组织用游击战替代正面作战。伊拉克反恐事务专家指出，安巴尔、萨拉赫丁和尼尼微三省交界的沙漠地带面积超过 1.3 万平方公里，仍有约 800 名武装分子盘踞其中。① 美国官员则认为，"伊斯兰国"仍有多达 1 万名的成员盘踞于幼发拉底河中游河谷一带，他们在伊拉克与叙利亚间的沙漠和半沙漠地带备好碉堡、武器储藏室与粮食，希望能渡过这难关且在几年内东山再起。②

其次，随着逐步丧失在伊拉克和叙利亚的"地盘"，其外溢效应不断冲击地区其他国家，一些指挥员和骨干分子转移到埃及西奈半岛、北非马格里布等地区，或与当地极端势力合流，进行组织、煽动、招募和破坏活动。一年来，地区国家恐怖袭击事件时有发生，2017 年 11 月发生在埃及西奈半岛的清真寺袭击造成超过 300 人死亡，成为自"9·11"事件以来全球伤亡最严重的恐怖袭击事件，使得地区反恐压力骤增。

（三）各方加紧争夺反恐"红利"

2017 年末，在"伊斯兰国"组织走向穷途末路之时，参与反恐战争的地区和域外力量纷纷开始为攫取利益争夺话语权，各方新一轮博弈拉开帷幕。11 月 22 日，俄罗斯、伊朗、土耳其三国元首在索契就叙利亚问题举行会谈，并签署了推动叙利亚问题政治解决的联合声明。声明说，盘踞在叙利亚的极端组织"伊斯兰国""征服阵线"等已基本被消灭，未来俄土伊三国将继续致力于完全铲除叙境内极端组织，并对实现叙利亚问题政治解决予以协助。此前一天，伊朗总统鲁哈尼更是高调宣布，"伊斯兰国"在叙利亚和伊拉克境内已被剿灭。鲁哈尼表示，伊朗派遣的军事顾问在其中发挥了巨大作用，伊朗军人与叙、伊人民并肩作战，使联合反恐行动取得最终胜利。此外，针对美国防长 11 月表示美军将在叙利亚保持军事存在

---

① 《"后'伊斯兰国'时代"中东反恐任重道远》，http：//news.xinhuanet.com/mil/2017-11/27/c_129749772.htmj（上网时间：2017 年 11 月 28 日）。
② 李伟建：《"伊斯兰国"溃败 叙利亚内战变博弈》，《新民晚报》2017 年 10 月 20 日。

的言论，俄罗斯外交部指责美方没有表现出在反恐战争结束后从叙利亚撤军的意愿。

上述各方表态表明，俄罗斯以及同阵营的伊朗、土耳其，与对立的美国、沙特、以色列等国围绕后"伊斯兰国"时代叙利亚问题的解决已展开深度博弈。其中，俄罗斯愈加成为叙利亚问题的主导者，而伊朗借助参与中东反恐事务，提高了地区影响力，增强了与逊尼派力量抗衡的实力。美国则通过打库尔德牌，向伊拉克和叙利亚派出了军事人员，试图从反恐"红利"中分得一杯羹。

二 地区国家反恐形势与成果

（一）伊拉克解放"伊斯兰国"所占全部领土

"伊斯兰国"是继"基地"组织之后最具杀伤力的极端恐怖组织，其最初是"基地"组织的伊拉克分支机构，在伊拉克境内借战后安全局势动荡之际，迅速发展壮大，从 2014 年开始一度控制伊北部和西部大片领土，此后在多方力量打击下逐渐走向衰落。2017 年以来，在美国主导的多国部队空中打击支援下，伊拉克政府军与民兵组织、库尔德武装等加紧在地面战场与"伊斯兰国"展开交锋，最终伊拉克境内被占城镇悉数获得解放，超过 440 万名伊拉克人摆脱"伊斯兰国"统治。

2017 年 7 月，伊拉克政府军收复被"伊斯兰国"控制三年多的第二大城市摩苏尔，随后相继收复了摩苏尔以西的泰勒阿费尔和基尔库克省西部的哈维杰地区。10 月，伊政府军开始对"伊斯兰国"在境内最后两处据点，位于西部安巴尔省的加伊姆镇和拉沃镇展开攻势。加伊姆镇扼守着从伊拉克通往叙利亚城市代尔祖尔的交通要道，拉沃镇则是"伊斯兰国"在叙利亚和伊拉克之间转移战斗人员、武器和货物的战略重镇。11 月 3 日，伊拉克政府军收复了靠近叙利亚边境的加伊姆镇，并重新控制了该镇附近通往叙利亚的胡赛巴边境检查站。11 月 17 日，伊政府军成功收复拉沃镇。这也意味着"伊斯兰国"在伊境内的最后一处据点覆灭,其残余分子只能在西部沙漠地带躲避。12月9日,伊拉克政府军宣布,已解放被"伊斯兰国"占领的所有领土。

随着"伊斯兰国"在伊拉克大势已去,伊境内恐怖袭击事件数量大幅减少。英国简氏信息集团下设的恐怖主义与叛乱活动情报中心于2017年11月发布的报告称,伊拉克境内的袭击事件数量已降到2014年"哈里发国"宣告建立以来的最低值。其统计数据显示,2017年10月的126起袭击次数仅为1月袭击高峰时的一半。死亡人数也减少至102人,较2016年11月减少了80%。①

极端组织针对军事和安全部门发动的攻击强度明显减小,但针对教派和民生目标的袭击仍然不断出现。2017年6月9日,首都巴格达以南的什叶派圣城卡尔巴拉一市场发生自杀式爆炸,造成至少20人死亡。9月2日,北部萨拉赫丁省萨迈拉市的一座发电厂遭自杀式袭击,造成包括袭击者在内的15人丧生。9月14日,"伊斯兰国"极端分子在伊南部济加尔省制造了两起汽车炸弹爆炸,并袭击一家餐厅,共造成至少50人死亡、87人受伤。11月21日,伊北部基尔库克一个拥挤的蔬菜市场发生自杀式爆炸袭击,导致至少23人死亡、60人受伤。

(二)叙利亚"伊斯兰国"几近覆灭

2014年,"伊斯兰国"极端组织利用叙利亚内战正酣之机,一度控制了该国北部、东部和中部约占国土面积三分之一的大片土地。此后,在美国领导的反恐联盟、俄罗斯部队、叙利亚政府军、主要由库尔德人组成的"叙利亚民主军"以及伊朗和黎巴嫩真主党派出的军事力量的合力打击下,"伊斯兰国"在该国节节败退。

2017年6月,"叙利亚民主军"在国际反恐联盟空中力量支持下,向

---

① 王战涛:《英研究机构称伊境内袭击数量降至IS宣告建国以来最低》,http://world.huanqiu.com/exclusive/2017-11/11395367.html(上网时间:2017年11月24日)。

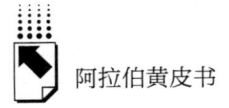

"伊斯兰国"盘踞的拉卡发动军事行动。拉卡位于叙利亚北部,与土耳其接壤,战略位置重要。2014年初,"伊斯兰国"占领拉卡后宣布其为所谓"首都",成为"伊斯兰国"的行政中心和军事指挥点。经过4个多月激战,"叙利亚民主军"于2017年10月17日宣布完全控制拉卡。此外,从9月上旬起,"叙利亚民主军"麾下"人民保护部队"开始在东部的代尔祖尔省打击"伊斯兰国",其军事行动主要集中在位于幼发拉底河东岸的该省东部地区。12月3日,"人民保护部队"宣布解放了代尔祖尔省东部地区。

叙利亚政府军则在友军帮助下,从2017年5月开始发起代号为"伟大黎明"的军事行动,在多条战线对"伊斯兰国"进行大规模军事打击,其中代尔祖尔省是叙政府军的重点战场。11月3日,叙政府军宣布彻底解放了该省首府代尔祖尔市。11月19日,政府军宣布从"伊斯兰国"手中全面收复位于该省东南部的阿布卡迈勒。阿布卡迈勒靠近伊拉克边境,是连接"伊斯兰国"残存势力在叙利亚和伊拉克零星控制区的要冲。阿布卡迈勒市被收复后,"伊斯兰国"在叙利亚境内仅剩代尔祖尔省部分村落和该省西部沙漠地区一些小据点。

面对各方反恐打压,极端组织成员仍不断通过爆炸袭击等方式进行恐怖活动和报复行动。2017年,叙利亚首都大马士革发生多起自杀式爆炸袭击,造成数以百计的民众伤亡。2017年4月15日,载有数千名什叶派亲政府撤离人员的车队在北部城市阿勒颇以西拉希丁地区遭不明身份人员自杀式袭击,至少造成75人死亡。2017年11月,"伊斯兰国"成员在代尔祖尔省制造两起汽车炸弹袭击事件,造成百余名平民死亡。

总之,尽管"伊斯兰国"组织在叙利亚溃败,但由于该国局势错综复杂,恐怖势力生长的土壤一时仍难以根除。除"伊斯兰国"以外的其他极端组织也威胁着该国安全。例如,与"基地"组织关系密切、被联合国认定为恐怖组织的"支持阵线"虽在2016年7月更名为"征服阵线",并宣称已脱离"基地"组织,但其在与土耳其交界的伊德利卜省的势力不容小觑,极有可能为害一方。

(三)埃及反恐形势愈加严峻

自 2011 年穆巴拉克政权倒台后,埃及反恐形势始终严峻,尤其是地理上处于亚洲地界、经济社会发展落后的北西奈省,安全问题凸显。塞西于 2014 年 6 月就任总统后,对西奈半岛的极端势力进行强力打压,但始终无法很好地解决经济发展问题,以及政府与部族的关系。当地极端组织与部族之间关系微妙,甚至某些部族人员和恐怖分子难以严格区分,客观上使西奈半岛成为滋生恐怖主义的温床。

盘踞于西奈半岛北部的"耶路撒冷支持者"是近年来埃及恐怖袭击活动的最主要制造者。2014 年 11 月,该组织宣布效忠"伊斯兰国",对外更名为"西奈省",以表明其成为"伊斯兰国"西奈半岛分支的身份。除了在西奈半岛发动袭击外,为报复当局的严厉打击,该组织还将触角伸向苏伊士运河以西的核心地区,在民众中制造更大恐慌。2016 年底以来,"伊斯兰国"恐怖分子继续向开罗、亚历山大等埃及大城市渗透,发动数起针对科普特教堂的恐袭。2017 年 11 月 24 日,极端组织再次在西奈半岛制造血腥惨案。数十名恐怖分子持枪扫射北西奈省比尔·阿布德市一座清真寺内的礼拜民众,造成至少 305 人死亡、100 多人受伤。尽管没有组织宣称对此次事件负责,但一些证据和各方分析均表明,该袭击系"伊斯兰国"恐怖分子所为。

值得注意的是,此次恐怖事件是近年来埃及首次发生的针对清真寺礼拜者的大规模袭击。遇袭的清真寺被视为埃及西奈半岛苏菲主义的创始人谢赫·艾德·贾里里的出生地,做礼拜的主要是苏菲派信徒。苏菲派信徒在伊斯兰世界被较为广泛地接受,但"伊斯兰国"等极端组织将其视为异端。极端组织此次袭击意在向埃及政府表明,该组织尽管遭到严厉打击,但仍有能力发动破坏社会安全的血腥袭击。此次恐袭发生后,埃及军方和安全部门必将加大对极端组织的打击,"西奈省"等极端势力将更加无力对安全人员和设施攻击,但针对平民的袭击威胁将有增无减,埃及反恐形势愈加严峻。

（四）利比亚极端势力失守大城市

2011年卡扎菲政权被推翻后，利比亚国内局势持续动荡、宗派林立，为极端势力的壮大提供了绝佳土壤。"伊斯兰国"利比亚分支2014年时一度占领了东部和中部大片区域。2016年底，利比亚民族团结政府下属武装和地方武装组织攻占了"伊斯兰国"在利比亚的重要据点苏尔特，恐怖分子逃往利南部山区和河谷地带。

此外，由退役将领、世俗势力代表人物哈利法·哈夫塔尔领导的"国民军"经过对盘踞在利东部地区各种极端力量持续3年的打击后，于2017年7月宣布解放利第二大城市班加西，清除了包括"伊斯兰国"在内的多个极端武装。除"伊斯兰国"分支，被击溃的极端组织还有"伊斯兰教法支持者"。该组织活跃于班加西等地，曾参与了多起针对平民的恐怖袭击，以及针对政界人士的暗杀行动。美国指认该组织于2012年参与实施了针对美国驻班加西领事馆的袭击，导致时任美驻利比亚大使克里斯托弗·史蒂文斯和另外3名美国人丧生。"伊斯兰教法支持者"在与"国民军"的交火中损失了组织头目穆罕默德·阿扎哈维和多名高层人员。2017年5月，该组织通过网络发布公告称，其因遭受军事打击而实力不断"削弱"，正式决定"解散"。

目前，利比亚极端势力已无力攻占大城市，但仍在积蓄力量，不断通过制造恐袭显示其存在。2017年9月底，"伊斯兰国"利比亚分支曾发布视频称，该组织在利南部山区和河谷地带建立了训练营。还有报道称，"伊斯兰教法支持者"声势渐弱后，其武装人员大量加入"伊斯兰国"组织。2017年以来，利比亚多处军事检查站、政府办公场所遭到炸弹袭击，造成人员伤亡，该国安全局势始终难以好转。

三　未来地区反恐形势展望

尽管"伊斯兰国"在叙伊两国的覆灭几成定局，但极端主义和恐怖主义的威胁仍将长期存在。今后相当长的时间，阿拉伯地区仍面临着严峻的反恐形势和艰巨的反恐任务，根除恐怖分子将是一个长期过程。

（一）发展失衡和地区矛盾为滋生恐怖主义提供土壤

中东恐怖主义滋生，与该地区社会发展失衡、贫富差距加大息息相关。发端于 2010 年末的所谓"阿拉伯之春"，并未改变地区发展的不平衡状况，反而使阿拉伯世界总体安全局势不稳，一些国家在外部势力干涉下持续动荡，经济社会发展阻力重重，从而为滋生"伊斯兰国"和其他极端组织提供了长期土壤。

目前，叙利亚和伊拉克针对"伊斯兰国"的反恐战争虽然获得胜利，但这两个国家的国内问题远未解决。叙利亚问题的政治解决和战后重建困难重重，如何尽早结束武装冲突、实现民族和解，成为更加艰巨的挑战。伊拉克自 2003 年萨达姆政权被美国强行推翻后，长期陷入动荡，安全问题层出不穷，2017 年库尔德区谋求独立再次挑动该国团结统一的脆弱神经。此外，过去一年中，也门战乱持续；利比亚政治和解进程举步维艰；埃及、突尼斯等国政局虽然进入相对稳定期，但实现经济振兴、解决各阶层矛盾无法一蹴而就。正因为如此，除了"伊斯兰国"组织，其他恐怖势力如"基地"组织、叙利亚"征服阵线"、索马里青年党等组织，始终难以被彻底消灭，对地区安全构成严重威胁。

另外，对"伊斯兰国"联合军事打击结束后，地区大国矛盾可能出现激化。如果沙特、伊朗等国的激烈博弈引发地区局势新一轮动荡，将给极端组织卷土重来提供可乘之机。

（二）"伊斯兰国"组织化整为零，恐怖主义外溢趋势明显

"伊斯兰国"组织在叙利亚、伊拉克的有形阵地已被基本拔除，但相当数量的组织成员短期内难以被彻底歼灭。他们或化整为零，以散兵游勇的方式在沙漠地区打游击战；或投靠境内其他极端组织，改头换面继续存在；也可能转移到利比亚、埃及乃至阿富汗、巴基斯坦等国，与当地"伊斯兰国"

分子合流。

叙伊两国的"伊斯兰国"残余势力流入其他国家,将使恐怖主义外溢效应凸显,加大地区乃至全球反恐压力。目前,埃及、利比亚和也门等地极端组织分支的活动依然猖獗,伊国组织残余势力与当地极端组织合流后,虽然重新发展成大规模恐怖组织的难度较大,但其藏匿方式或将更加隐蔽,伺机发动的"独狼式"袭击往往难以提前防范,而破坏力却相当巨大,造成人员和财产的严重损失,并给社会安全秩序带来恐慌。此外,即便"伊斯兰国"覆灭,其代表的极端主义思想仍在地区不断渗透,不排除未来催生出新的恐怖主义形态的可能性。

(三)国际社会在后"伊斯兰国"时代的反恐应对

阿拉伯地区在后"伊斯兰国"时代面临的反恐形势依然复杂,且将出现反复,各国对此应有充分思想准备,并继续深化合作、注重标本兼治,携手有效打击恐怖主义。

首先,国际社会应进一步加强反恐合作,积极发挥联合国协调作用。恐怖主义已成为人类公敌,各国凭一己之力难以应对。"伊斯兰国"组织实体瓦解后,其运作方式和策略将不断换代升级,如通过互联网招募人员、鼓动袭击、筹集资金、协调行动等特点,让恐怖分子变得更加难以追踪,这就要求各国构建起全方位的国际反恐网络,特别是在防范"伊斯兰国"成员回流、外溢问题上,各国应在更大范围开展程度更深的合作。值得一提的是,联合国大会于2017年6月通过决议,重组联合国反恐架构,设立联合国反恐怖主义办公室,以协调联合国系统有关反恐行动,加大对各会员国反恐能力建设的支持。此次对联合国反恐架构的改革,有望促进联合国预防冲突、推动持久和平与发展的努力。

其次,打击恐怖主义应注重标本兼治、综合施策。当前,有关国家在继续加大打击力度直至彻底消灭"伊斯兰国"残余据点的同时,应注重铲除滋生恐怖主义的土壤这一根本之道。在叙利亚问题上,帮助叙利亚恢复政治稳定是根除极端势力的重要前提。国际社会应积极敦促叙中央政府和反对派势力停止冲突，通过和平谈判方式解决诉求，推进政治和解进程有效开启。伊拉克、利比亚等国也应努力弥合本国教派、部族分歧，维护国家统一和内部团结，加快经济社会发展重建，使恐怖主义、极端主义思想没有传播途径和生存之地。

Y.3
"后伊斯兰国时代"的全球反恐形势

王 震*

摘　要： 2017年以来,"伊斯兰国"在叙利亚和伊拉克境内的大规模军事存在和持续扩张已经结束,全球反恐进入"后伊斯兰国时代",但这并不意味着该组织彻底消亡,或其倡导的"萨拉菲圣战"运动将销声匿迹。未来,该组织不仅会通过化整为零、改变效忠、转入地下等方式,继续在这一地区活动,而且会通过返乡的"圣战老兵"在全球范围内掀起新一轮恐怖浪潮。国际社会需要理性认识产生国际恐怖主义的历史根源,加强反恐国际合作,建立高效、广泛的跨国反恐合作机制。

关键词： 全球反恐　"后伊斯兰国时代"　中东反恐　国际"圣战"

"9·11"事件后,全球反恐重心一度集中于"基地"组织和本·拉登所藏身的阿富汗-巴基斯坦边境地区,而本·拉登领导下的"基地"组织无疑是当时全球"圣战"运动的"旗手"。2014年前后,新崛起的"伊斯兰国"组织与"基地"组织正式分道扬镳,并在巴格达迪领导下迅速占领伊拉克和叙利亚广大地区。"伊斯兰国"由此取代"基地"组织,成为全球跨国"圣战"运动的"新旗手",伊拉克西北部和叙利亚东部也成为全球反恐战争的主战场。2017年以来,随着摩苏尔和拉卡等重要据点陆续被攻陷,

---

* 王震,上海社会科学院西亚北非研究中心秘书长,副研究员、法学博士,近年来主要从事国际安全与中东问题研究。

"伊斯兰国"组织在叙利亚和伊拉克地区的大规模存在已成历史,全球反恐与跨国"圣战"运动正在进入"后伊斯兰国时代"。鉴于"伊斯兰国"及其代表的"跨国圣战"运动已成为全球跨国恐怖活动背后的主要推手,正确认识该组织的未来发展前景,不仅事关中东局势的走向,还关涉未来全球反恐战争的前景。本文将尝试就"后伊斯兰国时代"的相关问题进行深入探讨。

一 "后伊斯兰国时代"的含义

2017年10月17日,以库尔德人为主的"叙利亚民主军"收复了"伊斯兰国"在叙利亚境内的"首都"拉卡。在此之前,该组织在伊拉克境内的重要据点摩苏尔已在7月被攻下。据称,该组织领导人巴格达迪也在摩苏尔之战中遇袭身亡。12月9日,伊拉克总理阿巴迪通过电视讲话宣称:彻底清除了"伊斯兰国"在伊拉克境内的存在。11日,俄罗斯总统普京在视察驻叙空军基地时也表示,鉴于主要作战任务已经完成,俄军将分批从叙利亚撤离。显然,"伊斯兰国"在叙利亚和伊拉克境内的大规模军事存在已经结束,全球反恐进入后"伊斯兰国时代"。所谓后"伊斯兰国时代",并不意味着"伊斯兰国"及其影响已彻底消亡,或其所代表的全球跨国"圣战"运动已偃旗息鼓,而是指该组织作为超大型跨国军事政治实体的存在已经终结,短期内要想重现昔日攻城略地、开疆拓土的举动已不复可能。与此相对应,以"伊斯兰国"为主要打击目标的全球反恐战争也将进入新阶段。

从当代跨国"圣战"运动的发展历史来看,打着"萨拉菲圣战"旗帜的"伊斯兰国"是第三波全球跨国"圣战"运动产生的"超级怪胎",它在本质上不过是宗教极端主义和国际恐怖主义结合后的衍生物。[①] 法瓦兹·

---

① 关于"跨国圣战"等问题的探讨,请参见王震《后"伊斯兰国"时代全球反恐态势略论》,载《西亚非洲》2018年第1期。

盖杰斯（Fawaz A. Gerges）提出，当代激进"圣战"主义理论家赛义德·库特卜的门徒们领导了第一次跨国"圣战"浪潮，其首要目标是被称为"近敌"（near enemy）的亲西方阿拉伯世俗政权，1981年埃及总统安瓦尔·萨达特遇刺是其中最令世人瞩目的重大历史事件。1989年苏联从阿富汗撤出后，本·拉登领导下的"基地"组织推动了另一波跨国"圣战"运动浪潮，其关注重点转向被称为"远敌"（far enemy）的美国和欧洲，2001年的"9·11"事件则是这一波跨国"圣战"运动浪潮中最具代表性的恐袭事件。当前，以"伊斯兰国"为代表的"圣战"活动，则代表了新一轮"跨国圣战"运动浪潮。就其规模和残暴程度而言，它远远超过了前两次"圣战"浪潮。① 尽管"跨国圣战"并不等于国际恐怖主义，但它客观上为当今国际恐怖活动的发展提供了重要思想来源和组织基础。从战后历次"跨国圣战"运动的历史发展来看，每次"跨国圣战"运动都会伴随着更为激进的"圣战"思想阐释、更大规模的跨国动员，以及更残忍、血腥的恐怖活动浪潮。

某种意义上，"伊斯兰国"在意识形态、运作方式、国际影响等方面已经完全超越了"基地"组织，它既代表了新一轮全球"跨国圣战"运动的顶峰，也是这场"跨国圣战"运动中所产生的"超级怪物"。对此，美国学者奥黛丽·克罗宁曾评价说："'伊斯兰国'不是'基地'组织。它既不是旧的伊斯兰激进组织的衍生物，也不是它的一部分，更不是其演变的下一个阶段。……而是代表着'后基地'时代的'圣战'威胁。"尽管该组织使用了恐怖主义战术，但它并非真正意义上的恐怖组织，而是"一个由常规军队领导下的'准国家'（pseudo-state）"。② 美国中央情报局前副局长迈克尔·莫雷尔也指出，"伊斯兰国"组织是一个"我们从未遇到过的对手"，

---

① Fawaz A. Gerges, "ISIS and the Third Wave of Jihadism", Current History, December 2014, pp. 341-342.
② Audrey Kurth Cronin, "ISIS Is Not a Terrorist Group: Why Counterterrorism Won't Stop the Latest Jihadist Threat", Foreign Affairs, March/April 2015, pp. 87-88.

它"既是一个恐怖组织,又是一个准政权,同时还是一个革命性的政治运动"。①

二 "伊斯兰国"组织何以遭遇滑铁卢

2016年下半年以来,"伊斯兰国"组织在叙利亚和伊拉克地区频频失利,日趋成为强弩之末。该组织在不到两年时间里,从名不见经传的区域性暴力团体,发展为拥有十多万武装人员,辖下数百万人口,网络遍及亚非两洲的庞大暴力集团,然后又在一年多时间里迅速衰落,诚可谓"其兴也勃焉,其亡也忽焉"。要想了解"伊斯兰国"快速覆亡的原因,首先需要知道该组织快速崛起的根本性原因,或其发展过程中的一些重要特征。

关于"伊斯兰国"快速崛起并取得一系列军事成就的原因,笔者已有诸多分析。②简言之,这些因素包括:①美军从伊拉克快速撤离后形成的安全真空。②"伊斯兰国"在伊拉克和叙利亚控制区内所聚敛的巨额收入。路透社2014年10月一份评估指出:该组织控制区的资产一度超过2万亿美元,每年财政收入数十亿美元。③正因为如此,不少媒体称其为史上"最富有的恐怖组织"。④③世界范围内的反全球化思潮和"跨国圣战"运动,尤其是激进"萨拉菲圣战"意识形态的传播。④信息技术进步提供的网络社交媒体平台。⑤2011年阿拉伯世界发生剧变后诱发的政治动荡和新一轮教派纷争的升级(如叙利亚内战)。⑥2003年美国入侵伊拉克造成的内部政治动荡、教派分歧和安全真空。比如,伊拉克萨达姆政权倒台后,不仅在其国

---

① Michael Morell, "ISIS Will Strike America", *Time*, November 30 – December 7, 2015, p. 60.
② 参见王震《"9·11"以来全球反恐战略困境探析》,《社会科学》2017年第9期,第16~28页;或《从伊拉克危机看美国全球反恐战略困境》,载上海社会科学界联合会主编《全面深化改革与现代国家治理》,上海人民出版社,2014,第485~492页。
③ Jean-Charles Brisard and Damien Martinez, *Islamic States: the Economy-based Terrorism Funding*, Thomson Reuters, October 2014, p. 3.
④ 陈宪忠、纪双城、孙微等:《揭秘"伊斯兰国"组织:世界"最富"恐怖集团》,《环球时报》2014年6月16日。

内形成巨大权力真空,而且使其内部政治平衡、教派矛盾和种族冲突随之凸显。萨达姆时期执政精英的大批前复兴党人被边缘化,什叶派政治精英无意推进政治和解,造成国内两大教派矛盾迅速激化。

"伊斯兰国"在伊拉克和叙利亚的快速崛起,除了其借助前述各种有利因素外,还得益于其成功的军事策略和国际动员。军事层面,"伊斯兰国"的军事力量超过战后以来所有"跨国圣战"武装。各方对"伊斯兰国"军事力量给出了不同评估数据:中情局估计为2万~3.1万人;叙利亚人权观察人士认为,仅叙利亚境内就高达5万人;俄罗斯总参谋长认为,约为7万人;巴格达安全专家希沙姆·哈希米认为,约为10万人;库尔德军事领导人认为,总数约20万人。① 不管按哪个计算,数量如此庞大的武装力量足以让其他跨国武装势力相形见绌。与此同时,"伊斯兰国"通过吸纳前萨达姆时期的1000多名复兴党军事精英,并夺取伊拉克政府军遗弃的军事装备,具备了开展常规地面作战的能力。不仅如此,它还能娴熟地开展旷日持久的游击战,或开展"无差别"(indiscriminate)自杀性袭击。正如有学者所说:"伊斯兰国"组织"精通三种形式的战斗,没有任何一支阿拉伯军队或其他极端组织可与之匹敌"。尽管这些战术已为"基地"组织、塔利班等所用,"但没有哪个极端势力能像执行总体战略规划那样,采取如此广泛的军事战术"。② 在国际动员方面,"伊斯兰国"庞大的武装力量当中,还有着为数众多的"外籍战士"和"国际圣战分子"。据美国苏凡集团(The Soufan Group)2015年12月发布的评估报告,有2.7万~3.1万名域外"圣战"分子参加了叙利亚和伊拉克"伊斯兰国",他们来自全球至少86个国家。③ 2017年10月,该机构发布的最新报告中认为,从2014年6月"伊斯兰国"宣布建立哈里发至今,已有超过110个国家的4万人参加了"伊斯兰国"

---

① Malcolm Nance, *Defeating ISIS: Who They Are, How They Fight, What They Believe*, New York: Skyhorse Publishing, 2016, pp. 42 – 44.
② 〔英〕查尔斯·利斯特著《"伊斯兰国"简论》,姜奕晖译,中信出版社,2016,第12~13页.
③ The Soufan Center (TSC), *Foreign Fighters: An Updated Assessment of the Flow of Foreign Fighters into Syria and Iraq*, December 2015, p. 4.

在伊拉克和叙利亚的战斗。① 如此规模庞大的跨国动员，在战后历史上绝无仅有。这一方面得益于"伊斯兰国"成功的国际化宣传和跨国运营，更得益于信息技术的快速发展，以及社交媒体网络的大规模应用；另一方面也得益于美国入侵伊拉克后在伊斯兰世界所造成的普遍的反美情绪，以及全球化所带来的国际交流便利和反全球化、反西方情绪。

正是借助于上述有利条件和相对成功的策略，"伊斯兰国"得以在短期内迅速崛起，并在军事上取得一系列"成绩"。然而，2016年以来，在国际社会的合力打击下，"伊斯兰国"的有利条件和相对优势逐步消失。这主要体现在以下几个方面。

（1）2015年9月30日，俄罗斯出人意料地直接出兵叙利亚，帮助巴沙尔政权打击包括"伊斯兰国"在内的极端势力和反对派，使叙利亚政府军逐步反败为胜，最终渡过难关，从而压缩了该组织在叙利亚的活动空间。与此同时，2016年以来，奥巴马政府出于总统大选需要，加强了对伊拉克"伊斯兰国"控制区的空中轰炸，同时在武器装备和军事顾问等方面加大了对库尔德武装和伊拉克阿巴迪政权的支持。美俄虽然分歧重重，但这些军事努力从东西两个方向压缩了"伊斯兰国"在这一地区的战略空间。

（2）2015年下半年以来，尤其是2016年土耳其未遂军事政变后，埃尔多安当局逐渐调整了土耳其的叙利亚政策，不再"一边倒"地追随西方推翻巴沙尔政权，并加强了对土耳其－叙利亚的边境控制，切断了"伊斯兰国"最重要的外部补给通道。土叙之间有着长达822公里的边界。叙利亚内战初期，埃尔多安当局为推翻巴沙尔政权，默许甚至纵容一些极端分子从边境地区进入叙利亚，甚至不愿将"伊斯兰国"成员视为"恐怖分子"或"极端分子"，辩称自己很难鉴别来土耳其旅行的宗教人士和试图参加"圣战"的穆斯林；与此同时，土耳其默许并暗中利用其边境通道进行石油走

---

① Richard Barrett, *Beyond the Calphate: Foreign Fighters and the Threat of Returnees*, The Soufan Center (TSC), October 2017, p. 7.

私和违禁品贸易。据称,高峰时期土耳其每天从"伊斯兰国"进口4000吨石油,每月从中获得1500万美元收入。①来自世界各地的极端分子、战略物资和金钱源源不断地经过土叙边境到达"伊斯兰国"手中,成为其人员、装备和物资补给的最重要外部来源。随着土耳其政府加强边境管控,"伊斯兰国"获取外部战略资源和人员补给的通道被切断,其在战略层面的失败已经变成了一个时间问题。根据土耳其当局公布的数据,截至2017年6月,由于担心本国居民经土耳其入境叙利亚和伊拉克参战,共有146个国家向土耳其当局提交了请求监控出入其境内的人员名单,总人数高达53781人,其中在土叙边境地区被截获者有数千人。②

(3) 在国际社会针对性的军事打击下,"伊斯兰国"最初赖以取胜的军事战术越来越难以奏效。"伊斯兰国"组织早期的军事战术主要融合了常规地面作战、游击战和"无差别的"恐怖袭击。奥巴马政府组建的国际联军因担心陷入游击战的泥沼而不愿在伊拉克境内进行地面作战,也不愿放弃被其视为核心外交遗产的撤军政策,于是仅依靠空中打击来展示其政治姿态,效果可想而知。与此同时,腐败羸弱的伊拉克政府军不仅无力在常规地面作战中与之抗衡,在北部逊尼派地区应对"伊斯兰国"的游击战时也屡屡捉襟见肘;叙利亚巴沙尔政权在反对派武装的攻击下岌岌可危,根本无力也不愿对"伊斯兰国"开展军事打击。

2016年后,形势逐渐逆转。首先,美俄持续的密集空中打击使"伊

---

① 参见王震《土耳其:玩火自焚还是引火烧身?》,《世界知识》2015年第21期。Staff writer, "Iraq: ISIS smuggles majority of oil via Turkey", *Al Arabiya*, December 07, 2015. http://english.alarabiya.net/en/News/middle-east/2015/12/07/Iraq-PM-says-ISIS-smuggles-majority-of-oil-via-Turkey.html. (上网时间:2016年8月5日;Sophia Jones, "All It Takes To Cross From Turkey To ISIS-Held Syria Is $25", *Huffington Post*, February 26, 2017. https://www.huffingtonpost.com/2015/02/26/turkey-syriasmuggling_n_6758672.html. (上网时间:2017年11月15日);Ahmad Abd al-Haqq, "The New Market on the Turkish-Syrian Border", Atlantic Council, July 7, 2017. http://www.atlanticcouncil.org/blogs/syriasource/the-new-market-on-the-turkish-syrian-border. (上网时间:2017年11月15日)。

② Richard Barrett, *Beyond the Calphate: Foreign Fighters and the Threat of Returnees*, The Soufan Center (TSC), October 2017, pp. 7-16.

斯兰国"开展常规地面作战的能力受到遏制；其次，土叙边境通道被切断后，其获得外部战略物资补给的难度大幅增加，在消耗巨大的现代战争面前也变得举步维艰；再次，美国和西方国家支持下的库尔德武装，伊朗和伊拉克政府支持下的什叶派民兵，以及伊拉克政府军通过步步为营、稳扎稳打的策略，一步步地压缩了"伊斯兰国"开展游击战的空间；最后，虽然国际社会对2016年以来"伊斯兰国"不断增加的"无差别"恐怖袭击尚无良策，但该组织在战场外围地区的恐怖袭击除了坚定国际社会对其打击信心和力度外，并不能对其在叙利亚和伊拉克的战场起到任何支持作用。

（4）"伊斯兰国"利用网络平台进行的宣传战和网络战，也开始面临世界各国的猛烈反击，其鼓吹的激进意识形态影响力开始下降。以美国为例，从奥巴马政府开始，美国政府不惜花费巨资，通过国务院、国防部、中情局等官方机构设立各种平台，通过公共外交、社交媒体、"超播"电台等各种形式，对特定的恐怖组织和关键受众群体实施有针对性的定向战略传播。2016年3月，美国总统奥巴马签署13721号行政令，授权时任国务卿克里设立"全球接触中心"（Global Engagement Center），由长期负责美军特种作战和低烈度冲突的助理国防部部长迈克尔·伦普金担任负责人。该中心的职责就是"协调、整合、统一针对外国听众的政府宣传活动"，以揭穿包括"伊斯兰国"和"基地"组织等在内的暴力极端组织所宣扬的种种不实之词，"授权并帮助官方和非官方的合作伙伴公开大胆地反对这些暴力极端组织"，进而压制包括"伊斯兰国""基地"组织等在内的暴力极端组织的国际影响，减少其潜在的支持者和追随者。[1]

此外，"伊斯兰国"过于激进、嗜血的极端暴力行为，引起了其控制区内逊尼派民众的反对和抵制，也造成"萨拉菲圣战"武装派系内部对其不

---

[1] Executive Office of the President, The White House, "Developing an Integrated Global Engagement Center To Support Government-wide Counterterrorism Communications Activities Directed Abroad and Revoking Executive Order 13584," E. O. 13721, March 14, 2016, https://federalregister.gov/a/2016-06250（上网时间：2016年6月22日）。

满和斗争,外部逊尼派社团对其的支持和同情也日趋下降。与此同时,该组织刻意挑动教派矛盾的做法,引起什叶派穆斯林的强烈反抗。这些都在客观上加速了其在叙利亚和伊拉克地区的失败进程。

三 "伊斯兰国"未来何去何从

随着"伊斯兰国"在叙利亚和伊拉克地区遭遇军事失败,国际社会无不充满疑惑和担忧:"伊斯兰国"未来将何去何从?未来是否会出现一个新的"伊斯兰国"?就目前情势看,"伊斯兰国"及其追随者的发展前景不外以下几种可能。

(一)通过改变效忠加入其他"圣战"组织

一旦该组织所谓的"哈里发"巴格达迪被证实死亡,一些成员和海外组织有可能改变效忠,转而投奔诸如"基地"等其他国际"圣战"组织。如果更具魅力的拉登之子哈姆扎取代曾经公开驱逐过巴格达迪的扎瓦希里的话,投奔"基地"组织的人可能会更多。众所周知,"伊斯兰国"早期与"基地"等"圣战"恐怖组织联系密切,不排除一些成员为了生存活命而重新投奔这些"圣战"组织。对一些海外效忠组织来说,其与"伊斯兰国"的联系大多基于"萨拉菲圣战"意识形态,或是为获得金钱和技术支持与"伊斯兰国"进行松散结盟,二者间并无直接的隶属关系。随着"伊斯兰国"在伊拉克和叙利亚失败,这些海外组织很可能调整策略,放弃效忠。

(二)转型为地下组织,转变成更为广泛的抵抗运动的一部分

失去控制地域后,留在当地的残余势力很可能"化整为零",转入地下秘密活动。如果其主要头目巴格达迪被确认已经死亡,该组织可能推举新的"哈里发",也可能会因为权力斗争陷入内讧当中。不管怎样,"即便是领土被压缩,无法继续公开存在,该组织领导层肯定会寻求海外支持者,包括返

乡老兵们的支持，以维系'伊斯兰国'组织的名号"。① 随着控制区丧失，该组织未来开展常规地面作战的可能性将不复存在，借助恐怖手段来彰显其存在和实力的可能性正在上升。统计表明，2014 年 6 月到 2017 年 2 月，"伊斯兰国"已在全球 29 个国家发动 143 起恐怖袭击，共造成 2000 多人死亡。②

（三）通过跨国网络向全球扩散

根据苏凡集团发布的报告，截至 2017 年 10 月，已有至少 33 个国家的 5600 名"伊斯兰国""圣战"老兵返回故土（参见表1）。考虑到许多参战人员是通过非法秘密渠道出入境，实际数字应当更高。俄罗斯总统普京 2017 年 2 月表示，来自苏联地区的 9000 名"外籍战士"当中，返乡者约为 10%。激进化意识网络（RAN）在 2017 年 7 月的评估中指出，约有 30% 来自欧洲的"外籍战士"已经返乡。其中，来自英国、丹麦和瑞典的返乡老兵可能接近 50%。③

尽管国际社会对于这些返乡的"外籍士兵"是否会对母国和藏身地构成威胁一事存在争论，但其肯定会继续在伊斯兰世界或其他地区从事"基地"和"伊斯兰国"所宣扬的"暴力圣战"活动，这一点早已在阿富汗"圣战毕业生"身上得到证实。事实上，过去两年来，伊拉克和叙利亚周边的中东国家，以及邻近的欧洲国家正在成为"伊斯兰国"进行渗透和发动外围袭击的"重灾区"。联合国反恐办公室（UNOCT）在 2017 年 7 月的一份报告中也指出，由于在数量上远远超过此前的阿富汗战争和波黑内战，来源地又极为广泛，外籍恐怖分子（FTF）已成为"我们这个时代最紧迫的跨国安全问题"。这些前往叙利亚战区的个体可能会进一步激进化，或接受战

---

① Richard Barrett, *Beyond the Calphate: Foreign Fighters and the Threat of Returnees*, The Soufan Center (TSC), October 2017, p. 15.
② Richard Barrett, *Beyond the Calphate: Foreign Fighters and the Threat of Returnees*, The Soufan Center (TSC), October 2017, p. 14.
③ Richard Barrett, *Beyond the Calphate: Foreign Fighters and the Threat of Returnees*, The Soufan Center (TSC), October 2017, pp. 7 – 10.

斗技能训练，被灌输极端思想，建立社会关系网，形成共同的忠诚，进而形成"未来自主性跨国恐怖组织细胞的基础"。①

表1 叙利亚和伊拉克"外籍战士"主要来源地及返乡情况

单位：人

国家	外籍战士数量	被阻止人数/请求土耳其截获名单人数	剩余人数	返乡人数
俄罗斯	3417	804/4128	—	400
沙特	3244	141/7523	—	760
约旦	约3000	—	约900	>250
突尼斯	2926	—/4605	—	>800
法国	1910	254/2622	约700	271
摩洛哥	1623	183/2831	500	198
乌兹别克斯坦	>1500	—	—	—
土耳其	约1500	<7240	—	约900
塔吉克斯坦	1300	308/2651	>700	147
德国	>915	133/657	约450	约300
阿塞拜疆	>900	252/1677	—	—

资料来源：The Soufan Center（TSC），*Beyond the Caliphate*：*Foreign Fighters and the Threat of Returnees*，October, 2017, pp. 12 – 13。

与"伊斯兰国"残余势力及其"圣战"老兵的"有形存在"相比，更为深远的影响是其宣扬的"萨拉菲圣战"意识形态的全球扩散，及其在伊拉克和叙利亚取得的军事成就的激励作用。这种无形的潜在影响，并不会因其军事失败或领导人死亡而迅速烟消云散。

首先，"伊斯兰国"鼓吹的通过"圣战"萨拉菲主义运动以"建立横跨整个世界的帝国"的思想及其实践，不仅超越了"阿富汗圣战"和"基地"组织的理论想象和阐释，也是对全球激进"圣战"势力的极大鼓舞。一方

---

① United Nations Office of Counter-Terrorism，*Enhancing the Understanding of the Foreign：Terrorist Fighters Phenomenon in Syria*，July 2017. http：//www. un. org/en/counterterrorism/assets/img/Report_ Final_ 20170727. pdf（上网时间：2017年11月10日）。

面,"在建国的理论和实践上,'伊斯兰国'遥遥领先于其他组织"。[①] 另一方面,"伊斯兰国"倡导通过萨拉菲"圣战"建立一个"哈里发帝国",亦即现实中的"人间天堂",而不是单纯地以自杀性"殉道"换取身后进入天堂的入场券。这一思想及其实践,无论对其他跨国"圣战"组织还是世界各地的激进分子而言,都有着较强的感召力。

其次,就军事层面而言,"伊斯兰国"将常规军事战争、游击战和恐怖袭击三种方式融为一体的军事策略,不仅超越了战区与非战区的地理限制,也打破了士兵和平民、和平与战争的传统分野,大大超出了以往军事家们对武装冲突的传统认知和想象。这种类似于"超限战"的战略战术及其实践,势必会为今后包括武装内战、"跨国圣战"、国际恐怖组织等在内的其他暴力团体所效尤,并将加剧未来国际暴力冲突的烈度和广度。

最后,"伊斯兰国"以"跨国公司"加"准政府"的管理运作模式,以社交网络作为跨国活动空间和宣传战平台等做法,充分发挥了全球化和信息化所带来的各种便利,并使其获得了与自身实力无法匹配的成就和影响力。就此而言,"伊斯兰国"在此领域的实践和经验,同样会为其他跨国犯罪集团所借鉴和仿效,只不过这些影响需要较长的时间才能慢慢体现出来。

四 未来全球反恐态势

从全球反恐角度看,随着伊拉克和叙利亚战事逐渐平息,二者在全球反恐中的地位和关注度将有所下降,但其周边地区的中东国家仍将是全球反恐的重点关注所在。

首先,伊拉克和叙利亚周边地区不仅是"外籍战士"主要来源,也是近年来"伊斯兰国"组织着力渗透的重点区域。随着战事结束,越来越多的"圣战"老兵开始返回故土,其对当地安全局势的影响也会随之增加。

[①] 〔英〕查尔斯·利斯特著《"伊斯兰国"简论》前言,姜奕晖译,中信出版社,2016,第11页。

2017年11月25日,"伊斯兰国"西奈分支在埃及北西奈省一苏菲派清真寺内制造恐怖袭击,造成305人死亡,128人受伤。① 这足以表明,无论伊叙地区的"伊斯兰国"状况如何,其各地分支仍有能力发起协调一致的大规模恐怖袭击。

其次,"阿拉伯之春"爆发以来,阿拉伯世界各国大多面临剧烈的政治、经济和社会发展转型,不少国家还未从政治与社会震荡中恢复。除了"伊斯兰国"肆虐的伊拉克和叙利亚外,也门、利比亚、突尼斯等国也面临着非常严峻的暴力冲突局面。无论是经济发展迟缓、民生凋敝,还是国内政治动荡、暴力活动频发,都将继续为跨国"圣战"势力提供有利的生存环境。

最后,除中东阿拉伯各国国内政治和社会经济转型影响外,整个中东地区目前还处在地缘政治均势和地区秩序同步瓦解后的重建时期。② 一方面,美国虽然仍为当今唯一超级大国,但随着相对实力下降,其干预中东事务的能力和意愿开始同步下降,在中东反恐和其他热点事务中表现得越来越"心有余而力不足";另一方面,中东各国为维护自身利益,并在新一轮地缘政治格局变动中获得相对优势,参与塑造中东地缘格局的意愿明显增强,这是当前中东地区"代理人战争"、教派冲突和跨国"圣战"活动难以平息的重要原因。

毫无疑问,"伊斯兰国"在伊拉克和叙利亚的军事失败,无疑会削弱其在全球萨拉菲"圣战"运动中的影响力,全球跨国"圣战"运动将因此面临新一轮洗牌。在"后伊斯兰国时代","伊斯兰国"残余势力和"基地"组织及其追随者之间,围绕全球萨拉菲"圣战"运动领导权的争夺仍将继续下去。尽管"基地"组织在意识形态和跨国网络方面仍有其强大基础,

---

① 郑凯伦:《突遭重大空袭,埃及反恐形势再起波澜》,新华社开罗2017年11月25日电。
② 一些国内学者称其为"三期叠加"现象,即地区政治秩序崩溃后的重建期、地缘政治力量均衡的重构期和国家政治经济社会的转型期发生了重合。参见李绍先《"三期叠加"的中东大乱局》,新华网,2015年12月23日,http://news.xinhuanet.com/world/2015-12/23/c_128559614.htm(上网时间:2016年12月25日)。

但这并不意味着"基地"组织可以马上取而代之，重新获得跨国"圣战"运动的领导权。这部分是因为在"9·11"事件以来全球反恐战争中，"基地"组织的核心架构和指挥层已经遭受重创，部分是因为在西方国家强势的战略传播和反恐话语塑造过程中，"基地"作为反西方先锋的形象已被严重削弱。加之"基地"组织在网络空间和信息技术应用，以及对外信息传播方面都远逊于"伊斯兰国"，其未来能否重新获得全球"圣战"领导权还存在一些未知因素。

除了邻近叙利亚和伊拉克的中东各国外，欧洲地区同样是叙利亚内战和全球"跨国圣战"运动外溢的受害者。自2015年以来，欧洲地区正在面临"9·11"以来新一轮恐怖袭击浪潮。① 在这轮恐怖袭击中，"伊斯兰国"已取代"基地"组织，成为新主角。欧洲之所以会成为新一轮恐怖袭击的牺牲品，往远处说，是2003年伊拉克战争造成的连带性后果。虽然当时一度被视为"老欧洲"的法、德等国家，最终没能阻止英美联军的铁骑踏平巴格达。这场战争在推翻萨达姆独裁政权的同时，也释放出中东伊斯兰教内部逊尼派和什叶派之间教派斗争的恶魔，为今日"伊斯兰国"的诞生提供了温床。从近处看，欧洲正在吞食其在"阿拉伯之春"过程中率性而为的政策恶果。"阿拉伯之春"爆发后，欧洲国家草率地将其贴上了"民主"与"专制"、"进步"与"落后"的标签，在叙利亚大力扶植各种反对派，必欲将巴沙尔政权除之而后快。然而，欧洲各国怀揣美好愿望种下的"龙种"，最后却长成"跳蚤"。叙利亚内战更是催生了一个"双向"人员流动网络：一方面，大量叙利亚难民源源不断地通过土耳其、希腊进入欧洲，总数超过130万；另一方面，众多欧洲极端分子在"伊斯兰国"的激励下慷慨赴死，相继来到叙利亚参战。根据苏凡集团估计，截至2016年4月，从欧盟地区前来参加"伊斯兰国"的极端分子至少在5000人以上，其中法、英、德、比利时四国占70%以上，分别为1910人、850人、915人和478

---

① 参见王震《欧洲或面临新一轮恐怖袭击浪潮》，http://cn.chinausfocus.com/peace-security/20160407/4699.html（上网时间：2017年12月10日）。

人，参战后重新返回欧洲的"圣战老兵"数量也已高达1200人左右。① 与此同时，毗邻中东动荡源的欧洲地区仍是"9·11"后国际社会的反恐"洼地"，不仅拥有大量尚未完全融入当地社会的激进群体，其反恐防范能力也远低于美国和以色列等。

全球反恐形势对美国的影响同样不容乐观。"9·11"之后，通过建立一整套系统的反恐防范体系，外部恐怖组织对美国本土进行的渗透和袭击难度越来越大。但近年来美国"土生土长"的恐怖威胁开始迅速上升。美国国会研究服务部发布的一份研究报告估计，从发生"9·11"事件的2001~2013年，至少有63名本土"圣战"分子在美国计划或实施了恐怖袭击。② 美国著名反恐专家布鲁斯·霍夫曼等人指出，"9·11"后，美国面临的恐怖威胁已发生很大改变。其一，美国公民或居民参与"基地"等有关组织的人数有所上升，在其中扮演的角色也在增加；其二，以美国为基地的"圣战"分子的类型日趋多样化。③ 这一判断至今仍然适用。2016年6月12日凌晨，佛罗里达州奥兰多市一家夜总会遭遇恐怖袭击，造成50人死亡、53人受伤，美国媒体称其为"美国历史上造成死亡人数最多的枪击案"。警方事后查明，枪手奥马尔·马丁为生活在佛罗里达州的阿富汗裔美国人，曾宣称效忠"伊斯兰国"组织。2017年10月31日，一名卡车司机驾车在纽约曼哈顿区西南部向自行车道上碾压行人，造成8人死亡，12人受伤。凶手为2010年从乌兹别克斯坦移民到美国的塞福罗·塞波夫，此人在车内留

---

① Richard Barrett, *Beyond the Caliphate: Foreign Fighters and the Threat of Returnees*, The Soufan Center (TSC), October 2017, pp. 12 - 13.
② 小苏：《美国面临本土恐怖袭击威胁》，环球网，2016年6月15日，http://world.huanqiu.com/exclusive/2016 - 06/9044102. html（上网时间：2017年12月10日）。
③ 不过，也有学者对此持不同看法，具体请参见 Risa A. Brooks, " Muslim ' Homegrown ' Terrorism in the United States, How Serious Is the Threat?" *International Security*, Vol. 36, No. 2 (Fall 2011), pp. 7 - 47; Peter Bergen and Bruce Hoffman, *Assessing the Terrorist Threat: A Report of the Bipartisan Policy Center's National Security Preparedness Group*, September 10, 2010, p. 1. http://bipartisanpolicy.org/wp - content/uploads/sites/default/files/NSPG% 20Final% 20Threat% 20Assessment. pdf. （上网时间：2017年12月10日）Dina Temple-Raston, "Homegrown Terrorists Pose Biggest Threat, Report Says", September 10, 20107. https://www.npr.org/templates/story/story.php? storyId = 129760267 （上网时间：2017年12月10日）。

下字条,自称以"伊斯兰国"的名义发起了袭击。12月11日,纽约曼哈顿一地铁发生爆炸,造成4人受伤,多条线路停运。除此之外,2016年以来,拉斯维加斯、得州南部威尔森县等地也发生了极其惨烈的枪击案。某种程度上说,无论这些案件是否与"伊斯兰国"有联系,它们至少表明三点:一是美国本土并不能在全球恐怖主义袭击浪潮中独善其身,未来,包括"伊斯兰国"在内的跨国"圣战"势力的全球扩散同样会波及美国本土;二是"9·11"以来的全球反恐战争和跨国恐怖活动所带来的"示范效应"正在美国境内快速发酵,其后续影响仍会进一步显现;三是特朗普在移民问题、种族问题和中东热点问题上采取的激进政策或民粹主义立场,或将进一步激化其境内宗教极端主义和狭隘种族主义暴力活动。

五 "伊斯兰国"之后,全球反恐何为

我们对恐怖活动的思考不能局限于恐怖活动现象本身,而要在更宏大的国际背景和历史视野下认识。随着当前全球反恐与跨国"圣战"运动进入"后伊斯兰国时代",国际社会面临的反恐形势或将更为严峻。一方面,失去常规作战能力和固定控制区的"伊斯兰国"残余势力,或会更多地采取恐怖主义的手段,大量曾经在此参战的"圣战"老兵也正在像"阿富汗毕业生"一样快速向全球扩散;另一方面,受其宣传思想蛊惑和军事成就激励的全球各种恐怖势力、追随者和模仿者,仍会信守其激进的"圣战"信条,采取其惯用的恐怖手段开展暴力活动。

应对"后伊斯兰国时代"的国际恐怖活动,首先需要正确地认识国际恐怖主义现象,以及造成这一现象的根源,进而采取科学的应对之道。面对跨国"圣战"运动所激发的国际恐怖主义,首先要在意识形态层面开展针锋相对的斗争。一方面,利用正确的教义阐释与科学理论,逐一揭露并批驳极端主义"圣战"理论的荒谬性;另一方面,在全球化大背景下,还要通过深入的对话与交流,化解不同宗教与文化之间的误读与隔阂。正像卡恩斯·洛德所说:"从长远看,不摧毁激进伊斯兰主义,或至少瓦解其关键机

构和政治力量的其他来源,是不可能在反恐战争中取得决定性胜利的。"①事实上,越来越多的国家认识到这点,并开始这方面的努力和尝试。英国政府在2009年6月公布的《英国国家安全战略》中指出:"我们当前反恐战略的一项重要内容是应对'基地'组织背后的意识形态,正是这些意识形态激发了暴力恐怖主义。"② 英国政府已将阻止"激进化"作为其反恐政策的四大支柱之一。

其次,加强反恐领域的国际合作,建立一个高效、广泛的跨国反恐合作机制。在全球化背景下,一方面,无论是国际恐怖活动还是跨国"圣战"运动,都具有明显的"洼地效应",总是会流向社会治理能力低下、安全防范薄弱、极端思想浓厚、同情者和支持者较多的"洼地";另一方面,部分民族国家、非国家行为体对于跨国"圣战"和国际恐怖势力的工具性利用与支持,也是其能够不断发展的重要原因。兰德公司一项研究表明:在后冷战时代,国家或非国家行为体的支持对反叛势力至关重要。1990~2001年,约有73%的恐怖势力在其他国家而非目标国开展活动。③ 对于多数现代主权国家而言,在自己领土上打击恐怖犯罪活动是国际法赋予本国政府的基本权利,但对超越自己边界的恐怖活动却往往无能为力。当代国际恐怖势力正是利用这一点,以境外为基地开展活动,从而使自己免于被受害国报复的风险。"更糟的是,由于交通、通信和信息技术的巨大进步,恐怖分子走向国际化的成本已经大大降低"。④ 对此,国际社会不仅要深化对国际恐怖主义危害的认识,摒弃以邻为壑的侥幸心态,更要加强国际合作,构建最广泛的国际反恐合作框架,最大限度地减少国际反恐中的"洼地",使恐怖势力无处遁形。

---

① 〔美〕奥德丽·库尔思·克罗宁、詹姆斯·M. 卢德斯等:《反恐大战略:美国如何打击恐怖主义》,胡澍、李莎、耿凌楠译,新华出版社,2015,第188~189页。

② Cabinet Office, *The National Security Strategy of the United Kingdom*: *Update* 2009 – *Security for the Next Generation*, June 2009, p. 78, https://www.gov.uk/government/uploads/system/uploads/attachment_data/file/229001/7590.pdf,登录时间:2016年5月19日。

③ Daniel Byman, Peter Chalk, et al., *Trends in Outside Support for Insurgent Movements*, Santa Monica, RAND, 2001, pp. 9 – 17.

④ Navin A. Bapat, "The Internationalization of Terrorist Campaigns", *Conflict Management and Peace Science*, Vol. 24, No. 4 (September 2007), pp. 265 – 267.

最后，以全球反恐战争为契机，在新一轮国际格局转型过程中建立一个平等、公正、合理的国际政治经济新秩序。揆诸历史，当代跨国"圣战"运动的不断高涨，以及如影随形的国际恐怖主义的猖獗，无不与某些超级大国的霸权主义和黩武主义有关。2003年以来的新一轮"跨国圣战"运动浪潮，同样与美国的单边主义和"政权更迭"政策密不可分。从这个意义上说，未来的国际反恐合作首先要摒弃西方大国长期奉行的"双重标准"和单边主义政策，尤其是西方国家在"9·11"事件后以"反恐战争"名义建立话语霸权和行为霸权。与此同时，还要在反恐合作、打击暴力极端主义等国际事务中充分尊重广大发展中国家的意愿和诉求，承担起帮助发展中国家构建、提升反恐能力的国际责任，以调动更多发展中国家参与国际反恐合作的积极性。简言之，通过深化全球反恐合作，在新一轮国际格局转型过程中建立一个更为平等、公正、合理的国际政治经济新秩序，进而消除造成"跨国圣战"运动和滋生恐怖主义的国际土壤。这种努力既是在国际反恐领域实现全球治理的重要组成部分，也是未来建立公正、合理的国际安全新秩序，推动世界多极化发展的应有之义。

Y.4 "支持阵线"的演变与"基地"组织的战略应对[*]

包澄章[**]

摘　要： 叙利亚内战的爆发和"伊斯兰国"组织的崛起加剧了国际恐怖主义势力的内部分化，迫使"基地"组织做出了"拓展网络""重塑权威""改善形象"三大战略应对。"支持阵线"的发展及演变集中体现了"基地"组织在叙利亚的战略考量，即借助叙利亚内战强化以暴力革命手段推翻世俗政权统治和实行"伊斯兰治理"模式的理念，利用叙利亚脆弱的政治进程整合叙反对派以加速本土化进程和拓展跨国网络，重新树立"基地"组织对全球"圣战"萨拉菲运动的权威。为实现"基地"组织在叙利亚的长期目标，"支持阵线"于2016年7月宣布同"基地"组织脱离关系，更名为"征服沙姆阵线"，并于半年后同叙反对派多个组织合并组建"解放沙姆组织"，凸显了"基地"组织运用"虚实结合"的策略破坏叙利亚和平进程、躲避国际反恐力量打击、重塑自身权威的图谋。

关键词： "支持阵线" "基地"组织 "伊斯兰国"组织 叙利亚内战

---

[*] 本文系2016年度国家社会科学基金重大项目"全球伊斯兰极端主义研究"（项目批准号：16ZDA096）的阶段性成果。

[**] 包澄章，博士，上海外国语大学中东研究所副研究员。研究领域为国际恐怖主义、中东伊斯兰思潮。

"支持阵线"的演变与"基地"组织的战略应对

"支持阵线"(Jabhat al-Nusra 或 al-Nusra Front)是近年来叙利亚境内发展最迅猛的极端组织之一,它最初是"基地"组织伊拉克分支——"伊拉克伊斯兰国"组织在叙利亚设立的分支组织。截至 2015 年 5 月,该组织成员规模已扩大到 1 万人左右。① "支持阵线"主要活跃于阿勒颇、代尔祖尔、大马士革、伊德利卜等叙利亚北部和东部省份。② 自 2011 年 8 月成立以来,"支持阵线"与极端组织"伊斯兰国"的关系经历了从附属、破裂至敌对等多个阶段。2013 年 4 月"支持阵线"与"伊拉克伊斯兰国"组织("伊斯兰国"组织前身)关系破裂后,宣布效忠"基地"组织头目扎瓦赫里(Ayman al-Zawahri)。在六年多的发展历程中,"支持阵线"始终以推翻叙利亚巴沙尔政权为首要目标,通过联合叙反对派武装及其他极端组织扩充兵力而持续坐大。2016 年,"支持阵线"发动和参与了 687 起袭击事件,较上一年增加了 20%。③ 2016 年 7 月 28 日,"支持阵线"宣布与"基地"组织脱离关系,并更名为"征服沙姆阵线"(Jabhat Fath al-Sham)。2017 年 1 月 28 日,"征服沙姆阵线"宣布与多个叙极端组织合并,并更名为"解放沙姆组织"(Hay'at Tahrir al-Sham)。"支持阵线"的发展及演变,是"基地"组织战略调整及其与"伊斯兰国"组织战略竞争的集中体现。

一 "支持阵线"的发展历程

"支持阵线"六年多的发展历程是叙利亚内战局势的一个缩影,同时

---

① Taylor Luck, "Syria Crisis: Spooked by Rebel Gains, Jordan Doubles down vs. Islamic State (+ video)," The Christian Science Monitor, May 4, 2015, http://www.csmonitor.com/World/Middle-East/2015/0504/Syria-crisis-Spooked-by-rebel-gains-Jordan-doubles-down-vs.-Islamic-State-video(上网时间:2016 年 9 月 10 日)。

② "The Al-Nusra Front's Structure, Leadership and Functioning," Crethi Plethi, September 23, 2013, http://www.crethiplethi.com/the-al-nusra-front-s-structure-leadership-and-functioning/intelligence-terrorism-information-center/2013/(上网时间:2017 年 5 月 12 日)。

③ "Global Militancy on the Rise, IHS Markit Says," IHS Markit, January 24, 2017, http://news.ihsmarkit.com/press-release/aerospace-defense-security/global-militancy-rise-ihs-markit-says(上网时间:2017 年 2 月 15 日)。

也是"基地"组织战略调整及其与"伊斯兰国"组织关系演变的重要体现。在"基地"组织和"伊斯兰国"组织关系的变化、"支持阵线"自身实力的发展、叙战场局势的演变、美俄对叙政策调整及各自在叙境内反恐效果等因素的影响下,"支持阵线"在叙利亚的发展大致经历了以下几个阶段。

(一)初创阶段(2011年3月至12月)

2011年3月,叙利亚危机的爆发为该国和西亚地区极端组织的兴起创造了巨大空间。7月,"基地"组织伊拉克分支——"伊拉克伊斯兰国"头目阿布·巴克尔·巴格达迪(Abu Omar al-Baghdadi)及其副手哈吉·巴克(Haji Bakr)决定在叙利亚成立该组织的分支。8月,巴格达迪派阿布·穆罕默德·朱拉尼(Abu Mohammad al-Julani)趁斋月期间带领其他6名指挥官①前往叙利亚东北部组建新分支。9月和10月,朱拉尼先后召集过几次秘密会议,决定将"支持受阿拉维派和什叶派敌对势力压制的逊尼派"作为"支持阵线"成立的目标,但当时并未直接对外宣布这一决定。在成立初期,"支持阵线"的行动相对比较隐蔽和低调,专注于组织内部建设和从叙利亚境内招募成员来扩充规模,偶尔针对叙政府安全机构发动过几次小规模攻击,用来测试叙政府目标的防卫能力。

(二)适应阶段(2012年1月至7月)

2012年1月23日,"支持阵线"通过"基地"组织的论坛发布视频,正式对外宣布成立,并对叙巴沙尔政权"宣战"。2月8日,"基地"组织

---

① 其余六人为伊拉克人梅萨尔·阿里·穆萨·阿卜杜拉·朱布里(Maysar Ali Musa Abdullah al-Juburi)、巴勒斯坦人阿布·欧麦尔·菲利斯蒂尼(Abu Omar al-Filistini)、两名约旦籍巴勒斯坦人阿卜杜·拉提夫·萨利赫(Mustafa Abd al-Latif al-Saleh)和伊亚德·图巴斯(Iyad Tubasi)、两名叙利亚人阿纳斯·哈桑·哈塔布(Anas Hassan Khattab)和萨利赫·哈马维(Saleh al-Hamawi)。

头目扎瓦赫里在一段名为"叙利亚雄狮"(Lions of Syria)的视频中呼吁穆斯林"支持叙利亚的起义"。① 2012年上半年叙利亚内战全面爆发前,"支持阵线"虽然制造了多起炸弹袭击事件,并通过在线视频强调叙利亚局势是其重要关切,但当时该组织在叙利亚境内的影响力和行动力仍十分有限,基本上处于适应阶段。

(三)融入阶段(2012年8月至2013年3月)

进入2012年8月后,叙利亚内战升级,"支持阵线"一方面利用叙利亚内战尤其是阿勒颇、大马士革和代尔祖尔等地冲突发展壮大,迅速将自己的角色定位从恐怖组织转向反政府组织,同时加强同叙反对派的联系和协调,联合叙反对派武装和极端组织针对叙政府军频繁发动袭击,并在叙反对派打败叙政府军的几场战役中发挥了关键作用;另一方面"支持阵线"成立"救济部",开始向冲突地区的平民提供公共服务和社会援助,以扩大自身影响力。2012年冬季,"支持阵线"向阿勒颇地区提供暖气、自来水、医疗、卫生等公共服务,受到当地民众的欢迎。② 在该阶段,"支持阵线"同时扮演着"革命者"和"援助者"的双重角色,并依靠这种策略成功融入了叙反对派内部和冲突地区的当地社区。同年12月,29个叙利亚反对派组织签署"请愿书",要求当地群众举行拥护"支持阵线"的示威游行,呼吁示威民众高呼"不要美国干预,因为我们都是支持阵线"的口号和高举该组织的旗帜。③ 2012年12月10日,"支持阵线"被美国列为恐怖组织。

---

① Jennifer Cafarella, "Jabhat al-Nusra in Syria: An Islamic Emirate for al-Qaeda," *Middle East Security Report*, No. 25, December 2014, p. 46.
② Daveed Gartenstein-Ross and Phillip Smyth, "How Syria's Jihadists Win Friends and Influence People," *The Atlantic*, August 22, 2013.
③ Ruth Sherlock, "Syrian Rebels Defy US and Pledge Allegiance to Jihadi Group," *The Telegraph*, December 10, 2012, http://www.telegraph.co.uk/news/worldnews/middleeast/syria/9735988/Syrian-rebels-defy-US-and-pledge-allegiance-to-jihadi-group.html(上网时间:2016年7月10日)。

(四)决裂阶段(2013年4月至12月)

"支持阵线"在叙利亚的迅猛发展引发了"伊拉克伊斯兰国"组织头目巴格达迪的担忧。2012年11月,巴格达迪在一封秘密信件中敦促朱拉尼公开宣布"支持阵线"与"伊拉克伊斯兰国"的联系,但遭到朱拉尼的拒绝。同年12月,巴格达迪派遣副手哈吉·巴克尔前往叙利亚同朱拉尼会晤未果。2013年2月,巴格达迪亲自前往叙北部,同"支持阵线"领导层会晤,但仍未能说服朱拉尼"回心转意"。同年4月8日,巴格达迪遂决定单方面宣布将"伊拉克伊斯兰国"与"支持阵线"合并为"伊拉克和沙姆伊斯兰国"(ISIS)。两天后,朱拉尼否认"支持阵线"同"伊拉克伊斯兰国"合并,声称"支持阵线"是"基地"组织的一个独立分支,并借此重申对扎瓦赫里效忠。扎瓦赫里也否认两个组织合并,强调巴格达迪"在合并声明一事上犯了错误"。这一事件不仅导致"基地"组织同"伊拉克伊斯兰国"的关系决裂,也使得"伊拉克伊斯兰国"对"支持阵线"的资金援助被大幅削减。

(五)敌对阶段(2014年1月至8月)

2013年底,"伊拉克和沙姆伊斯兰国"组织将叙反对派中"支持阵线"的盟友"沙姆自由人"(Ahrar al-Sham)组织列为敌手,导致2014年1月"支持阵线"将"伊拉克和沙姆伊斯兰国"直接列为其攻击对象之一。2月3日,扎瓦赫里宣布因"伊拉克和沙姆伊斯兰国"过于极端、残忍和野蛮而将其逐出"基地"组织,两者之间不再存在任何隶属关系。3月至8月,"支持阵线"同"伊拉克和沙姆伊斯兰国"组织(后更名为"伊斯兰国")在代尔祖尔的冲突不断升级,导致"支持阵线"丢失了部分地盘。6月29日,巴格达迪宣布建立"哈里发国",并将"伊拉克和沙姆伊斯兰国"更名为"伊斯兰国"。这一事件标志着"伊斯兰国"组织与"基地"组织围绕全球"圣战"运动纲领和路线的争夺进入了新阶段,两者间的关系开始进入敌对阶段。作为"基地"组织叙利亚分支的"支持阵线"遂开始公开宣扬"基地"组织的理念，如朱拉尼曾在阿勒颇郊区呼吁在叙境内建立"伊斯兰酋长国"①。

（六）崛起阶段（2014年9月至2015年9月）

"伊斯兰国"宣布"建国"后，该组织实施的一系列人质斩首等暴力事件令其成为国际社会关注的焦点。2014年8月，美国开始对伊拉克境内的"伊斯兰国"组织目标发起空袭；同年9月，美国将打击范围扩大至叙利亚，并发起组建打击"伊斯兰国"的组织联盟。"支持阵线"利用这一契机在叙利亚战场上逐渐建立起自己的势力范围。截至当年12月，"支持阵线"同"安萨尔丁阵线"（Jabhat Ansar al-Din）②、"沙姆军"（Junud al-Sham）、"伊斯兰双重运动"（Harakat al-Muthanna al-Islamiya）、"阿克萨军"（Jund al-Aqsa）、"乌玛旅"（Liwa al-Umma）、"沙姆自由人"、"伊斯兰神圣旅"（Liwa al-Qadisiya al-Islamiyyah）、"沙姆支持者营"（Kata'ib Ansar al-Sham）等"圣战"萨拉菲组织在战场上密切配合③，不断提升自身在叙反对派内部的影响力。随着"支持阵线"与"伊斯兰国"之间冲突加剧，朱拉尼开始对外宣称"支持阵线"与"伊斯兰国"之间的矛盾不可调和，④寻求在更大范围内构建反"伊斯兰国"的支持力量，试图主导战场话语权和争夺国际"圣战"运动的领导权。在提升战场影响力的同时，"支持阵线"还寻求将"基地"组织势力植入叙利亚本土。2015年初，扎瓦赫里在一封秘密信件中命令朱拉尼领导"支持阵线"更好地融入叙利亚革命和人民之中，同

---

① Thomas Joscelyn, "Leaked Audio Features Al Nusrah Front Emir Discussing Creation of an Islamic Emirate," *Long War Journal*, July 12, 2014, http://www.longwarjournal.org/archives/2014/07/leaked_audio_of_al.php（上网时间：2016年7月8日）。

② "安萨尔丁阵线"由"迁徙者与支持者军"（Jaish al-Muhajireen wal Ansar）、"伊斯兰沙姆运动"（Harakat Sham al-Islam）、"沙姆黎明伊斯兰运动"（Harakat Fajr ash-Sham al-Islamiya）和"绿色营"（al-Katiba al-Khadra）四个分支组织组成。

③ Jennifer Cafarella, "Jabhat al-Nusra in Syria: An Islamic Emirate for al-Qaeda," pp. 17, 20.

④ "Nusra Front Leader: We Will Not Target Syria's Alawites," *Al Jazeera*, http://www.aljazeera.com/news/2015/05/nusra-front-target-syria-alawites-150527203031249.html（上网时间：2016年12月12日）。

当地所有的伊斯兰组织进一步密切协调,建立覆盖整个叙利亚的伊斯兰教法司法系统,利用叙利亚的战略区域建设"基地"组织可持续的权力基础,停止任何袭击西方的相关活动。① 为此,2015年夏天"支持阵线"在伊德利卜省建立了伊斯兰教法法庭。

(七)重整阶段(2015年10月至今)

自 2015 年 9 月底俄罗斯军事介入叙利亚危机以来,美俄围绕叙利亚反恐的博弈加剧,两国同时加大了对叙极端组织的空袭打击力度,叙战场平衡出现重大变化。由于"支持阵线"在伊德利卜、哈马和阿勒颇等地的据点经常成为国际反恐力量的打击目标,该组织为确保自身利益和维持在叙反对派中的影响力被迫调整策略。2016 年 2 月,朱拉尼透露可能通过脱离"基地"组织来换取同叙反对派极端组织建立更广泛的联盟,同时利用2月至6月间叙战场局势的变化将 3000 名叙极端分子成功招至麾下。7 月 28 日,朱拉尼在一段视频中正式宣布"支持阵线"脱离"基地"组织,强调"支持阵线"不再同任何外部团体存在隶属关系,并更名为"征服沙姆阵线"。与此同时,"基地"组织头目扎瓦赫里也通过其副手艾哈迈德·哈桑·阿布·哈伊尔(Ahmed Hassan Abu el-Kheir)发表声明,允许"支持阵线"脱离"基地"组织,表示"支持阵线"在叙利亚应竭力"保护伊斯兰教和穆斯林的利益,维护圣战",同时敦促该组织联合其他极端组织共同反对"十字军",组建一个良好的"伊斯兰政府"。② 半年后的 2017 年 1 月 28 日,"征服沙姆阵线"宣布同极端组织"安萨尔丁阵线"、"努尔丁·赞吉运动"(Nour al-Din al-Zenki Movement)和"真理旅"(Liwa al-Haqq)合并成立"解放沙姆组织"(Hay'at Tahrir al-Sham),由"沙姆自由人"前头目阿布·

---

① Charles Lister, "An Internal Struggle: Al-Qaeda's Syrian Affiliate is Grappling with Its Identity," *Huffington Post*, May 31, 2015, http://www.huffingtonpost.com/charles-lister/an-internal-struggle-al-q_b_7479730.html(上网时间:2016 年 10 月 2 日)。
② Sarah El Deeb, "Syria Nusra Front Leader Claims to Cut Ties with al-Qaida," *AP News*, July 28, 2016, https://apnews.com/2c42b6d9795549689307da2f69516e95/al-qaida-central-appears-ok-split-syrian-branch(上网时间:2016 年 11 月 12 日)。

贾比尔·哈希米·谢赫（Abu Jaber Hashem Al-Sheikh）担任该组织头目。"解放沙姆组织"成立初期拥有 3.1 万名武装分子，其中 1.8 万名来自"征服沙姆阵线"。① 随着其他极端组织的先后加入，截至 2017 年 5 月"解放沙姆组织"成员规模已扩大至约 5 万人。②

二 "支持阵线"的组织结构和战略目标

经过六年多的发展，"支持阵线"已成为一个组织完备、战斗力强、影响广泛且深度嵌入叙利亚本土社区的极端组织。

（一）组织结构

"支持阵线"设有协商委员会、中央司令部、司法部、公共宣传部、军事与宗教机构，这五大部门在日常运作中各司其职，③ 朱拉尼担任该组织的"埃米尔"即组织头目。

协商委员会由军事人员和宗教人士组成，负责制定"支持阵线"的总体战略及为朱拉尼提供决策建议。该委员会的三名骨干成员系由扎瓦赫里派往叙利亚，其中两人曾参与组建了"支持阵线"的攻击小组。

中央司令部负责为地方指挥部提供作战指导。"支持阵线"在叙利亚不同地区设立了 5 个二级指挥部，在黎巴嫩设立了 1 个独立指挥部。叙利亚境内的指挥部拥有一定自主权，主要负责制定和执行针对巴沙尔政权的军事行

---

① Nazeer Rida, "Syria: Surfacing of 'Hai'at Tahrir al-Sham' Threatens Truce," *Asharq Al-Awsat*, January 30, 2017, https://english.aawsat.com/nazeer-rida/news-middle-east/syria-surfacing-haiat-tahrir-al-sham-threatens-truce（上网时间：2017 年 6 月 13 日）。

② Chris Tomson, "Islamist Rebel Group Joins Al-Qaeda Franchise in Syria," *Al-Masdar News*, May 21, 2017, https://www.almasdarnews.com/article/islamist-rebel-group-joins-al-qaeda-franchise-syria/（上网时间：2017 年 6 月 13 日）。

③ Jennifer Cafarella, Harleen Gambhir, and Katherine Zimmerman, "Jabhat al Nusra and ISIS: Sources of Strength," *U. S. Grand Strategy: Destroying ISIS and al Qaeda*, Report Three, February 2016, Institute for the Study of War, http://www.understandingwar.org/sites/default/files/Jabhat%20al%20Nusra%20and%20ISIS%20Sources%20of%20Strength_0.pdf, pp. 18-19.

动、招募新成员、开展军事训练和参与地方治理等,并同叙反对派的其他组织建立联系。黎巴嫩的指挥部主要负责从当地难民营中招募新成员,尤其注重将的黎波里和贝卡谷地的逊尼派穆斯林难民发展成为组织成员,同时还承担着攻击黎巴嫩政府和真主党的任务。"支持阵线"为其控制的每个省份配备了一名"伊斯兰教法官"(Dabet al-Shar'i)和一名军事指挥官,"伊斯兰教法官"为指挥官的军事行动提供教法意见。[1]

司法部下设法院,主要负责在叙反对派控制地区推行伊斯兰教法,调解叙反对派组织之间的争端。法官通过发布"法特瓦"(宗教法令)在当地强化"伊斯兰治理"模式的推行,并同"支持阵线"军事领导人和指挥官进行密切协调,配合该组织在叙西部反对派控制地区提升影响力,而调解叙反对派组织争端则为维持"支持阵线"在反对派中的影响力提供了重要保证。叙反对派其他组织虽也参与调解争端,但难以获得如"支持阵线"那般的威望。

公共宣传部下设"宣教和指导局"(Maktab Dawa wa al-Irshad),受"支持阵线"法院直接领导,在该组织活动区域的17个据点设有办事处,负责向当地民众分发组织宣传材料和灌输极端意识形态,同时也通过提供公共服务来争取民意。例如,在阿勒颇和伊德利卜,该组织以"圣战宣教人员中心"(Markaz Duat al-Jihad)的名义为当地妇女和儿童开设宗教课程,在课程内容中植入"基地"组织的意识形态,并为当地妇女提供宗教服饰。

军事与宗教机构下设20个"联合军事行动室"、10个联合管理机构和2个行政机构,分布在叙反对派驻扎的省份,保证"支持阵线"能够对不同地区的叙反对派组织施加影响。包括"伊斯兰军"在内的多个叙利亚极端组织经常同"支持阵线"开展联合军事行动。

除上述机构外,"支持阵线"还设立了负责监督组织财务状况的中央财

---

[1] Noman Benotman and Roisin Blake, "Jabhat al-Nusra: A Strategic Briefing," *Quilliam Foundation*, January 8, 2013, http://www.quilliamfoundation.org/wp/wp-content/uploads/publications/free/jabhat-al-nusra-a-strategic-briefing.pdf(上网时间:2017年5月4日)。

政委员会、执行快速反应任务的特种作战部队"支持军"(Jaish al-Nusra)、负责提供地方治理的"公共服务局"(Idarat al-Khidamat al-Ammah)、向冲突地区平民提供社会援助的"救济部"(Qism al-Ighatha)等机构。①

(二)资金来源

"支持阵线"在成立初期主要依靠"伊拉克伊斯兰国"组织提供资金。两者关系决裂前,"支持阵线"一半的资金来源依靠"伊拉克伊斯兰国"组织提供。然而,两者间关系的决裂直接导致"支持阵线"来自伊拉克"伊斯兰国"方面的资金被大幅削减,而"伊斯兰国"组织在2014年下半年夺取"支持阵线"控制的叙东部油田地区后,"支持阵线"更是陷入了财政危机,只能选择通过征税、罚款、掠夺、走私和外部捐赠等方式填补资金缺口。该组织征税税种包括收入税、服务税、公共事业税(包括对日常用电、用水、用房征税)、武器税等,如在伊德利卜省对当地的流离失所者征收住房税,对叙境内其他武装组织征收武器关税等。"支持阵线"还通过掠夺叙利亚当地宗教少数群体的资产来填补资金缺口。

在接受外部捐赠方面,"支持阵线"同时接受沙特、卡塔尔、科威特、土耳其等国的私人捐赠。② 自称是"'基地'组织突击队员"的科威特人哈米德·阿里(Hamid Hamad Hamid al-Ali)长期为"基地"组织和"支持阵线"筹集资金,并唆使其他科威特捐助者向恐怖组织提供资金和物资支持。至2013年中,哈米德·阿里已为"支持阵线"筹集了数万美元,用于该组织购买武器装备和日常用品。2014年,哈米德·阿里利用科威特籍学生向"支持阵线"运送资金。为调解"支持阵线"和"伊斯兰国"组织之间的争端,2013年夏天,哈米德·阿里曾多次前往叙利亚同两大极端组织的头

---

① Charles Lister, "Profiling Jabhat al-Nusra," *Analysis Paper*, No. 24, The Brookings Institution, July 2016, p. 30, https://www.brookings.edu/wp-content/uploads/2016/07/iwr_20160728_profiling_nusra.pdf(上网时间:2016年9月10日)。

② "Lebanon, Qatar Deny Paying Ransom to Release 16 Lebanese Hostages," *Ya Libnan*, December 3, 2015, http://yalibnan.com/2015/12/03/lebanon-qatar-deny-paying-ransom-to-release-16-lebanese-hostages/(上网时间:2016年10月12日)。

目进行会面，试图促成朱拉尼和巴格达迪之间开展对话。① 从整体上看，受资金限制的"支持阵线"只能选择进行有限的"地方治理"，难以形成如"伊斯兰国"组织那般大规模的"国家治理"。② 有趣的是，部分极端分子加入"支持阵线"后开始留胡须、穿长袍，但在行为上表现得"一点也不狂热"，甚至还同不戴头巾、穿紧身衣裤的妇女握手，如此打扮只是为了获取卡塔尔等海湾国家的资金支持。③

（三）人员构成

2015年6月，朱拉尼在接受卡塔尔半岛电视台的采访中提到，"支持阵线"的成员70%为叙利亚籍武装分子，30%为外籍武装分子，④ 这同高度依赖外籍武装分子的"伊斯兰国"组织⑤存在较大区别。截至2016年7月，

---

① 哈米德·阿里是被联合国列入"基地"组织制裁名单的个人，关于联合国的制裁理由，参见 "Narrative Summaries of Reasons for Listing：QDi. 326 Hamid Hamad Hamid al-'Ali'," The United Nations, https：//www.un.org/sc/suborg/en/sanctions/1267/aq_sanctions_list/summaries/individual/hamid-hamad-hamid-al-%E2%80%98ali（上网时间：2017年4月15日）。美国财政部已对至少10名来自海湾国家和土耳其向"支持阵线"提供资金支持的个人实施了制裁，参见 Charles Lister, "Profiling Jabhat al-Nusra," p. 48。

② Charles Lister, "Profiling Jabhat al-Nusra," p. 31.

③ Paul Danahar, *The New Middle East：The World After the Arab Spring*, London and New York：Bloomsbury Publishing, 2015, pp. 407-408.

④ "Nusra Leader：No End to Conflict with ISIL in Syria," *Al Jazeera*, June 4, 2015, http：//www.aljazeera.com/news/2015/06/nusra-leader-conflict-isil-syria-150604021024858.html（上网时间：2017年5月3日）。

⑤ 截至2015年12月，来自全球至少86个国家的27000~31000名外籍武装分子加入了"伊斯兰国"组织。其中，来自12个国家（突尼斯、沙特阿拉伯、俄罗斯、土耳其、约旦、法国、摩洛哥、黎巴嫩、德国、英国、印度尼西亚、埃及）的外籍武装分子数量占"伊斯兰国"组织成员总数的75%。参见 The Soufan Group, "Foreign Fighters：An Updated Assessment of the Flow of Foreign Fighters into Syria and Iraq," *The Soufan Group*, December 2015, p. 4, http：//soufangroup.com/wp-content/uploads/2015/12/TSG_ForeignFightersUpdate_FINAL3.pdf; Hardin Lang and Muath Al Wari, "The Flow of Foreign Fighters to the Islamic State," *Center for American Progress*, March 2016, https：//cdn.americanprogress.org/wp-content/uploads/2016/03/17132821/ForeignFighters-report.pdf; Efraim Benmelech and Esteban F. Klor, "What Explains the Flow of Foreign Fighters to ISIS?," *NBER Working Paper*, No. 22190, May 2017, https：//scholars.huji.ac.il/sites/default/files/eklor/files/w22190.pdf（上网时间：2017年6月3日）。

"支持阵线"拥有 5000~10000 名武装分子①,其中约 7000 名武装分子在伊德利卜省活动,已然成为叙利亚战场上继"伊斯兰国"组织后的第二大极端组织。② "支持阵线"要求新成员必须获得前线两位指挥官的担保金后方可加入该组织。新成员必须参加为期 6~8 周的宗教课程、体能训练和军事培训。③ 新成员一旦被接受加入该组织,必须宣示效忠于"支持阵线"头目朱拉尼。在叙利亚,该组织采用"基地"组织"圣战"理论家阿布·穆萨布·苏里(Abu Musab al-Suri)④ 的策略在当地人中发展新成员,尤其注重通过资金优势和武器装备来吸引当地武装分子的加入。

(四)战略目标及行动策略

"支持阵线"最初是"伊斯兰国"组织的前身"伊拉克伊斯兰国"在叙利亚建立的分支组织,但随着"支持阵线"在叙利亚本土的发展壮大,两个极端组织在国际"圣战"运动的战略目标和行动策略等问题上分歧渐深,最终导致两者关系破裂。

在战略目标上,"支持阵线"自成立以来始终将推翻巴沙尔政权作为首要任务,以最大限度地确保自身在叙利亚反对派中的地位和影响。为实现本

---

① 另有研究估计,2016 年 4 月"支持阵线"武装分子的数量在 15000~20000 人。参见 Tanya Pinto, "The 9 Groups Fighting in Syria," *Globalo*, April 13, 2016, http://www.globalo.com/the-9-groups-fighting-in-syria/(上网时间:2017 年 6 月 8 日)。
② 在叙利亚伊德利卜省活动的"支持阵线"武装分子还包括 15 岁以下的未成年人。参见"Nusra Front(Jabhat Fateh al-Sham)," *Counter Extremism Project*, https://www.counterextremism.com/threat/nusra-front-jabhat-fateh-al-sham(上网时间:2017 年 9 月 6 日)。
③ Charles Lister, *The Syrian Jihad: Al-Qaeda, the Islamic State and the Evolution of an Insurgency*, London: Hurst & Company, 2015, pp. 56-59.
④ 阿布·穆萨布·苏里的代表作《对全球伊斯兰抵抗的呼吁》(*The Call for Global Islamic Resistance*)是一部长达 1604 页的作品,成为后来"基地"组织进行战略规划和开展行动的重要指南,其撰写该书的目的是使"基地"组织"从一个脆弱的层级制组织转变成富有弹性且权力分散的运动"。关于阿布·穆萨布·苏里的"圣战"理论,参见 Paul Cruickshank and Mohannad Hage Ali, "Abu Musab Al Suri: Architect of the New Al Qaeda," *Studies in Conflict and Terrorism*, Vol. 30, No. 1, 2007, pp. 1-14; Brynjar Lia, *Architect of Global Jihad: The Life of al-Qaida Strategist Abu Mus'ab al-Suri*, New York: Columbia University Press, 2007; M. W. Zackie Masoud, "An Analysis of Abu Mus'ab al-Suri's 'Call to Global Islamic Resistance'," *Journal of Strategic Security*, Vol. 6, No. 1, 2013, pp. 1-18。

土化发展的目标,"基地"组织向叙利亚派遣了一支经验丰富的作战部队,以向当地成员提供建议和传授作战技能。① 2015年5月朱拉尼在接受卡塔尔半岛电视台的专访中强调:"我们在这里只是为了完成一个任务——打击(巴沙尔)政权及其代理人。……'支持阵线'没有任何针对西方的袭击计划。我们收到过明确命令,不将叙利亚作为袭击美国或欧洲的发射台,以防止针对叙政权的真正任务被破坏。'基地'组织或许这样做,但不是在叙利亚。"朱拉尼还提到,尽管阿拉维派被认为是"异教徒",但"我们的战争并不是针对阿拉维派的","支持阵线"也不会攻击支持巴沙尔政权的阿拉维派少数群体。②

"伊斯兰国"组织"建国"后,巩固"哈里发国"疆域、向"伊斯兰区域"(Dar al-Islam)实行对外扩张和强化对全球"圣战"萨拉菲运动的领导权成为该组织的战略目标。巩固控制区域是"伊斯兰国"组织维系"哈里发国"实体运作的重要保障,对外扩张则是该组织实践"哈里发国"愿景的重要路径,两者都是为了强化"哈里发国"的宗教合法性,为其在控制区域推行伊斯兰教法实行治理、吸引国际"圣战"分子和极端组织效忠加入奠定现实条件。

在行动策略上,"支持阵线"运用结盟、联合、调解、治理等手段在战场上和控制区域壮大自身影响力,即依靠小型精锐部队的作战优势在战场上与叙反对派内部的极端组织结盟来共同对抗叙政府军;联合反对派中温和的伊斯兰组织来提升打击巴沙尔政权的合法性,同时削弱以美国为首的西方国家对叙反对派的影响③;通过建立宗教司法系统调解叙反对派内部不同派系

---

① Katherine Zimmerman, "The Khorasan Group: Syria's al Qaeda Threat," AEI's Critical Threats Project, September 23, 2014, http://www.criticalthreats.org/alqaeda/zimmerman-khorasan-group-syrias-al-qaeda-threat-september-23-2014(上网时间:2017年3月18日)。
② "Nusra Leader: Our Mission Is to Defeat Syrian Regime," *Al Jazeera*, May 28, 2015, http://www.aljazeera.com/news/2015/05/nusra-front-golani-assad-syria-hezbollah-isil-150528044857528.html(上网时间:2017年6月1日)。
③ Jennifer Cafarella, Harleen Gambhir, and Katherine Zimmerman, "Jabhat al Nusra and ISIS: Sources of Strength," p. 17.

之间的争端以树立自身威望和巩固反巴沙尔政权的力量;利用叙利亚内战的溢出效应及人道主义危机向叙当地民众以及土耳其、黎巴嫩和约旦境内叙难民营中的难民提供公共服务和援助,获取当地民众的支持和认同并借机进行成员招募和灌输极端意识形态。由此,"支持阵线"发展出一个集反对派联盟、宗教司法机构、公共服务机构、社会救助团体于一体的本土化网络。"支持阵线"侧重攻击叙政府的军事目标,力图与叙反对派主要武装组织保持目标的一致。这一行动策略使得"支持阵线"在叙反对派活动区域成功建立起自己的势力范围,在叙反对派内部迅速树立了自身威望,并从反巴沙尔政权的行动中汲取合法性,同时依靠渐进式的社区治理来获取当地民众的支持。

"伊斯兰国"组织在巩固控制区域的同时,不断向外部进行扩张,凸显本土化和国际化并重的趋势。作为一个兼具恐怖主义和叛乱特征、控制大片领土并实行治理的"准国家"恐怖组织,"伊斯兰国"在叙利亚和伊拉克控制区域实行严格的伊斯兰教法,运用屠杀、斩首、胁迫等手段强化其在当地的统治,表现出一种极端激进式的治理方式。"伊斯兰国"组织通过强化"定叛"观念①——随意宣布穆斯林为"异教徒"或"叛教徒"——来挑起教派冲突和族群矛盾,以此动员针对什叶派、世俗逊尼派和基督徒等群体的暴力袭击,借此同"基地"组织争夺"圣战"萨拉菲运动的领导权。与此形成对比的是,"支持阵线"在叙利亚战场上刻意淡化教派矛盾,朱拉尼曾强调,尽管阿拉维派被认为是"异教徒",但"我们的战争并不是针对阿拉维派的",且"'支持阵线'不会攻击支持巴沙尔政权的阿拉维派少数群体"。②

三 "支持阵线"脱离"基地"组织的现实动因

"基地"组织的一个分支机构整体上脱离该组织的恐怖网络,并受到

---

① 关于"基地"组织、"伊斯兰国"组织"定叛"观念的区别,参见 V. G. Julie Rajan, *Al Qaeda's Global Crisis: The Islamic State, Takfir and the Genocide of Muslims*, London and New York: Routledge, 2015, pp. 44 – 102, 287 – 334。
② "Nusra Leader: Our Mission Is to Defeat Syrian Regime".

"基地"组织头目的认可,且脱离关系后两个组织仍保持相同的战略目标和意识形态,这在"基地"组织发展史上尚属首次。"支持阵线"宣布与"基地"组织脱离关系,主要出于以下现实动因。

第一,"支持阵线"通过加速本土化进程同叙反对派组织结成更广泛的反政府联盟,破坏叙利亚和平进程。"沙姆自由人"组织负责政治事务的指挥官艾哈迈德·伊萨·谢赫(Ahmed Issa al-Sheikh)曾多次要求"支持阵线"与"基地"组织撇清关系,以稳固两个组织在叙战场上的结盟,强调"为了沙姆地区'圣战'能够继续推进下去,为了革命利益和远离分裂,我们呼吁我们的兄弟'支持阵线'与'基地'组织脱离关系"。① 同时,卡塔尔等海湾国家早前也试图说服"支持阵线"断绝与"基地"组织的关系,便于这些国家向其提供资金支持来对抗巴沙尔政权。② "支持阵线"自成立以来一直将推翻巴沙尔政权作为优先目标,尤其反对在巴沙尔未下台的情况下各方进行政治谈判,2017 年 1 月合并成立的"解放沙姆组织"再次明确表示拒绝任何停火协议,以此同主张和谈的叙反对派武装"沙姆自由人"③划清界限。因此,脱离"基地"组织有利于"支持阵线"加速其在叙利亚的本土化进程,通过整合叙反对派内部其他极端组织对抗叙政府来拉长战线和制造冲突,以此破坏任何实现叙利亚和平和政治解决进程的努力,从而为

---

① "A Leader of Ahrar al-Sham Clarifies the Integration Initiatives Calling for 'Al-Nusra' to Disengage al-Qaeda," *Eldorar Alshamia*, February 1, 2016, http://en.eldorar.com/node/1361(上网时间:2016 年 10 月 7 日)。

② Shaul Shay and Ely Karmon, "Jabhat al-Nusra at Crossroads," *International Institute for Counter-Terrorism*, June 15, 2016, https://www.ict.org.il/Article/1681/jabhat – al – nusra – at – crossroads(上网时间:2017 年 2 月 15 日)。

③ 在土耳其和俄罗斯的斡旋下,2016 年 12 月 29 日,"沙姆自由人组织"等 7 个叙反对派武装加入叙利亚停火机制,成为叙反对派中的"主和派",使其同坚持推翻巴沙尔政权的"征服沙姆阵线"之间的矛盾日益加剧。随着 2017 年 1 月下旬多个极端组织宣布加入"沙姆自由人"组织,该组织于 1 月 26 日完成新一轮合并,导致两天后"征服沙姆阵线"宣布同"安萨尔丁阵线""努尔丁·赞吉运动""真理旅"合并成立"解放沙姆组织"。由此,叙利亚反对派分裂成以"沙姆自由人"为代表的主和派和以"解放沙姆组织"为代表的主战派。关于"解放沙姆组织",参见 Aymenn Al-Tamimi, "The Formation of Hay'at Tahrir al-Sham and Wider Tensions in the Syrian Insurgency: Combating Terrorism Center at West Point," *CTC Sentinel*, Vol. 10, Issue 2, February 2017, pp. 16 – 20。

该组织扎根叙反对派和当地社会奠定基础。"基地"组织头目扎瓦赫里曾强调,"圣战"已从"精英"阶段过渡到"社区"阶段,"我们指示'支持阵线'的领导人向维护伊斯兰教和穆斯林的福祉、保护沙姆人'圣战'的方向前进。我们敦促他们在这方面采取适当措施"。①

第二,"支持阵线"表面上摆脱"基地"组织的"恐怖标签",有利于其获得免受国际反恐联盟军事打击的保护伞。"支持阵线"的控制地区既有大量当地极端组织存在,也有受到西方国家支持的所谓叙利亚"温和反对派"。美国政府打击"支持阵线"的空袭行动曾一度惹怒了同该组织联合作战的"温和反对派"势力,美国军方随后辩称"空袭行动并非将'支持阵线'作为整体目标进行打击",但反对派仍认为空袭行动"像是美国在有效地帮助巴沙尔政权"。② 美国及其盟友虽一直在推动叙反对派组织离开"支持阵线"的活动区域,但收效甚微。叙反对派部分组织一再强调自己不应成为美俄空袭打击的目标,"支持阵线"宣布与"基地"组织脱离关系后,有利于该组织同叙反对派更多团体尤其是"温和反对派"实现整合,通过模糊彼此间的界限来躲避国际反恐力量的打击,增加国际社会在叙利亚反恐的难度,同时也有利于进一步削弱西方国家对叙反对派的影响。

值得注意的是,"支持阵线"的外籍武装人员大多是冲着"基地"组织的国际声望赴叙利亚战场参加"圣战"的。虽然外籍武装人员只占"支持阵线"成员的30%,但该组织宣布脱离"基地"组织并更名后,很大程度上削弱了自身"基地"品牌的吸引力,使其面临武装人员尤其是外籍武装人员流失的风险。因此,"支持阵线"自脱离"基地"组织以来,不断加强同叙利亚本土极端组织的整合,以扩充组织成员的规模。2017年1月28日,"征服沙姆阵线"同叙反对派其他组织合并成立"解放沙姆组织",人员规模增加至3.1万人,阿布·贾比尔任该组织头目,朱拉尼任总指挥官。

---

① Cole Bunzel, "Jabhat al-Nusra's Rebranding in the Eyes of the Islamic State," *Jihadica*, September 22, 2016, http://www.jihadica.com/jabhat-al-nusras-rebranding/(上网时间:2016年9月28日)。

② Paul Danahar, *The New Middle East: The World After the Arab Spring*, pp. 422-423.

因此,"支持阵线"通过改头换面和广泛整合,不仅充实了自身军力,也有利于该组织借混入叙反对派来寻求获得躲避国际反恐联盟打击的保护伞。

第三,"支持阵线"运用"虚实结合"的策略转移国际社会注意力,协助"基地"组织重新夺回对全球"圣战"萨拉菲运动的领导权和重塑自身权威。2014年9月至2015年8月,包括"阿拉伯半岛基地组织"头目纳西尔·乌海希(Nasir al-Wuhayshi)在内的多名"基地"组织核心人物死于美国的反恐行动,其间扎瓦赫里未公开发表任何声明,预示着他对"基地"组织未来发展方向的不确定性。① 与此同时,"伊斯兰国"组织的崛起在很大程度上削弱了"基地"组织的全球影响力,近年来两个组织围绕国际"圣战"运动领导权展开了激烈争夺。"基地"组织头目扎瓦赫里曾将"伊斯兰国"组织比作中世纪的哈瓦利吉派,以此谴责巴格达迪的"叛变",并呼吁对后者实行"整体处决"②,试图将"伊斯兰国"逐出主流的"圣战"萨拉菲派,以重塑自身权威。事实上,"支持阵线"宣布脱离"基地"组织前,扎瓦赫里曾明确指示朱拉尼不要放弃对其效忠③,这也印证了脱离"基地"组织后"支持阵线"在加速本土化进程的同时,意识形态仍同"基地"组织保持一致的现实,突出体现在该组织通过建立伊斯兰法庭和开办宗教学校在叙利亚进行意识形态扩张。因此,"支持阵线"宣布脱离"基地"组织,意在运用"虚实结合"的策略转移国际反恐力量视线,使"基地"组织重塑自身权威并夺回对全球"圣战"萨拉菲运动的领导权。

"支持阵线"的发展及演变,集中体现了"基地"组织在叙利亚的战略考量,即借助叙利亚内战强化以暴力革命手段推翻世俗政权统治和实行

---

① Sajjan M. Gohel, "Deciphering Ayman Al-Zawahiri and Al-Qaeda's Strategic and Ideological Imperatives," *Perspectives on Terrorism*, Vol. 11, No. 1, p. 54.
② Sam Heller, "Al-Qa'ida's Ayman Al-Zawahiri Plays Politics," Radio Free Europe / Radio Liberty, May 20, 2016, http://www.rferl.org/a/al-qaeda-al-zawahri-plays-politics/27746829.html(上网时间:2017年7月8日)。
③ Davide Mastracci, "Al-Qaeda Just Got Dumped by Its Partner in Syria-and It's Not Good for the US," *Vice News*, July 28, 2016, https://news.vice.com/article/al-qaedas-syrian-branch-just-split-and-its-not-good-for-us-policy-in-syria(上网时间:2017年7月8日)。

"伊斯兰治理"模式的理念,利用叙利亚脆弱的政治进程整合叙反对派以加速本土化进程和拓展跨国网络,重新树立"基地"组织对全球"圣战"萨拉菲运动的权威。该组织根据叙战场形势变化,适时调整行动策略,通过建立军事联盟、拉拢小型组织、破坏和谈进程、填补政府治理缺位、灌输极端意识形态等手段实现短期目标,渐进式地推进"基地"组织在叙长期目标的实现——建立"伊斯兰酋长国"。"支持阵线"的行动策略亦体现出"圣战"萨拉菲主义理论家马格迪西(Abu Mohammed al-Maqdisi)倡导的理念,即"圣战应着眼于从穆斯林民众中渐进地获取领土影响力,而非以有限暴力行为的形式寻求短期胜利,因为暴力只能带来极少的战略利益"[1]。

四 "基地"组织的战略应对

从1988年乌萨马·本·拉丹建立"基地"组织对抗苏联入侵阿富汗至2001年发动"9·11"恐怖袭击事件,到2003年美国入侵伊拉克后扎卡维(Abu Musab al-Zarqawi)建立"认主独一与圣战组织"(Jamaat al-Tawhid wal-Jihad)至2006年扎卡维被美军"定点清除",到2009年奥拉基(Anwar al-Awlaki)建立"阿拉伯半岛基地组织"至2011年本·拉丹被美军击毙,再到"阿拉伯之春"后美国从伊拉克和阿富汗撤军,"基地"组织的发展先后经历了四波浪潮。最后一波浪潮是在叙利亚内战爆发、"伊斯兰国"组织崛起、美国在中东实行战略收缩、俄罗斯介入叙利亚反恐等外部因素的交替影响下形成的,"基地"组织由此做出了"拓展网络""重塑权威""改善形象"三大战略应对。

第一,"基地"组织试图通过建立和壮大分支组织组建更大范围的跨国网络和拓展组织影响力。近年来,"基地"组织依靠五个分支组织——叙利亚"支持阵线"、也门"阿拉伯半岛基地组织"、北非"伊斯兰马格里布基

---

[1] Charles Lister, "Profiling Jabhat al-Nusra," p. 26.

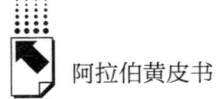

地组织"、南亚"印度次大陆基地组织"[1]和索马里"青年党"构建了该组织横跨南亚、西亚、北非、西非和东非的分支网络,并同叙利亚的"沙姆自由人"组织、也门的"穆斯林兄弟会"和部落武装、北非和西非的"伊斯兰教与穆斯林支持组织"(Jamaat Nusrat al-Islam wal Muslimeen)、阿富汗的"塔利班"组织和哈卡尼网络(Haqqani Network)、巴基斯坦的"巴基斯坦塔利班"(Tehreek-e-Taliban Pakistan)等地区极端组织结成联盟或开展合作。虽然"基地"组织这种松散、重叠和流动的跨国网络[2]在一定程度上弱化了扎瓦赫里的领导力和对分支组织的影响力,但却赋予了分支组织头目在组织运作、日常管理、策略制定、行动实施等方面的自主权和灵活性,"基地"组织领导层通过"下放权力"来实现组织扁平化运作的特征自"阿拉伯之春"以来体现得尤为明显。

第二,"基地"组织通过重塑自身权威来化解领导权危机。首先,"基地"组织欲通过扶植本·拉丹之子来夺回对国际"圣战"运动的领导权。"伊斯兰国"组织的崛起以及巴格达迪的个人魅力使得"基地"组织很多成员纷纷选择投靠巴格达迪,而"扎瓦赫里这个无趣的老头藏在南亚某个地下室里,唉声叹气地抱怨如今的年轻人都不听话"[3]。2014 年 7 月,

---

[1] 2014 年 9 月 3 日,"基地"组织头目扎瓦赫里在一段网络视频中宣布建立"印度次大陆基地组织"(Al-Qaeda in the Indian Subcontinent, AQIS),任命阿西姆·欧麦尔(Asim Umar)为"埃米尔"。该组织将巴基斯坦、印度、缅甸和孟加拉国的政府目标作为主要攻击对象。参见 Alastair Reed, "Al Qaeda in the Indian Subcontinent: A New Frontline in the Global Jihadist Movement?," *ICCT Policy Brief*, Vol. 8, No. 1, 2016, The International Centre for Counter-Terrorism, https://openaccess.leidenuniv.nl/bitstream/handle/1887/47965/ICCT – Reed – Al – Qaeda – in – the – Indian – Subcontinent – May2016 – 1.pdf?sequence = 1; "Al Qaeda in the Indian Subcontinent," *Mapping Militant Organizations*, http://web.stanford.edu/group/mappingmilitants/cgi – bin/groups/view/615; Mohammed Sinan Siyech, "Al – Qaeda in the Indian Subcontinent (AQIS): Renewing Efforts in India," *Middle East Institute*, September 19, 2017, https://www.mei.edu/content/map/al – qaeda – indian – subcontinent – aqis – renewing – efforts – india(上网时间:2017 年 9 月 20 日)。

[2] Seth G. Jones, "Will al Qaeda Make a Comeback?," *Foreign Affairs*, August 7, 2017, https://www.foreignaffairs.com/articles/middle – east/2017 – 08 – 07/will – al – qaeda – make – comeback(上网时间:2017 年 8 月 20 日)。

[3] Paul Danahar, *The New Middle East: The World After the Arab Spring*, p. 418.

巴格达迪宣布成立"哈里发国"后，突尼斯"伊斯兰教法支持者"组织头目阿布·伊亚德·突尼西（Abu Iyad al-Tunisi）和"伊斯兰马格里布基地组织"一名高层领导曾分别致信扎瓦赫里，建议"基地"组织加入"伊斯兰国"组织以"实现组织内部的改革"。① 同月，扎瓦赫里宣布效忠塔利班头目穆拉·奥马尔，但事后却发现奥马尔早在 2013 年 4 月就已死于结核病，这次"乌龙事件"引发了"圣战"分子对扎瓦赫里的嘲笑，使其领导权和威信遭受质疑。"基地"组织遂开始意识到，拥有克里斯马式领导人对重塑组织权威至关重要。2016 年 5 月，扎瓦赫里开始在"基地"组织的宣传中加入对乌萨马·本·拉丹之子哈姆扎·本·拉丹（Hamza bin Laden）的介绍，将其形容为"一头来自'基地'组织巢穴的雄狮"。② 2017 年 5 月，"基地"组织称哈姆扎为"谢赫"，暗示其未来可能成为扎瓦赫里的接班人。③ 其次，"基地"组织充分利用近两年来"伊斯兰国"组织在国际反恐力量的打击下核心力量受到重挫的现实来重振自身影响力，突出表现为其依靠"支持阵线"构建战场联盟加紧对叙利亚本土进行渗透，强化自身对叙反对派政治议程的主导，扎瓦赫里为此还呼吁"寻求真相的人"加入"基地"组织。④ 最后，"基地"组织通过否定"伊斯兰国"组织的合法性来重塑自身权威。扎瓦赫里曾批评"伊斯兰国"组织"疯狂执

---

① Tore Refslund Hamming, "The Al Qaeda-Islamic State Rivalry: Competition Yes, but No Competitive Escalation," *Terrorism and Political Violence*, published online July 11, 2017, p. 12.
② Ali Soufan, "Hamza bin Laden, Osama's Son, Is Helping Al-Qaeda Stage a Deadly Comeback," *Newsweek*, Vol. 168, No. 24, June 30, 2017, pp. 12–17.
③ 2017 年 9 月 16 日，哈姆扎呼吁全球穆斯林加入叙利亚武装组织对抗巴沙尔政权，标志着其在"基地"组织内部的影响力正在上升。"Bin Laden's Son Hamza Issues New Call to Arms against Assad," *Al Arabiya*, September 16, 2017, https://english.alarabiya.net/en/News/middle–east/2017/09/16/Bin–Laden–s–son–Hamza–issues–new–call–to–arms–against–Assad.html（上网时间：2017 年 9 月 20 日）。
④ Lizzie Dearden, "Al-Qaeda Leader Denounces Isis 'Madness and Lies' as Two Terrorist Groups Compete for Dominance," The Independent, January 13, 2017, http://www.independent.co.uk/news/world/middle–east/al–qaeda–leader–ayman–al–zawahiri–isis–madness–lies–extremism–islamic–state–terrorist–groups–compete–a7526271.html（上网时间：2017 年 3 月 4 日）。

迷于定叛,超出了极端主义的极限",并将"伊斯兰国"成员称为"懦夫"和"极度渴望权力的骗子"。① "基地"组织还多次批评"伊斯兰国"组织频繁袭击什叶派清真寺,并声称自己从不攻击清真寺,以此同前者划清界限。

第三,"基地"组织适时调整策略,积极改善自身形象。"伊斯兰国"组织的崛起虽然令"基地"组织的国际形象一度黯然失色,但"基地"组织并未采用"伊斯兰国"组织极端暴力的行事方式,而是将获取冲突地区当地部落和民众的支持作为首要任务,替代政府履行治理,将组织影响力嵌入当地社区,以改善自身形象。渐进式、本土化地推进跨国"圣战"运动是"基地"组织领导层早期提出并在扎瓦赫里时代正式确立的战略思想,② "争取民意"则是该组织为实施这一战略采取的务实策略。不同于"伊斯兰国"组织时常冒领恐怖袭击事件和夸大自身实力的做法,"基地"组织更注重提升自身的"软实力",如"基地"组织要求"支持阵线"在叙利亚进行宣教,通过说服而非强迫当地民众认同该组织的意识形态。③ 早在2013年12月,驻扎在也门的"阿拉伯半岛基地组织"曾发表声明,对其分支"伊斯兰教法支持者"组织在袭击也门国防部过程中将国防部附属医院医务人员误炸致死一事道歉,并向死者家属提供了抚恤金。④ 与此同时,"基地"组织在叙利亚依靠"支持阵线"整合叙反对派各种武装力量结成更广泛的战线共同对抗巴沙尔政权和削弱西方国家对叙反对派的影响。为实现这一目

---

① Lizzie Dearden, "Al-Qaeda Leader Denounces Isis 'Madness and Lies' as Two Terrorist Groups Compete for Dominance," The Independent, January 13, 2017, http://www.independent.co.uk/news/world/middle-east/al-qaeda-leader-ayman-al-zawahiri-isis-madness-lies-extremism-islamic-state-terrorist-groups-compete-a7526271.html (上网时间:2017年3月4日)。

② Charles Lister, "Profiling Jabhat al-Nusra," p. 5.

③ Daniel Byman, "Terrorism in Africa: The Imminent Threat to the United States," The Brookings Institution, April 29, 2015, p. 6, https://www.brookings.edu/wp-content/uploads/2016/06/Byman-AQ-v-IS-HSC-042315-2.pdf (上网时间:2017年5月7日)。

④ "Monthly Monitor Report," Gulf State Analytics, November 2015, p. 7, https://gallery.mailchimp.com/02451f1ec2ddbb874bf5daee0/files/Gulf_State_Analytics_November_2015_Report.pdf (上网时间:2016年12月2日)。

标,奉行"圣战"萨拉菲主义的"支持阵线"除同"安萨尔丁阵线""沙姆军""阿克萨军""乌玛旅"等"圣战"萨拉菲派组织结成联盟外,有时也超越意识形态,同"沙姆军团"(Faylaq al-Sham)、"沙姆之鹰旅"(Suqour al-Sham)、"沙姆兵团"(Ajnad al-Sham)等奉行泛伊斯兰主义的武装组织,以及"真理骑士旅"(Liwa Fursan al-Haq)、"决断运动"(Harakat Hazm)、"圣战士军"(Jaysh al-Mujahideen)等叙反对派温和组织联合开展行动。可以说,"伊斯兰国"组织的崛起为"基地"组织表面上转向"温和化",通过改头换面提升影响力提供了契机。

结　语

"伊斯兰国"组织的崛起使得"基地"组织对国际"圣战"运动的领导权面临前所未有的危机。"伊斯兰国"组织崛起后的短短数年间,全球数十个极端组织先后宣布支持"伊斯兰国"组织或效忠其头目巴格达迪。[1] 国际"圣战"运动内部权力转移和分化加剧的现实,迫使"基地"组织做出了"拓展网络""重塑权威""改善形象"三大战略应对。"支持阵线"的发展及演变既是叙利亚内战爆发后中东恐怖主义发展的一个缩影,也是"基地"组织从战略层面应对国际"圣战"运动领导权危机的集中体现。

在经历了初创、适应、融入阶段后,"支持阵线"在叙利亚战场的影响力迅速提升,导致该组织与"伊斯兰国"组织矛盾加剧,两个组织最终决裂并陷入敌对。此后,"支持阵线"头目选择效忠"基地"组织头目扎瓦赫里,贯彻"基地"组织渐进式、本土化推进跨国"圣战"运动的战略思想,通过广泛联合叙反对派武装拓展其在叙利亚本土的影响力。为此,"支持阵线"宣布脱离"基地"组织,在保持两个组织意识形态一致的基础上,"支

---

[1] "Islamic State's 43 Global Affiliates Interactive World Map," *IntelCenter*, https://intelcenter.com/maps/is-affiliates-map.html(上网时间:2017年1月2日)。

持阵线"渐进式地推进"基地"组织在叙利亚长期目标的实现。"支持阵线"宣布脱离"基地"组织后更名为"征服沙姆阵线",并于半年后同叙反对派多个组织合并组建"解放沙姆组织",凸显了"基地"组织运用"虚实结合"的策略破坏叙利亚和平进程、躲避国际反恐力量打击、重塑自身权威的图谋。

Y.5
2017年巴以问题进程与前景展望

刘风华*

摘　要： 2017年巴以问题冲突不断，主要表现在几个方面：犹太定居点建设、耶路撒冷归属权、军事暴力冲突等。阻碍巴以和谈进展的根源是多方面的。第一，以色列内部对实现巴以和平存在分歧。第二，巴勒斯坦内部分裂。第三，特朗普政府亲以立场激化巴以问题。第四，阿拉伯世界内部难以在巴以问题上形成合力。展望未来，巴以问题的前景仍不乐观。

关键词： 巴以冲突　巴勒斯坦　以色列　耶路撒冷　中东局势

"阿拉伯之春"七年来，地区热点问题层出不穷，2017年又出现卡塔尔断交风波和库尔德人独立公投等新焦点。此外，沙特与伊朗地缘政治博弈加剧、沙特王室权力更迭也备受世界关注。这些新热点导致巴以问题被严重边缘化。2017年底，特朗普宣布承认耶路撒冷为以色列首都，巴以冲突问题重新成为国际视野中心。本文通过回顾2017年巴以之间发生的重大事件，分析其中内外原因，展望巴以问题的走向和发展前景。

一　巴以和谈障碍重重

巴以和谈自2014年陷入僵局后，国际社会促和劝谈努力始终未能将双

---

* 刘风华，北京语言大学中东学院副教授，主要研究阿拉伯语言与文化。

方拉回谈判桌。2017年,巴以和平进程不但未取得新进展,反而出现新的冲突,这主要表现在以下几方面。

(一)犹太人定居点建设

犹太人定居点问题是解决巴以冲突的最大障碍之一。近年来,由于以色列右翼势力连续执政,内塔尼亚胡政府对定居点建设长期采取纵容态度,以色列犹太人定居点扩建越来越严重。据统计,截至2017年底,约旦河西岸和东耶路撒冷的犹太人定居点居住着63.57多万名犹太定居者,其中约旦河西岸的犹太定居者人数约为43.57万,比上年增长3.4%。[1]

自2017年初,以色列不顾国际社会谴责,多次宣布在约旦河西岸扩建及新建定居点。究其原因,一方面是由于联合国安理会于2016年12月23日通过了2334号决议,重申以色列在巴勒斯坦被占领土上的定居点活动违反国际法,敦促以色列立即停止一切定居点活动。[2] 这项决议非但未能束缚以色列的行动,反而激怒了内塔尼亚胡,使其在定居点问题上更加一意孤行;另一方面是自2017年特朗普就任美国总统以来,美国对巴以问题的态度模糊不清且变化无常,内塔尼亚胡试图以这种方式来试探特朗普政府在定居点问题上的底线。

2017年1月22日,以色列政府宣布在东耶路撒冷多个定居点内扩建566套房屋[3];1月24日,以政府宣布在约旦河西岸犹太人定居点新建2500套住房。[4] 对此,特朗普政府均未置一词。2月2日,以色列宣布在约旦河西岸的犹太人定居点新建3000套住房。[5] 随后不久,美国才含蓄地告诫以

---

[1] "Israeli Settler Leader Says Settlements Continued to Grow in 2017",http://time.com/5166026/israel-palestine-west-bank-settlements/(上网时间:2018年4月5日)。

[2] 《联合国裁定以色列定居点违法 以总理:拒绝接受可耻决议》,http://news.cnr.cn/gjxw/gnews/20161224/t20161224_523388517.shtml(上网时间:2018年3月15日)。

[3] 《巴勒斯坦指责以色列扩建东耶路撒冷定居点》,http://www.xinhuanet.com/world/2017-01/22/c_129457943.htm(上网时间:2017年12月5日)。

[4] 《以色列批准在约旦河西岸修建2500套定居点新住房》,http://www.xinhuanet.com/2017-01/24/c_129460525.htm(上网时间:2017年12月5日)。

[5] 《以色列议会立法批准修建3000套定居点新住房》,http://www.xinhuanet.com/world/2017-02/07/c_129469751.htm(上网时间:2017年12月5日)。

色列，扩建犹太定居点对巴以和平并无大益，希望以色列表现出一点克制。2月6日，在以色列右翼势力推动下，以色列议会通过了将约旦河西岸非法定居点合法化的法案。根据该法案，以色列政府将把面积为8平方公里的巴勒斯坦私人土地宣布为以色列国有土地，并将55个建在约旦河西岸的非法定居点合法化，包括约4000套定居者住房。① 3月30日，以色列安全内阁批准在约旦河西岸城市拉姆安拉（Ramallah）以北新建一个犹太人定居点。此次批准的新定居点不在以美就定居点问题举行的谈判范围内，而是内塔尼亚胡专门征得了美国总统特朗普的同意。3月30日，内塔尼亚胡批准在已有的犹太人定居点内新建2000套房屋，并宣布将约旦河西岸约1332亩巴勒斯坦土地划为以色列的国有土地。② 6月20日，以色列宣布在约旦河西岸开工新建"阿米亥"（Amichai）犹太人定居点，计划在此修建102套住房。③ 10月16日，以色列政府批准在约旦河西岸多地为犹太人定居者新建3829套房屋。④ 10月25日，耶路撒冷市政规划和建设委员会批准在东耶路撒冷一处犹太人聚居区新建176套住房。⑤ 11月10日，以色列宣布没收约旦河西岸约旦河谷北部近50万平方米土地，用于扩建犹太人定居点，计划将那里的犹太定居者人数从目前的6000人提高至1.2万人，这一决定将导致居住在那里的320名巴勒斯坦人流离失所⑥。

以色列扩建及新建犹太人定居点的做法，一方面遭到巴勒斯坦人指责，

---

① 《以色列通过法案将约旦河西岸非法定居点合法化 阿盟秘书长发表声明谴责》，http：//www.xinhuanet.com/politics/2017 - 02/08/c_ 129470473.htm（上网时间：2017年4月5日）。

② 《以色列20多年来首次批准在约旦河西岸建新定居点》，http：//www.xinhuanet.com/2017 - 03/31/c_ 1120731592.htm（上网时间：2017年4月5日）。

③ 《以色列在约旦河西岸新建犹太人定居点》，http：//www.xinhuanet.com/2017 - 06/21/c_ 1121180217.htm（上网时间：2017年6月5日）。

④ 《以媒：以色列政府计划批准在约旦河西岸新建数千套房屋》，http：//www.xinhuanet.com/world/2017 - 10/10/c_ 1121779504.htm（上网时间：2018年4月5日）。

⑤ 《以色列批准在东耶路撒冷扩建犹太人定居点》，http：//www.xinhuanet.com/world/2017 - 10/26/c_ 1121857003.htm（上网时间：2017年12月5日）。

⑥ 《巴勒斯坦官员：以色列没收约旦河西岸土地用于扩建定居点》，http：//www.xinhuanet.com/world/2017 - 11/11/c_ 1121940392.htm（上网时间：2017年12月5日）。

称其不断蚕食巴领土,迫使定居点上原有的巴勒斯坦居民流离失所;另一方面造成巴以关系逐渐恶化,尤其是以色列将非法犹太人定居点合法化的法案,不仅伤害了巴勒斯坦人民的民族情感,更降低了巴以重启和谈的可能性。因为以色列在扩建犹太人定居点的同时,也削弱了阿巴斯在巴勒斯坦民族权力机构内的权威,哈马斯等激进组织趁机扩大影响。这必然会加深巴内部分歧,给未来巴以和谈设置障碍。

(二)耶路撒冷的归属权

耶路撒冷归属权问题是阻碍巴以和平进程的核心冲突。1967年,以色列占领东耶路撒冷后,单方面宣称整个耶路撒冷是其"永久、不可分割的首都",巴勒斯坦则要求建立一个以东耶路撒冷为首都的独立的巴勒斯坦国。任何关系到耶路撒冷归属权的决议和行动,都会挑动巴以两国政府和人民的敏感神经,巴以双方均不会做出让步。2017年7月,巴以发生冲突,导火索就是巴勒斯坦穆斯林前往阿克萨清真寺礼拜遭到以色列限制。对巴勒斯坦而言,一旦以色列限制巴勒斯坦人去阿克萨清真寺礼拜的行为得到允许,将为以色列争夺耶路撒冷主权提供新的有利事实依据,也使巴勒斯坦建立以东耶路撒冷为首都的独立国家的愿望更难实现。对以色列来说,内塔尼亚胡需要通过迅速的决断彰显自己的强硬色彩,并利用冲突宣示自身在巴以问题上的主导权。内塔尼亚胡的任性决断,不但引爆了巴以之间的紧张关系,还使以色列面临来自邻国(约旦、埃及)、地区国家(如土耳其、沙特),以及其他组织(如联合国、阿盟)的外交压力。

2017年12月6日,美国总统特朗普宣布承认耶路撒冷为以色列首都,并将启动美驻以使馆从特拉维夫迁往耶路撒冷的进程。对于特朗普"认都",以色列反应积极,巴勒斯坦则强烈谴责,国际社会大多数国家和国际组织也纷纷表态反对美国的这项决定。巴以矛盾进一步深化,紧张局势不断升级。

首先,加沙地带的哈马斯与以色列国防军发生多轮隔空交火。2017年12月7日,哈马斯向以色列发射多枚火箭弹,与以色列国防军发生武装冲突，初步回应美国总统特朗普宣布耶路撒冷为以色列首都的决定。当晚，以军出动坦克和战机对哈马斯下属武装派别卡桑旅（Al-Qassam Brigades）在加沙北部的两个观察哨发动攻击。12月8日，哈马斯从加沙地带向以色列南部发射火箭弹。作为回应，以国防军空袭了位于加沙地带的四处哈马斯设施，包括两家军工厂、一个武器库和一座训练场。据加沙卫生部门消息，有2名巴勒斯坦人在空袭中丧生，另有包括妇女和儿童在内的14人受伤。① 12月13日晚，加沙地带发射四枚火箭弹，随后以色列空军空袭了哈马斯在加沙地带的三处军事设施。在一周内，以色列针对哈马斯的军事设施至少实施了9次轰炸。② 由于安全事件频发，以色列于12月14日关闭了与巴勒斯坦加沙地带边界的凯里姆沙洛姆（KeremShalom）货物过境点和埃雷兹（Erez）步行过境点。12月22日，加沙地带和约旦河西岸地区的巴勒斯坦人举行抗议活动，以军发射催泪瓦斯或子弹还击，造成两名巴勒斯坦青年死亡，200多名巴勒斯坦人受伤。③ 12月29日，哈马斯从加沙地带向以色列发射三枚火箭弹，以军随后出动坦克和飞机对哈马斯位于加沙地带北部的两个军事哨所进行军事打击。作为回应，12月30日晚，以空军出动战机轰炸了哈马斯位于加沙地带南部的一个观察哨。④

其次，民间力量对特朗普"认都"和以色列的回应严重不满，发起多次大型集会和游行。巴勒斯坦多个伊斯兰武装组织将2017年12月6日至8日定为"愤怒三日"并发起大规模游行示威。12月8日晚，约4500名巴勒斯坦人参加了加沙地带的抗议示威活动，约3000人在约旦河西岸城市希伯伦（Hebron）、拉姆安拉（Ramallah）和纳布卢斯（Nablus）等多个城市进

---

① 《阿盟谴责美国跨越巴以和谈"红线"》，http：//xh.xhby.net/mp3/pc/c/201712/11/c416349.html（上网时间：2017年12月15日）。
② 《以色列空袭哈马斯在加沙地带的三处军事设施》，http：//www.81.cn/gjzx/2017-12/14/content_7869559.htm（上网时间：2017年12月15日）。
③ 《巴勒斯坦人与以军冲突致多人伤亡》，http：//www.81.cn/big5/gjzx/2017-12/23/content_7882203.htm（上网时间：2017年12月25日）。
④ 《以色列轰炸加沙地带南部一哈马斯观察哨所》，http：//news.iqilu.com/guoji/20171231/3797648.shtml（上网时间：2018年1月15日）。

行抗议示威。部分示威者与以色列士兵发生冲突,约28名巴勒斯坦示威者被以军抓走,65人在冲突中受伤。① 12月9日,约旦河西岸地区有600余名巴勒斯坦人在20多个地方进行示威,并与以色列警方发生冲突,加沙地带有400余人进行示威,东耶路撒冷也有数十人示威。② 仅仅四天,约旦河西岸、耶路撒冷和加沙地带有200名巴勒斯坦人在与以色列武装人员的冲突中受伤。

最后,国际社会对中东局势均表示担忧,不仅邻国埃及、约旦表示反对,阿盟、伊斯兰合作组织,以及沙特、摩洛哥也纷纷表示不满和抗议。伊朗、土耳其等非阿拉伯国家更是言辞激烈。伊朗一直把以色列视为敌人,总统鲁哈尼呼吁伊斯兰国家联合起来共同反对特朗普的挑衅性危险行为。土耳其总统埃尔多安表示,一旦特朗普触动耶路撒冷这条底线,土耳其将同以色列断交。特朗普的决定还激发了阿拉伯及伊斯兰世界广大民众对美国的不满甚至仇恨。他们相继在伊朗、土耳其、苏丹、埃及、约旦、突尼斯、伊拉克等国家组织抗议示威活动。另外,12月13日,伊斯兰合作组织举行特别首脑会议,宣布承认东耶路撒冷为巴勒斯坦国首都。12月18日,埃及在联合国安理会提出决议草案,重申安理会在耶路撒冷地位问题上的一贯立场,要求所有国家都不要向耶路撒冷派驻大使馆,但遭美国一票否决。12月21日,联合国大会以压倒性多数通过了决议,认定任何宣称改变耶路撒冷地位的决定和行动都"无效",要求以色列和巴勒斯坦通过谈判决定耶路撒冷的地位。联大决议虽不具约束性,但它至少表明了国际社会大多数国家的意见,具有一定的道义力量和象征意义。

(三)军事暴力冲突

不论是军方还是民间,不论是个人自发还是有组织有计划,2017年巴

---

① 《综合消息:多国民众示威抗议美国承认耶路撒冷为以色列首都》,http://www.xinhuanet.com/2017-12/09/c_1122084595.htm(上网时间:2018年1月15日)。
② 《巴勒斯坦抗议规模大幅缩小以色列空袭回应袭击》,http://www.takefoto.cn/viewnews-1345818.html(上网时间:2018年1月15日)。

以之间暴力冲突时有发生，并造成了一定数量的人员伤亡。2月6日，巴勒斯坦武装人员从加沙向以色列南部发射火箭弹。作为报复，以军向加沙武装组织设施发动17轮空袭。2月8日，以色列最南端城市埃拉特（Elat）遭到来自埃及西奈半岛的4枚火箭弹袭击。① 2月9日，以色列轰炸了加沙南部与埃及相邻地带，造成两名巴勒斯坦人死亡。② 2月27日，加沙向以色列南部地区发射一枚火箭，未造成人员伤亡。③ 随后以色列空军还以颜色，发动8轮空袭加沙哈马斯敏感军事设施、加沙中部和北部的军事训练基地等。另外，加沙地带武装力量的地道战术一直被以色列国防军视为严重威胁，自2014年与哈马斯发生大规模冲突后，以色列着手研发针对地道战术的"新系统"。10月30日，以色列国防军的"新系统"小试牛刀，炸毁认定是巴勒斯坦伊斯兰"圣战"组织（Islamic Jihad Movement in Palestine，Jihad，即杰哈德）挖的一条地道，导致14名巴方武装人员死亡。④ 12月10日，以色列国防军全面运行的"新系统"摧毁一条哈马斯从加沙地带延伸至以方控制区的地下通道。2018年1月14日，以色列国防军炸毁了一条哈马斯挖掘的从加沙地带南部进入以色列并延伸至埃及境内的地道。⑤

2017年7月，巴勒斯坦平民与以色列军方之间爆发了新一轮暴力冲突。7月14日，两名以色列警察在耶路撒冷老城圣地外遭阿拉伯人枪袭身亡。对此，以色列方面封锁了阿克萨清真寺并禁止穆斯林前往礼拜，随后开放圣殿山，并在圣殿山入口处加装金属探测门和摄像头，之后又对前往阿克萨清真寺礼拜的巴勒斯坦人年龄设限。以色列的这一系列所谓"安保措施"激

---

① 《以色列最南端城市遭4枚火箭弹袭击》，http：//www.xinhuanet.com/world/2017－02/09/c_1120437225.htm（上网时间：2018年12月15日）。
② 《以色列战机轰炸加沙致7人死亡》，http：//www.xinhuanet.com/2017－02/09/c_1120440334.htm（上网时间：2018年1月15日）。
③ 《以色列：加沙武装又向以色列境内发射一枚火箭弹》，http：//world.huanqiu.com/exclusive/2014－07/5046831.html（上网时间：2018年2月15日）。
④ 《要让地道威胁成历史　以色列摧毁哈马斯地道》，http：//world.people.com.cn/n1/2017/1212/c1002－29700382.html（上网时间：2018年1月15日）。
⑤ 《以色列军方炸毁加沙地带南部一地道》，http：//www.xinhuanet.com/world/2018－01/14/c_1122256977.htm（上网时间：2018年2月15日）。

起了穆斯林群体不满。巴勒斯坦民众持续举行抗议活动，部分抗议酿成冲突，造成至少10人死亡，逾500人受伤。① 7月21日晚，巴勒斯坦政府宣布立即停止与以色列政府各层面的联系，直至以色列停止对阿克萨清真寺采取的措施。巴方表示，如果以方不改变现行做法，巴方将不会恢复治安合作。直至7月27日，穆斯林针对圣殿山新增安检措施的抵制活动结束。当天，数千名穆斯林重返阿克萨清真寺礼拜时。与以色列警察再起冲突，造成逾百人受伤。②

据以色列国防军统计，2017年全年共有35枚火箭弹从加沙地带向以色列发射，几乎是过去两年的总和。为报复来自加沙地带的火箭弹攻击，2017年以色列国防军轰炸了加沙地带的59个军事目标，包括观察哨所、武器生产点、火箭弹发射和训练军事基地等。统计显示，2017年约旦河西岸共发生99起袭击事件，低于2016年的269起和2015年的226起。③

从更大范围看，伊斯兰极端恐怖势力蔓延，为以色列打击巴勒斯坦人找到了借口。2017年9月26日，在约旦河西岸的哈达尔犹太人定居点（Har Adar），一名持有以色列当局发放工作许可的巴勒斯坦人持枪打死三名以色列安检人员。袭击事件后，内塔尼亚胡以"残酷的恐怖袭击"定义这次个人袭击事件，对行凶者处以枪决，并立即对在该犹太人定居点工作的所有巴勒斯坦人采取驱逐措施，并表示将重新审视给予巴勒斯坦劳工在以色列工作许可的制度。以色列政府的做法引发巴勒斯坦民众极大不满，刺激了更多巴勒斯坦人效仿这种"独狼式"袭击。2018年1月，以色列国防军以逮捕"恐怖分子"为由，多次进入约旦河西岸地区的巴勒斯坦居民区进行搜索并发生冲突，造成多名巴勒斯坦人被以军枪击身亡。

---

① 《联合国秘书长欢迎耶路撒冷老城局势缓解》，http：//world.huanqiu.com/hot/2017 - 07/11045430.html（上网时间：2018年11月25日）。
② 《综述：阿拉伯国家警告以色列勿加剧巴以冲突》，http：//www.xinhuanet.com/world/2017 - 07/28/c_1121395266.htm（上网时间：2018年2月15日）。
③ 《以色列称哈马斯去年大幅增加对以火箭袭击》，http：//www.xinhuanet.com/world/2018 - 01/08/c_1122225204.htm（上网时间：2018年1月15日）。

二 影响巴以问题发展的深层原因

2017年,约旦河西岸与东耶路撒冷犹太人定居点不断扩建、巴勒斯坦法塔赫与哈马斯之间的和解与分歧、耶路撒冷归属权纷争,以及时有发生的军事暴力,都影响巴以问题的发展。归纳其原因,主要有以下几点。

(一)以色列内部分歧导致巴以和平难以实现

政治方面,内塔尼亚胡领导的右翼政党利库德集团长期执政,与主张和平的左翼政党在很多重要问题上都有矛盾和分歧。如在巴勒斯坦建国问题上,左翼支持两国方案,右翼则反对两国方案;在约旦河西岸扩建犹太人定居点问题上,左翼政治和社会力量认为扩建犹太人定居点是在破坏巴以和平和以色列的未来,右翼则认为巴勒斯坦和阿拉伯世界对于以色列的威胁犹存,以色列需要扩展自己的生存空间。一些右翼势力奉行耶路撒冷犹太化政策,认为约旦河西岸、加沙和西奈半岛等都应属于"大以色列",兴建定居点是为了"光复国土"。在这样的背景下,对内塔尼亚胡领导的内阁来讲,一旦敏感的巴以问题进入实际谈判,很可能导致以色列政坛内部纷争。无论在与巴勒斯坦的谈判中让步或坚守,都可能会撕裂以色列国内社会政治舆论,进而导致此届内阁的倒台。所以,内塔尼亚胡对外必须表现出自己的强硬态度,以获取右翼联盟的支持。实际上,他不愿意碰触巴以问题,更不用说切实解决问题了。

社会方面,以色列是一个以犹太人为主的国家,人口仅850万,但国民构成却十分复杂。这些不同的民族、宗教的人口,使以色列国内社会认同碎片化。在对待犹太人定居点等巴以问题上,以色列社会很难取得统一。目前,以色列国内部分和平人士不支持内塔尼亚胡政府在巴以问题上的强硬做法。此外,内塔尼亚胡近两年身陷多起腐败丑闻(2017年,内塔尼亚胡接受警方关于腐败案件的七轮讯问调查),尽管他否认了所有相关指控,但民调显示,以色列民众对内塔尼亚胡支持率明显下降。截至2017年12月31

日，特拉维夫已连续六周开展针对内塔尼亚胡受贿贪污行为的反腐游行活动，要求判处其监禁。内塔尼亚胡深知一旦失去总理职务，想要在下次选举中获胜并重新组阁，可能会面临司法部门掣肘。因此，内塔尼亚胡只有咬紧牙关打"安全牌"，才是凝聚以色列国内敏感形势的唯一出路。

地缘政治方面，以色列始终认为自身安全受到周边国家威胁，因此很难在巴以问题上做出让步。以色列地缘位置有着罕见的脆弱性，整个国家就是一条边境线。它面临着极大的边界压力，因为除了与埃及明确划分边界之外，以色列领土与其他邻国的边界并未获得永久性承认。而且，以色列几乎与所有邻国均处于敌对状态。以色列特殊的地缘政治决定了它的领导人总是从"最坏的情况"构筑其安全战略，把军事手段置于主导地位，而不愿考虑更为综合宽泛的政治性内容。脆弱的周边环境、对土地的执迷以及军事和安全优先的外交战略，使以色列在巴以问题上坚持"以安全换和平"，反对在得不到安全保证的前提下建立独立的巴勒斯坦国，更不接受未来的巴勒斯坦国以东耶路撒冷为首都。在这种情况下，巴以和谈难以继续开展。

（二）巴勒斯坦内部分歧

巴勒斯坦内部长期维持两个政权机构并存的状态，一个是控制约旦河西岸地区的以"巴勒斯坦民族解放运动"（Palestinian National Liberation Movement，简称"法塔赫，即Fatah）为主的巴勒斯坦民族权力机构，另一个是控制加沙地区的巴勒斯坦"伊斯兰抵抗运动"（Islamic Resistance Movement，简称"哈马斯"，即Hamas）。法塔赫与哈马斯在建国目标以及如何对待以色列等问题上素来存在矛盾分歧。在建国目标上，法塔赫致力于建立世俗、民主和文化多元的现代国家，而哈马斯的斗争目标则是在从地中海到约旦河西岸的巴勒斯坦土地上建立一个政教合一的伊斯兰政权。在对待以色列的问题上，法塔赫采取务实政策，即承认以色列，主张在以色列撤出1967年被占领土的基础上，在加沙和约旦河西岸建立世俗的巴勒斯坦国家；哈马斯则拒不承认以色列，主张通过武装斗争消灭以色列，并在整个巴勒斯坦建立政教合一的伊斯兰国家。长期以来，法塔赫与哈马斯的和解进程一直磕磕绊绊。

尽管如此，2017年双方在和解进程上向前迈进了一大步。2017年初，哈马斯发布新的《宪章》，随后主动做出让步，同意与法塔赫共同组建联合政府。9月17日，哈马斯宣布解散掌握加沙地带管理权的行政委员会，由巴勒斯坦联合政府接管加沙地带并行使行政权力。10月3日，巴联合政府接管加沙事务，包括政府机构、安全职责、口岸和边界事务，实现政治制度统一。10月12日，双方在埃及开罗达成和解协议，同意在2017年12月1日之前由巴联合政府在加沙地带全面履职，承担起管理加沙地带事务的责任。10月17日，由巴联合政府组建的负责加沙地带政府机构、口岸和安全事务的委员会开始工作。11月1日，巴联合政府正式接管加沙地带南部与埃及接壤的拉法（Rafah）口岸。11月22日，巴勒斯坦13个派别联合声明将在2018年底前举行总统大选和议会选举。

当前，尽管双方交权接管事宜进行顺利，但始终未能在关键的安全问题上达成一致。法塔赫要求巴勒斯坦必须有统一的武装、统一的法律、统一的政权，拥有言论自由。哈马斯则坚持警察和安全部队应由国家管辖，哈马斯及其他各派别自己决定是否保留抵抗武装。因此，对于如何处理哈马斯2.5万人的军事力量仍是巴勒斯坦内部和解的棘手难题。此外，法塔赫与哈马斯的矛盾依然存在于国家性质、对待以色列的态度等核心问题上。在巴以问题上，尽管以色列的强硬政策和美国对以色列的偏袒等因素构成了阻碍巴勒斯坦建国的重要外部因素，但对于内部分裂的巴勒斯坦而言，实现内部真正和解，统一建国的目标，才是巴勒斯坦实现建国目标的必要前提。

（三）特朗普政府"亲以疏巴"立场激化巴以问题

巴以问题一直是美国中东政策的"黑洞"。特朗普上台之初，本无意深度介入，加之巴以双方严重缺乏互信，通过对话解决争端的基础过于薄弱，因此，特朗普上台初期在巴以问题上一直走形式主义。2017年2月，特朗普在会见内塔尼亚胡时，表示对以"一国方案"还是"两国方案"实现巴以和平都支持。特朗普的这一表态明显偏离了美国20年的传统立场。5月，特朗普分别对以色列和巴勒斯坦进行国事访问，没有拿出任何实质性方案，仍未表明其政府对巴以问题的态度。特朗普此行形式大于内容，更多意在宣示美国支持巴以和平进程的政治姿态。之后，特朗普分别于6月和8月派其女婿、白宫高级顾问贾里德·库什纳（Jared Kushner）出访巴勒斯坦和以色列，探讨重启巴以和平谈判。但美国的巴以政策仍然虚多实少，始终没有提出一个推进巴以问题解决的具体可行方案。

尽管特朗普政府在巴以问题上的态度反复无常，但种种迹象都表明，特朗普政府在巴以问题上明显亲以。特朗普身边的亲友和顾问具有很强的"犹太属性"，他的女婿库什纳和顾问杰森·格林布拉特（Jason Greenblatt）等人都是美国犹太人。特朗普访问巴以的行程，也是先以色列后巴勒斯坦；5月首访以色列期间，先参观耶路撒冷的哭墙。此外，为在2018年中期选举中争取保守派选民和亲以色列势力支持，特朗普做出宣布耶路撒冷为以色列首都的激进决定。

美国还利用经济手段威逼利诱巴勒斯坦在巴以和谈上做出让步。2018年1月16日，美国国务院冻结了原计划向联合国驻东巴勒斯坦难民救济处（UNWRA）提供的1.25亿美元资助中的6500万美元，[①] 同时要求该机构进行改革。1月18日，美国叫停了一笔原定通过联合国驻东巴勒斯坦难民救济处向巴勒斯坦提供的4500万美元食品援助专款。[②] 1月25日，特朗普表示美国将会一直冻结对巴勒斯坦的援助金，直至巴方重返谈判桌。巴勒斯坦人严重依赖国际援助，据了解，2017年美国向巴勒斯坦政府提供了3亿多美元的财政援助，同时向联合国驻东巴勒斯坦难民救济处捐助了超过3.5亿美元。[③] 特朗普政府利用经济手段向巴勒斯坦政府施压，企图以切断对巴勒

[①]《美国已冻结对巴勒斯坦援助款6500万美元》，http://news.china.com.cn/world/2018-01/18/content_50239031.htm（上网时间：2018年1月20日）。

[②]《美国再冻结一笔4500万美元对巴勒斯坦食品援助款》，http://m.news.cctv.com/2018/01/19/ARTIDy1VJtQZTUNRpk76CzBD180119.shtml（上网时间：2018年1月22日）。

[③]《联合国巴勒斯坦难民援助机构对美国冻结援助资金表示严重关切》，http://www.chinanews.com/gj/2018/01-18/8426882.shtml（上网时间：2018年1月19日）。

斯坦的资金援助为手段迫使巴方重返谈判桌,将使美巴之间已经非常紧张的关系降至冰点。对美国在2018年初做出的经济威胁举动,巴勒斯坦方面坚持"耶路撒冷及其圣所不是用来出售的,无论是给黄金还是白银"①。巴方认为,和平谈判及真正的和平应建立在"合法性"基础上,美国的威胁是"政治敲诈"。特朗普一再挑动巴勒斯坦人的敏感神经,完全失信于巴勒斯坦。

相反,以色列因得到美国支持,全然不顾国际社会的反对声音,行事愈加大胆任性。一方面,以色列迅速推动了东耶路撒冷新定居点扩建计划。2017年12月25日,以色列计划在被占领的东耶路撒冷新建30万套住房。②12月31日,利库德集团在当天的中央委员会会议上通过了呼吁以色列吞并约旦河西岸大片土地的决议。2018年1月10日,内塔尼亚胡政府批准了2018年在约旦河西岸地区犹太人定居点新建1285套房屋的计划,并规划在大约20个定居点上再建2500套房屋。③ 同时,以色列还加强了对耶路撒冷的实际控制。2018年1月2日,以色列议会通过修正案,提高涉及耶路撒冷归属权的立法门槛,即以色列政府对耶路撒冷土地控制权的任何改变都必须获得议会中超过三分之二议员支持。以色列旨在通过这项法案加强对耶路撒冷的实际控制。此外,以色列国防军也开始加强军事准备,准备应付新一轮巴以巷战。以色列释放出的强硬信号无疑大大削减了巴以之间的信任,将和平谈判越推越远。

(四)阿拉伯世界内部难以在巴以问题上形成合力

特朗普上台后,利用甚至激化沙特与伊朗矛盾、阿拉伯世界内部的矛盾,导致阿拉伯世界进一步分裂,无力在巴以问题上集体发力。微妙的是,

---

① 《巴勒斯坦强调耶路撒冷不能用于交易》,http://www.xinhuanet.com/2018-01/03/c_1122206189.htm(上网时间:2018年1月15日)。
② 《以色列将在东耶路撒冷建30万套住房 巴勒斯坦:美为殖民者撑腰》,https://mini.eastday.com/a/171226000310308.html(上网时间:2018年1月15日)。
③ 《威胁断援巴勒斯坦 美国"逼和谈"招声讨》,http://www.chinanews.com/gj/2018/01-11/8421253.shtml(上网时间:2018年1月25日)。

特朗普宣布耶路撒冷政策之际，正值埃及西奈半岛遭遇严重恐怖袭击、沙特深陷也门危机之际。埃及和约旦作为仅有的两个与以色列建立外交关系的阿拉伯国家，都在美国推动的中东和平进程中扮演重要角色。在美国看来，尽管埃及总统塞西和约旦国王阿卜杜拉二世明确表示反对美国的耶路撒冷政策，但基于自身安全和美国援助等现实利益考虑，两国无疑会对美国和以色列予以配合，尤其是在边境控制、打击极端主义方面加大力度，这既符合以色列利益，也符合埃及和约旦自身利益。沙特作为海湾地区代表性的大国，在与以伊朗为代表的什叶派阵营角力升级之际，为对抗伊朗，沙特选择了向以色列靠近。此外，长期低油价使阿拉伯世界唯一可以反制西方的"石油武器"早已不复存在。因此，特朗普深知，虽然宣布耶路撒冷为以色列首都会引起阿拉伯-伊斯兰世界民众的强烈抗议，但难以做出实质性的反制行动。

三　巴以问题发展前景展望

展望未来，巴以问题的前景仍不乐观。

表面看，法塔赫与哈马斯达成和解，使巴以和谈的可能性增加。长期以来，阿巴斯领导的法塔赫基础并不十分稳固，在巴勒斯坦民族权力机构中面临来自哈马斯的竞争。此外，与以色列的和谈进程陷入僵局，也使巴勒斯坦民众对阿巴斯政府不满。由此导致阿巴斯在巴勒斯坦民族权力机构的权威动摇。为巩固自身地位，阿巴斯近年来不断强化内政和外交，并取得一定成果。2017年初，阿巴斯采取一系列措施，加重了哈马斯的财政负担，包括削减向以色列支付的供应加沙地带的电费、减少加沙地带数千名政府员工工资、削减医疗援助等，迫使哈马斯考虑交出加沙地带的管理权，由此加速了巴勒斯坦内部和解进程。

然而，政治统一的巴勒斯坦将在未来的巴以谈判中发出更有力的声音，这不符合以色列的国家利益，尤其不符合以内塔尼亚胡为领导的以色列右翼政党的利益。因此，巴勒斯坦两大阵营和解，给内塔尼亚胡带来巨大压力。为破坏巴勒斯坦内部和解，以军多次在加沙地带采取军事行动。此外，哈马斯一直被美国和以色列定义为"恐怖组织"，因此，由哈马斯和法塔赫组成的联合政府不可能在谈判桌上被以色列接受，除非哈马斯同意解除其武装力量。然而，保持武装力量是哈马斯一贯坚持的原则和底线，这一点势必扩大法塔赫与哈马斯之间的嫌隙，令和解进程无法顺利达成。

另外，美国因素也是妨碍巴以和解的重要外因。2018年，美国的中东政策将主要集中在如何应对地区大国伊朗，以及在中东影响力呈现扩大势头的俄罗斯，巴以问题还不是美国亟待解决的矛盾。从美国国内政治看，特朗普为巩固在国内地位，赢得中期国会选举胜利，势必继续坚持亲以政策。因此，特朗普在巴以问题上将继续延续2017年的"轻巴重以"政策。2018年5月，美国驻以色列大使馆将从特拉维夫迁往耶路撒冷。如果美国不收回承认耶路撒冷为以色列首都的决定，巴以和平就不可能实现，巴勒斯坦也将拒绝美国在和平进程中扮演任何角色。长远看，美国的亲以政策可能会对美国与沙特等海湾国家的关系以及与伊斯兰世界的关系造成很大的负面影响，还可能会引起伊斯兰世界反美主义的抬头。这种结果并不符合美国和以色列的国家利益，对世界的和平和发展也不利。

结　语

巴以问题长期得不到和平公正解决，将会引发中东其他热点问题，并和中东教派争端、反恐问题、阿以关系等相互交织，使未来中东局势更具不确定性。而中东地区不稳定，也不利于世界长治久安。解决中东问题，只有坚持共同、综合、合作、可持续的安全原则才能实现共赢。解决巴以问题，和平共处是唯一正确选择，政治对话是实现巴以和平的唯一途径。只有推进以"两国方案"为基础的政治解决，秉持公平公道的原则推动复谈、落实和约，才能为解决巴以问题发挥建设性作用。国际社会应携手努力，从世界和平发展的大局出发，从地区人民的根本利益和长远利益出发，在追求对话和

发展的道路上寻找希望,创新国际促和方式,形成更有效调解机制,为早日恢复巴以和谈创造条件。

参考文献

著作类
[1] 刘中民:《一位中国学者眼中的中东变局（2011—2017）》,世界知识出版社,2017。
[2] 刘中民、范鹏:《中国热点外交的理论与案例研究——以中东热点问题为例》,世界知识出版社,2017。
[3] 谢立忱:《当代中东国家边界与领土争端研究》,中国社会科学出版社,2015。
[4] 杨阳:《以色列与美国犹太人关系研究》,中西书局,2016。

期刊论文类
[1] 刘胜湘、胡小芬:《国际格局的两极态势与中国中东战略的选择》,《国际展望》2017年第5期。
[2] 钮松、张璇:《以色列工党与利库德集团的巴勒斯坦难民政策比较》,《国际关系研究》2017年第5期。
[3] 孙德刚:《美国在中东军事基地的周期性变化——基于美国安全政策报告的文本分析》,《西亚非洲》2016年第6期。
[4] 孙德刚:《论新时期中国对中东国家的整体外交》,《国际展望》2017年第2期。
[5] 邹志强、吴家斌:《以色列阿拉伯政党的发展困境与前景》,《和平与发展》2017年第2期。

网站类
中文网站
[1] 凤凰咨询网:http://news.ifeng.com/。
[2] 国际在线:http://www.cri.cn/。
[3] 人民网:http://www.people.com.cn/。
[4] 新华网:http://www.xinhuanet.com/。
[5] 中国新闻网:http://www.chinanews.com/。
[6] 观察者网:http://www.guancha.cn/。

外文网站

［1］ Arab news：http：//www.arabnews.com/.
［2］ Haarets：http：//www.haaretz.com/.
［3］ IMEMC News：http：//imemc.org/.
［4］ Memo Middle East Monitor：https：//www.middleeastmonitor.com/.
［5］ Time：http：//time.com/.

Y.6
2017年阿拉伯地区格局中的伊朗因素

秦 天*

摘　要： 2017年，阿拉伯地区格局中的伊朗因素颇为显著。在叙利亚、伊拉克、也门三大战场，伊朗支持的武装力量战果颇丰；在卡塔尔断交危机等外交风波中，伊朗低调克制，客观上离间了沙特与卡塔尔关系，破坏了海合会团结。伊朗的强势加深了阿拉伯世界的弱化与分化，同时也逼迫沙特、阿联酋等国家挑头整合阿拉伯阵营，甚至在一定程度上推动沙特进行史无前例的改革。

关键词： 阿拉伯世界　伊朗　沙特　地区格局

伊朗作为阿拉伯世界东侧较为强大的国家，长期影响着阿拉伯世界的地区格局。近四十年来，这种影响越发突出。20世纪80年代以前，阿拉伯世界革命迭起，伊朗则处于巴列维王朝统治下，双方互动有限，伊朗对阿拉伯世界的影响不太显著。1979年伊斯兰革命后，伊朗对阿拉伯世界采取渗透、扩张的战略姿态，伊朗与阿拉伯国家竞争的一面日渐凸显，其中既有八年两伊战争的两败俱伤，也有近十余年来伊朗、沙特两强的明争暗斗。

在此过程中，伊朗敏锐地抓住机遇，步步为营，争得了主动，建立了优势。在20世纪80年代黎巴嫩内战中，伊朗培植黎巴嫩真主党，并通过真主党有力地影响着黎巴嫩政局、巴以问题，甚至整个黎凡特地区的局势。2003

---

* 秦天，中国现代国际关系研究院中东研究所副研究员，主要从事伊朗问题研究。

年,伊拉克战争中萨达姆倒台、什叶派上台执政,伊朗通过教派纽带,使伊拉克政权成为亲伊朗政权。2014 年,"伊斯兰国"在伊拉克、叙利亚兴起肆虐,伊朗借机向上述两国派出军事顾问和武装人员,这既是协助两国反恐,更是实质性增强在伊拉克、叙利亚的影响力。目前,伊拉克、黎巴嫩、叙利亚、也门四个阿拉伯国家,均存在着亲伊朗的政治势力和代理人武装。多个阿拉伯国家的内政和国家间关系受到伊朗影响,相关阿拉伯国家决策施策时,也以伊朗为重要考量,甚至以伊朗划线。所有这些都说明,伊朗因素在阿拉伯地区格局中日益重要。2017 年,伊朗因素继续在阿拉伯世界的演变中充分地发酵、展现。

一 三大战场上的伊朗角色

在中东地区,战争往往是外部势力介入的契机和舞台。尤其对伊朗来说,通过战争、战乱介入邻国局势,可以说是一种战略文化。对伊朗而言,不干涉内政是针对美国和西方国家,伊朗自己则信奉若要成为地区大国,必须获取插手别国的工具、打造听命于己的代理人、维护自己的势力范围。20 世纪 80 年代黎巴嫩内战,伊朗介入并通过真主党获得了持久的影响力;1991 年海湾战争,伊朗支持科威特抵抗萨达姆,由于美国是主角,因此伊朗没能实质性插手;2003 年伊拉克战争后,伊朗又在伊拉克扶持了一批亲己武装。2011 年"阿拉伯之春"后,阿拉伯世界形成叙利亚、伊拉克、也门三大战场。[①] 伊朗视三大战场为宝贵机遇而非累赘,积极介入三大战事,并在三个战场都成为主要玩家。

(一)伊朗对叙利亚战事的介入

2011 年叙利亚出现民众抗议,2011 年中期后进入政府军与反对派的内

---

① 严格地说,阿拉伯世界还有第四个战场即利比亚。不过其战事烈度、频度均不如前三大战场。更重要的是,阿拉伯地区格局中的伊朗因素主要体现于苏伊士运河以东。伊朗在北非阿拉伯国家中利益有限,且鞭长莫及,因此本文不再赘述北非地区的伊朗因素。

战阶段。随着叙政权所受威胁越来越大,伊朗至少自2012年起即派出军事顾问协助叙政府军作战。不过,伊朗始终不承认"派兵"或"军事介入"之说,坚持称只派出了"军事顾问"。伊朗军事顾问深入叙政府军基层,发挥参谋甚至指挥作用,这是叙政府军历经多年内战还保持一定战斗力的重要前提。如果将外籍什叶派民兵计算在内,在叙利亚的外军力量中,伊朗系武装的规模无疑是最大的,远远超过了美国、俄罗斯、土耳其。伊朗军事人员在叙战死者达到两三百人,这在外军中伤亡最大。伊朗还向叙政权提供援助,据估计每年达60亿美元。①

需要指出的是,伊朗还组织什叶派民兵入叙助战。这些民兵主要有三支。一是黎巴嫩真主党。黎巴嫩真主党应该是叙战场上规模最大的统一武装组织,投入兵力达数千人。真主党入叙作战固然有自身利益考虑,但无疑经过了与伊朗的协调。长期以来,叙利亚政权都是伊朗与真主党通联的中介。二是法蒂玛旅。这是一支以阿富汗什叶派为主组成的民兵武装,2014年初成立,总数8000~14000人。三是栽娜卜旅。这是一支以巴基斯坦什叶派为主组成的民兵武装,最初是法蒂玛旅的一部分,后独立作战。② 后两支什叶派民兵是由伊朗伊斯兰革命卫队出钱招募并组织培训,再派往叙战场。从其名称亦可见伊朗利用宗教纽带维护叙利亚政权的意图。③

巨大的投入迟早会见效。2017年是伊朗在叙取得早期收获的一年。回顾叙政权在内战中的表现可以看出,叙利亚在伊朗(2015年后得到俄支持)帮助下采取的策略。从2012年至2015年,叙政府军边打边退、丢城失地;2016年叙政府军开始反攻,集中有生力量主攻北部重镇阿勒颇,重建大马士革-阿勒颇的轴心联系,最终于2016年底赢得阿勒颇战役。2017年开

---

① Iran spending $6 bln annually to support Assad regime:report,https://english.alarabiya.net/en/News/middle-east/2015/06/10/Iran-spending-6-bln-annually-to-support-Assad-regime-report.html0(上网时间:2018年1月12日)。
② Ali Alfoneh, Tehran's Shia Foreign Legions, http://carnegieendowment.org/2018/01/30/tehran-s-shia-foreign-legions-pub-75387(上网时间:2018年1月31日)。
③ 法蒂玛是什叶派首任伊玛目阿里之妻、先知穆罕默德之女,栽娜卜是阿里与法蒂玛之女,两人陵墓均在大马士革。因此,伊朗人把两支民兵称为什叶派圣陵保护者。

始，叙政府军和亲叙武装从阿勒颇沿着幼发拉底河以西①进军代尔祖尔省，继续清剿"伊斯兰国"；11月，叙政府宣布夺回被困三年的省会代尔祖尔。随后，叙军和什叶派民兵继续向叙利亚伊拉克边境一带挺进。对伊朗军事人员在叙战死情况做的统计发现，在2015~2016年，伊朗军事人员死亡率大幅升高，这与当时的政权保卫战、阿勒颇战役契合，此后死亡率则明显下滑，显示伊朗战场压力的减小。②

2017年，伊朗在叙利亚战场有两次突出表现。一是6月18日伊朗从本土向叙东部"伊斯兰国"据点发射6枚中程弹道导弹。这是伊朗首次大规模地实战使用弹道导弹，而非试射，伊朗由此成为继俄、美之后第三个向叙利亚发射弹道导弹的国家。这次射导固然是为了报复6月7日伊朗德黑兰遭"伊斯兰国"恐袭，但很明显也是要为叙政权撑腰，同时向战场上的各方"秀肌肉"。二是6月20日晚，美国战机在叙利亚西南部的坦夫（Tanf）附近击落一架伊朗无人机。同期，美军还对坦夫附近的伊朗系武装实施了警告打击。坦夫位于叙东南部与约旦、伊拉克交界处，是伊拉克和叙利亚跨国通道上的重要节点，也是美国训练叙反对派武装的一处据点。伊朗显然有意在此对美国进行军事骚扰和试探。

（二）伊朗对伊拉克战事的介入

2017年的伊拉克战场主要是清剿"伊斯兰国"、收复失地。最重要的战役是摩苏尔收复战。该战役于2016年10月发起，2017年6月中旬推进至老城区展开巷战，7月10日伊拉克总理阿巴迪宣布收复摩苏尔。2017年，伊拉克军队还在伊西北部、伊叙边境等地展开清剿"伊斯兰国"残余的行动。2017年11月上旬，伊拉克政府宣布拿下靠近叙利亚的边境小镇al Qaim，至

---

① 幼发拉底河东侧为叙库尔德人与美国的势力范围。
② Peyman Asadzade, Iran's involvement in Syria is costly. Here's why most Iranians still support it, https://www.washingtonpost.com/news/monkey-cage/wp/2017/10/19/irans-involvement-in-syria-is-costly-heres-why-most-iranians-still-support-it/?utm_term=.e6e1c3e1ff6b（上网时间：2018年1月20日）。

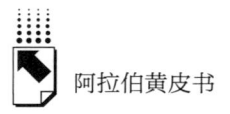

此伊拉克境内主要"伊斯兰国"据点全部光复。

在上述行动中,伊朗发挥了重要作用,并通过伊拉克准军事部队"人民动员军"(PMU)体现出来。"人民动员军"是"伊斯兰国"兴起背景下,由伊拉克什叶派宗教领袖西斯塔尼号召组建的,融合了多支什叶派民兵,总人数约10万,目标是打击"伊斯兰国"。2016年底,伊拉克总统签署议会法案,认可"人民动员军"为伊拉克政府军的组成部分,将其合法化。该武装构成繁杂,但伊朗是其最大的外部支持力量。根据卡耐基国际和平基金会的研究,"人民动员军"内部从政治倾向上分为三派:一是亲伊朗并受伊朗革命卫队支持;二是亲本土什叶派宗教领袖西斯塔尼;三是受本土什叶派教士莫克塔达·萨达尔辖制。[1] 亲伊朗势力是其中的主流派。"人民动员军"中战斗力较强的如"巴德尔组织"(Badr Organization)、"正义军团"(Aṣayib Ahl al-Haq)、"真主旅"(Kata'ib Hezbollah)或长期听命于伊朗,或直接由伊朗革命卫队海外行动分支"圣城旅"组建培训。有西方学者统计认为,"人民动员军"下辖约67支大小力量中的40支与伊朗关系密切。[2]

"人民动员军"参与清剿"伊斯兰国"时很注意方式与分寸。在摩苏尔之战中,"人民动员军"主要在外围作战,尤其是在摩苏尔以西地区进行开路、打援,配合政府军主力总攻摩苏尔。摩苏尔收复后,"人民动员军"积极参与对伊拉克西北部、幼发拉底河上游、伊叙边境地带的清剿行动。在收复伊西北部尼尼微省泰勒阿费尔、辛贾尔等地的战斗中,"人民动员军"更是作战主力。显然,伊朗在伊拉克战场上发挥作用时有其专门的考虑。摩苏尔之战是打击"伊斯兰国"的关键之战,若由什叶派的"人民动员军"主打,既不利于伊拉克政府军的形象,也有将反恐之战混淆于教派冲突之嫌。

---

[1] Faleh A. Jabar and Renad Mansour, The Popular Mobilization Forces and Iraq's Future,http://carnegie-mec.org/2017/04/28/popular-mobilization-forces-and-iraq-s-future-pub-68810(上网时间:2017年1月21日)。

[2] Nicholas A. Heras, Iraq's Fifth Column:Iran's Proxy Network,http://www.mei.edu/content/iraq-s-fifth-column-iran-s-proxy-network(上网时间:2017年1月22日)。

参与伊叙边境地区的战斗,一方面不太显眼,另一方面也有利于伊朗系武装加强对伊叙边境的控制。

清剿"伊斯兰国"之外,伊朗支持的民兵在2017年伊拉克战场还有一个插曲。2017年9月,伊拉克库尔德自治政府举行独立公投并获通过。伊拉克中央政府、伊朗、土耳其等国均明确反对库区公投独立。10月中旬,伊拉克政府军与部分"人民动员军"协同突袭库尔德自治政府占据的基尔库克市。库尔德武装很快放弃基尔库克后撤,伊政府军和"人民动员军"遂控制基尔库克省,有效震慑了库尔德自治政府,基本挫败了库尔德独立计划。在此过程中,"人民动员军"角色突出,成为伊朗反对库尔德独立政策的执行者。

(三)伊朗在也门战事中的角色

也门在"阿拉伯之春"后陷入动荡,老总统萨利赫下野,各派纷争不断。2014年,原先主要盘踞北部的胡塞武装南下,进占首都萨那,赶走沙特支持的哈迪政府。2015年初,沙特对胡塞武装发动持续空袭。也门形成胡塞武装与南部哈迪政府余部之间的内战。国际媒体普遍认为,胡塞武装是伊朗在也门的代理人。事实上,伊朗与胡塞武装的关系,与伊朗与其在伊拉克、叙利亚代理人的关系有明显不同。胡塞武装起源于也门本土,与胡塞家族、也门北方部落的关系较强,地方性突出;宗教上信奉栽德派,虽属于广义的什叶派,但与伊朗十二伊玛目派什叶派有颇多差异。因此,胡塞武装与伊朗一手打造的黎巴嫩真主党、能实质影响的"人民动员军"有别。出于对抗沙特等战略考量,伊朗显然支持胡塞武装,但支持程度有限。美国评估认为,伊朗援助胡塞武装的资金每年不过1000万~2000万美元。[①] 这与伊朗对真主党、"人民动员军"的巨额支持不可同日而语。

不过,随着2017年以来沙特与伊朗竞争的突出,伊朗在也门战事中的

---

① 武星艳:《伊朗与也门胡塞武装组织的关系探析》,《国际研究参考》2016年第3期,第21页。

角色日趋凸显。最典型的是11月4日晚,沙特宣布拦截一枚从也门射向利雅得哈立德国王机场的导弹。沙特认定该导弹为伊朗制造,导弹袭击是伊朗直接支持的胡塞武装所为,并决定暂时封锁也门所有海陆空通道。此次从也门射向沙特的导弹飞行距离长达800公里,这种远程射导技术显然更像是伊朗而非胡塞武装所掌握。沙特就认为,这是伊朗将导弹拆分运进也门,然后在当地组装、发射。12月19日,胡塞武装再次向利雅得发射同一型号的导弹,被沙特军方拦截。12月14日,美国常驻联合国代表黑莉专门在华盛顿某军事基地对外展示11月4日胡塞武装射向沙特导弹的残骸,认为导弹多处细节与伊朗制导弹相符;同时认定伊朗向胡塞武装提供了反坦克导弹和无人机。虽然伊朗否认与此次射导的关系,但此次事件折射出伊朗对胡塞武装的军事援助关系。此外,11月20日,美国财政部还将为伊斯兰革命卫队"圣城旅"印制也门假钞的4家实体、2名个人列入制裁名单。这也透露出伊朗军方在也门的全面渗透活动。①

2017年12月初,也门胡塞武装与前总统萨利赫的势力发生火并。两派在萨那激战数日,最终萨利赫被毙身亡。自2014年以来,胡塞武装一直与萨利赫联手打击哈迪政府,但双方联盟内部存在不和与权力争夺,2016年中期后矛盾开始激化。激战期间,伊朗驻萨那大使馆遭火箭弹击中。伊朗在此次兵变中态度并不清晰,但是与沙特美国暗通款曲的萨利赫毙命,对伊朗并非坏事。

二 外交危机中的伊朗角色

在三大战场上,伊朗的角色是显性的,可以通过代理人直接影响战事的走向与结局。在地区外交斗争中,伊朗的角色则是隐性的,更多是作为把柄和理由被一些阿拉伯国家加以利用。

---

① Us Treasury Press Release, Treasury Designates Large-Scale IRGC-QF Counterfeiting Ring, https://www.treasury.gov/press-center/press-releases/Pages/sm0219.aspx(上网时间:2018年1月15日)。

2016年初,沙特处决巴林的什叶派教士,伊朗民众冲击沙特驻伊朗使馆,沙特立即宣布与伊朗断交。随后,沙特的逊尼派"小兄弟"(如巴林、苏丹、吉布提等国)也与伊朗断交。断交使沙伊两大地区强国撕破脸,推动了中东地区冷战化、阵营化趋势走强。① 2017年阿拉伯世界外交纷争中的最大关键词依然是断交危机,并且可以视为2016年沙伊断交的余波和发酵。

(一)卡塔尔断交危机

2017年5月下旬,媒体曝出卡塔尔埃米尔的内部讲话,提到"哈马斯是正义力量""伊朗是地区稳定"等语,此话立刻激怒了痛恨伊朗、哈马斯的沙特、阿联酋,沙、阿迅速封禁了卡塔尔半岛电视台。截至6月5日,沙特、阿联酋、巴林、埃及四国同时发表与卡塔尔断交的声明,要求卡塔尔外交使团限期离境,关闭与卡塔尔陆海空通道,限制本国公民赴卡。理由是卡塔尔支持恐怖主义、支持亲伊朗组织颠覆阿拉伯国家等。在强大压力之下,卡塔尔并未屈服,且自称是负责任国家,并称沙特等国企图颠覆卡塔尔政权。沙特、阿联酋和卡塔尔同属海湾地区比较稳定、富裕的阿拉伯国家,同为海合会成员,这次断交成为海合会内部的首次断交,事态非常严重。

沙特与卡塔尔断交,伊朗是一个绕不开的因素。卡塔尔和沙特、阿联酋的矛盾有几个方面。一是意识形态差异。卡塔尔王室和穆斯林兄弟会走得较近,而沙特、阿联酋王室却视穆兄会为挑战王权的政治伊斯兰反对派。与此相关,伊朗对"阿拉伯之春"后一度在埃及上台的穆兄会持支持态度。就此而言,卡塔尔和伊朗成了一个阵营。二是支恐问题。根据沙特的指责,卡塔尔支持的恐怖主义不仅是传统的"基地""伊斯兰国"等组织,也包括胡塞武装等亲伊朗的军事集团。卡塔尔与伊朗及其代理人走得太近了。三是美国因素。卡塔尔断交危机发生前不久的5月20日,美国总统特朗普刚刚访问沙特,沙特专门为此召集美国-伊斯兰首脑峰会。这次访问和峰会传递出的最重要信号,就是美国、沙特以及其他伊斯兰国家应该团结起来孤立伊

---

① 刘中民:《中东地区格局的冷战化趋势及其影响》,《当代世界》2018年第2期,第14页。

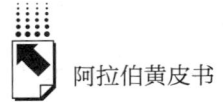
阿拉伯黄皮书

朗，沙特俨然是反伊朗联盟的领头羊。在此背景下，沙特要假美之威，统一反伊朗联盟内部的立场和行动。对卡塔尔这种与伊朗保持密切关系甚至呼应伊朗政策的国家，沙特必然要先行打压。6月23日，沙特等国公布与卡塔尔和解的13点条件，其中就包括"停止与伊朗的外交关系并关闭伊朗驻卡使馆、驱逐在卡的伊斯兰革命卫队成员"。①

尽管沙特等国气势汹汹，但伊朗在断交危机中却理性、低调。伊朗的主要举措是：一是由鲁哈尼总统与卡埃米尔通电话，表示继续发展双边关系的决心；二是由伊朗通过空运等方式向卡塔尔提供食品等生活物资，并向卡塔尔航空公司开放领空与航线。相比之下，卡塔尔的另一个支持者土耳其就比较高调，除了不断给予政治支持和物资援助外，土总统埃尔多安还于7月亲自访问卡塔尔，土国议会还通过法案，允许向土驻卡军事基地增兵，给予卡重要的军事支持。伊朗的低调不仅避免了伊朗再次深度卷入地区纷争，也使沙特等国借断交卡塔尔孤立伊朗的效果大打折扣，反而在相当程度上赢得了卡塔尔的好感。8月23日，曾在2016年沙伊断交危机中召回驻伊大使的卡塔尔，决定重新向伊朗派驻大使，正式恢复与伊朗的外交关系。

（二）黎巴嫩总理辞职危机

黎巴嫩总理辞职事件可以被视为卡塔尔断交危机的翻版。2017年11月4日，黎巴嫩总理萨阿德·哈里里访问沙特期间发表声明，宣布辞去总理职务，并称伊朗干预阿拉伯事务，在数个阿拉伯国家制造恐惧和毁灭，阿拉伯世界应该斩断伊朗干预黎巴嫩的手；他生活的环境很像是父亲哈里里②遇刺前的情况。小哈里里突然辞职疑点颇多：一是哈里里毫无征兆地在沙特而非

---

① Arab states issue 13 demands to end Qatar-Gulf crisis, https://www.aljazeera.com/news/2017/06/arab-states-issue-list-demands-qatar-crisis-170623022133024.html（上网时间：2018年1月18日）。

② 萨阿德·哈里里的父亲拉菲克·哈里里，他在2005年任黎巴嫩总理时遭刺杀身亡。沙特和哈里里家族指责真主党实施了此次暗杀。

黎巴嫩宣布辞职，令人费解；二是哈里里 2016 年 12 月刚出任总理一职，上任后政绩尚可，不到一年就辞职似无必要。随后就有媒体报道称，沙特将哈里里召至利雅得，并要求其朗读辞职声明。11 月 9 日，沙特和科威特还要求两国在黎公民尽快回国，颇有撤侨的架势。最终，在法国的努力斡旋下，哈里里得以飞往法国，随后辗转于 11 月 21 日返回黎巴嫩。回国后，哈里里即表示暂停辞职申请，继续担任总理。很明显，沙特通过逼哈里里辞职，要向黎巴嫩和国际社会传递沙特不满黎政治局面，尤其是伊朗影响坐大的信号。而且，就在赴沙前一天，哈里里在贝鲁特会晤了伊朗最高领袖外事顾问维拉亚提。因此，沙特逼哈里里辞职"醉翁之意不在酒"，而在伊朗。对此次危机，伊朗态度稍微强硬些，一直在批评沙特背后捣鬼，要求沙特放人。从结果看，沙特没有实现其战略目标。

（三）科威特与伊朗外交纠纷

与卡塔尔断交危机相隔不久，便发生了科威特与伊朗之间的外交纠纷。2017 年 7 月 20 日，科威特官方召见伊朗驻科大使，要求伊朗使馆将外交人员从 19 人裁减到 4 人、大使 45 天内离境、关闭武官处和文化处，冻结两国双边合作委员会活动。事情缘起 2015 年科安全部门查获一非法武装小组，为伊朗人策划成立，为伊朗及黎巴嫩真主党当间谍。该小组部分成员于 2017 年 7 月中旬逃亡伊朗，科威特认定伊朗使馆卷入其中。沙特第一时间对科表示支持。伊朗外交部在 20 日当天也召见科威特驻伊临时代办，重申伊朗与该案无关。其实，在阿拉伯世界，科威特属于与伊朗关系较好的国家，科国内有一定规模的什叶派人口，第一次海湾战争中伊朗也支持过科威特。因此，卡塔尔断交危机发生后科威特全力在沙特与卡塔尔之间斡旋，科威特与伊朗的这次外交风波也未升级扩大。

三 伊朗因素对阿拉伯地区格局的影响

伊朗是阿拉伯地区格局发展中的重要变量。2017 年，伊朗的影响力体现在战场与外交两大领域。战场上，2017年是伊拉克、叙利亚清剿"伊斯兰国"的收官之年，伊朗支持的武装在清剿过程中锻炼和壮大了自身，凸显了伊朗的存在感。战场上的伊朗呈现攻势，并积累了一定优势。在几次外交危机和风波中，伊朗并没有扮演主动的、高调的角色，而是呈现守势，没有与沙特等国针锋相对。但这避免不了伊朗成为沙特整顿逊尼派阿拉伯阵营的借口。无论是战场攻，还是外交守，伊朗都对阿拉伯地区格局施加了实质性的影响。

（一）伊朗在阿拉伯世界的代理人实力增强，加剧了部分阿拉伯国家的"弱主权"现象，延续了阿拉伯和伊朗两大集团之间的失衡格局

伊朗在阿拉伯世界扶持代理人是步步为营的。最早在黎巴嫩扶持了真主党，后在2003年伊拉克战争中扶持了一批亲伊武装。2014～2017年的反"伊斯兰国"战争是伊朗代理人坐大的又一高潮。在伊拉克，什叶派民兵"人民动员军"帮助政府军反恐和压制库尔德人，并且从非政府武装摇身变成广义政府军的组成部分。在叙利亚，伊朗扶持的外籍什叶派民兵从无到有，成了一支可供伊朗调遣的移动武装。真主党入叙作战，虽然有一定的兵员损失，但综合战斗力明显提升。值得注意的是，真主党能力增强，已可充当伊朗干涉阿拉伯国家的"二传手"。比如伊朗通过真主党对巴沙尔政权和胡塞武装加以支援，而未必要亲自出马。

通过代理人的布局，伊朗基本构建了所谓"什叶派新月区"。"什叶派新月区"的概念最早由约旦国王在2004年时提出，当时伊朗在伊拉克的影响急剧扩大，能同时在黎巴嫩、叙利亚、伊拉克拥有实质影响。严格地说，当时的"什叶派新月区"尚未连成一片。但到2017年，伊朗在黎巴嫩、叙利亚、伊拉克三国的代理人实现了陆路贯通。真主党入叙作战强化了从叙利亚至黎巴嫩的联系。叙利亚的什叶派民兵向东，伊拉克的什叶派民兵向西，两股伊朗支持的民兵成为在伊拉克、叙利亚边境一带最强大的武装力量，控制了伊叙间的主要通道。正因为如此，才有西方媒体惊呼：伊朗打通了自本

土至东地中海的什叶派走廊。①

"什叶派新月区"的巩固与强化对伊朗是资源,对阿拉伯世界却是麻烦。真主党在黎巴嫩政府中有话语权,在黎巴嫩南部、贝鲁特西区等的势力范围早已是"国中之国"。黎现任总理哈里里虽与真主党有血海家仇,但不得不维系与真主党的关系,才能坐稳总理之位。真主党的强大也影响了黎巴嫩的邻国巴勒斯坦和约旦。真主党与哈马斯的"战友"关系,使巴勒斯坦主流派别法塔赫的控制力减弱,也令国内危机重重的约旦王室十分忌惮。胡塞武装从偏在北部一隅的叛军,发展成控制萨那的强大军政集团,已在也门未来政局中奠定了地位。萨利赫死后,也门恐怕再也难有能统合南北、处理好胡塞武装问题的政治人物。叙利亚的亲伊朗民兵无疑帮助政府军拱卫了政权,2017年巴沙尔政权也的确恢复了些元气。但叙战场的胶着状态表明,巴沙尔政权无力恢复对全境的控制,亲伊朗民兵的存在增加了巴沙尔政权对伊朗的依赖。从这个角度看,巴沙尔政权与其说是强化了,不如说是弱化了。在伊拉克,由于中央政府是什叶派主导,什叶派民兵与政府的矛盾并不突出,双方在打击"伊斯兰国"上立场一致。但是,从最近十余年的历史看,伊朗支持的什叶派民兵从来就是相对独立的力量,不完全听中央政府使唤。如果说"阿拉伯之春"的冲击使阿拉伯多国进入弱政府、弱主权时期,那么伊朗支持的代理人和什叶派民兵进一步加剧了上述趋势。②

伊朗及其代理人的强大加剧了整个中东格局的失衡局面。根据李绍先的看法,随着2003年伊拉克战争后什叶派在伊拉克主政,中东地区阿拉伯国家集团与伊朗之间的相对平衡被打破,伊朗呈崛起、坐大态势,而阿拉伯国家则持续弱化。③ 2011年的"阿拉伯之春"冲击了不少阿拉伯国家政权,

---

① Martin Chulov, Iran changes course of road to Mediterranean coast to avoid US forces, https://www.theguardian.com/world/2017/may/16/iran-changes-course-of-road-to-mediterranean-coast-to-avoid-us-forces(上网时间:2018年1月20日)。
② 牛新春:《解体的中东——重回"弱主权"时代》,《现代国际关系》2017年第7期,第1~2页。
③ 李绍先:《中东大乱局及"一带一路"背景下中国的应对》,《领导科学论坛》2016年第9期,第25~27页。

延续了失衡格局。2014年兴起的"伊斯兰国"固然冲击了叙利亚、伊拉克两个亲伊朗的阿拉伯国家,但从地区反恐战事的结果看,还是增强了伊朗及其代理人的影响力。伊朗势强而阿拉伯国家势弱的不平衡状态继续固化。失衡之下,就需要外部势力来平衡。2017年,沙特不断与美国套近乎,竭力怂恿、配合美国遏制伊朗,甚至与以色列达成打压伊朗的默契;土耳其在叙利亚和伊拉克的库尔德问题上强势出手,也反衬出阿拉伯国家的弱化。

(二)沙特遏制伊朗的努力受挫,还造成了阿拉伯阵营内部的进一步分化

沙特空袭胡塞武装、与卡塔尔断交、逼黎巴嫩总理辞职,共同点都是遏制伊朗。但这些努力收效甚微,甚至还有反作用。在也门,沙特空袭花费不小,效果一般,没能迫使胡塞武装缩小控制区。反倒使可能倒向沙特的萨利赫被击毙,沙特失去了与伊朗竞争的一张牌。卡塔尔虽然国家小,但面对断交危机不失方寸,一方面努力拉住老大哥美国,频频向美示好,购买美国武器,确保美国对自身的安全保障;另一方面与伊朗、土耳其等地区大国维系友谊,确保它们对卡力挺。断交危机自2017年6月开始,至2018年2月尚未化解。即便未来达成解决方案,经历此次风波的沙卡恐怕也再难维系伙伴关系。因此,断交危机的实质结果是阿拉伯阵营(尤其是海湾国家)的分化。卡塔尔固然未完全倒向伊朗,但对沙特的离心倾向显著增强。于是,以防范伊朗为核心目标的海合会分出了三个阵营:一是沙特、阿联酋、巴林三个铁杆反伊朗国家,二是卡塔尔,三是科威特、阿曼两个在沙、伊之间维持某种平衡的国家。阿拉伯世界中也出现了三个阵营:一是沙特、阿联酋等反伊国家;二是伊拉克、叙利亚等亲伊国家;三是阿曼等中立国家。随着2017年的两场外交危机,卡塔尔、黎巴嫩的立场都在从相对接近沙特,转向与沙特保持距离,未来可能成为在沙伊间保持平衡的中立国家。以此观之,沙特多年来希望打造的、以遏制伊朗为目标的、温和逊尼派的阵营已严重分化。沙特的盟友少了,伊朗的朋友却多了。

阿拉伯世界的分化已经是一个长期的趋势。自20世纪五六十年代阿拉

伯民族主义高潮过后，阿拉伯阵营分化就开始了。一个统一的阿拉伯方阵、阿拉伯立场在国际舞台上已不易见到。80年代，不同的阿拉伯国家还能以伊朗为敌，两伊战争是其例证。进入21世纪后，阿拉伯世界恰恰在伊朗问题上出现了分化。近年来，尤其是2016年、2017年，沙特不惜血本地制造断交，希望以伊朗为敌整合阿拉伯方阵，但这一努力不成功。

（三）伊朗因素刺激了沙特在阿拉伯阵营的突起，也成为沙特推进国内空前改革的重要参照系

在阿拉伯历史上，沙特很少成为领袖。沙特是典型的石油富国，衣食无忧，综合国力不强。政治上，沙特实行保守的君主制；安全上，沙特严重依赖美国，本国军力靠购买美国先进武器来撑门面；文化上，沙特奉行保守的伊斯兰生活方式，瓦哈比宗教意识形态对文化生活有诸多限制。从这些方面看，沙特并不具备领导阿拉伯世界的"素质"。

但自2003年伊拉克战争后，尤其2011年"阿拉伯之春"后，沙特不得不承担起在阿拉伯世界挑头的重任。一方面，"阿拉伯之春"直接冲击了阿拉伯传统大国埃及，也搞乱了利比亚、也门、叙利亚等阿拉伯国家。在这种背景下，相对稳定也不缺钱的沙特便成为阿拉伯世界群龙无首之下的领导。另一方面，伊朗利用了2003年伊拉克战争、"阿拉伯之春"、"伊斯兰国"兴起等机遇，在阿拉伯国家大肆扶持代理人，营建"什叶派新月区"，伊朗及其什叶派的势力攀升至历史高峰。在这种百年变局之下，沙特作为伊朗的死敌，必须出头整合阿拉伯兄弟，遏制伊朗。更让沙特担忧的是，奥巴马政府一直尝试与伊朗接触，2015年与伊朗达成核协议。如果美国不全力遏制伊朗，沙特更须自己出手遏制伊朗。近些年，沙特与伊朗坚决断交，整合叙利亚反对派，空袭胡塞武装，对不听话的卡塔尔、黎巴嫩等以断交、撤侨相逼。这些政策看似激进，却是在伊朗强势下的不得已之举。沙特只有表现得更加激进，才能引起阿拉伯世界乃至世界大国对伊朗威胁的重视。

沙特在阿拉伯世界的突起还体现于其内部改革。"阿拉伯之春"后，无

论政权更迭还是未更迭的阿拉伯国家都在改革,但许多改革或"换汤不换药",或"新瓶装旧酒"。但沙特的改革却具有革命性。2016年4月,沙特推出"2030愿景"改革计划,涉及经济、社会、宗教等多个领域,诸如大力发展私营部门和中小企业、提高油气国防等领域本地化水平、以IPO方式出售国有阿美石油公司股权、开征增值税等举措均幅度空前,令人耳目一新。① 在文化宗教领域,沙特也大胆迈开步伐。2017年4月,沙特官方宣布要在利雅得近郊兴建一座大型娱乐城;9月,沙特国王下令从2018年6月起允许妇女驾车;10月,沙特允许女性自2018年始进入体育场看球。在经济社会改革的同时,沙特的政治集权也在加速。2017年6月,国王萨勒曼废黜王储纳伊夫,将自己的儿子小萨勒曼扶正为王储,将国王之位抓在萨勒曼家族手中。同年11月,小萨勒曼发动反腐风暴,抓捕软禁多位达官、显贵、巨贾,要求他们交代犯罪事实、达成解决方案。在沙特这样一个总体上保守的国家,推行上述大规模、深层次改革是有风险的。经济改革未必成功,政治集权和社会改革或引发反弹。萨勒曼冒如此大的风险推动改革,不光是为了沙特的生存发展,更是为了沙特能在与伊朗的竞争中具有更强的底气和更广泛的号召力。前文说过,沙特政治体制不先进,社会文化不开放,安全不独立,这与伊朗相比都是弱点。要与伊朗对抗,沙特不仅要有强硬的地区外交,更要建立国内经济基础、制度优势和文化信心。笔者认为,萨勒曼父子推动全方位改革考虑到了伊朗因素,他们决心使沙特比伊朗更好。

结 论

2017年,伊朗延续近年态势,在苏伊士运河以东的阿拉伯世界扮演着重要角色。对阿拉伯世界而言,伊朗的作用是"破坏性"的。伊朗破坏了

---

① 秦天等:《中东:战乱未消改革难》,《国际战略与安全形势评估2016/2017》,时事出版社,2017,第259页。

海湾阿拉伯国家之间的纽带，通过"什叶派新月区"弱化了阿拉伯国家的主权，也在一定程度上推动着沙特进行史上空前的内部改革。由于阿拉伯和伊朗两大板块的失衡结构，加之美国特朗普政府再度强硬遏制伊朗，伊朗因素还将继续强烈地影响阿拉伯世界的地区格局。在新的平衡达成前，阿拉伯板块内部以及阿拉伯板块和伊朗板块的撞击，将持续输出不稳定的负能量。

Y.7 沙特与卡塔尔断交事件的原因与影响

王晓丽*

摘　要： 2017年，阿拉伯世界教派冲突持续，其中最突出的事件就是逊尼派大国沙特与同为逊尼派国家的卡塔尔宣布断交，致使逊尼派内部呈现分裂态势，并在地区层面和国际层面都产生了连锁反应。断交事件折射出美国、俄罗斯、伊朗、土耳其等国家在阿拉伯世界的持续博弈，教派问题成为政治斗争工具的特点凸显。

关键词： 沙特　卡塔尔　断交事件　教派冲突

纵观2017年，阿拉伯世界逊尼派和什叶派两大阵营矛盾依旧，美俄等域外大国因素在中东教派冲突中推波助澜，影响日益凸显。2017年6月5日，沙特、阿联酋、埃及和巴林四国以卡塔尔支持包括"伊斯兰国"在内的极端恐怖组织和破坏地区安全为由，宣布与卡塔尔断交，并对卡塔尔实行禁运封锁。沙特与卡塔尔断交风波成为2017年度逊尼派内部对抗和海合会正式分裂的标志性事件。此外，2016年断交的逊尼派大国沙特和什叶派大国伊朗继续争夺地区领导权，双方在也门、黎巴嫩、叙利亚等多条战线上保持对抗态势。2017年12月6日，美国总统特朗普单方面宣布承认耶路撒冷为以色列的首都，并启动美驻以色列使馆从特拉维夫前往耶路撒冷进程。耶路撒冷归属问题一直是巴以冲突中的死结，也是阿拉伯-伊斯兰世界的底

---

* 王晓丽，社会科学文献出版社博士后、融合发展办公室主任，主要研究中东政治与宗教问题。

线，美国偏以薄阿的举动重新激发了整个伊斯兰世界与犹太民族之间的矛盾，伊朗、土耳其等非阿拉伯国家均对美国的举措进行了谴责。

一 沙卡断交事件标志逊尼派阵营内部分裂

2017年6月5日，沙特、阿联酋、巴林、埃及等国宣布与卡塔尔断交，双方传统国家关系、贝都因人血脉关系恩断义绝。沙特、阿联酋、巴林和埃及等国对卡塔尔实施经济、交通和人员制裁，包括关闭卡塔尔与沙特唯一的陆路关口，禁止卡塔尔航空公司班机飞越领空，同时关闭卡塔尔在这些国家的新闻媒体。随后，也门、利比亚、毛里塔尼亚、毛里求斯、马尔代夫等国也相继宣布与卡塔尔断交，断交风波继续发酵。此乃2014年3月外交危机（沙特、巴林、阿联酋召回驻卡大使）的"加长版"，以及2016年沙特与伊朗断交的"第二季"。①

（一）卡塔尔对断交事件的应对

一方面，卡塔尔对沙特、阿联酋、巴林和埃及四国的指控予以否认，认为侵犯其国家主权，并积极争取国际组织的协调。2017年7月31日，卡塔尔向世界贸易组织争端解决机制申诉，抗议沙特、阿联酋和巴林对其"非法封锁"，卡塔尔经贸大臣谢赫艾哈迈德·本·贾西姆·本·穆罕默德·阿勒萨尼在声明中说，"封锁国采取的禁运措施，明显违反国际贸易法的核心法规、货物与服务贸易惯例和知识产权的贸易相关条例条款和惯例"，此次非法封锁在世贸组织框架下"前所未有"。②

另一方面，为缓和沙特等四国对卡塔尔制裁的压力，卡塔尔采取多种突围措施。2017年8月底，卡塔尔宣布以下政策：赋予80个国家公民免签（包括中国），使卡塔尔一跃成为中东地区最开放的国家；开辟哈马德港到

---

① 陆忠伟：《卡塔尔断交潮前因后果》，《人民政协报》2017年6月30日。
② 《卡塔尔向WTO申诉邻国"非法封锁"》，https://www.toutiao.com/a6449276286861885710/。

巴基斯坦卡拉奇港的新航线，将两国之间的货运时间缩短至6~8天；前身为Qatar Navigation的大型运输集团Milaha，将其地区中转站从迪拜搬到阿曼的苏哈尔港。由于埃及劳工减少影响到2022年多哈世界杯场馆建设，卡塔尔开始增加与南亚国家间的航班次数，以补充劳工数量。卡塔尔航空公司已经将从孟加拉国首都达卡的前往多哈的航班上调至每天3班。从9月1日起，从斯里兰卡科伦坡的航班次数从每天4班增至每天5班。① 从上述举措不难看出，卡塔尔为摆脱困境，从陆路和空中多筹并举，逐渐减少交通和人员上对海湾地区以及北非国家埃及的依赖。

（二）斡旋努力效果欠佳

在沙特和卡塔尔断交危机持续发酵期间，科威特、土耳其、法国、俄罗斯以及美国积极斡旋，希望缓和海湾地区紧张局势。2017年6月23日，沙特等四国通过科威特向卡塔尔递交了一份包含13点要求的危机解决清单，内容包括：卡塔尔降低与伊朗的外交关系，关闭土耳其军事基地，切断与穆斯林兄弟会等恐怖组织关系，关闭半岛电视台等。由于沙特和卡塔尔的诉求差距较大，因此科威特的斡旋成效不大，四国继续维持对卡塔尔制裁。2017年12月5日，第38届海合会首脑会议在科威特召开。科威特向卡塔尔发出邀请，希望其参加此次海合会峰会。卡塔尔外交大臣认为，尽管卡塔尔是事件受害一方，但愿意"继续支持科威特的调节努力"。在12月5日召开的峰会上，最终只有科威特埃米尔和卡塔尔埃米尔两位国家元首出席，沙特、阿联酋、巴林等国元首均未出席峰会，分别仅派外交大臣、外交国防部部长、副首相与会，导致"首脑"会议实际降级。

其他国家也积极参与斡旋。2017年7月15日起，法国外长勒德里昂分别前往卡塔尔、沙特、科威特和阿联酋，为化解断交危机斡旋。2017年7月23日，土耳其总统埃尔多安抵达沙特吉达市，为化解沙特等四国与卡塔尔的断交危机作斡旋努力。此后，埃尔多安分别前往科威特和卡塔尔斡旋。

---

① 《与伊朗复交　卡塔尔海合会矛盾再激化》，http：//www.sohu.com/a/167086756_99941202。

2017年9月10日，俄罗斯外长拉夫罗夫对沙特进行访问，呼吁有关各方对话解决卡塔尔危机。

美国也积极斡旋沙特与卡塔尔断交事件。位于卡塔尔首都多哈西南35公里的乌代德空军基地（Al Udeid Air Base）是美国在中东最大的军事基地。由于卡塔尔受到沙特等国禁运限制，因此断交事件对美国在中东地区的反恐军事行动产生影响。同时，美国担心伊朗借机强化与卡塔尔关系，增强其在海湾地区的影响力。2017年7月10日至13日，美国国务卿蒂勒森就任以来进行首次"穿梭外交"，往返于科威特、卡塔尔和沙特之间，寻求缓和断交危机后紧张局面的途径。科威特分析家阿卜杜拉·沙耶吉认为，蒂勒森的穿梭外交显示美国积极参与解决这一危机。他说："这是挽救目前形势、努力解决危机的最后尝试。"他认为，只有双方都做出巨大让步，才可能化解危机。① 蒂勒森此访先与卡塔尔进行磋商，并达成相关"反恐协议"，但沙特和阿联酋对此并不买账，在蒂勒森到达沙特前数小时，沙特、埃及、阿联酋和巴林四国联合宣布，蒂勒森和卡塔尔的协议"并不足够"，意味着沙特对蒂勒森所带来的卡塔尔立场退让并不满足。② 2017年10月22日，蒂勒森在断交危机爆发4个月后，第二次出访沙特和卡塔尔，与两国领导人分别进行会晤，谋求化解海湾危机。据半岛电视台等媒体报道，蒂勒森对短期内化解海湾危机并不乐观。他表示，沙特方面仍未做好准备与卡塔尔举行直接谈判。卡塔尔外交大臣穆罕默德也表示，沙特等国没有做好谈判的准备，这不利于解决海湾危机，他重申，有关谈判不能损害卡塔尔的国家主权。③

总之，虽然科威特、土耳其、法国、俄罗斯乃至美国等多国在断交事件后极力斡旋，但沙特与卡塔尔关系仍未出现缓解迹象，逊尼派内部正式分裂，海合会前景未卜。

---

① 《美国务卿蒂勒森"穿梭外交"调节卡塔尔危机》，https：//www.sohu.com/a/156530258_114911。
② 王晋：《蒂勒森的海湾斡旋——难以完成的任务》，http：//column.cankaoxiaoxi.com/plgd/2017/0714/2186660.shtml。
③ 《美国国务卿访问沙特和卡塔尔 谋求化解海湾危机》，http：//military.china.com/news2/569/20171023/31594903.html。

二 沙卡断交事件爆发的多重原因

沙特等国与卡塔尔断交并非一时兴起,沙特在逊尼派内部"清理门户",背后有多种因素考量,实质就是遏制伊朗在海湾地区影响力的上升。

(一)沙特与卡塔尔素有积怨,关系一直不睦

沙特和卡塔尔同属逊尼派国家,均为海合会成员国,但海湾大国沙特与"想法颇多"的小国卡塔尔多年来关系不睦,双方在涉及穆斯林兄弟会、伊朗及极端组织等问题上龃龉不断。卡塔尔现任埃米尔塔米姆的父亲哈马德于1995年发动宫廷政变,取代其父亲上台执政,沙特、阿联酋王室对卡塔尔这一破坏世袭规则的行为一直颇有微词,因此对卡塔尔现任埃米尔塔米姆也很轻视。英国《经济学人》杂志直言不讳地将此次断交事件称为"家族宿仇"。①

此外,在对待穆斯林兄弟会的态度上,卡塔尔认为穆斯林兄弟会是整个阿拉伯世界公民对民主诉求的合法途径,而阿联酋和沙特则将其视为对他们统治海湾国家合法权利的威胁,还将其定性为意图颠覆所有海合会国家君主现状的恐怖组织政党。2014年3月,沙特、巴林和阿联酋三国就因穆斯林兄弟会问题曾同时召回驻卡塔尔大使,卡塔尔的外交危机已经初见端倪。2017年4月,卡塔尔分别向伊拉克什叶派民兵组织和"黎凡特解放组织"支付赎金的事件,被英国《金融时报》揭露,使得卡塔尔与恐怖主义和极端主义组织牵连的指控得到媒体证实和曝光。②

(二)沙特借断交事件扼制伊朗地区影响力扩张

2016年1月,沙特宣布与伊朗断交后,中东逊尼派和什叶派两大阵营

---

① 龚正:《中东"断交风暴"影响几何》,《世界知识》2017年第7期。
② 王锁劳:《卡塔尔断交风波下的中东乱局》,《党建》2017年第8期。

矛盾呈现公开化态势，双方围绕也门、叙利亚、黎巴嫩等多个问题进行对抗。目前，从多条战线的形势分析，伊朗相对处于上风。

从国内形势看，2017年，沙特和伊朗国内政治均有大事，但伊朗局势总体好于沙特。2017年5月19日，伊朗举行大选，鲁哈尼总统成功连任，国内政局稳定；在沙特，82岁高龄的沙特国王萨勒曼在6月21日废黜侄子纳伊夫的王储身份，立儿子穆罕默德·本·萨勒曼为新王储，改变了沙特多年来"兄终弟及"的王位传承制度，这一重大制度性变革对沙特政局走向影响重大。

在地区形势方面，伊朗借用各种机会"以小投入谋取大回报"，沙特则是"昏招迭出，处处失败"①。一是叙利亚内战呈现俄罗斯、土耳其和伊朗在军事上占优的局面。在2016年下半年"伊斯兰国"遭受重创后，叙利亚政府军、黎巴嫩真主党、伊朗革命卫队在俄罗斯空军配合下，先后拿下重镇阿勒颇和拉卡，帮助叙利亚政府收回超过70%国土。与此同时，伊朗革命卫队与黎巴嫩真主党通过叙利亚内战实力大增。而沙特、美国和以色列支持的叙利亚反对派"叙利亚自由军""叙利亚民主军"等在战场上表现平平。沙特等国在叙利亚和平进程中话语权越来越小。二是沙特在打击也门胡塞武装问题上进退维谷。也门什叶派胡塞武装长期盘踞在也门北部萨达省，沙特一直指责伊朗和黎巴嫩真主党是胡塞武装背后主使。2010年，胡塞武装与也门政府签订停火协议，结束与政府军长达六年的武装冲突。2014年7月，也门政府削减燃油补贴，引发民众强烈不满，胡塞武装组织借机武力夺取首都萨那，并在内阁改组、军队改革等问题上与中央政府摩擦不断。2015年1月22日，在胡塞武装占领总统府、官邸和重要军事设施后，总统哈迪及其内阁辞职。2015年3月，沙特联合阿联酋、科威特、埃及、约旦、苏丹等十国发起"果断风暴"，对也门胡塞武装发起进攻。但截至2017年底，沙特虽然耗资巨大，但是对胡塞武装的打击成效不大，陷入持久战的泥沼。

在这种情况下，沙特急于开辟新战场，遏制伊朗地区影响力。而2017

---

① 朱宁：《沙伊对决模式下的中东2017》，《文汇报》2017年12月30日，第005版。

年沙特与卡塔尔断交,就是这一战略考虑的组成部分。沙卡断交后,沙特经由科威特提出的13点建议中,明确要求卡塔尔降低与伊朗关系。从中不难看出沙特对卡塔尔与伊朗的密切关系一直耿耿于怀。沙特与卡塔尔断交,实际最终还是为了遏制伊朗地区扩张。

(三)美国是沙卡断交事件的主要推手

美国总统特朗普于2017年5月20日访问沙特,这也是他担任美国总统以来首次出访。当天,沙特与美国签署了购买1100亿美元美国军火的大单。5月21日,特朗普在沙特首都利雅得与50多位阿拉伯和伊斯兰国家领导人举行首脑会议。他在会上表示,美国愿意帮助中东打击恐怖主义,但希望这些国家不要依赖美国。他呼吁地区国家团结起来打击恐怖主义。①

特朗普走后不到一个月(6月5日),沙特就宣布与卡塔尔断交。而断交事件第二天(6月6日晚9点36分),特朗普在推特上发文称,"真高兴我的中东之旅有了回报,沙特国王和其他50个国家说,会对资助极端主义的国家采取强硬立场,而一切线索都指向了卡塔尔。这也许就是终结恐怖主义引发的恐慌的开始"②。这段推文明确将卡塔尔与恐怖主义联系起来,也为沙特等国以支持恐怖主义为由宣布与卡塔尔断交提供了依据。6月11日,特朗普总统自己证实,阿拉伯国家集体"围堵"卡塔尔是他5月访问沙特时协助策划的方案。他称卡塔尔是"高级别的恐怖主义赞助者",可能阻碍美国国务院为缓解阿拉伯国家紧张局势和封锁行动所做的努力。③ 特朗普策划针对卡塔尔的断交事件,与其上任后的中东政策调整密切相关。美国乔治城大学卡塔尔分校国际与区域研究中心副主任萨拉·巴巴尔认为,"特朗普似乎表现出突然接近阿联酋和沙特,而不是采取更为平衡的区域解决途径来

---

① 《特朗普首访沙特等国引争议 美国外交再次聚焦"中东"》,http://world.huanqiu.com/hot/2017-05/10719166.html。
② 王锁劳:《卡塔尔断交风波下的中东乱局》,《党建》2017年第8期。
③ 《特朗普承认:访问沙特时曾参与策划"围堵卡塔尔"》,http://news.ifeng.com/a/20170611/51227033_0.shtml。

平等地囊括所有六个海湾国家。美国政府的这一改变似乎鼓励了阿联酋和沙特对卡塔尔采取强硬立场"。①

值得关注的是，2017年10月23日，美国国务卿蒂勒森参加了由沙特国王萨勒曼和到访的伊拉克总理阿巴迪共同主持的沙伊协调委员会首次会议（沙特在1990年伊拉克入侵科威特之后宣布与其断交）。此前，尽管两国在2004年就恢复外交关系，但沙特2015年才正式开启驻伊拉克大使馆。逊尼派大国沙特愿意与什叶派国家伊拉克恢复关系，背后同样是沙特希望在与什叶派领头羊伊朗的博弈中拉拢伊拉克，美国也希望沙特和伊拉克的合作，能够遏制伊朗势力在中东地区的扩张。② 因此，沙特等国围攻卡塔尔，只是沙特带领伊斯兰逊尼派国家围攻伊朗的预演，未来，支持沙特与伊朗全面博弈将是美沙关系中的重要战略。

三　沙卡断交事件影响评估

卡塔尔虽是海湾地区小国，但其奉行"小国也有大外交"理念，积极参与国际事务，在各种冲突和纷争中充当调停者和中间人角色。从苏丹达尔富尔到厄立特里亚，从索马里到也门，从黎巴嫩到巴勒斯坦，几乎中东地区每场冲突都有卡塔尔参与调停。鉴于上述问题涉及国家与沙特和卡塔尔的关系，此次沙特等国引发的断交事件的影响，远远超越海湾地区。

（一）卡塔尔退出东北非杜梅伊拉岛问题调停机制

因卡塔尔介入厄立特里亚和吉布提杜梅伊拉岛的争端处置问题，沙特与卡塔尔断交事件不仅造成海湾地区局势紧张，还对东北非地区形势产生重要

---

① 《对话卡塔尔知名学者：特朗普中东立场改变触发断交危机》，https：//mp. weixin. qq. com/s?＿＿biz＝MzA3ODI2OTI2NQ%3D%3D&chksm＝88e1e537bf966c21b9ecf84443fef6297071d20681d208995b495e59a7df328bd8439af0617a&idx＝2&mid＝2454723337&scene＝21&sn＝74f1e64e495bf231de6b6802fdb9b2f2。

② 《美国国务卿4个月两访海湾国家　劝和背后"暗藏机关"》，http：//news. china. com/internationalgd/10000166/20171023/31595525＿1. html。

影响。杜梅伊拉岛（Doumeira），又译杜梅拉岛，位于曼德海峡北部的红海中，厄立特里亚和吉布提的交界处，现由吉布提奥博克州管辖，但两国对该岛归属存在争议。2008年4月16日，厄立特里亚军队进入杜梅伊拉地区，搜捕该国逃亡者。6月10～13日，厄立特里亚和吉布提发生武装冲突，造成数十人伤亡。后经联合国安理会介入，并通过1862号决议，谴责厄立特里亚在杜梅伊拉角和杜梅伊拉岛对吉布提采取的军事行动，呼吁双方显示最大限度的克制，将部队撤回到事件发生前的位置。① 2009年1月14日，联合国督促两国以和平方式解决争端。2010年5月10日，吉布提、厄立特里亚和卡塔尔三国签署协议，授权卡塔尔调节吉厄边界争端。随后，厄立特里亚军队从争议的杜梅伊拉岛及附属岛屿地区撤离。

此次沙特和卡塔尔断交事件爆发后，厄立特里亚和吉布提都选择支持沙特，吉布提宣布降低与卡塔尔的外交级别，卡塔尔于2017年6月12～13日撤出在杜梅伊拉岛上的400名边境维和部队。随后，厄立特里亚趁卡塔尔军事力量撤出之际，立即向吉布提有主权声索的杜梅伊拉角和杜梅伊拉岛派遣武装力量。此举进一步激发了2008年以来两国的边境争端。吉布提随后向非盟和联合国提出抗议。② 另外，埃塞俄比亚也有可能卷入此次边界争端。埃塞俄比亚是该地区面积最大、实力最强的国家，曾经和厄立特里亚爆发边界战争。在吉布提提出抗议后，埃塞俄比亚支持非盟派遣一支真相调查小组到杜梅伊拉角和杜梅伊拉岛的倡议。厄立特里亚与埃及关系密切，而埃及与埃塞俄比亚因尼罗河复兴水坝问题矛盾激烈，因此沙特与卡塔尔的断交事件对东北非地区的形势产生了外溢影响。

（二）断交事件导致卡塔尔公开转向伊朗

沙特等国宣布与卡塔尔断交后，卡塔尔被逐出逊尼派阵营，生存环境受

---

① 《联合国安理会第1862号决议》，百度百科。
② Rashid Abdi, "A Dangerous Gulf in the Horn: How the Inter-Arab Crisis Fuelling Regional Tensions", International Crisis Group, August 3, 2017, https：//www.crisisgroup.org/middle－east－north－africa/gulf－and－arabian－peninsula/dangerous－gulf－horn－how－inter－arab－crisis－fuelling－regional－tensions.

到严重威胁。在此背景下，伊朗力挺卡塔尔。路透社 2017 年 6 月 25 日报道，伊通社援引鲁哈尼在电话中告诉卡塔尔埃米尔塔米姆："德黑兰与卡塔尔国家和政府站在一起……我们认为，如果地区国家之间存在冲突，施压、威胁和制裁不是解决分歧的恰当途径。""围攻卡塔尔对我们来说是无法接受的……我们国家的领空、领土和领海将永远对兄弟邻国卡塔尔开放。"①卡塔尔埃米尔也表示准备发展与德黑兰的全面关系，与伊朗合作解决伊斯兰世界问题。

2016 年 1 月，沙特与伊朗因沙特处决什叶派教士尼米尔的事件断交，此后多个国家宣布与伊朗断交。卡塔尔虽然没有采取断交方式，但站在沙特一方，在 2016 年 1 月宣布召回驻伊朗大使，以此回应伊朗示威者冲击沙特使领馆事件。此次沙特等四国宣布与卡塔尔断交后，卡塔尔于 8 月 24 日宣布与伊朗全面恢复外交关系，并允诺回派驻伊大使，加强双边关系，以此作为对沙特方面制裁的突围之举。卡塔尔与伊朗关系因此开始好转和加强。

（三）土耳其借卡塔尔危机增加其在海湾地区的军事力量

中东地区大国土耳其对沙特与卡塔尔断交做法表示反对，并呼吁各国通过对话协商解决。同时，积极向卡塔尔提供民生和军事支持。在沙特等国封锁卡塔尔不到 48 小时内，为避免潜在的粮食短缺，土耳其派出装满牛奶、酸奶和家禽的货运飞机直达卡塔尔。2017 年 6 月 7 日，为提高卡塔尔的防务能力，支持"反恐"努力，维护该地区的安全与稳定，土耳其议会批准允许在卡塔尔部署土耳其军队，并帮助卡塔尔培训宪兵部队两项法案。7 月 12 日，卡塔尔当局宣布，土耳其军队已进驻卡塔尔首都多哈的一个军事基地。10 月，卡塔尔与土耳其召开第三届最高战略委员会部长级会议，卡塔尔外交部部长穆罕默德·阿卜杜拉曼·阿勒萨尼和土耳其外交部部长卡夫卢奥卢在安卡拉会面，确定两国重要战略伙伴关系。

---

① 《伊朗土耳其力挺卡塔尔 美国务卿呼吁各方降低调门》，http：//news.cbg.cn/hotnews/2017/0628/8300023.shtml。

（四）断交事件可能导致海合会"瓦解"及中海自贸区谈判中断

海合会成立于1981年，在促进海湾国家政治、经济、军事、安全等领域合作及应对共同挑战和威胁方面发挥了巨大作用。沙特、阿联酋、巴林和卡塔尔都是海合会成员国，在断交事件爆发前，多国还能在海合会的统一框架下沟通协调，商讨经济发展和反恐事宜。此次断交事件涉及海合会4个成员国，严重影响了海合会的统一合作机制，其未来走向不甚明朗。① 在2017年12月5日第38届海合会首脑会议召开前几个小时，阿联酋方面宣布将和沙特成立新的"联合合作委员会"，该计划已得到阿联酋总统谢赫哈利法·本·扎耶德·阿勒纳哈扬批准。该委员会将加强阿联酋与沙特在政治、经济、军事、贸易和文化等方面联系，引发各界对两者想要抛开海合会框架另行"组团"的猜测。② 海合会面临瓦解的危险。

另外，断交事件还直接影响中海自贸区谈判。2016年2月29日至3月3日，中海自贸区第六轮谈判在沙特利雅得举行，这也是中海自贸区谈判终止6年后的首轮正式谈判。海方代表团共40余人，分别来自沙特、阿曼、阿联酋、巴林、卡塔尔、科威特6个海合会成员国及海合会秘书处。③ 在沙特和卡塔尔断交事件爆发前，中海自贸区谈判又进行了四轮，中方正在积极筹备第十轮谈判，并将通过新一轮谈判推动剩余的谈判议题，达成机制。④ 目前，海合会内部出现分裂，沙特与卡塔尔断交事件短期难以缓解。如果卡塔尔被排除在海合会之外，中海自贸区的谈判将会中断甚至完全取消。⑤ 此

---

① "GCC summit serves to highlight disunity within the bloc", Country Report, Saudi Arabia, December 7th 2017, EIU Database.
② 《海合会峰会：团结难求 僵局难解》，http://news.cnwest.com/content/2017-12/06/content_15543658.htm。
③ 《中国——海合会自贸区第六轮谈判在沙特利雅得举行》，http://news.chinadevelopment.com.cn/zj/2016/03/1020752.shtml。
④ 《商务部：中海自贸区谈判重启后取得非常多的进展》，http://www.chinadevelopment.com.cn/news/zj/2017/06/1146644.shtml。
⑤ Roie Yellinek：《卡塔尔危机与中国》，摘自王灵桂主编《中国：拓展发展中国家的现代化途径》，社会科学文献出版社，2018。

外，沙特和阿联酋作为海合会中最具影响力的两个国家，如果单独建立合作机制，对中国与海合会建立中海自贸区的谈判进程将产生重大影响。

小　结

沙特等国和卡塔尔断交，是 2017 年阿拉伯世界内部冲突的新表现。这场危机既表现为有关国家利用教派矛盾的政治权力斗争，也表现为地区大国利用教派矛盾构建政治联盟，争夺地区主导权，还表现为域外力量将教派矛盾政治化和工具化。这场危机不仅影响海湾地区的国别政治和地区格局，还产生外溢效应，并影响到中海自贸区的谈判进程。

国 别 篇
National Concerns

Y.8
2017年埃及安全形势评估

周 华[*]

摘　要： 2017年，埃及反恐形势整体仍很严峻。目前，埃及境内仍存在多个极端恐怖组织，对埃及安全形势构成极大威胁。塞西政府虽然采取多种反恐措施，但极端组织仍频频制造恐袭事件。未来，埃及反恐斗争任重道远，挑战与机遇并存。

关键词： 埃及　安全形势　反恐

2017年，埃及恐袭事件频发，经历了自2013年"6·30"革命以来最血腥的一年。数起针对无辜平民的恐袭事件造成重大人员伤亡，令世界深感

---

[*] 周华，北京语言大学中东学院副教授，主要从事阿语教学与研究。

震惊。本文将通过回顾埃及安全形势，总结塞西政权的反恐策略，探寻埃及安全局势严重恶化的原因，并试图对未来局势变化做出初步预测。

一 2017年埃及安全形势回顾

数年来，尽管塞西政权在反恐领域进行了艰苦卓绝的努力，但2017年埃及安全形势非但没有好转，反而呈急转直下之势，形势比前几年更加严峻，恐袭范围几乎波及埃及全境，尤其是发生在亚历山大、坦塔（Tanta）、阿里什（El-Arish）等地的几起直接针对无辜平民目标的恐袭行动，伤亡巨大，影响恶劣，震惊了整个世界。从恐袭事件的发生频率、塞西政权投入反恐的力量以及双方较量的烈度来说，都说明埃及目前已卷入一场全面、激烈、持久的"反恐战争"。

据不完全统计，2017年1月1日至12月1日，埃及境内至少发生了45起恶性恐袭事件，共造成539人身亡，471人受伤。[①] 从季度看，2017年第四季度和第一季度为恐袭事件的高发季，分别发生了19起和16起恐袭事件；从月份看，1月、7月和9月发生恐袭事件的频率最高，1月发生了7起恐袭事件，6月和9月发生了6起恐袭；从伤亡人数看，仅2017年11月就有305人死于恐袭事件，128人受伤，是伤亡人数最大的月份；从地域来看，西奈半岛和开罗省是这一年中恐袭事件的高发区域。另外，上埃及省份也沦为恐袭目标，一年中发生了3起恐袭事件，分别是明亚省的袭击科普特人公交车事件、卢克索省袭警事件和基纳省的交火事件。

在2017年发生的45起恐袭事件中，有13起是针对埃及武装部队的袭击行动，23起针对武装警察，另外9起直接针对手无寸铁的无辜民众。这一年还发生了两起针对反恐部门官员的暗杀事件。开罗附近省份盖勒尤比省

---

① 《2017盘点：埃及出门就会遇上恐怖主义》，https://www.ida2at.com/terrorism-egypt-2017/（上网时间：2018年1月5日）。

一名国家安全官员在其家门口惨遭暗杀,杜姆亚特省警察局的一名警官也遭恐怖分子暗杀,但幸免于难。

信仰基督教的埃及科普特人被恐怖分子视作"异端",在2017年屡遭袭击。2017年2月,北西奈阿里什市的科普特人遭袭,12人死于非命,那里的科普特人随后被迫迁居西奈西南部的伊斯梅利亚市;4月,坦塔市和亚历山大市接连发生两起针对科普特教堂的恐怖袭击,造成至少45人死亡、100余人受伤;5月,明亚省发生袭击科普特人公交车事件,至少26人死亡、25人受伤。

恐怖分子的魔爪同样伸向无辜的穆斯林。11月24日,阿里什市的罗德清真寺(Al-Rawda Mosque)发生了震惊世界的恐袭事件,恐怖分子首先混入清真寺内做礼拜的穆斯林信徒中引爆炸弹,造成重大人员伤亡,随后埋伏在清真寺四周的十多名恐怖分子又冲着逃出寺外的人群疯狂扫射,共造成305人丧生,128人受伤,其中包括27名儿童。

从时间节点看,"黑色星期五"是恶性恐袭事件高发的日子。每周五是伊斯兰国家的法定休息日,也是穆斯林的聚礼日。那一天,人群相对集中,治安相对松懈,这为恐怖分子制造事端提供了一定便利。2017年,有7次恐袭事件发生在星期五,其中包括发生在西奈半岛针对埃及武装部队"103雷霆营"的袭击行动,包括该营营长在内的数十名官兵死于非命。另外,前面提到的4月针对亚历山大市和坦塔市两个科普特教堂的恐袭行动,也发生在周五。当天,两地有数十个科普特家庭在教堂里庆祝他们的传统宗教节日棕枝主日(圣枝主日)。

除上述恐袭事件外,2017年埃及还发生了几起"非典型"恐袭事件。如西奈武装分子袭击以色列南部港口城市埃拉特(Elat)事件,这起事件并未造成以方任何人员伤亡。还有一起是北西奈阿里什市的埃及国家商业银行(NCB)遭武装抢劫事件,有数十名安保人员在这起事件中死伤。

鉴于埃及安全形势十分严峻,多国发出了禁止本国公民前往埃及旅游的禁令,并警告他们必须离开西奈半岛这一恐袭事件重灾区。例如,以色列曾于2017年1月发布A级旅行警告,随后于3月发布了禁止以色列公民前往西奈旅行的禁令。美国政府也在 2017 年 5 月、7 月多次发布埃及旅行警告，担心那里的恐袭事件会殃及游客。

二 当前埃及境内的恐怖组织

自 2013 年 "6·30" 革命以来，埃及境内活跃着形形色色的恐怖组织，有的宣誓效忠 "伊斯兰国"（IS），有的则声称奉行 "基地" 路线，有的已经销声匿迹，有的仍在大张旗鼓地 "认领" 恐袭事件，真是 "城头变幻大王旗"。经过塞西政权近几年的武力镇压，目前仍在埃及境内活动的主要有以下几个恐怖组织。

（1）"圣城安萨尔"（又译 "耶路撒冷支持者"，AnsarBeit al-Maqadis）：该组织奉行萨拉菲 "圣战" 理念，类似于 "基地" 组织，2014 年 7 月 8 日宣布效忠 "伊斯兰国" 后，又自称 "（伊斯兰国）西奈省"（Sinai State），该组织自 2013 年穆尔西下台后声名渐起，成员多为埃及人和巴勒斯坦人，是西奈半岛最活跃的恐怖组织，长期盘踞在北西奈 "黑三角" 地区，即由阿里什（ARISH）、拉法（Rafah）和谢赫·祖韦德（SheikhZuwid），即 3 个北西奈最重要的城市连接而成的倒三角地区，以及西奈半岛中部的山地。该组织曾大肆招募西奈半岛的贝都因人和埃及人，并声称对以色列和埃及安全部队宣战，对西奈半岛及其附近地区发生的大多数恐怖事件宣称负责。该组织当年对 "伊斯兰国" 宣誓效忠后仅数小时，曾在谢赫·祖韦德搞过一次 "军演"，有十多辆武装车辆参加了这场 "军演"，气焰十分嚣张。

（2）"埃及军"（Egypt's Armies，Agnad Egypt）：该组织成立于 2013 年，主要在西奈半岛活动，但对埃及内地，特别是开罗地区的多起恐袭事件宣称负责，被认为是埃及境内最危险的恐怖组织之一。该组织奉行萨拉菲 "圣战" 理念，对埃及世俗政权宣战，致力于建立哈里发政权。"埃及军" 的创始人胡马木·阿提亚（HumamMohammed AhmedAtiya）曾是一名移民法国的厨师，后投奔 "基地" 组织，转战阿富汗、伊拉克等地，精通各类武器装备和作战技能，特别擅长制作炸弹。① 2013 年，阿提亚趁埃及内乱潜回国内，加入"圣城安萨尔"组织，并成为该组织协商委员会核心成员之一。此后，阿提亚因反对该组织与巴勒斯坦人和圣城耶路撒冷事务搅在一起，遂自立门户成立"埃及军"。2015 年 4 月，阿提亚被埃及安全部队打死，该组织随后发表声明，推举马吉德·丁·马斯里（MajidDeen Al-Masri）为新领导人。②

（3）"穆拉比特"（Al-Murābiṭūn），穆拉比特王朝是 11 世纪由来自撒哈拉的柏柏尔人在西非所建立的一个王朝，这个埃及极端组织以此命名，反映了它在埃及和西北非阿拉伯国家建立一个统一的哈里发国家的野心。另外，有别于来自埃及东北部西奈半岛的极端组织，"穆拉比特"的活动范围主要在埃及中西部地区，该组织与埃及西部边境利比亚一侧德尔纳的极端分子关系密切。"穆拉比特"的创始人希沙姆·阿什马维（HishamAshmawi）1996 年曾加入埃及特种部队"雷霆军"，2012 年因"健康原因"退役（有报道指其被开除）③。此后，他与两位被开除的好友一起投奔西奈半岛的"圣城安萨尔"组织。这两位好友一位是亚历山大雷霆军上尉伊马德·阿卜杜勒·哈米德（Imad Abdel Hamid），此人因思想极端被开除；另一位曾是埃及曼努非亚省后勤部队少校瓦利德·巴德尔（WalidBadr），此人在 2005 年因思想极端并参加过阿富汗和沙姆地区的"圣战"而被开除军职。阿什马维和哈米德分别是"圣城安萨尔"专案中排名第九、第十的要犯。由于上述 3 人曾在埃及强力部门长期服役，加之被军方开除的复仇心态，埃及境内只要发生了袭击军警的恐怖事件，有关方面首先就会猜测这 3 人是幕后凶手。阿什马维与"圣城安萨尔"组织分道扬镳，除了"圣战"理念分歧外，还希望开辟除西奈半岛之外的新战场，在埃及西部大沙漠中建立自己的巢

---

① 《胡马木·阿提亚：埃及军创建者和首任头目》，http://www.albawabhnews.com/2003226（上网时间：2018 年 2 月 26 日）。
② 《埃及军宣布其领导人死讯并推举马吉德·丁·马斯里为新领导人》，http://onaeg.com/?p=2236738（上网时间：2017 年 12 月 16 日）。
③ 《绿洲惨案，阿什马维露面》，https://www.arab48.com/مجزرة-الواحات--عشماوي-يظهر-من-جديد/ميديا/ميديا-21/10/2017（上网时间：2018 年 2 月 16 日）。

穴，以减轻东部西奈半岛极端分子的压力，让埃及安全部门首尾难顾，疲于奔命。2017年10月，"穆拉比特"被指在开罗通往亚历山大的农业路上制造了骇人听闻的"绿洲惨案"，至少54名军警被极端分子打死，其中包括12名警官。① 这起事件是自1910年埃及安全机构正式成立以来最严重的袭警事件。

除上述3个最具影响力的极端组织外，埃及境内目前活跃的极端组织还有"哈里发兵"（Jund Al-Khalifa）、"赫勒万营"（KatayibHalwan）、"哈斯姆"（HASM，被指与穆兄会有关）、"统一与圣战组织"（Tawhid and Jihad），等等。

三 塞西政权的反恐策略

面对如此来势汹汹的恐怖主义逆流，埃及塞西政权采取了强有力的政治、外交、军事和安全措施，攘外安内，双管齐下，积极应对。塞西总统曾在多个场合一再宣称，"埃及正在代表全世界与恐怖主义单打独斗"②，这充分表明了他反恐的决心和信心。对于恐怖组织和极端分子，塞西政权决不姑息，用枪杆子说话，通过强有力的军事手段予以回击，从肉体上消灭恐怖分子，剿灭恐怖组织。但塞西政权一些反恐措施备受人权人士指责，称他利用反恐限制自由，打压政治对手，等等。2017年，塞西政权反恐的特殊举措有如下几个方面。

（1）接管穆斯林兄弟会（穆兄会）及其在押人员被冻结的资产。根据2015年8月实施的埃及新反恐法，开罗刑事法院于2017年1月12日作出判决，将穆兄会及其在押人员共1358人列入"恐怖实体"，期限为3年。5月，法院再次作出裁定，成立一个由政府有关部门组成的委员会，全面接管

---

① 《绿洲惨案，阿什马维露面》，https://www.arab48.com/مجزرة-الواحات-عشماوي-يظهر-من-جديد/21/10/2017/ميديا/ميديا（上网时间：2018年2月16日）。
② 华夫脱新闻网：《埃及正在代表全世界与恐怖主义单打独斗》，https://alwafd.news/تحقيقات-وحوارات/1674726/مصر-تحارب-الإرهاب-وحدها-نيابة-عن-العالم.

上述被冻结的资产。8月,埃及总检察长向法院提交了委员会名单。9月,以开罗上诉法院院长穆罕默德·亚西尔·阿布福图(MohammedYaser Abu-Alfutuh)为首的特别委员会正式成立,并立即启动接管穆兄会及其在押人员资产的程序。一些分析人士认为,此举是对穆兄会"釜底抽薪",将极大挫伤穆兄会的元气,使其东山再起的企图更加遥不可及。另外,穆兄会作为埃及乃至世界范围内影响力最大的伊斯兰宗教组织,又是塞西政权曾经的政坛对手,埃及目前陷入混乱状态,与其有着脱不开的关系。因此,塞西政权对穆兄会穷追猛打,痛下杀招,其意义更表现在政治层面,有助于现政权巩固统治。

(2)进一步强化西奈半岛的安全措施。西奈半岛作为恐怖主义泛滥的重灾区,从2017年初起,埃及安全部门对进入西奈半岛的人员采取了新的安全措施,进入该区域的人员必须持有警察局、安全部门、政府机构等核发的有效证件。游客进入西奈半岛,也必须出示相关的饭店预订信息,或出示拥有或租用西奈旅游房产的相关证明文件。

(3)恢复实施紧急状态法。在2017年4月坦塔和亚历山大两起袭击科普特人教堂的恐袭事件发生后,塞西政权恢复实施紧急状态法,为期3个月,此后又于7月、10月两次延期,每次3个月。埃及紧急状态法赋予强力部门更大的权力和行动自由,可以任意监控、审查、审判嫌疑人,居民出门必须携带有效证件,否则就有被拘捕危险。穆巴拉克时期,埃及一直实施紧急状态法,遭到人权人士和自由派的猛烈抨击。"1·25"革命后,当时的国家军事委员会于2012年5月31日宣布"永远暂停实施"紧急状态法。但次年8月,在埃及军方对穆兄会支持者的示威活动"清场"后,埃及再度实施为期一个月的紧急状态法。

(4)加强舆论监控。在新媒体方面,据埃及安全部门高级官员2017年5月透露,埃及境内已关闭至少21个网站,其中包括赫赫有名的半岛电视台网站(www.aljazeera.net),以及穆兄会网站"穆兄会在线"(www.ikhwanonline.com)、巴勒斯坦激进的伊斯兰抵抗运动(哈马斯)网站(http://hamas.ps/ar/)等。另外,还有一些埃及境内近年冒出来的网站,如"阿拉伯埃及网""21世纪阿拉伯网""人民网""东方台网"等。这些网站被控发布欺诈新闻、传播极端思想和支持恐怖主义。7月26日，塞西政权宣布成立反恐国家委员会，该委员会清一色由来自国家强力部门的人员组成，不仅受权监控广播、电视、报纸、网站、社交媒体等媒体的报道立场和报道内容，而且也监控一些著名伊斯兰宗教人士在各种场合的演讲。

（5）组建埃及反恐"国际朋友圈"。首先，埃及利用出任联合国安理会非常任理事国和安理会反恐委员会主席的机会，于2017年5月向安理会提交了一份反恐草案，将塞西政权的反恐理念通过联合国这个最大的国际舞台加以确认，以寻求国际社会对埃及反恐更多的理解和支持。5月24日，安理会通过了埃及提交的第2354号决议草案，强调"任何恐怖主义行为，不论其动机为何，在何时发生，由何人所为，都是对国际和平与安全的最严重威胁之一，任何恐怖主义行为，不论其动机为何，在何时发生，由何人所为，都是不可开脱的犯罪行为""不能也不应该将恐怖主义与任何宗教、国籍或文明联系起来"。① 8月2日，安理会再次通过了埃及提交的第2370号决议草案，"强烈谴责包括小武器和轻武器在内的各类武器、军事装备、无人驾驶飞机系统（无人机系统）及其部件，以及简易爆炸装置部件继续流入'伊斯兰国'（IS）、'基地'组织及其附属机构和相关团体、非法武装团体和犯罪分子手中，及其相互流通，鼓励会员国防止和切断'伊斯兰国''基地'组织及相关个人、团体、企业和实体之间采购此类武器、系统和部件的网络"。② 其次，埃及加大了对利比亚国民军司令哈利法·贝卡西姆·哈夫塔尔（KhalifaBeiqasimHaftar）的军事支持，甚至在坦塔和亚历山大科普特教堂爆炸事件以后，多次直接出动战机空袭利比亚伊斯兰武装的大本营德尔纳，对那里的极端分子进行打击和震慑。最后，竭力促成巴勒斯坦两大

---

① 《第2354号决议》，http：//www.un.org/zh/documents/view_doc.asp？symbol=S/RES/2354（2017）（上网时间：2018年2月16日）。
② 《第2370号决议》，http：//www.un.org/zh/documents/view_doc.asp？symbol=S/RES/2370（2017）（上网时间：2018年2月16日）。

派别法塔赫和哈马斯执行2011年签署的双边和解协议，筹备大选，并由巴和解政府从哈马斯手中接管拉法口岸，以尽可能阻止外部极端势力从拉法口岸向埃及西奈半岛渗透。

四　埃及安全局势恶化的原因

2017年，埃及安全局势严重恶化、恐怖事件上升的原因主要有三个方面：境外极端势力渗透、埃及总统大选临近和塞西政权缺乏令人信服的政绩。

首先，与过去六年埃及发生的恐袭事件相比，2017年埃及恐怖主义泛滥呈现一些新特征，如遭袭范围广、恐怖分子手段残忍、伤亡数字大、直接针对平民目标等。有几起震惊世界的恐袭行动与"基地"组织（AL-Qaeda）、"伊斯兰国"手段类似，却与埃及传统意义上只针对游客、强力部门等的恐袭事件有很大差异。分析人士认为，埃及2017年安全局势恶化、恐怖主义泛滥的一个重要原因是境外极端势力，特别是来自利比亚方面的极端势力加强了对埃及的渗透和进攻。

过去六年来，埃及东部边境和西奈半岛原来一直是埃及反恐重灾区，绝大部分恐袭事件都发生在西奈半岛及其附近地区，特别是北西奈的"黑三角"地区，即由阿里什、拉法和谢赫·祖韦德3个北西奈最重要的城市连接而成的倒三角地带，那里一直盘踞着数以千计的极端分子，埃巴边境的无人区，因是埃及、巴勒斯坦和以色列"三不管"地带，因此被打造成极端分子的老巢。但2017年的情形有所不同。从明亚省袭击科普特人公交车事件，到亚历山大和坦塔的袭击科普特人教堂事件，再到埃及西部靠近利比亚的边境地区和锡瓦绿洲（SIWA）频发恐袭事件，最后蔓延至上埃及的更多省份等，以上种种迹象都表明，利比亚极端势力在2017年中加强了对埃及的渗透，塞西政权"按下葫芦起了瓢"，面临东西两面极端势力疯狂夹击的尴尬境地。

据埃及官方人士证实，制造明亚省袭击科普特人公交车事件的恐怖分子曾在利比亚伊斯兰极端势力的大本营德尔纳（Derna）受训，然后通过埃利边境潜回埃及,并在明亚省潜伏下来。另外,2017年5月,埃及空军宣布,挫败了一起从利比亚向埃及境内走私武器的"大案",武器数量惊人。6月,埃及安全部门再次宣布,一次性扣押了25辆从利比亚入境的走私车,车内装有大量武器、弹药和其他走私品。① 分析人士认为,埃利边境成为埃及反恐的新热点,与埃及国内和国际反恐局势的变化紧密相关。

一方面,西奈半岛原是埃及境内外极端分子苦心经营了数十年的老巢,特别是十年前巴勒斯坦发生分裂后,立场激进的哈马斯控制了加沙地带,加上埃及穆尔西政权上台,伊斯兰势力急剧上升等因素,"天高皇帝远"的北西奈与来自加沙地带的极端势力同流合污,在埃巴边境大肆修筑地道,欲将加沙与西奈连成一体,打造一个类似于伊拉克北部摩苏尔一样的巢穴。但在埃及穆兄会政权倒台后,塞西政权对西奈半岛采取了强有力的反恐措施,几乎炸毁了所有地道,强化了边境线的安全措施,并通过巴和解政府接管巴方边境,切断了埃及东部边境与外界的联系,把西奈围得水泄不通,对极端分子形成"关门打狗"的局面,令极端分子损失惨重,他们苦心经营的老巢面临覆灭的危险。在这样的情形下,极端势力只能另辟蹊径,把向埃及渗透以及与埃及境内极端分子勾结的途径,重点转移至西部利埃边境。

另一方面,从国际反恐形势看,在国际社会的合力围剿下,伊拉克、叙利亚的极端势力日渐式微。目前上述两国境内只有少数地区有极端组织活动。伊、叙官方在2017年先后宣布取得反恐战争胜利。在此背景下,利比亚作为极端势力继续盘踞的最大地盘,该国东部对溃散的极端势力具有极大吸引力。利比亚极端势力坐大,对东部邻国埃及形成现实威胁。埃利边境漫长,且荒无人烟,边境安全漏洞百出,这为极端分子向埃及渗透提供了很大方便。

其次,埃及总统大选的临近,也是埃及恐袭事件升级频发的重要原因。

2013年,塞西通过军事政变推翻了穆兄会背景的穆尔西政权,成为埃

---

① https://www.almesryoon.com/story/1085878/3 – أسباب وراء تمدد الإرهاب في مصر(上网时间:2018年1月16日)。

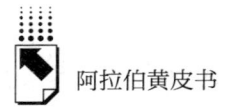

及的实际控制人。在 2014 年的总统大选中，塞西以压倒性优势获胜，当选埃及总统。根据总统任期，2018 年将是埃及的总统换届选举年。

众所周知，前穆尔西政权的穆兄会背景，使之与埃及境内外的伊斯兰极端势力有着千丝万缕的联系。穆兄会虽然在 20 世纪 80 年代"二次创业"后，摒弃了暴力夺权的手段，改为以和平宣教手段实现"和平演变"，竭力将自己与埃及境内外的暴力事件和恐怖主义划清界限，但穆兄会追求的政治目标，即推翻世俗政权、建立伊斯兰神权统治，最终建立伊斯兰大一统的世界新秩序，与伊斯兰极端组织的"圣战"目标总体是一致的。而且，穆兄会思想家塞义德·库特卜等人宣扬的"哈基米亚理论""蒙昧时代理论""圣战理论""定叛理论"等极端思想，对世界范围内的极端分子影响深远。因此，有人指责穆兄会是恐怖主义的"母体"，也有人称穆兄会与极端组织是"一个硬币的两面"，双方"一个唱红脸，一个唱白脸"，互相同情，暗中勾结，同是一丘之貉。

正因为穆兄会与极端组织有如此深的渊源，因此塞西政权在推翻穆尔西政权后，对穆兄会穷追猛打，将之定性为"恐怖组织"，竭力肃清境内穆兄会残余势力。在伊斯兰极端组织眼中，塞西政权无疑是"必欲除之而后快"的心腹大患。

因此，在临近埃及总统换届选举之际，极端分子在埃及全境疯狂制造恐袭事件，破坏埃及安全局势，甚至不惜对无辜平民大开杀戒，目的就是制造恐怖氛围，在这个关键节点彰显自身存在感，并抹黑塞西政权，企图阻挠塞西连任。

最后，塞西政权执政乏善可陈，也是当前埃及恐袭频发的重要原因。执政四年来，塞西政权政绩平平。政治上，埃及利用反恐巩固政权的目的并未完全达成。反恐手段单一、暴力反恐、以暴制暴等，导致越反越恐，恐袭事件不仅没有消退，反而有蔓延之势，更引发了政治对手在人权、民主等方面的诸多指责；外交上，鉴于埃及国内局势的不确定性，加之塞西政权起初通过军事政变上台，国际生存空间始终没能有效扩大，国际社会大多处于观望状态。而且，由于埃及局势长年不稳，经济增长乏力，埃及日趋被边缘化。

此前，穆巴拉克政权常自诩埃及是阿拉伯世界、伊斯兰世界和非洲的"领头羊"。如今，埃及的国际地位一落千丈，有沦为继伊拉克、也门、叙利亚等国之后又一个破产倒闭的阿拉伯国家之虞。两相对比，悲观、挫败感在埃及民众中生长、蔓延，为极端思想乘虚而入大开方便之门；经济上，埃及经济在2016~2017年经历了惊心动魄的倒退，埃及本币埃镑的官价从原来的1美元兑换7埃镑左右，断崖式地崩溃到近20埃镑，民众财富一夜间大幅缩水，物价飞涨，民不聊生。民众企盼的"革命红利""安全红利"都成了天方夜谭，其心理落差巨大，对塞西政权也逐渐失去了往日的信心和耐心。民以食为天，穷则思变，经济问题往往是所有社会问题的深层次症结所在，也是恐怖势力滋生、蔓延、猖獗的深层原因，埃及当然也不例外。

五 埃及安全局势展望

从2017年的反恐形势看，埃及未来几年的安全局势难言乐观。这最主要从两方面的因素来分析。

一方面，极端思想在埃及根深蒂固。与伊拉克、叙利亚的极端组织相比，埃及媒体通常称国内的恐怖分子为"定叛分子"，而称伊拉克、叙利亚等境外的极端分子为"圣战分子"。后者出自"基地"组织一脉，追随该组织的全球"圣战"理念。而埃及境内的"定叛分子"则与穆兄会有着千丝万缕的联系，在埃及社会有着极深的根基。"定叛理论"源自哈瓦利吉派（Khawāridj）——伊斯兰教中世纪早期派别之一。哈瓦利吉意为"出走者"，系指与担任第四任哈里发的阿里分裂而出走的一个派别，这些人视那些不认同自己立场的人为"叛教徒"，任意杀戮。20世纪70年代，从穆兄会中分裂出来的极端分子穆斯塔法·苏克里组建了极端组织"穆斯林组织"，妄称加入该组织的人才是真正的穆斯林，而别人都是该死的"叛教徒"。"穆斯林组织"后来虽然覆灭，但在埃及境内余毒尚存，危害很大。[1]

---

[1] 周华、涂龙德：《伊斯兰激进组织》，时事出版社，2010，第259页。

阿拉伯黄皮书

另一方面,尽管伊拉克、叙利亚境内的"伊斯兰国"等极端组织已接近灭亡,但其外溢效应仍将持续一段时间。"基地"组织覆灭的过程说明,越是接近灭亡,极端组织越疯狂,极端分子四处流窜,恐袭事件波及面反而会扩大。埃及的邻国——利比亚,其境内的德尔纳三角地带作为世界范围内幸存的极端组织的最大巢穴,不仅吸引着全世界的恐怖分子前往投奔,也对埃及安全局势形成巨大威胁。据报道,极端分子通过利埃边境向埃及渗透主要有三条途径:第一条是步行通过濒临地中海的萨卢姆(AL-SALOUM)高地进入埃及境内;第二条是步行或驾驶越野车通过利比亚加格布卜(AL-JAGBOUB)绿洲抵达埃及锡瓦绿洲;第三条是穿过利南部与埃及、苏丹交界的三角地,这条途径被认为最凶险,一路都是茫茫沙海,没有越野车便寸步难行。① 可见,埃及安全形势的彻底好转,与利比亚局势息息相关,只要利比亚的局势不发生根本好转、德尔纳地区的极端势力不被消灭,埃及安全局势就不可能有根本好转。

尽管埃及未来安全局势不容乐观,反恐战争也不可能一蹴而就,但盘点2017年埃及反恐斗争,埃及安全局势存在好转的迹象和趋势。

第一,随着伊拉克、叙利亚境内的极端组织被消灭,极端分子的"精神家园"和"实体家园"都已灰飞烟灭,极端组织的号召力被严重削弱,除非中东局势出现逆转,否则这些极端组织短期内很难东山再起。另外,沙特作为两大伊斯兰圣地的守护国,其国内的世俗化改革令人刮目相看;曾经被指责为恐怖分子"金主"的卡塔尔,深陷"断交"困局。所有这一切,都预示着中东地区的恐怖分子已经从"增量市场"转为"存量市场",继续从事恐怖活动的多为亡命之徒,人员无多,时日无多。

第二,西奈半岛局势有望得到控制。西奈半岛十多年来一直是埃及反恐的重灾区。贫穷落后加上治安松懈,使极端组织把它当成"天堂"。而与西奈半岛毗邻的巴勒斯坦加沙地带被哈马斯控制,该组织是穆兄会的国际分支

---

① 《了解埃及最严重的恐袭事件及其恐怖组织》,https://www.europarabct.com/قائمة-بأبرز-الجماعات-المتطرفة-والعمل(上网时间:2018年1月16日)。

机构之一。据报道，西奈半岛的极端组织主要分为几个流派：广受贝都因人接受和欢迎的"萨拉菲派"（Salafi），该派主要讲求自身宗教修养，一般不从事暴力活动，但对极端分子抱同情立场；接近于"定叛分子"、主要在边境线一带活动的"黑旗派"（Al-Rayat As-Saudaa）；与巴勒斯坦方面关系密切、组织纪律准军事化的"圣战派"（Jihad）；等等，在埃及境内兴风作浪的"圣城安萨尔"组织，便是"圣战派"的最主要代表。后两类对西奈和埃及其他地区的安全危害最大。① 由"圣战"派组成的"协商委员会"下属的极端分子据估计有 2000 多人，他们与哈马斯关系密切，在加沙市中心的迪尔·巴勒赫接受军训，其中大约 500 人长年在西奈半岛活动，另外 1500 人则在巴方一侧活动。② 近几年，埃及军警摧毁了绝大部分连接巴以边境的地道，该组织大部分人逃回巴方一侧，一些曾经响当当的极端组织也已销声匿迹。因此，随着巴和解政权接管边境，埃及东部边境的篱笆越扎越紧，留给极端分子的生存空间越来越小，西奈半岛的局势未来有望逐步好转。2017 年底发生在阿里什罗德清真寺惨案，可以视之为恐怖分子对当地居民的报复行动和"最后疯狂"。这起事件将使那些曾经同情极端组织的西奈居民认识到恐怖分子狰狞的面目，从而与极端组织划清界限。这为埃及军警下一阶段的西奈反恐行动打下了群众基础。

第三，埃及政局趋向稳定也有助于埃及各界统一思想，凝心聚力，在反恐方面取得更大的成绩。2017 年，除反恐吸引全球关注外，埃及政治最大的亮点在于塞西谋求连任的努力。随着一个个相对有竞争力的候选人退出竞选，塞西政权在人权、民主方面备受指责。目前，只有埃及明日党（El-Ghad Party）主席穆萨·穆斯塔法·穆萨（MoussaMostafaMoussa）注册成功③，与塞西在 2018 年 5 月大选中唱对台戏。观察家们普遍认为，由于穆

---

① 〔埃及〕乌姆尼亚·萨利姆：《在埃及的伊斯兰国变种》，埃及知识出版社，2016，第 94~99 页。
② 〔埃及〕乌姆尼亚·萨利姆：《西奈圣战组织及埃及国家安全》，埃及知识出版社，2017，第 98~99 页。
③ 《埃及大选最后一位候选人提交文件》，http://news.sina.com.cn/o/2018-01-30/doc-ifyqyqni5585047.shtml（上网时间：2018 年 3 月 6 日）。

萨和塞西不是一个等量级的对手,塞西胜选几乎是板上钉钉。这样,在经历了相对动荡的第一个总统任期后,塞西总统有望在第二个任期内在内政外交方面放开手脚,在反恐方面也会赢得国内和国际方面更多支持。

从历史来看,每次恐怖主义在埃及泛滥,都与政权争夺有关。20世纪30年代、50年代、80年代、90年代,埃及都曾深受恐怖主义泛滥的危害,极端分子打着宗教旗号,不断制造恐袭事件,试图推翻世俗政权。从某种意义上说,这是宗教势力和世俗势力此消彼长的较量,是一场关乎埃及"走什么样的发展道路"的较量,即走伊斯兰道路还是走世俗化道路?随着穆兄会背景的穆尔西政权倒台,埃及走世俗道路重新占据上风。而世俗政权的稳定与强大,历来都是埃及反恐最强有力的保障。

第四,埃及经济出现了筑底迹象,这给埃及人,特别是年轻人带来希望,这有助于遏制极端思想蔓延。贫困历来是滋生恐怖主义的肥沃土壤。自"1·25"革命以来,埃及经济每况愈下,发展停滞、高失业率、高通胀、债台高筑、本币贬值,加上安全局势和政局不稳,如此糟糕的形势促使一些被极端思想毒害的年轻人铤而走险,走上恐怖主义道路。但从2017年下半年开始,埃及经济出现了一些积极信号。据国际货币基金组织(IMF)2017年9月发布的报告,塞西政权的一些改革措施,如引入增值税(VAT)、实行浮动汇率制、提高燃料价格等,使埃及的国际收支状况得到改善。[1] 2017年底,埃及外汇储备达到367亿美元,首次恢复到2011年"1·25"革命前的水平。[2] 与此同时,通胀率逐渐回落,埃镑汇率也有所回升。上述数据表明,虽然埃及经济离走出低谷还有很长的路,但已经出现筑底迹象。分析人士认为,未来几年,尽管埃及的安全局势仍不容乐观,但随着塞西连任成功和埃及经济好转,埃及安全局势会逐渐得到控制并好转。

---

[1] 《IMF:2017年埃及经济金融形势评估与展望》,http://www.sohu.com/a/201766402_810912(上网时间:2018年2月6日)。

[2] 《告别2017,走进2018,埃及经济年终大盘点》,https://baijiahao.baidu.com/s?id=1588045372742699196&wfr=spider&for=pc(上网时间:2018年1月6日)。

但应该看到，反恐必须标本兼治，武力反恐治标不治本，高压政策只能带来短暂的平静和寒蝉效应，换不来长治久安。因此，埃及未来安全局势能否彻底得到改善，关键取决于是否解决两个根本性问题：一是经济发展，铲除滋生恐怖主义的温床；二是与极端思想完全切割，让民众认清极端思想对自己国家和民族造成的危害，坚持走世俗化、现代化的道路不动摇。

Y.9
卡塔尔危机背后的权力博弈

罗 林＊

摘　要： 2017年卡塔尔断交危机使相对稳定的海湾地区成为各方关注的焦点。从发展历程看，这场危机经历了关系恶化、单方面缓和、再度恶化三个发展阶段。从根源看，这场危机既有沙特储位之争，也有地区领导人权力博弈，还有相关各方利益角逐。从前景看，这场断交危机的发展走向依然充满变数。

关键词： 卡塔尔　断交危机　沙特权力博弈

2017年中东最令人瞩目的热点之一，就是卡塔尔断交危机的爆发。2017年6月5日，沙特等国同时宣布与同为海合会成员的卡塔尔断交。这是自2014年3月沙特、阿联酋和巴林就与卡塔尔短暂断交后的又一次断交，但这次危机涉及国家之多、断交持续时间之长、背后原因之复杂，都远甚于上次。美国赖斯大学贝克公共政策研究所研究员乌尔里克森甚至将此次断交危机与1990年海湾战争相提并论。这次卡塔尔断交危机的背后究竟隐藏着什么？未来如何发展？这些问题值得深入思考。

一　卡塔尔断交危机发展进程

此次断交危机的导火索是2017年5月卡塔尔国家通讯社网站先后出现

＊ 罗林，博士，教授，博士生导师，北京语言大学中东学院院长、教育部国别和区域研究工作秘书处负责人、教育部国别和区域研究培育基地北京语言大学阿拉伯研究中心主任，主要从事阿拉伯语语言、文化、国情研究。

的有关卡塔尔埃米尔塔米姆·本·阿勒萨尼支持伊朗和哈马斯，指责美国和沙特并召回卡塔尔驻沙特等国大使的消息。突如其来的消息如同两颗炸弹，最终引发沙特于6月5日宣布与卡塔尔断交。卡塔尔断交危机可分为三个阶段。

第一阶段为关系迅速恶化期。当地时间6月5日凌晨，巴林官方通讯社宣布与卡塔尔断交，禁止两国公民互入对方国境，并暂停航空与海运。随后，沙特也宣布与卡塔尔断绝外交关系，谴责卡塔尔一直公开或秘密干涉海合会成员国内政，支持穆兄会、基地组织以及极端组织等恐怖主义团体，并关闭了与卡塔尔的航空、海域和陆地边境。在两国的影响和带动下，阿联酋、埃及、也门、利比亚、马尔代夫、科摩罗、毛里塔尼亚、塞内加尔、乍得等国家先后宣布与卡塔尔断交。约旦、吉布提和尼日尔等部分国家宣布降低与卡塔尔的外交关系。短短几日，多国断交、海陆空封锁一系列举动，让卡塔尔沦为中东孤岛，矛盾丛生的中东地区局势更加复杂。

尽管卡塔尔外交部称此次断交"不合理且毫无依据"，并表示5月有关卡塔尔埃米尔指责沙特、美国的讲话是黑客所为，但没有得到沙特、阿联酋、巴林和埃及的信服。6月23日，四国向卡塔尔提出了13点严苛的复交要求，包括降低与伊朗的外交关系、关闭半岛电视台以及附属机构、关闭土耳其在卡塔尔的军事基地等。面对咄咄逼人的态势，卡塔尔认为这四国的目的并非打击恐怖主义，而是限制卡塔尔的主权，因此，无法接受复交。

随着危机的发展，与断交双方利益相关的国家也参与其中，试图改变危机的走向。科特威、土耳其表示愿意积极协调各方，伊朗通过援助争取卡塔尔，保证公民正常生活。美国借助国务卿蒂勒森的穿梭访问，尝试调解卡塔尔断交风波。

在美国、科威特等国的推动下，沙特等四国在7月中旬将13条要求修改为6项原则，首次宣布通过友好的方式解决此次危机。作为回应，卡塔尔埃米尔首次表示应通过对话解决危机。9月初，沙特王储穆罕默德·本·萨勒曼与卡塔尔埃米尔自断交以来首次通电话。但由于双方媒体的报道不同，沙特再次中止了与卡塔尔的一切联系。卡塔尔断交危机陷入僵局。

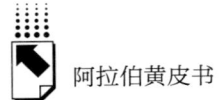

第二阶段为卡塔尔单方面示好期。9月起,卡塔尔率先开展"曲线救国",埃米尔塔米姆先后访问土耳其、德国、法国,多次表示愿意坐在谈判桌上,与有关各方共同对话,早日解决断交危机。在美国纽约联合国总部第72届联合国大会讲话时,塔米姆呼吁"在相互尊重主权的基础上进行无条件对话",以结束卡塔尔对四个阿拉伯国家的危机。随后,他又访问东南亚三国、西非六国,寻求更广泛的支持,扩宽与这些国家在政治、经济等方面的合作。这些被外界看作向沙特、阿联酋等国抛出的"橄榄枝"。

但沙特王储小萨勒曼并没有领卡塔尔的情,反而更多地表达了对卡塔尔的蔑视。10月,在利雅得举行的公共投资论坛上,他在接受路透社采访时,轻蔑地表示"卡塔尔问题是一个非常非常小的问题"①。他的表态再次引发卡塔尔不满,原本出现缓解迹象的卡塔尔断交危机再次陷入僵局。

第三阶段是危机蔓延期。2017年底,海合会在科威特举行年度峰会,这被各方认为是解决卡塔尔断交危机的好时机,但会后长达9页的声明并未提及卡塔尔危机。2017年末至2018年初,飞机入侵领空引发了卡塔尔与阿联酋之间长期口水战,卡塔尔危机持续蔓延。2018年3月初,沙特王储访问埃及,当被问及卡塔尔断交危机时,他又表现出不屑一顾,认为卡塔尔断交只是非常小的一个问题,卡塔尔全国的人口数量都不及埃及一条街,由沙特外交部一位级别较低的工作人员负责,处理该问题并非其日常工作内容的一部分。②他对卡塔尔的蔑视态度,让断交危机难以在短期内化解。之后,小萨勒曼访问美国,将沙美双方关系提升至"空前高度",与美方签订总金额超过36亿美元的军购协议,以此希望得到美国的支持。卡塔尔埃米尔也到访美国,与美国达成3亿美元军售合同,涉及新一代先进精确制导武器系

---

① "Saudi Crown Prince: Qatar problem is very very small", Al-Arabiya, http://english.alarabiya.net/en/News/gulf/2017/10/26/Saudi - Crown - Prince - Qatar - is - a - very - very - small - problem - we - will - not - allow - a - new - Hezbollah.html(上网时间:2018年6月10日)。

② "Mohammad Bin Salman describes Qatar crisis as very small", Gulf News, https://gulfnews.com/news/gulf/saudi - arabia/mohammad - bin - salman - describes - qatar - crisis - as - very - small - 1.2183533(上网时间:2018年6月12日)。

统,确保卡塔尔是"地区维护政治稳定和经济发展的重要力量"。① 卡塔尔采购美国军火,同样是为了寻求美国的支持。

到目前为止,卡塔尔断交危机仍处于第三阶段,经过态度强硬、单方面缓和后,断交危机进入常态化的模式,口水战升级,互相指责对方做出有损自身利益的事件(如飞机入侵事件、卡塔尔购买俄罗斯S-400武器等),但双方尚未通过实际军事行动打击对方,而是以消磨时间的方式互相扯皮,等待对方放弃。

二 卡塔尔断交危机背后的权力博弈

卡塔尔断交危机爆发至今,双方并未像很多人预测的那样实现复交,反而使危机一直蔓延。导致这种结果的原因是多方面的。

(一)沙特新王储穆罕默德·本·萨勒曼清除储位之争的最后一块障碍

沙特是世界上唯一以统治者家族命名的国家,也是唯一实行"兄终弟及"继承制度的国家。到目前为止,沙特历任国王都是开国君主阿卜杜勒·阿齐兹的儿子。2015年,沙特老国王阿卜杜拉·本·阿卜杜勒·阿齐兹去世后,其同父异母的弟弟萨勒曼即位。不久,他首次大规模改组内阁,任命其侄子、已故王储纳伊夫·本·阿卜杜勒·阿齐兹的次子穆罕默德·本·纳伊夫为王储兼第一副首相,并任命自己的儿子穆罕默德·本·萨勒曼为副王储,兼任第二副首相。二人是沙特历史上首次出现的第三代王储。自任命以来,有关"两位穆罕默德"之间争储的戏码从未停止。

穆罕默德·本·纳伊夫出生于1959年,曾在美国路易斯·克拉克学院求学,接受美国联邦调查局的安全训练,回国后长期在沙特情报部门和内政

---

① 《美国国务院批准对卡塔尔3亿美元军售合同》,新华网,http://us.xinhuanet.com/2018-04/11/c_129847650.htm(上网时间:2018年6月12日)。

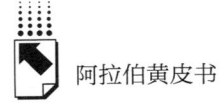
阿拉伯黄皮书

部门工作，负责国家反恐机构和相关行动。2003～2006年，他成功地镇压了"基地"组织在沙特境内发动的炸弹袭击，得到英美等国高度赞赏。担任沙特第一副首相兼内政部部长期间，他与美国等西方盟友保持密切关系，美国曾表示"纳伊夫是重要的朋友，是开国君主后代中最信任的人"。① 穆罕默德·本·纳伊夫在沙特享有很高的声誉，他还是一个不折不扣的保守派，追随其父亲纳伊夫·本·阿卜杜勒·阿齐兹的步伐，与社会中的宗教保守派关系密切，政治、经济主张与副王储有很大分歧。此外，他的身份是现国王的侄子，并非直系亲属，这也成为他在储位之争中的另一大劣势。

副王储穆罕默德·本·萨勒曼出生于1985年，思想开放，颇能代表沙特年轻一代人的想法。在沙特国王大学取得法律学士学位后，他先后担任其父亲的特别助理、特别顾问、国务大臣等职。2015年，他父亲接任沙特国王后，小萨勒曼曾担任副王储、国防大臣。两年后，晋升为沙特第一王储。作为沙特国王最器重的儿子，小萨勒曼一直被外界看作要替代穆罕默德·本·纳伊夫，继承沙特王位的接班人。在国王的重点栽培下，他获得更多实际权力。政治方面，除担任经济与发展委员会主席外，他还担任国防大臣一职，设立国家安全中心，任命新情报局局长，扩大自己领导权，削弱穆罕默德·本·纳伊夫的权力。经济方面，穆罕默德·本·萨勒曼负责沙特石油事务，控制着沙特收入的主要来源。

在自身努力和国王的关照下，穆罕默德·本·萨勒曼逐渐得到沙特各界认可，与第一王储的距离越来越小。但是，穆罕默德·本·萨勒曼过快的升迁和不成熟的思想，引发沙特保守派猛烈抨击（包括王储穆罕默德·本·纳伊夫）。穆罕默德·本·萨勒曼非常清楚，要想掌权沙特，必须扫清穆罕默德·本·纳伊夫这一障碍，而且要在其父亲、现任沙特国王在世期间，否则穆罕默德·本·纳伊夫将顺利继位。

穆罕默德·本·纳伊夫与卡塔尔埃米尔关系良好，这是人尽皆知的秘

---

① "Royal Grandson Mohammad bin Nayef: A King in Waiting", al-Akhar, https://english.al-akhbar.com/node/23393，访问日期：2018年6月13日。

密。无论官方交往还是私人关系，二人都保持高度一致与默契，互为对方的坚定支持者。2014 年，卡塔尔因支持恐怖主义深陷危机时，穆罕默德·本·纳伊夫就亲自出访卡塔尔，化解危机，成为沙特与卡塔尔签订《海湾地区和解协议》的"推动者"。① 双方都对年轻且没有经验的穆罕默德·本·萨勒曼表示不屑，不满于他处理也门、叙利亚问题的态度，认为他过于冲动，缺少政治家的深思熟虑。

因此，穆罕默德·本·萨勒曼为了扫清自己继任国王的道路，必须清除卡塔尔这个障碍。借卡塔尔危机断穆罕默德·本·纳伊夫之翼，是再好不过的方法。在与卡塔尔断交不久，他就升为沙特第一王储，牢牢把握了王位的继承权。

（二）海湾地区领导人之间争夺地区领导权与全球治理话语权

海湾地区是中东乃至世界最重要的地区之一。资源方面，海湾地区被誉为"世界油库"，是世界上最大的产油中心和石油出口集中地，拥有世界第一、第二大油田。该地区石油储量占全球的 66% 以上，天然气储量占全球 40% 以上。战略地位方面，海湾地区自古就是东西方商贸交流的重要通道。尤其现代以来，西方需要的大部分石油都是通过霍尔木兹海峡运输。一旦该地区交通运输出现任何问题，将对西方世界产生巨大影响。政治方面，海湾国家大致分为两类：一类是美国的盟友，如沙特、阿联酋、卡塔尔等；另一类是美国的敌人，以伊朗为代表。两类国家之间关系的微妙变化会影响该地区局势的平衡。宗教方面，尽管海湾八国的绝大部分公民都信奉伊斯兰教，但是分属两派，分别是以沙特为代表的逊尼派和以伊朗为代表的什叶派。两大教派争斗一定程度上影响海湾地区和平稳定。

---

① "2الأمراء الثلاثة" ورابعهم تميم.. صراع العروش في الخليج(تحليل)، الأخبار، http：//www.akhbarak.net/news/2017/05/25/11063580/articles/25377941/% D8% A7% D9% 84% D8% A3% D9% 85% D8% B1% D8% A7% D8% A1 - % D8% A7% D9% 84% D8% AB% D9% 84% D8% A7% D8% AB% D8% A9 - % D9% 88% D8% B1% D8% A7% D8% A8% D8% B9% D9% 87% D9% 85 - % D8% AA% D9% 85% D9% 8A% D9% 85 - % D8% B5% D8% B1% D8% A7% D8% B9 - % D8% A7% D9% 84% D8% B9% D8% B1% D9% 88% D8% B4 - % D9% 81% D9% 8A. 上网时间：2018 年 6 月 12 日。

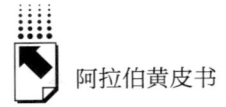

海湾地区地位如此重要，影响力如此之大，因此该地区各国领导人都希望能够成为地区的领导者，对海湾地区发展产生影响，进而增强本国在全球治理的话语权。

沙特是传统的地区大国，国王萨勒曼年事已高，且身患阿兹海默氏症，无法全心投入沙特治理中，实际掌权者是现任王储穆罕默德·本·萨勒曼，正如上文所提，他年轻气盛，有抱负有理想，在政治、经济、社会、军事、外交等方面进行了大幅改革：政治上，改变僵化的治理体系，加大反腐力度；经济方面，2016年提出《沙特2030愿景》，通过一系列改革，减少对石油经济依赖，尽快实现经济现代化；社会方面，致力于放宽过去严苛的道德规范，促进沙特转型为向世界和所有宗教开放的温和伊斯兰国家；军事方面，对也门发动"果断风暴"军事行动，空袭胡塞武装组织，并主导成立了由35个伊斯兰国家组成的反恐联盟；外交方面，在阿联酋王储的帮助、在特朗普女婿犹太人库什纳的引荐下，他与美国特朗普政府建立了良好关系，其王储身份得到美国政府的认可。

阿联酋是海湾的另一大国，同样因国王年事已高且身体抱恙，国家主要事务都由王储穆罕默德·本·扎耶德打理，成为阿联酋的实际掌权人。穆罕默德·本·扎耶德出生于1961年，是阿布扎比前酋长、阿联酋前总统扎耶德的第三子，阿联酋现总统同父异母的弟弟。1979年，他从桑德赫斯特英国皇家陆军军官学校毕业后，曾担任装甲兵部队和瞪羚直升机编队指挥官、空军学校校长、空军学院院长、阿联酋空军司令、阿联酋武装部队副参谋长、参谋长等重要军职。2003年被任命为阿布扎比副王储，2004年11月晋升为王储。政治方面，他兢兢业业，绝对忠诚，大力推动阿联酋世俗化，颁布《反恐法》，维护国家统一安全，保障国民生命财产安全。经济方面，他一直推行经济多元化，减轻对油气资源的过度依赖，鼓励旅游、金融、商业等大力发展，阿布扎比成为海湾地区重要的金融中心。外交上，延续阿联酋外交的一贯政策，加强同美国的盟友关系。在特朗普2017年就任美国总统前，扎耶德就与其建立了密切的关系。在特朗普访问中东前，他主动出访美国，与特朗普商讨伊朗、反恐等问题，迅速取得美国新政府的信任。

卡塔尔埃米尔塔米姆·本·阿勒萨尼是该地区唯一一位"80后"国家最高领导人。他生于1980年，2003年被任命为卡塔尔王储，同年9月被任命为武装部队副总司令。在其父亲的培养下，他逐渐熟悉卡塔尔军政事务，不断扩大卡塔尔在地区与国际的影响力，如顺利举办2006年多哈亚运会，拿下2022年世界杯的举办权。

2013年6月，其父亲谢赫哈马德·本·阿勒萨尼宣布将埃米尔之位传给他。这一主动逊位在阿拉伯国家实数首例。卡塔尔年轻的埃米尔在上任第二天就重组内阁，改变过去"重外轻内"的做法，加大国内经济建设，从单一依靠石油天然气到经济走向多元化；扩大与中国等东亚国家的合作，减轻对西方国家的依赖。尽管卡塔尔埃米尔一定程度上调整了其父亲的政策，但"小国大外交"的外交思想依然延续，卡塔尔继续活跃在地区和全球治理事务上。

沙特、阿联酋、卡塔尔是海湾地区三个重要国家，它们的统治者都希望成为地区的领导者，影响海湾地区局势发展，并为此展开激烈角逐。在现阶段，沙特王储穆罕默德·本·萨勒曼与阿联酋王储穆罕默德·本·扎耶德的利益是相似的：前者为拿下王储职位，必须尽快削弱穆罕默德·本·纳伊夫盟友卡塔尔的势力，从而彻底打压他；后者一直忌惮于卡塔尔对穆兄会大量资金的支持，与伊朗过分亲密，半岛电视还多次抨击阿联酋。因此，沙特王储与阿联酋王储在打击卡塔尔方面达成共识。此外，二者间的关系本来就如同"学生"与"导师"，"肌肉"与"大脑"，穆罕默德·本·萨勒曼在成长过程中得到穆罕默德·本·扎耶德大量指导。鉴于此，沙特与阿联酋之间共同利益大于矛盾。为消灭地区共同的敌人，扩大自己在海外乃至世界的影响力，两国联手打击卡塔尔。

（三）卡塔尔实力壮大引发沙特等国忌惮

卡塔尔虽只是弹丸之地，但经过新老埃米尔的苦心经营，逐渐形成独特的发展模式，其在海湾地区的影响力有逐渐超越传统大国之势，这种打破固有平衡的做法引发沙特、阿联酋等国极大不满和打压。

政治方面，卡塔尔虽然是一个君主制国家，法律明确规定阿勒萨尼家族是国家的世袭统治者，但卡塔尔致力于加强国内民主。卡塔尔宪法将国家最高元首埃米尔的权力与总理的权力分开，扩大协商委员会规模；允许女性参与政治选举，担任政府公职。经济方面，卡塔尔经历了建国初期依赖石油、实现快速发展，到降低对石油的依赖、推动经济发展多元化的过程。据国际货币基金组织2017年统计，卡塔尔2017年国内生产总值为1663.46亿美元，在阿拉伯国家排第6位，人均国内生产总值为6.0804万美元，① 高居阿拉伯国家榜首，是沙特的3倍，阿联酋的2倍。社会方面，卡塔尔着力推动社会改革，取消新闻检查，实现公民言论自由，成立半岛电视台，以独特视角24小时不间断向全球播报最新动态，2001年针对"9·11"事件的迅速深度报道，极大提高了卡塔尔在世界的知名度，但由于其言论倾向性强、影响力大，也威胁到沙特、阿联酋等国家利益。外交方面，卡塔尔加强与土耳其、伊朗、俄罗斯、中国等世界各国的良好关系，将自己"朋友圈"扩展

---

① "World Economic Outlook Database", International Monetary Fund, http://www.imf.org/external/pubs/ft/weo/2018/01/weodata/weorept.aspx? sy = 2017&ey = 2017&scsm = 1&ssd = 1&sort = country&ds = .&br = 1&c = 512%2C946%2C914%2C137%2C612%2C546%2C614%2C962%2C311%2C674%2C213%2C676%2C911%2C548%2C193%2C556%2C122%2C678%2C912%2C181%2C313%2C867%2C419%2C682%2C513%2C684%2C316%2C273%2C913%2C868%2C124%2C921%2C339%2C948%2C638%2C943%2C514%2C686%2C218%2C688%2C963%2C518%2C616%2C728%2C223%2C836%2C516%2C558%2C918%2C138%2C748%2C196%2C618%2C278%2C624%2C692%2C522%2C694%2C622%2C142%2C156%2C449%2C626%2C564%2C628%2C565%2C228%2C283%2C924%2C853%2C233%2C288%2C632%2C293%2C636%2C566%2C634%2C964%2C238%2C182%2C662%2C359%2C960%2C453%2C423%2C968%2C935%2C922%2C128%2C714%2C611%2C862%2C321%2C135%2C243%2C716%2C248%2C456%2C469%2C722%2C253%2C942%2C642%2C718%2C643%2C724%2C939%2C576%2C644%2C936%2C819%2C961%2C172%2C813%2C132%2C726%2C646%2C199%2C648%2C733%2C915%2C184%2C134%2C524%2C652%2C361%2C174%2C362%2C328%2C364%2C258%2C732%2C656%2C366%2C654%2C734%2C336%2C144%2C263%2C146%2C268%2C463%2C532%2C528%2C944%2C923%2C176%2C738%2C534%2C578%2C536%2C537%2C429%2C742%2C433%2C866%2C178%2C369%2C436%2C744%2C136%2C186%2C343%2C925%2C158%2C869%2C439%2C746%2C916%2C926%2C664%2C466%2C826%2C112%2C542%2C111%2C967%2C298%2C443%2C927%2C917%2C846%2C544%2C299%2C941%2C582%2C446%2C474%2C666%2C754%2C668%2C698%2C672&s = NGDPD&grp = 0&a = &pr.x = 45&pr.y = 14（上网时间：2018年6月16日）。

到阿拉伯以外的国家，提高了它在地区和国际的地位。此外，卡塔尔积极努力地参与地区事务中并发挥作用，如伊拉克问题、中东和平进程、叙利亚问题、也门问题都有它的身影。

卡塔尔软硬实力都取得迅速发展，成为海湾地区冉冉上升的明星。但其发展成绩和高调政策严重地威胁到沙特、阿联酋等传统阿拉伯大国地位，势必引发各方的较量。

（四）其他相关各方的挑唆和驱使

沙特和卡塔尔是此次断交危机的主角，主导着整个事件的发展走向。但是，我们也不可忽视其他各方的挑唆。在2016年美国总统大选期间，沙特与卡塔尔最初支持民主党候选人希拉里·克林顿，希拉里基金会在竞选前后的两年中共筹得2.118亿美元，其中约4240万美元来自沙特。[①] 卡塔尔曾借比尔·克林顿65岁生日之由，向民主党候选人希拉里·克林顿基金会捐赠100万美元。

当特朗普在大选中占上风时，沙特率先调转风向标，不断向特朗普及其亲信示好，但卡塔尔依然如故。沙特与卡塔尔截然相反的举动，使特朗普这个"实用主义"至上的商人在当选总统后决定敲打卡塔尔"反应迟缓"。2017年5月，特朗普访问沙特期间，曾与沙特策划了断交事件。卡塔尔断交危机爆发后，特朗普6月6日在推特发文称"很高兴看到中东之旅有了回报，沙特和其他50个国家将对资助极端主义的国家采取强硬立场"。6月9日，他在会见罗马尼亚总统克劳斯·约翰尼斯后的记者会上承认，这次沙特等国集体与卡塔尔断交的行动是他5月在沙特时协助策划的方案。特朗普的表态是延续了他不按常规出牌的风格，但字里行间透露着他对卡塔尔断交危机是事先知情，甚至是满意的。这一打破奥巴马政府精心维持中东平衡的举

---

① "Saudi Arabia Has Funded 20% of Hillary's Presidential Campaign, Saudi Crown Prince Claims", Zerohedge, https://www.zerohedge.com/news/2016-06-13/saudi-arabia-has-funded-20-hillarys-presidential-campaign-saudi-crown-prince-claims（上网时间：2018年6月15日）。

动,加深了卡塔尔断交的危机。

除美国外,其他相关国家大致可以分为两派:一是以埃及、巴林等国为首的支持沙特派。这些国家都在政治、经济等方面对沙特有诉求。埃及总统塞西推翻穆兄会政权、执掌大权后,在执政之初得到卡塔尔大力支持,但迫于穆兄会树大根深,难以清除隐患,因此塞西政府欲借沙特之手消灭政敌。此外,埃及国内经济困难,依赖沙特的经济援助。此外,巴林、苏丹、索马里、吉布提、利比亚、巴林、马尔代夫等国出于对沙特的经济诉求,才附议断交声明,参与孤立卡塔尔。

二是以伊朗和土耳其为首的支持卡塔尔派。在卡塔尔断交危机爆发后,伊朗随即表示允许卡塔尔使用伊朗的领空,并向卡塔尔援助数吨粮食和果蔬。同样,土耳其在断交危机后与卡塔尔的贸易额急剧增长。土耳其在卡塔尔打造的海湾地区唯一的军事基地工程提速,预计将在该基地部署3000名士兵。① 伊朗和土耳其两个非阿拉伯国家的中东大国(尤其是什叶派国家伊朗),都希望在这个危急关头拉拢卡塔尔,将这个战略要地纳入自己麾下,增强自身在中东地区的势力,争当伊斯兰世界的领导者。

三 卡塔尔断交危机评析

自2017年6月断交危机爆发至今,断交双方非但未找到符合共同利益的解决方式,反而陷入危机泥潭。从目前情形看,这场危机并没有绝对的赢家,如果各方实力没有发生必然或偶然的变化,危机很难在短期内顺利结束。

沙特王储穆罕默德·本·萨勒曼是此次危机的执行者,通过与卡塔尔断交,成功地牵制了原王储穆罕默德·本·纳伊夫,扫清了王储道路上的最大障碍,确保自己顺利晋升王储。通过与美国签订国防合作大单,小萨勒曼作

---

① Europeans work to save Iran deal, and business, after Trump pulls out, Reuters, https://www.reuters.com/article/us-iran-nuclear/trump-tells-macron-u-s-to-pull-out-of-iran-nuclear-deal-new-york-times-idUSKBN1I90D6?il=0(上网时间:2018年6月13日)。

为王储的合法性获得特朗普政府认可。但是，沙特国内指责他诬陷软禁原王储，认为其行事冒失，缺乏谨慎，暴露了沙特政治不稳定的弱点。他与美国过分亲密的关系，也让沙特社会怀疑其决策的可靠性。此外，2017年11月起，他在沙特全国掀起反腐风暴，导致200多名王子被抓，其原因不仅仅是惩治腐败，还要消除前王储穆罕默德·本·纳伊夫的残余势力和自己的政敌。正因为如此，沙特王储这一系列举动看似雷厉风行，实则盲目草率，由此导致小萨勒曼毁誉参半，并未收到预想结果。

卡塔尔在一定程度上是这次危机的收益方。危机公关方面，卡塔尔花费15亿美元危机公关，成功地对冲了沙特等国的广告宣传，并运用半岛电视台的宣传，巧妙增加世界对沙特等国的谴责。政治方面，断交危机爆发后，卡塔尔埃米尔出访土耳其、德国、法国以及东南亚和西非国家，寻求其他国家支持，借助他国化解危机。同时，卡塔尔还尝试扩展自己的"朋友圈"，通过提供教育、健康等援助，与更多国家建立广泛的伙伴关系，为自己赢得更多国际支持。土耳其、伊朗等非阿拉伯国家主动向卡塔尔示好，在很大程度上减轻了断交危机给卡塔尔带来的负面影响，提高了卡塔尔地区的影响力。经济方面，卡塔尔着力增强经济独立性，摆脱对沙特、阿联酋等国的依赖。断交危机爆发后，卡塔尔新开工厂的数量远超过前两年的总和。卡塔尔鼓励私营发展部官员表示，与2017年同期相比，2018年第一季度卡塔尔本国生产产品的销售额增长了300%。到2018年6月底，卡塔尔本国的乳制品公司将满足全国92%的牛奶需求。① 同时，卡塔尔还积极扩展经贸伙伴，如宣布对欧盟、拉丁美洲和亚洲的80个国家施行免签，吸引投资；新开空运、海运路线，从土耳其、伊朗运输食品，从阿曼运输世界杯场馆用材，缓解国内经济压力。

但是，这场危机为卡塔尔带来前所未有的灾难。断交前，卡塔尔1/3以

---

① Europeans work to save Iran deal, and business, after Trump pulls out, Reuters, https://www.reuters.com/article/us-iran-nuclear/trump-tells-macron-u-s-to-pull-out-of-iran-nuclear-deal-new-york-times-idUSKBN1I90D6? il=0（上网时间：2018月6月13日）。

上的食品、生活消费品都是从沙特与阿联酋进口，卡塔尔很多投资项目的资金来源都与沙特、阿联酋有关；断交危机爆发后，卡塔尔股市在 2017 年 6 月初暴跌 8%，造成 130 亿美元的经济损失。不仅如此，原来卡塔尔与阿联酋之间一个小时的路程必须绕道阿曼或科威特；近 20 个目的地的航线不得不因为断交危机暂停，很大程度上提高了卡塔尔航空的人力、财力、时间成本。卡塔尔为化解危机，不得不支出高额公关费用、与欧美大国达成超出国内所需的巨额军购协议，以获得世界对卡塔尔的支持。此外，在危机爆发初始，由于物资短缺引发的社会动荡，一定程度上影响了卡塔尔经济的正常发展。

其他直接参与断交危机的国家，如阿联酋、埃及等国，尽管与卡塔尔断交削弱了本国穆兄会的势力，但是其付出的代价就是：海合会成员国乃至阿拉伯、伊斯兰国家间的信任与平衡被打破，各国"各扫门前雪"的悲凉景象使中东和平发展的前景越发遥远。

美国此次危机中得失参半。一方面，特朗普政府赢得了沙特、卡塔尔对其认可与依附。正如上文所提，海湾这两国并非在美国竞选初期就看好特朗普，而是随着局势变化才掉转风向。沙特王储穆罕默德·本·萨勒曼借助特朗普身边亲信不断向其示好，被特朗普的女儿伊万卡称为"沙特、阿拉伯乃至世界穆斯林青年的榜样，具有领导力、雄心和对人民、国家的爱"，小萨勒曼主动会见美国副总统彭斯、白宫幕僚普利巴斯、首席策略师班农等人，提名自己同父异母的弟弟，28 岁的哈里德·本·萨勒曼担任沙特驻美国大使，确保与美国高层的直接联系。在会见特朗普时，小萨勒曼与美国签订高额军购合同，以讨好特朗普。断交危机爆发后，卡塔尔也认识到美国和特朗普的重要性。在蒂勒森两次访问卡塔尔之时，两国达成《打击恐怖主义融资协议》，卡塔尔决定从美国购买 10 架 F-15 战机，协议额高达 120 亿美元。2018 年 4 月，卡塔尔埃米尔访问美国，与美国再次签署 3 亿美元的军购合同。卡塔尔向美国的示好得到美国的支持，也使其在危机中坚定了立场。

美国通过卡塔尔断交危机，证明了海湾地区各国都不得不依附美国的事实，形成了卡塔尔与沙特相互制衡，由此使美国牢牢把控了海湾地区局势平衡，甚至通过此次危机，分散了2017年承认"耶路撒冷是以色列首都，美国驻以色列使馆迁都耶路撒冷"等对以色列不利的舆论压力。美国还借机将矛头对准伊朗，强化对伊朗的敌对倾向。另外，巨额军购订单也使美国军工利益集团获得实利。

另一方面，特朗普默许此次断交危机的发生，但却无法完全主导危机的发展。此后，特朗普派国务卿蒂勒森多次访问中东，促使双方和解却均无果而终。沙特王储、卡塔尔埃米尔先后访问美国，特朗普也未能给出令双方满意的答案。2018年4月底，美国驻科威特大使劳伦斯·西尔弗曼表示，特朗普急于寻求解决海湾危机的"快速且最终"的方案，表明美国已经陷入进退两难的尴尬处境。

到目前为止，卡塔尔危机已持续一年多，各方权力博弈使危机日趋复杂、矛盾日益蔓延。如何解决这一危机面临诸多不确定因素。

第一，年轻的沙特王储是否有能力解决如此复杂的外交难题。沙特王储虽然年轻气盛，有志于推动沙特改革，加之沙特国王精心栽培，阿联酋王储悉心指点，并得到沙特青年一代支持，但其冲动草率，缺乏从政经验，反腐目的有待商榷，个人生活奢靡，深陷叙利亚、也门危机。因此，他能否在断交问题上顶住内外压力，延续强硬态度，值得怀疑。需要指出的是，随着断交危机蔓延，他与阿联酋王储在卡塔尔问题上的同盟关系日益弱化，双方在根本利益及叙利亚问题上的分歧势必日趋显现。两国未来能否继续在一条战壕中反对卡塔尔难以料定。2018年4月，沙特王储遭遇未遂暗杀，这种做法未来仍可能继续存在，并可能改变卡塔尔危机的发展趋势。

第二，卡塔尔的地区和国际影响力是另一大不确定因素。危机爆发后，卡塔尔进一步增强经济独立，开设大量工厂，为公民提供必备食品、生活用品。断交不久，伊朗与土耳其主动向卡塔尔提供支持，很大程度上缓解了卡塔尔因断交造成的社会动荡，逐渐将卡塔尔拉入自己的阵营。此外，自2017年8月起，卡塔尔埃米尔出访多个国家，表示愿意通过对话谈判与各方共同解决危机，且给予不发达国家充分援助，使卡塔尔占据道义制高点，掌握一定主动权。随着卡塔尔自身独立性增强，在地区和国际的影响力提升，其很可

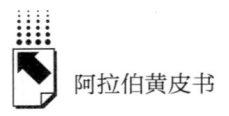

能借机提出有利于自己的解决方案,削弱沙特、阿联酋等国的地区领导力。

第三,埃及等跟风断交的国家未来如何"站队",是又一大不确定因素。正如上文分析,埃及、利比亚、马尔代夫等国之所以与卡塔尔断交,更多是出于自身政治、经济诉求考虑。面对国内外质疑,沙特王储是否会坚持对这些国家的援助,很大程度上将会影响他们的外交态度,也会间接改变卡塔尔危机的发展走向。

第四,调解方如何平衡断交各方间微妙关系,同样是一大不确定因素。美国方面,自2017年上台以来,特朗普以其精明的个性,捉摸不透的内政外交政策而出名。他倡导"美国优先",中东就是他外交领域"美国优先"的主阵地。在卡塔尔断交危机事件中,他先高调表态支持沙特,但随着事态发展主张谈判解决危机,并收到来自沙特、卡塔尔的"军购礼物"作为感谢。作为"现实主义"的实践者,特朗普未来将如何参与卡塔尔断交危机仍然不得而知。土耳其和伊朗两国并非阿拉伯国家,但身处中东乱世之地,必须参与阿拉伯国家事务,提高自己在该地区的影响力。两国未来会继续与卡塔尔交好,借其扩大地区影响,但这种做法引发沙特等国忌惮,其最终效果如何,仍有待观察。

结　语

卡塔尔断交危机从2017年6月爆发至今,背后充满了权力与利益的博弈,沙特王储扫清入主"东宫"绊脚石;沙特、阿联酋、卡塔尔争夺地区领导权;卡塔尔影响力壮大引发沙特等国忌惮;美国、埃及等国借机从中谋取自身利益。如此复杂的原因和众多不确定因素,导致卡塔尔断交危机的前景充满变数,短期内较难彻底解决。但必须指出的是,卡塔尔身处战略要地,这种危机如果不及时修复,断交双方之间的嫌隙会越来越深,这将对地区安全稳定造成消极影响。

Y.10 2017年阿尔及利亚形势及主要挑战

陆映波*

摘　要： 2017年是阿尔及利亚社会变革的孕育期，政局不稳定性、经济发展颓势、反恐斗争持续，以及民众不满情绪累积和"金元内政"难以为继，都使该国国内政治、经济领域面临根本性变革。执政二十年的"政治强人"布特弗利卡仍在对国家未来走向进行谋划。在经济形势整体下滑的背景下，阿尔及利亚能否通过2019年总统选举实现权力平稳过渡，从而带动国家经济向好，各方均拭目以待。

关键词： 阿尔及利亚　变革　反恐　经济发展

立足2017年，不难发现，"阿拉伯之春"引发的地区动荡已逐渐平息。虽然阿拉伯各国的变革一直在影响着阿尔及利亚民众，社会上"求新""求变"的诉求和各种形式的抗议在"阿拉伯之春"之前便已出现，但由于人们对二十年前内战的痛苦记忆和特殊历史原因，加之政府及时应对，阿尔及利亚并没有出现大规模动荡。回顾2016~2017年局势，阿尔及利亚整体形势趋于稳定，国家局势并未经历大的波澜，但各种利益集团间的对立冲突，以及政府与民众间的矛盾仍难以调和，这些矛盾产生的背景和诱因又与国家经济形势复苏乏力具有直接关系。阿尔及利亚国家内部局势不稳定，势必给国际恐怖主义和极端派别提供渗透的条件和滋生的土壤，也造成国家安全局

---

* 陆映波，北京语言大学中东学院副教授，博士。

势进一步恶化。简言之，阿尔及利亚当下局势"波澜不惊"，却"暗潮涌动"。本文将从政治、经济、安全和民生四个方面，对阿尔及利亚形势和面临的主要挑战进行阐述。

一 政坛走向前景不定，变数较大

1. "接班人"问题带来政坛走向的不稳定性

近些年，在阿尔及利亚政坛高层日趋激烈的权力斗争中，军方、情报安全部（DRS）和政府一直保持着微妙平衡，维护着政局稳定。军方、情报安全部曾在1999年力推布特弗利卡掌权，并于2004年、2009年和2014年三次选举中全力支持布特弗利卡连任。在外界看来，三方已形成牢固的利益共同体，其权力和利益分配模式也得到各方的认可，这一"三方平衡模式"可以被看作阿尔及利亚政坛维持17年稳定的主要原因。

近两年来，随着总统健康状况每况愈下，阿尔及利亚的"权力交接"问题越来越迫切。阿卜杜·阿齐兹·布特弗利卡总统已年逾八十，2013年和2015年两度罹患中风，身体状况不容乐观，但其在三方权力平衡过程中发挥着不可替代作用。情报安全部负责人穆罕默德·麦迪尼（Mohamed Mediene）作为政坛执掌权力的第二号人物，得到人们更多重视，还有不少人认为，他是近二十年来阿尔及利亚政局幕后的"掌舵人"。布特弗利卡总统虽然健康状况欠佳，但对当前形势和"接班人"问题显然有着精细规划，通过几个月筹划，在得到军方支持的情况下，在2016年1月罢免了穆罕默德·麦迪尼并解散了情报安全部，成立了监控安全部（DSS），任命原情报安全部二号人物阿斯玛尼·塔尔塔格（Athmane Tartag）为该部门负责人。与情报安全部不同，监控安全部并不拥有独立行政的权力，而是由总统布特弗利卡直接掌控。布特弗利卡通过此举消除了位高权重的穆罕默德·麦迪尼对自己的潜在威胁，巩固了布特弗利卡家族对政权的控制，以及在"接班人"问题上的主导权，形成了政府和军方合力执掌政局的"新常态"。

迄今为止，布特弗利卡的继任和权力交接问题仍处于悬而未决状态。为实现国家政治形势平稳发展，多年来，阿尔及利亚国民议会一直呈现着"民族解放阵线"一党独大的形势。自从1962年国家独立以来，该政治派别一直在国民议会中处于主导地位。2017年4月，阿尔及利亚进行国民议会选举，在此次议会选举中，有不同政治派别的12000名候选人竞选462个议席，选举结果依旧是执政党"民族解放阵线"占据绝对多数。① 不过，这次投票率仅有43%，这使整个选举过程显得颇为尴尬。

长远看，随着总统布特弗利卡身体状况恶化，不再能担任国家元首，阿尔及利亚政局权力真空引发的倾轧很有可能再度出现，使该国社会稳定面临真正的挑战。近些年，布特弗利卡总统党同伐异，独揽大权，但对接班人人选问题却因众多利益集团介入而迟迟未能决定，这使阿尔及利亚政治和社会稳定面临重大挑战。

2. 重拳反腐抑或权力斗争

腐败是阿尔及利亚社会发展面临的几大难题之一，国家各级行政部门的贪污愈演愈烈，招致民怨深重。重大建设项目上的贪污腐败现象更是屡禁不止。连接阿尔及利亚东西部地区的高速公路，在规划时设定的预算为60亿美元，但由于在施工期间各方介入和贪污，最终造价高达150亿美元②，这使其成为世界上最昂贵的高速公路。腐败现象愈演愈烈，逐步动摇着当局政权合法性。

对打击腐败，阿尔及利亚政府早在2010年就颁布了反腐条款，要求所有企业签订合同，承诺不以权谋私、收受贿赂和从事不正当竞争。不签订此项合同的外国企业不允许参加政府项目的竞标，违反规定的企业和个人将被列入政府的"黑名单"，被取消在阿尔及利亚的经营权。这一条款的象征意义远胜于实际效果，其实施似乎并未能对弥漫在社会各部门的贪腐风气加以

---

① "Stability or stagnation in Algeria?" https：//www.economist.com/news/middle - east - and - africa/21721155 - algerians - see - little - reason - vote - coming - general - election - stability - or（上网时间：2017年8月12日）。

② "Why energy reforms are Algeria's biggest challenge yet"，http：//globalriskinsights.com/2017/02/energy - reforms - algerias - biggest - challenge/（上网时间：2017年9月10日）。

遏制。2016年1月，阿尔及利亚成立了对布特弗利卡直接负责的反腐部门，对阿尔及利亚各政府机构进行调查，解决政府部门机构性腐败的问题。但外界普遍认为，这一措施更有可能是借"反腐"之名肃清政敌，实现布特弗利卡领导集团未来两三年内的政治利益。2016年上半年，工党领导人鲁伊·哈努内（Louisa Hanoune）曾公开批评政府在审理案件时存在不公和舞弊行为，随后她便受到政府反腐部门立案调查。在2017年国民议会选举前夕，布特弗利卡先前的一些盟友纷纷卷入腐败案件，其中许多因此无法参加选举，而卷入其中的企业却并未受到太多惩罚。这些迹象表明，政府新一轮反腐行为似乎是"醉翁之意不在酒"。对于"反腐"与"权斗"，布特弗利卡当局能否一箭双雕，还要看政局走向能否按照布特弗利卡领导集团设定的方向发展。

3. 未来政治局势的预测

考虑到阿尔及利亚政坛出现的种种迹象，以及总统布特弗利卡身体状况，外界最乐观的估计，是阿尔及利亚政局通过2019年总统大选完成新老领导人交接。但如果在此之前布特弗利卡因身体原因无法继续担任总统一职，阿尔及利亚的政权交接便不得不提前进行。虽然具体的人选和交接模式，以及各方对选举过程所表现的立场和态度均悬而未决，但根据推测，阿尔及利亚政坛即将出现以下两种可能性。

（1）维持现状。以布特弗利卡为代表的"民族解放阵线"领导集团会在得到军队支持的前提下，任命一位总统候选人，在选举过程中"民族解放阵线"与军队合力确保其高票当选，"马照跑，舞照跳"，确保一切如故。这位总统候选人应会继承布特弗利卡的政治资源，这无疑会在很大程度上消除笼罩在阿尔及利亚政坛的不确定性，提升国际投资商信心，提振经济形势。

（2）滋生动荡。权力真空引发动荡的出现，在"接班人"问题上，"民族解放阵线"领导集团未能与军方达成一致，双方出现严重分歧，大选会相应推迟。这很可能引发民众惶恐和失望情绪，从而导致社会动荡，外部武装力量也会趁机制造骚乱，盘踞在邻国的"基地"组织和"伊斯兰国"残余武装力量也会渗透至阿尔及利亚境内发展势力。

从经济角度来看，社会不稳定会使阿尔及利亚在"维稳"方面投入更大，进一步消耗财政资本和外汇储备，提升国内通胀压力。阿尔及利亚央行为了避免官方汇率与黑市汇率差距进一步扩大，势必会使当地货币进一步贬值，从而造成国内市场物价提升和民众购买力进一步下跌。此外，社会动荡会彻底击溃国际投资者对阿尔及利亚市场的信心，使阿尔及利亚油气产业新一轮发展因外来注资缺失而遥不可及。当然，大部分阿尔及利亚民众对20世纪90年代经历的近十年的内战仍心有余悸，同时他们也不愿重蹈利比亚、叙利亚和也门等国的覆辙，民众避免动荡的觉悟和意志，能够大大降低第二种可能性发生的概率。

二 经济发展依然面临结构性矛盾，复苏乏力

1. 整体经济形势受国际油价波动影响较大

在欧洲经济形势整体下滑背景下，阿尔及利亚经济形势面临较大风险。2015年以来，国际油价一直在每桶50美元左右浮动，对阿尔及利亚而言，国际油价至少需要突破每桶100美元大关方能实现国内预算收支平衡。烃类油气产品的收益占阿尔及利亚国民收入58%，[1] 其产量下滑和价格下跌对阿尔及利亚影响明显，整个国家的经济发展模式更加不可持续。其实，早在2009年，阿尔及利亚的政府预算已经开始出现赤字，政府的收益管理基金（Revenue Regulation Fund）[2] 已经开始逐渐耗尽。

2016年，阿尔及利亚经济增长率为4%，在国际油气市场低迷背景下，实现这一增长率实属不易。该年度，阿尔及利亚油气收入与2014年相比下降近一半，但仍占据政府预算的60%。从宏观上看，2016年政府预算赤字

---

[1] "Why energy reforms are Algeria's biggest challenge yet"，http://globalriskinsights.com/2017/02/energy-reforms-algerias-biggest-challenge/（上网时间：2017年9月10日）。

[2] 收益管理基金即国家的主权财富基金。

达12%，国民生产总值从2014年的1960亿美元跌至1140亿美元。① 阿尔及利亚外汇储量虽然从2013年以来开始下滑，但仍保存着较大规模存量。外界预测，政府很有可能在2019年布特弗利卡任期结束前，通过调取外汇储备来维持民众油气补助，以保持这一期间社会稳定。与此同时，政府有可能通过举债方式弥补国家收入缺口，以待国际油价上浮期的到来。

为改善经济局势，阿尔及利亚政府采取了一系列财政紧缩措施，同时需要更多外部援助来维持经济发展。2017年初，阿尔及利亚财长卡里姆·迪欧迪（Karim Djoudi）表示，已向国际货币基金组织提交正式申请，希望得到资金援助以提升国内经济流动性。根据国际货币基金组织最新统计数据，阿尔及利亚央行的外汇储备达2000亿美元，相当于该国三年的进口总量。

从结构上看，阿尔及利亚经济发展面临的主要问题是：政府集中了大量的财政资源，大部分民众却无法从中获益。包括教育和医疗在内的基本社会服务，无论质量还是覆盖面，都无法满足民众需求。在这种情形下，国家收支平衡和社会稳定，都与国家的红利经济直接相关，当国家整体形势面临挑战时，一系列微妙的平衡都将被打破，问题也会接踵出现。经济下滑的必然结果，就是货币通货膨胀加剧，食品价格上涨。政府官方统计数据显示，与2001年相比，2017年阿尔及利亚国内市场的鱼类和水果的价格已上涨了三倍。购买食品通常花掉一个中等收入家庭40%的收入。同时，阿尔及利亚年轻人的失业率超过20%，并在不断攀升。尽管政府近年一直采取各种政策，激励年轻人就业和创业，但由于政府各级部门的低效与玩忽职守，并未从根本上调动年轻人就业的积极性，大量年轻人即使长期赋闲在家，也不愿参与就业市场的残酷竞争，这也造成社会上大量冗余劳动力无法参与到国家的经济发展。

2. 油气产量下滑，对于国际资本吸引力不足

阿尔及利亚原油出口的特色产品为"撒哈拉混合油"，大多出自哈希·马斯欧德地区的产油区块。但这种原油产品的产量自2000年左右便开始下

---

① Country Reports-Algeria, Country Risk, IHS, 28 Feb 2017, p. 18.

滑,而国内消费却持续上升,政府对民众的各种消费补贴也开始逐步取消,从而引发各阶层民众不满情绪。2017年,政府宣称将注资1000亿美元,完成油气产业基础设施更新换代,其中460亿美元用于现有油气区块的改造。① 未来五年,阿尔及利亚非烃类能源部门依旧是国家能源发展的主要推动力。金融数据提供商 IHS Markit 预测,2018~2022年,阿尔及利亚国内经济增长率将低于4%。在此期间,国家经济恢复将主要有赖于国际油价回升和政府部门在油气领域投资。政府部门在基础设施建设方面的投入,也会助力国家经济形势的恢复,其中包括一批新型炼油厂和哈希·拉美勒石油区块(Hassi R'Mel field)石油化工厂的建设。

自2013年以来,阿尔及利亚政府就采取积极措施,逐步开放国内油气市场,给予国外投资者以更大便利条件,原来设立的《烃类资源保护法》也得到逐步调整和修改,以吸引各方参加投标,开发蕴藏在南部地区的大量烃类油气资源。尽管政府姿态积极,但阿尔及利亚政坛走向的不确定性、非政府武装力量和恐怖势力的蔓延,成为南部地区吸引投资、得以开发的最大障碍。

此外,另一个阻碍国际资本进入阿尔及利亚油气市场的问题,就是政府对国内外投资商所持股份比例的限额。相关法令规定,不管任何形式的外国投资项目,阿尔及利亚国家能源企业(Sonatrach)必须持有51%以上股份。这一内奉为"圣律"的"51:49规定"是吸引国际资本的最大障碍。在2014年油气区块招标过程中,全国31个区块的油气开发项目中,只有4个区块有投标商问津,如此萧条的招标场景,使原定于2015年底举行的招标活动被迫取消。油气产业作为阿尔及利亚的支柱产业,决定着国家经济发展的命脉和社会的安定,如何实现油气产业结构改革的同时,又要采用渐进的模式防止经济崩溃,是摆在阿尔及利亚政府面前的一大挑战。

3. 产业改革与社会稳定间的考量与取舍

面对经济挑战,阿尔及利亚政府一直在进行积极应对。2017年,阿尔

---

① "Why energy reforms are Algeria's biggest challenge yet", http://globalriskinsights.com/2017/02/energy-reforms-algerias-biggest-challenge/(上网时间:2017年9月10日)。

阿拉伯黄皮书

及利亚政府着手对经济结构进行整体调整，降低对油气产业依赖性，同时努力降低改革进程对百姓生活造成的影响。长期以来，能源补助占阿尔及利亚出口收益的相当大比例。据国际货币基金组织2017年的数字，阿尔及利亚每年补助平均花掉450亿美元。从2016年开始，政府采取一系列措施逐渐降低对民众补助力度，但这些政策遭到民众不同形式的抗议，并构成一定政治风险。此外，阿尔及利亚于2016年决定将国内汽油价格上调35%，也引发全国范围的抗议活动。很多人还清晰地记得，1986年阿尔及利亚物价上涨曾引发建国以来最严重暴力冲突。为避免三十年前悲剧重演，阿尔及利亚政府需要在油气产业改革和安抚民众情绪、维护社会稳定间寻找平衡点。

降低对油气产业依赖，也是阿尔及利亚政府面临的重要任务。长期以来，阿尔及利亚油气收入占据国家收入2/3以上。2014年，国际油价下跌使该国财政赤字率达到7.7%；2015年，当阿尔及利亚GDP再度下降13.9%时，财政赤字率近乎增加了一倍，达到15.8%[1]；2016年，尽管各项指数都要求政府采取措施为国家外汇储备减压，但国会通过的议案表明，政府没有表现出足够大的决心对国内经济实行财政紧缩政策，决策者们担心大幅削减油气补贴和国防开支会造成国内动荡和安全局势恶化。

事实上，阿尔及利亚政府对经济结构调整一直持审慎态度。与2015年相比，阿尔及利亚2016年用于国民补助的预算开支不仅没有削减，反而上调7%，占政府总开支的近1/4。同年，国会通过维持国家公务员收入不下调的方案，同时不再对政府机构进行减员，这意味着阿尔及利亚的政府部门将继续保有近一百万个冗余岗位。这种政策说明，阿尔及利亚政府对经济结构调整带来的敏感性和严重性有着充分认识，经济恢复和发展绝不能增加社会和政局稳定风险，但政府这种"明知山有虎，偏向虎山行"的做法究竟能持续多久，仍然是各方关注的焦点。

---

[1] Algeria Country Forecast, Political Risk Services, 30-Jun-2016.

三 安全局势不容乐观，反恐斗争任重道远

1. 国内反恐形势严峻

随着"伊斯兰国"在伊拉克、叙利亚等地收缩，其在阿尔及利亚的势力开始逐渐扩张。在过去一年内，极端武装势力在阿尔及利亚阿塔拉斯山脉以南地区活动日趋频繁，该区域地广人稀，面积占整个国家85%，人口却不到全国的9%，山脉和高原为极端分子藏匿提供了天然屏障。由于该地区安全局势不断恶化，2016年12月美国国务院已向本国公民发出安全警告，警告他们远离阿尔及利亚东南部地区。2016年10月，"伊斯兰国"正式宣布将自己的武装力量向阿尔及利亚延伸，并最终覆盖整个北非地区。从目前形势看，阿尔及利亚的近邻摩洛哥，因年轻人失业率居高不下和农村地区经济落后，很有可能成为"伊斯兰国"在马格里布地区发展滋生的"温床"。这种态势对阿尔及利亚的影响不言而喻。

2016年以来，阿尔及利亚政府军对盘踞在北部的极端武装势力进行的打击并未中断。从打击力度看，政府不仅希望将其斩草除根，还希望其不再有"东山再起"可能性。从2014年起，北部山区已成为阿尔及利亚国内反恐斗争的主要战场。该年9月，在阿尔及利亚北部地区活动的"伊斯兰国"分支"哈里发军"将一名法国人质处决，该事件给阿尔及利亚带来恶劣国际影响，政府军开始对北部极端武装进行清剿，击毙了"哈里发军"头目，并对该武装造成极大打击。2015年，北部艾因·德夫拉（Ain Defla）地区的动乱也得到政府军有效控制，对社会负面影响降到最低。2016年，政府军对北部地区的军事行动主要集中在卡比利亚省（Kabylie）山区，主要目标是"基地组织马格里布分支"（AQIM）和"伊斯兰国"残余力量。2017年，阿尔及利亚安全部队继续对北部的伊斯兰派别和南部"基地组织马格里布分支"采取高压政策。2017年3月，政府军反恐行动在境内十一个城市同时展开，这些行动取得一定成效，但并未将境内恐怖势力彻底消灭。在政府军持续打击下，武装分子已从城市转移到山区，彻底清剿极端武装难度增加。

2. 在反恐领域与邻国的互动

尽管阿尔及利亚经济发展艰难，但2017年政府国防开支并没有削减，政府希望以此来应对跨境恐怖主义和周边地区的不稳定因素。

利比亚国内局势不稳定，直接影响阿尔及利亚安全形势。自2011年卡扎菲政权倒台以来，利比亚境内武装力量和恐怖组织不断发展，直接导致边境地区武器和毒品贸易加剧。为应对这一问题，阿尔及利亚在其与利比亚、突尼斯、马里和尼日尔等国边境地区驻扎大量军队，防止这些国家的极端武装力量向阿尔及利亚境内渗透。但阿尔及利亚并未实现对东南部边境的有效控制。2013年1月，"基地组织马格里布分支"在南部一处油气基地劫持了800名员工作为人质，对阿尔及利亚声誉造成毁灭性打击，而这些恐怖分子便是从利比亚潜入阿尔及利亚境内的。阿尔及利亚维持安全形势，不仅需要本国努力，更需要邻国配合和整个地区安全局势改善。

值得一提的是，2016年阿尔及利亚向其与突尼斯、利比亚接壤的边境地区增派了数千兵力，以防止两国境内"圣战"组织成员向阿尔及利亚境内渗透。阿尔及利亚政府还致力于与突尼斯政府军进行反恐合作，以提升后者打击境内极端武装势力的能力。对于与利比亚的合作，阿尔及利亚则显得更为谨慎，因为利比亚边境地区的政府军更多具有部落武装性质，在合作过程中，阿尔及利亚政府很难对其进行有效控制。阿利边境长期以来部落武装势力强大，两国都无法对其进行实质性管控，这也导致该地区在近些年成为恐怖分子避难所。对此，阿尔及利亚政府军采取"找一处、灭一处"的做法，这虽然能够对恐怖分子造成打击，但沙漠地区地广人稀、易躲难防，自古以来就是游牧民族逃遁和藏匿的地方，阿尔及利亚政府军根除这些武装势力的目标短期内难以实现。

3. 俄罗斯的地区影响有所上升

2017年，俄罗斯在中东和北非的影响整体上升。这一方面是为了应对来自"伊斯兰国"的威胁，另一方面则是为了维护和扩大在中东地区的战略利益。

在俄罗斯的国际视野中，阿尔及利亚在反恐领域的作用不可小觑，其直接参与了利比亚民族和谈,并在一定程度上主导着和谈进程。随着极端势力和武装派别重心由西亚逐步转向北非(突尼斯、利比亚和马里),阿尔及利亚的防控措施和反恐能力对遏制恐怖行为重要性凸显。因此,俄罗斯在马格里布地区的反恐战略,随着极端武装势力的转移而进行了相应调整。2017年,俄罗斯明显提升了其对马格里布各国的交往频度。为进一步提升阿尔及利亚的反恐能力,俄罗斯还向后者出售了40架Mi-28武装直升机。2015年9月,两国签署了一批新的武器订单,定于2016~2017年为阿尔及利亚提供14架苏30MKA战斗机。① 2016年2月,在俄罗斯外长拉夫罗夫访阿期间,两国还签订了深化双边经济、军事合作的路线图计划。

俄罗斯对阿尔及利亚事务的介入,很大程度上减少了欧洲各国的后顾之忧。这是因为,阿尔及利亚与欧洲均属地中海沿岸国家,可以被看作法国、西班牙和意大利等国的延长线,如果阿尔及利亚爆发内战,大量难民涌向欧洲,很大程度上会造成欧洲各国经济萧条。阿尔及利亚还是欧洲各国油气资源主要提供方,原油储量居非洲第三位,天然气储量居世界第十位,如此体量的油气大国一旦遭遇动荡,对相关贸易方和整个欧洲的经济复苏都会产生巨大负面影响。

总体看,阿尔及利亚反恐斗争任重而道远,东南部的复杂地形,以及邻国恐怖势力渗透,使反恐难度大大增加。俄罗斯在反恐事务上的介入,虽然有利于该地区安全局势缓和,但也使阿尔及利亚在安全方面更多依赖俄罗斯的军力支持。

四 民众"求新""求变"呼声高涨,但社会矛盾并未有效缓解

1. 民生成为经济萧条的直接牺牲品

因国际油价持续走低,与2015年相比,阿尔及利亚2016年的国民生产

---

① "Algeria: Potential Security Challenge in 2017", https://www.strategic-culture.org/news/2017/01/10/algeria-potential-security-challenge-2017.html(上网时间:2017年7月30日)。

总值下跌了22%。阿尔及利亚国民经济体系重心是油气产业，其虽然利润丰厚，但无法提供大量就业岗位，无法满足不同社会群体（尤其是年轻人）需求。目前，阿尔及利亚人口增长率高达25.14%，但除油气产业外，能够提供就业岗位的产业十分有限。同时，阿尔及利亚旅游业日趋萧条。阿尔及利亚旅游资源丰富，拥有大量古罗马和迦太基遗迹、享有温和的地中海气候、绵长的海岸线和理想的地理条件，但安全局势恶化使国外游客望而却步，使该国旅游业收益明显下降。对此，政府并未找到改善局势、解决问题的有效途径，而更多满足于采用"胡萝卜加大棒"的方式维持表面平衡。阿尔及利亚内政部部长努尔丁·巴达维（Noureddine Badawi）表示"对于任何动摇社会安定的企图都将采取严厉手段进行打击"，但在国家政治和经济体制改革方面，政府却未能提出更多方案回应民众的诉求。

对于政府实施的财政紧缩政策，2017年初以来，反对者抗议、示威之声越来越强烈。据2017年2月统计数字，阿尔及利亚国内货币的通胀率为7.6%，随着油气补贴下调，以及由进口紧缩而造成的食品价格上涨，民众不满情绪不断蔓延。近年来，阿尔及利亚失业率一直在10%以上，社会阶层固化现象严重，政府一贯使用"金元内政"政策，即通过直接让利于部分社会群体，换取社会稳定，这一策略在经济不断萧条背景下似乎难以再度奏效。

引发社会矛盾的主要原因，既包括腐败、投资不足、贫富差距过大等长期矛盾，也包括财政赤字不断增加、各地经济发展失衡等新问题。2016年下半年，国际危机组织（International Crisis Group）的一份报告显示，阿尔及利亚民众不断上涨的不满情绪已对社会稳定造成了威胁。

由于历史原因和政府合理应对，阿尔及利亚并未受到"阿拉伯之春"影响，没有出现大规模社会动荡。但不可否认的是，近些年，阿尔及利亚各地小规模抗议和示威事件数量呈上涨趋势，这主要归因于政府与民众对话渠道缺失以及民生维艰。尽管阿尔及利亚政府自2016年起便开始着手政府机构改革，但这些政策并未出现立竿见影的效果。抗议者们要求医疗、教育和政府行政机构进行改革，还要求改革高等院校中教学体制，使民众享有更多言论自由。大部分抗议者为处于社会底层的低收入人群,如果经济形势持续不断下滑的趋势,以及财政压力上涨威胁到社会中产阶级利益,便会有更多民众加入抗议人群,质疑政府的合法性,而布特弗利卡总统任期结束和接班人问题浮出水面之时,很可能成为各种矛盾爆发的突破口。

2. 政府的应对策略

在立法方面,政府通过修宪来满足不同社会群体的诉求(如柏柏人和商人阶层等),以此赢得相应群体的支持,为政府打造更广泛的社会基础。这种做法在"阿拉伯之春"期间曾颇具成效,帮助阿尔及利亚政府在艰难条件下维持社会稳定,并在总统换届期延续社会稳定、保障政权顺利交接。2016年2月,修宪提议再度被提出。改革内容包括:给予议会中各党派更多资助、对柏柏尔语地位予以认可、再度确认"总统任期不可超过两届"等规定。这些改革措施的颁布,具有明显的功利性和目的性,更多是为了在2019年总统大选时争取支持率,而并非满足草根阶层对民主体制的诉求。

在提振民生方面,阿尔及利亚政府大量动用外汇储备对民生部门进行注资,补贴进口食品、创造国有部门的就业岗位、改善住房条件、提高底层居民生活水平,政府期望通过这些民生措施,降低社会动荡的风险。但由于2014年以来国际市场油价持续走低,阿尔及利亚外汇储备已所剩无几。如果民众因社会矛盾长期积聚在各大城市爆发反政府示威,或进行大规模罢工,事情发展主导权就会转向军方,后者会在武力镇压和罢免政府首脑、催生新一轮改革中进行选择,但无论军方选择何种结果,阿尔及利亚都会经历一场较大动荡和转型,其影响深度和广度难以预测。

结　语

总而言之,过去的一年可谓阿尔及利亚全面变革的孕育期,政局不稳定性、经济发展颓势、反恐斗争持续和低效、民众不满情绪累积和"金元内政"难以为继等问题,都使阿尔及利亚政治、经济领域的根本性变革呼之欲出。作为执政二十年的"政治强人",布特弗利卡仍在精心谋划国家的未

来走向。在经济形势下滑背景下,该国能否通过 2019 年总统选举实现权力平稳过渡,从而带动国家经济向好发展,各方均拭目以待。不容忽视的是,在政权实质交接实现之前,阿尔及利亚仍处在脆弱的动态平衡之中,其间发生任何偶发性事件,都可能成为"压死骆驼的最后一根稻草",加速变革进程的到来。

Y.11 2017年利比亚反恐形势评估

唐洺波*

摘　要： 当前，利比亚局势主要有几个特征：政治分裂持续，出现"一国三政府"乱局；安全形势不稳，混战趋缓但军阀割据成型；经济局面严峻，石油增产较为脆弱。在反恐领域，截至2017年秋季，"伊斯兰国"和"基地"等恐怖组织已不再继续在利比亚掌控稳固地盘。利比亚国内的政治势力对反恐并不积极，但希望利用反恐扩大地盘、增强实力，争取外部支持，包括欧美在内的国际反恐联盟势力，片面依赖军事反恐，往往治标不治本。

关键词： 利比亚　反恐形势　军阀割据

一　当前利比亚国内形势

从国家重建角度看，2011年爆发的"阿拉伯之春"实际上在利比亚尚未结束，该国转型步履蹒跚，逐渐形成政治分裂、军阀割据和经济失序局面，为恐怖主义势力长期存在提供了土壤。

（一）政治分裂持续，出现"一国三政府"乱局

2011年利比亚强人政治垮台后，该国久已有之的教俗、部落和城乡矛盾

---

* 唐洺波，中国现代国际关系研究院中东研究所助理研究员，主要研究中东经济、伊拉克、利比亚问题。

迅速爆发，新成立的中央议会和政府对乱局束手无策，国家日趋滑入政治割据、军阀割据的深渊。大体上，利比亚在2011年后经历了两个阶段：2011～2014年是政治过渡逐渐崩溃阶段，中央政府始终未能建立统一的政府军，只能靠向多支民兵和地方武装付薪来维持统治和基本社会治安，国内安全形势逐步恶化，中央政府权威逐步走低。2014年6月，利比亚举行2011年后的第二次大选，世俗主义者取得大胜，掌控了新一届议会"国民代表大会"。原本任期已经结束的老议会"国民大会"中，多数是伊斯兰主义者，他们拒绝解散议会，反而自行在首都的黎波里成立了"救国政府"，因的黎波里位于国土西部，故"国民大会"和"救国政府"又被称为"西部议会"和"西部政府"。新成立的"国民代表大会"被迫迁至东部城市图布鲁克办公，也成立了新政府，被称为"东部议会"和"东部政府"，因其有2014年新一轮大选"认证"，故合法性也得到联合国承认，被视为利比亚的合法代表。利比亚由此出现"两个政府、两个议会"分据东西，出现了实质上的政治分裂。

2015年12月，在联合国、美国和西方联合推动下，利比亚东西两个阵营中的一些人签订了"利比亚政治协议"，商定结束分裂，成立以萨拉杰为首的民族团结政府。然而，原有的东西部议会与政府均继续活动，不仅没有结束"两个议会、两个政府"局面，反而形成"一国三政府"的乱局。① 第一，原本被国际社会寄予厚望的民族团结政府作为有限，尽管获得联合国承认，其理论上是利比亚的合法政府，但利比亚的合法议会"国民代表大会"多次拒绝批准民族团结政府的成员名单，造成了合法政府不被合法议会认可的怪状。民族团结政府理论上获得米苏拉塔民兵的效忠，但实际上，新政府对民兵并无指挥权，其颁布的各种政令多数时间仅为一纸空文。第二，东部议会和政府一直与世俗军阀哈利法·哈夫塔尔结盟，后者的"国民军"势力不断壮大，至2017年底已接近统一东部，在西部也控制不少地盘，甚至反客为主，主导东部议会和政府。第三，西部议会和政府一度在

---

① Mattia Toaldo, Mary Fitzgerald, *A Quick Guide to Libya's Main Players*, European Council on Foreign Affairs Report, December 2016, pp. 2 – 3.

2016 年宣布停止活动,将权力移交给民族团结政府,但很快反悔,目前仍在首都东部地区活动。民族团结政府主要获得美国和西方支持,哈夫塔尔则有埃及、阿联酋和俄罗斯等撑腰,与法国也有反恐合作;而西部议会与政府则与土耳其、卡塔尔等往来密切。从实力和地盘上讲,哈夫塔尔的"国民军"拥有一定优势,但还未到武力统一全国的程度。民族团结政府的影响力局限在西部沿海地区,与其结盟的武装控制了的黎波里-米苏拉特-苏尔特等地。① 西部政府仅在的黎波里东部及其邻近地区进行有限活动。

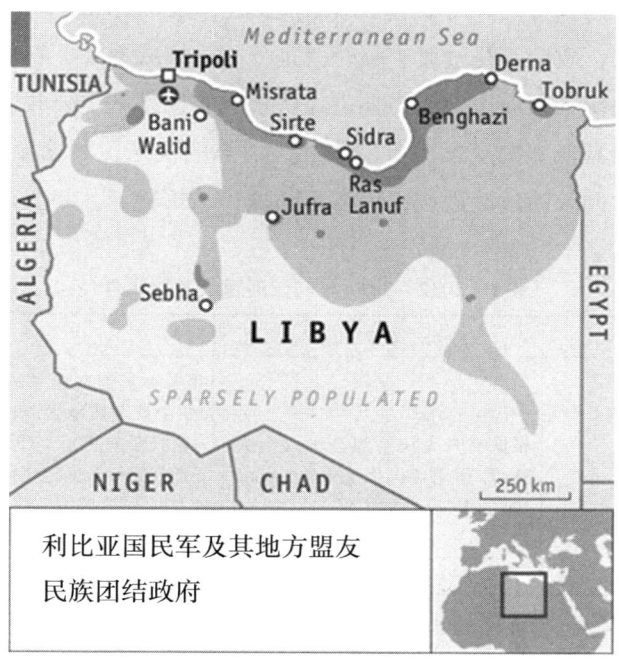

图 1 利比亚哈夫塔尔和民族团结政府控制区
(截至 2017 年 7 月)

注:本图右侧主要是"利比亚国民军"控制地盘,左侧是民族团结政府以及与其结盟的武装控制的地盘。图中并未列明利比亚所有的政治势力和武装组织的地盘,仅供大致参考。

资料来源:美国企业研究所,转引自《经济学家》2017 年 7 月 30 日号。

---

① "Libya's civil war: The increasing heft of General Haftar", *The Economist*, Jul 30th 2017.

在阿联酋和法国的撮合下,哈夫塔尔与萨拉杰曾在2017年两度会面,达成停火、在2018年举行选举等共识,但支持萨拉杰的米苏拉塔民兵敌视哈夫塔尔,而哈本人对选举兴趣有限,实际上希望武力统一全国,成为统治国家的新强人。① 双方立场差距悬殊,会谈取得的成果也没有落实。2017年9月,联合国提出新的三步走计划,提出要修改利比亚政治协议,制定宪法并进行公投、举行议会和总统新大选,但在利比亚遍地民兵、安全形势严峻的情况下,选举能否如期举行仍存在悬念,难保不会走上此前的选举激化而非缓解矛盾、助长分裂而非促进团结的老路。2011年以来,利比亚始终没有制定出宪法,政府不是过渡、临时就是分裂,权威不足,管理国家能力下降,未能组建统一政府军,无力推进经济重建与提供基本公共服务,各类恐怖组织在政治真空和民众不满土壤中壮大。总的说来,利比亚自2011年还未能开启正常的政治过渡进程,仍在不断试错、折腾。

表1 2012~2017年利比亚重大政治事件

时间与标志	事件	影响
2012年7月 首次大选	根据临时宪法组织全国议会大选,称利比亚国民大会(General National Congress,GNC)	40多年来首次选举,投票率超60%;200个议席按地区分配,且仅有80个为党派席位,其余均为独立候选人,埋下了分裂种子;议会中伊斯兰主义者逐步占据优势,临时政府则由世俗主义者主导,双方矛盾激烈,中央政权权威不断走低
2014年6~8月 东西分裂	6月举行第二次大选亦即新议会选举,称国民代表大会(House of Representatives,HoR)。世俗派取得大胜后成立新政府,但伊斯兰主义者主导的老议会和老政府拒绝交权	新大选登记选民和投票者人数大幅下降;老议会和老政府控制首都的黎波里,称西部议会和西部政府,但不受联合国承认;新议会和新政府迁至利东部小城图布鲁克和贝达,称东部议会和东部政府,东部议会一直是联合国承认的合法议会,东部政府在民族团结政府成立前是合法政府

---

① "Will the new peace deal end the conflict in Libya?", *The Economist*, Jul 30th 2017.

续表

时间与标志	事件	影响
2015年12月"利比亚政治协议"签订	在联合国主导下,利比亚东西部议会的一些代表达成"利比亚政治协议"(又称斯希拉特协议,简称LPA),商定结束分裂,成立民族团结政府(Government of National Accord, GNA)	2016年1月民族团结政府成立,3月以法伊兹·萨拉杰为首的民族团结政府到达首都的黎波里,但原西部政府"救国政府"和东部政府均在继续活动,利比亚出现"一国三政府"乱局
2017年9月联合国宣布新行动计划	联合国退出新三步走计划,分别为修改利比亚政治协议、制定宪法并进行公投、举行新的议会和总统大选	利比亚政治协议的有效期到2017年12月底结束,但国内各方就如何修改协议还缺乏普遍共识

资料来源：作者根据美国国会研究中心2017年10月报告"Libya: Transition and U.S. Policy"整理。Christopher M. Blanchard, "Libya: Transition and U. S. Policy", U. S. Congressional Research Service Report, October 2, 2017, pp. 4 – 8.

（二）安全形势不稳，混战趋缓但军阀割据成型

在2011年内战中，利比亚涌现出众多武装组织，它们分别以地域、宗教和部落为基础，意识形态形形色色，有保守乃至激进的萨拉菲派，有温和的伊斯兰主义者，也有强硬的世俗派。它们不同程度参与了推翻卡扎菲政权斗争，并缴获大量属原政权的武器装备，吸引变节者和平民参加，因此实力逐渐壮大。同时，2011年后的历届利比亚政府，没有有足够权威和精力建立政府军，为维护统治和基本社会治安，只能采取向各类民兵武装支付薪水，雇佣其充当保镖的做法，结果这些武装组织获得"合法认证"和政府资金，更加尾大不掉。[1] 当前，利比亚安全形势因此产生多重不利影响。

首先，武装组织桀骜不驯，损害了政府的权威，形成恶性循环。2013年4月，部分武装组织曾占领或围困外交部、司法部大楼，要求议会通过"政治隔离法"，禁止曾在卡扎菲政权任职者参政。10月，由利比亚内政部

---

[1] https://www.foreignaffairs.com/articles/north – africa/2014 – 07 – 28/libya – brink （上网日期：2017年10月6日）。

雇佣的民兵绑架了临时政府总理,此举堪称世界奇闻。在这种情况下,临时政府几乎难以正常运转,更无暇顾及组建政府军。例如,美、英、意大利和土耳其都曾帮助利比亚训练新军,但临时政府遴选兵员和整编学成人员的能力实在太弱,造成学员不足,而且,有的新兵结束训练后发现没有"政府军"可以接收,只能转而加入武装组织。这种恶性循环的另一种表现形式,就是因政府无法保护平民,平民只能求助于各类武装,有时甚至加强了它们的合法性。像军阀哈夫塔尔起兵的旗号除了反恐,就是认为政府无能、应由自己接管国家。

其次,各武装组织为争权夺利经常大打出手,导致安全形势全面恶化。争夺的重点一般是油田、油港和关键基础设施。例如,2014年7月起,津坦民兵和米苏拉塔民兵为争夺的黎波里机场控制权爆发激烈冲突,战火遍及整个首都,外国使馆纷纷撤离,利比亚因此陷入2011年后的"二次内战"。① 有的武装组织直接参与武装抢劫、绑架、勒索等有组织犯罪活动,造成社会治安日趋败坏。

2017年在多轮混战和频繁的分化改组后,现有的利比亚各支武装呈现"两大多小"格局。最强的两支武装分别是世俗军阀哈夫塔尔领导的"利比亚国民军"(Libyan National Army,LNA)和以米苏拉塔民兵为主体的"坚固基础军"(Bunyan al Marsous,BAM)。"利比亚国民军"控制了东部大片地盘,其指挥官哈夫塔尔被东部议会封为元帅,高举"反恐"大旗,敌视伊斯兰势力,在2017年将"基地"在利比亚分支"伊斯兰教法支持者"赶出班加西、德尔纳等城市,获得不少世俗主义者的支持。米苏拉塔民兵则依托利比亚第三大城市和西部重镇米苏拉塔(该国受影响最小地区之一,社会秩序基本正常),有较强的伊斯兰倾向,曾经是西部议会的盟友,后来宣布支持民族团结政府,是从"伊斯兰国"手中收复苏尔特的主力。

其他武装组织虽数量众多,但实力远不如前两者,有的逐渐选择倒向一

---

① David D. Kirkpatrick, "Strife in Libya Could Presage Long Civil War", *The New York Times*, August 24 2014.

方，有的则仍保有独立性（具体情况参见表2）。当前，利比亚的冲突烈度有了一定程度的缓和，"利比亚国民军"和米苏塔拉民兵基本形成较为稳定的军阀割据，这无疑加大了该国建立统一政府军并由其有效控制国土和边境的难度。因此即便恐怖组织已不再能控制领土，却可以轻易潜伏至城市或偏远的南部沙漠地区，伺机卷土重来。

表2 利比亚主要武装组织联盟情况概览

名称	主要领导人	主要主张	盟友	根据地	实力评估	外部支持者
利比亚国民军（Libyan National Army, LNA）	哈利法·哈夫塔尔	控制利比亚全国，确保该国为世俗国家	东部政府；西部津坦民兵	东部城市班加西、图卜鲁格等地	拥有空军和重武器，主力为部分前政府军，兵力约6000人	埃及、海湾国家、法国
坚固结构军（Bunyan al Marsous, BAM）	艾哈迈德·马蒂奇；萨拉赫·巴迪等	伊斯兰色彩较浓厚；反对哈夫塔尔；大部原属于"利比亚黎明"	民族团结政府	中部城市米苏拉塔	核心的米苏拉特民兵是该国最强民兵武装，人数估计有数千到数万不等	在打击"伊斯兰国"时获欧美支持
班加西保卫军（Benghazi Defense Brigade, BDB）	萨迪克·盖里亚尼（利比亚大穆夫提）	伊斯兰色彩浓厚，部分成员来自"伊斯兰教法支持者"，被沙特等国认定为恐怖组织	西部政府（又称"救国政府"）	班加西、的黎波里	数千人，少量重武器	卡塔尔、土耳其
石油设施卫队（Petroleum Facilities Guard, PFG）	易卜拉欣·贾兰	世俗倾向武装，同时与"利比亚国民军"和米苏拉塔民兵敌对	在各方间摇摆	拉斯拉努夫、锡德拉等油港	数千人，2016年后该部队发生分裂，多数人向哈夫塔尔效忠，少数仍忠于贾兰	因占领油港、阻止利比亚石油出口而受到广泛国际批评

资料来源：日内瓦国际人道主义法律和人权学院2017年6月报告（注：武装团体不包括"伊斯兰国"等恐怖组织）。
Libya: A Short Guide to the Conflict, Geneva Academy of International Humanitarian Law and Human Rights, War report 2017, June 2017, pp. 6 - 8.

（三）经济局面严峻，石油增产较为脆弱

利比亚近期经济形势好转，但总体形势依然严峻。一方面，石油产量回升较为脆弱，前景不明。利比亚经济高度依赖油气产业，特别是石油出口。2013年该国石油产量曾恢复到每日150万桶，接近2011年前水平，但由于武装组织封锁油港，企图借此向政府争取更多特权，该国2013年后石油产量锐减，一度不足每日30万桶，刚好错过2013～2014年秋的高油价时期。2016年9月，哈夫塔尔麾下的"利比亚国民军"夺回油港控制权，并将其移交给国家石油公司，利比亚石油产量随后明显回升，至2017年秋已达到每日90万桶左右（见图2）。

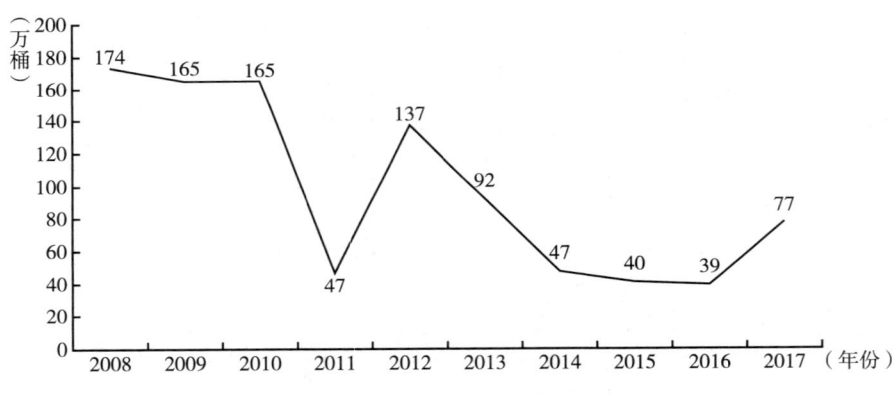

图2　利比亚2008～2017年年均原油产量

注：2017年为1～10月平均数字，2017年10月利比亚石油产量已回升到每日90万桶左右。
资料来源：美国能源署月度能源回顾，2017年12月。
Monthly Energy Review December 2017, U. S. Energy Information Administration, December 2017, p. 172.

但由于安全形势动荡、油气产业缺乏必要投资，外界并不看好该国的石油增产前景，宏观经济也难获有效支撑。① 根据国际货币基金组织2017年

---

① *Libya: Amid Political Limbo, Time to Rescue the Economy*, International Crisis Group Watch List 2017 Report, February 2017.

10月的预测，利比亚的 GDP 增长在 2016 年的较低水平的基础上，能在 2017~2018 年取得很快增长，但 2019 年后会迅速降低（见图3）。

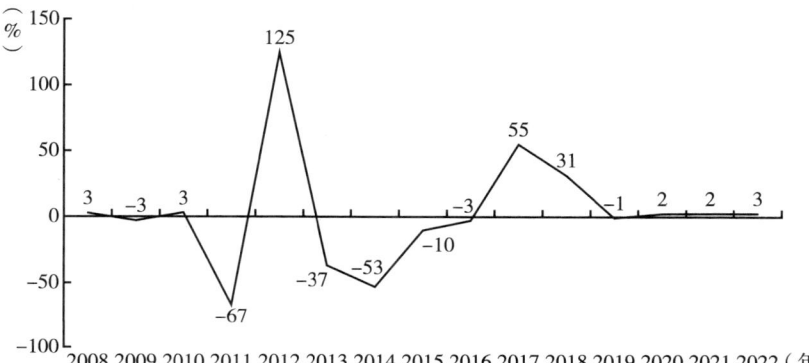

图3 利比亚 2008~2022 年经济增长率（含预测）

资料来源：国际货币基金组织世界经济展望数据库，2017年10月更新。

另一方面，该国财政混乱，赤字高企，经济管理混乱。由于没有能正常运行的政府，利比亚当前的公共财政模式，是国家石油公司将油气出口收入转移给该国中央银行，央行则向各个政府的雇员付薪（利比亚 70%~85% 的劳动力由政府雇佣），并对食品和燃料价格进行补贴。由于收不抵支，财政赤字不断膨胀，截至 2016 年，财政赤字已高达 GDP 的 50%，迫使央行动用外汇储备填补。从 2012 年至 2016 年底，该国外汇储备已从 1186 亿美元下降至 660 亿美元，有"坐吃山空"的危险，货币也大幅贬值，① 依赖进口的粮食和日用品价格则不断上涨。由于物价上涨、黑市盛行、民众对银行体系不信任等，利比亚出现了罕见的现钞短缺，商业活动大受影响。央行只能勉强维持基本支出，其他负有经济管理职能的政府部门几乎难以正常运转，很难进行必要的基础设施投资和维护，更无力重建毁于历次战火的城镇，导

---

① 利比亚官方货币是第纳尔，官方汇率一直稳定在 1 美元兑换 1.4 第纳尔左右，但黑市价格在 2017 年已高达 1:8 到 1:9，参见 https://www.reuters.com/article/libya-currency/libyan-dinar-drops-to-record-lows-on-black-market-idUSL8N1HI486（上网日期：2017 年 11 月 5 日）。

致该国多数地区经常停电停水，居民生活水平大幅下降，社会不满情绪高涨。一部分人因此被迫加入民兵和犯罪组织，极端思想和恐怖组织也因此更具吸引力。

（四）小结

2011年以来，利比亚大体经过了三个阶段。第一阶段是2011~2014年年中，起自政权更迭、卡扎菲殒命，结束于"二次内战"和东西分裂。这段时间的政治过渡与经济重建并不顺利，最终趋于崩溃。第二阶段大致结束于2016年底"伊斯兰国"被赶出苏尔特。这段时期武装组织混战，恐怖组织肆虐，是2011年后最黑暗的时期。第三阶段则是2017年以来，恐怖组织基本失去了所有地盘，转入分散和蛰伏状态。随着石油产量回升、大规模冲突暂告段落，该国整体形势有所好转。

需要强调的是，利比亚的恐怖主义并不是仅从2011年后的乱局得到滋养。该国一直以来存在的地区矛盾（西部、东部和南部）、民族矛盾（阿马齐格、图阿雷格和图布等少数民族）和部落纽带高于国家忠诚的传统，都间接助长了利比亚的混乱和恐情。特别是在卡扎菲统治的40余年中，一些人将宗教组织作为反政府的平台，并在与政权的对抗中逐步激进化，成为该国恐怖主义的最初源流，这也与北非的埃及、突尼斯、阿尔及利亚等国情况类似。① 在国外，利比亚为20世纪80年代的阿富汗战争、21世纪初的伊拉克战争和2011年后的叙利亚—伊拉克内战输送了三代"圣战"分子，该国因此与国际恐怖组织网络建立了密切的联系，从上述战场回国的人也成为该国恐怖势力的中坚力量。

二 主要恐怖组织势力和反恐情况

截至2017年秋季，"伊斯兰国"和"基地"等恐怖组织已不再继续在

---

① Arturo Varvelli ed., *Jihadist Hotbeds: Understanding Local Radicalization Processes*, Italian Institute for International Political Studies, 2016, pp. 93-106.

利比亚掌控稳固地盘，开始化整为零，潜伏在城市或撤退至该国人烟稀少的南部地区，另一部分则开始频繁分化组合。利比亚国内的政治势力对反恐并不积极，但希望利用反恐扩大地盘、增强实力，争取外部支持，包括欧美在内的国际反恐联盟势力，片面依赖军事反恐，往往治标不治本。

（一）"伊斯兰国"利比亚分支的崛起、遇挫与潜伏

自2014年6月攻占伊拉克第二大城市摩苏尔后，"伊斯兰国"迅速成为国际恐怖势力中的领头羊，除了在其核心领地伊拉克、叙利亚占据大片地盘外，该组织很快便开始向利比亚渗透。2014年5月，哈夫塔尔发动"尊严运动"，开始武力打击该国东部的伊斯兰分子，有近500名以利比亚籍为主的"伊斯兰国"战士以回国助拳、反击哈夫塔尔为由，从伊叙回窜到利比亚的班加西、德尔纳等地，开始蓄谋夺取地盘，建立"政权"。2014年10月，"伊斯兰国"控制了利比亚东部港口城市德尔纳（人口约8万），当年年底又攻占了卡扎菲家乡苏尔特（人口约10万），以摩苏尔、拉卡等地为样板建立严酷统治，对平民社会生活进行严苛限制，同时征收税款、扩充兵员。根据"伊斯兰国"的规划，将把整个利比亚纳入其版图，建立三个省级行政区，分别是西部的塔拉布鲁斯（Wilayah Tarabalus，为的黎波里的阿拉伯语旧名），东部的巴恰（Wilayah Barqa）和西南的费赞（Wilayah Fezzan）。在袭击目标上，"伊斯兰国"利比亚分支在初期重点攻击外国目标，2015年曾以炸弹袭击的黎波里五星级酒店，也曾绑架意大利等石油工人和斩首埃及科普特基督徒，意在提高曝光度，借机吸引更多人员和资源。据美国军方估计，2014年"伊斯兰国"在利比亚仅有800~1000人，2015年底已有3500人，2016年最高峰时达到6000人，① 其中，除了回流者和在当地招募的新成员外，也有大量来自突尼斯等国的外籍"圣战"者。

当时，利比亚是"伊斯兰国"除了伊拉克、叙利亚核心区外，唯一能

---

① Christopher M. Blanchard, Carla E. Humud, *The Islamic State and U. S. Policy*, Congressional Research Service Report, February 2 2017, pp. 22 – 23.

较稳定控制根据地的国家,是该组织的"第三据点"和势力最强的分支。而且,"伊斯兰国"也大有将利比亚发展成北非乃至整个非洲暴恐活动大后方的势头,这突出表现为在利比亚设立恐怖分子训练营,将暴恐人员和所需武器弹药一道向外扩散。例如,近年来在埃及西奈半岛迅速崛起的"耶路撒冷支持者"(Ansar Bait al-Maqdis)和在尼日利亚绑架数百女学生的"博科圣地"(Boko Haram),都曾从利比亚"伊斯兰国"处获得人员和武器支援。这两个组织此前已分别是埃及和尼日利亚最大的恐怖组织,后来还宣誓效忠"伊斯兰国",成为后者的"西奈行省"和"西非行省",或许也与它们从利比亚得到的支持有关。而2015年发生在突尼斯的博物馆与海滩枪击恐袭案,实施者曾在利比亚受训,主事者也被认为长期在利潜藏。同时,利比亚分支也容纳了整个阿拉伯世界特别是北非的大量外籍恐怖分子。米苏拉塔民兵的领导人曾估计,"伊斯兰国"在苏尔特的作战人员中大约有70%是外国人。

"伊斯兰国"2014~2016年在利比亚的迅速崛起原因复杂,除上文已经分析过的该国的无政府状态与经济困境外,也有该组织自身优势的成分。

首先,充分利用了利比亚本土的情势。该组织在利比亚选择的最初落脚点德尔纳是著名的"圣战"之地。这座城市位于利东部地中海海滨,长期受卡扎菲政权歧视,自20世纪90年代起就是老牌极端组织"利比亚伊斯兰战斗团"(Libyan Islamic Fighting Group)的重要据点,也是全球以人口比例计算向外输出"圣战"者最多的城市,① 本身较为容易接收激进意识形态。而"伊斯兰国"从伊拉克、叙利亚回流的部分战斗人员原籍德尔纳,本身熟悉当地情况,可以更好利用德尔纳的"圣战"传统。苏尔特的情况也有类似之处,该地是卡扎菲的故乡,在2011年前备受优待,后来却遭到新秩序的排挤,对现状较为不满,相对更可能建立"伊斯兰国"统治。

---

① "Mosul on the Mediterranean? The Islamic State in Libya and U. S. Counterterrorism Dilemmas",http://carnegieendowment.org/2014/12/17/mosul-on-mediterranean-islamic-state-in-libya-and-u.s.-counterterrorism-dilemmas-pub-57532(上网日期:2017年10月31日)。

其次,"伊斯兰国"在利比亚立足之初采取的"极端分子回流+核心遥控指挥"模式有助于迅速扩张。回流的极端分子经过伊叙战争的洗礼,经验丰富,手段残忍,能较快打开局面,而组织头目巴格达迪看中利比亚的潜力,还派遣阿布·巴拉·阿兹迪等心腹赴利指导,提高了当地恐怖势力的指挥、行动与宣传水平。2015年2月,利比亚"伊斯兰国"分支曾公布处决21名埃及基督徒的视频,风格与此前伊叙等地类似,显示了利比亚分支与组织核心的密切联系。①

最后,"伊斯兰国"国际恐怖主义领头羊的地位,以及对社交媒体的熟练运用,也有助于吸引利比亚国内以及外籍"圣战"者归附。其人员规模的迅速扩大,得益于大批原属"基地"与其他本土恐怖组织的"圣战"者前来投奔。

但正是因树大招风和毫不收敛,"伊斯兰国"在利比亚的扩张迅速遭到了本土阻击和外国空袭。2016年,该组织被亲"基地"的武装势力赶出了其最初据点德尔纳。从2017年起,它在苏尔特遭到了米苏拉塔民兵的进攻,并在美国空袭的打击下,最终于2016年12月被彻底赶出苏尔特,失去了在利比亚的大本营。至此,"伊斯兰国"在利遭遇重大挫败,不再能够稳定控制城镇作为地盘。麾下武装人员减少到约500人,比巅峰期缩水九成以上,被迫退至的黎波里东南山区和沙漠边缘的一些村落落脚。② 2017年1月和9月,美国曾分别对苏尔特西南50公里、东南250公里的两处"伊斯兰国"营地进行空袭,各打死了80名和17名恐怖分子,但从侧面显示出"伊斯兰国"仍能继续维持恐怖分子训练营。③

同时,"伊斯兰国"也屡屡在各地发动袭击,其中影响力较大的包括2017年8月在利比亚中南部的朱夫拉省袭击"利比亚国民军"检查站,将

---

① David Kirkpatrick, Rukmini Callimachi, "Islamic State Video Shows Beheadings of Egyptian Christians in Libya", *The New York Times*, February 16, 2015.
② "Islamic State in Libya: Down but not out", *The Economist*, May 27th 2017.
③ "U.S. drone strikes kill 17 Islamic State fighters in Libya, military says", *The Washington Post*, September 24, 2017.

9名士兵和2名平民斩首;10月袭击西北沿海城市米苏拉塔的法院,造成4人死亡、超过40人受伤,① 显示了"伊斯兰国"在利比亚仍然拥有一定的行动能力。

(二)"基地"组织在利比亚的本土化、去中心化和长期化运营

"基地"组织在利比亚的风头一度被"伊斯兰国"掩盖,但实际上它的历史要比后者来得悠久,韧性也更足。为了避免遭到打击,"基地"组织从未像"伊斯兰国"那样成立正式的利比亚分支,而是建立更具有本地特色、自主程度更高的组织,而且这些组织甚至会否认与"基地"组织存在关联,但由于与"基地"间密切的人员、资金和行动协调的流向,它们仍被视为"基地"在利比亚的分支机构。2011年前,"基地"在利比亚的主要代表是"利比亚伊斯兰战斗团"(Libya Islamic Fighting Group, LIFG),但该组织在原卡扎菲政权的打压下转入地下。2011年后,"基地"组织派员重组了原"利比亚伊斯兰战斗团"的势力,新建"伊斯兰教法辅士"(Ansar al-Sharia),② 并且参与了推翻卡扎菲的武装斗争。随后,该组织以班加西为主要据点,在2011年后的无政府状态中,为平民提供部分公共服务并参与慈善活动,包括道路清扫、治安巡逻、开办诊所、开设宗教学校等,获得不少当地人的欢迎。隶属于该组织的一些武装人员因为参与维护社会治安,还可以从利比亚过渡政府那里支领薪水。总之,来自官方的拨款、地方的捐助和收入以及参与人口武器走私等冲突经济,为该组织提供了相对稳定的财源,在高峰期,该组织自称拥有12000名战士,但外界评估的数字为数百到几千

---

① "In retreat, IS takes advantage of Libya's political divide", http://www.al-monitor.com/pulse/originals/2017/12/libya-islamic-state-attacks-rival-parties.html#ixzz52dN91UHV"(上网日期:2017年12月22日)。
② 中文中对该组织还有安萨尔旅、伊斯兰教法潜信者、伊斯兰教法支持者等多种译法,该组织原名中Sharia指沙里亚法,即伊斯兰教法,Ansar专指先知穆罕默德率众迁徙后,在麦地那支持他的人,一般译作"辅士",与来自麦加追随先知的"迁士"相对应,但"辅士"经常被直译为"支持者"。由于突尼斯有一个同名恐怖组织,为了区别,"伊斯兰教法辅士"的英文时常被写作Ansar al-Sharia in Libya,简称ASL,突尼斯的则相应被写作AST。ASL和AST均被视为附属于"基地"组织。

不等。①

"伊斯兰教法辅士"与"基地"一脉相承，同样表现了强烈的反西方倾向。2012年9月，该组织参与袭击美国驻班加西总领馆，打死了时任美国驻利比亚大使克里斯·史蒂文斯等4名美国人，制造了轰动一时的"班加西事件"。这一事件极大地提升了该组织的知名度和曝光率，但也招致美国的重点报复。2013~2014年，该组织的重要头目如阿布·阿纳斯·利比（Abu Anas al-Libi）和艾哈迈德·阿布·哈特拉（Ahmed Abu Khattala）等人，均被美国特种部队活捉，最终绑至美国受审。2014年5月，哈夫塔尔以该组织为主要目标发动"尊严运动"，对其形成重创，"伊斯兰教法辅士"的头号头目穆罕默德·扎哈维（Mohamed al-Zahawi）便于2015年1月死于与亲哈夫塔尔势力的冲突。② 此外，"伊斯兰国"2014年在利比亚崛起后，吸引了一些原属"伊斯兰教法辅士"的武装人员归附，致使后者实力受损。

从2014年起，"伊斯兰教法辅士"为减轻来自哈夫塔尔和"伊斯兰国"的双重压力，采取了一些防守反击策略。一是扩展地域，保持"去中心化"的组织模式。由于在老巢班加西遭到较大阻力，该组织便设法向德尔纳、苏尔特、艾季达比耶等地扩展，但各地分支在建立以后，与中央组织的联系并不密切，活动的自主性很高。例如，在美国国务院认定的外国恐怖组织中，"班加西伊斯兰教法辅士"和"德尔纳伊斯兰教法辅士"就被认定为两个分立的组织。二是灵活选择对"伊斯兰国"的态度。"伊斯兰教法辅士"的多数核心头目反对向"伊斯兰国"效忠，但地方分支出于实际利益考虑，对"伊斯兰国"势力有时斗争，有时合作。如"伊斯兰教法辅士"曾参与将"伊斯兰国"赶出德尔纳，在苏尔特却与后者进行合作。三是与众多目标相仿的组织结盟并成立新组织，借助新组织的名号掩盖行踪。"伊斯兰

---

① Aaron Zelin, "The Terrorist Threat in North Africa, Before and After Beghazi", Written Testimony before House Committee on Foreign Affairs, Subcommittee on Terrorism, Nonproliferation, and Trade and the Subcommittee on the Middle East and North Africa, July 10, 2013, p. 2.
② "Libya's Ansar al-Sharia leader dies months after ambush", http：//www.aljazeera.com/news/middleeast/2015/01/libya-ansar-al-sharia-leader-dies-months-ambush-150123163424890.html（上网时间：2017年11月25日）。

教法辅士"在班加西就加入了"班加西革命协商委员会"（Benghazi Revolutionaries Shura Council, BRSC），在德尔纳则成为"德尔纳圣战者协商委员会"（Mujahideen Shura Council of Derna, MSCD）的一部分。① 这两个新组织以在当地建立伊斯兰教法统治、抵抗哈夫塔尔的"利比亚国民军"进攻为共同目标，吸引了一些地方温和伊斯兰武装势力加盟。

2017年，"利比亚国民军"逐渐在利比亚东部占据上风，"伊斯兰教法辅士"的势力则被逐步赶出班加西、德尔纳等地，行事日趋低调，甚至在2017年5月宣布，由于领导层和武装人员损失严重，该组织即日起自行解散。但与该组织关系密切的"德尔纳圣战者协商委员会"仍在继续活动，只是复制了该组织常用的改头换面策略而已。与"伊斯兰国"相比，"伊斯兰教法辅士"脱胎于"基地"，本身与利比亚的"圣战"者传统渊源要深得多；因为参与2011年革命、参与慈善和注重拉拢本地武装，培养了深厚的群众基础；较早在国内外压力下，采取了分散实力、去中心化发展的路径；"基地"组织在马格里布和萨赫勒等地仍十分活跃，可与利比亚的"基地"潜伏势力互为奥援。可以说"基地"组织风头虽未必比得上"伊斯兰国"，但其韧性只怕会有过之而无不及。

（三）利比亚反恐：欧美避重就轻，国内重视有限

利比亚的反恐有非常明显的两层分野，对反恐更积极的往往是以欧美为代表的外国势力，但外部势力在利比亚反恐有时有避重就轻之嫌，即在军事上努力且成功去除了"伊斯兰国""基地"等恐怖组织的枝干，但在政治经济上稳定利比亚形势、去除恐怖主义土壤上成果有限。利比亚本土势力很少真心将反恐视为当务之急，他们反恐的目的一是要争取外援，获得国际认可与支持；二是因为利益和地盘恰好受到恐怖势力威胁，所以更多时候是打着反恐旗号争权夺利。

---

① Emily Estelle, *A Strategy for Success in Libya*, American Enterprise Institute Report, November 2017, pp. 76 – 80.

美欧之间以及欧洲内部之间存在重大分歧。美国曾将 2011 年推翻卡扎菲视为"干预的典范",在没有派遣地面部队和长期驻军的情况下就推翻了卡扎菲政权。① 但利比亚之后的混乱局面令美国始料未及,先是 2012 年驻利大使史蒂文斯被杀的"班加西事件",极大震撼了美国政界,随后是利比亚爆发"二次内战",迅速沦为"失败国家",到 2016 年 4 月,美国总统奥巴马已将没有为干涉利比亚准备后续计划称为任内最大错误。②

从 2012 年起,在对利比亚的整体政治安全形势明显无能为力的情况下,美国开始将注意力集中到反恐方面。2012~2014 年,美国的反恐重点是"复仇",主要表现为以特种部队突击和空袭等形式,对涉嫌杀害美国驻利大使的"伊斯兰教法辅士"和其他"基地"组织头目进行斩首行动。但这些行动明显涉嫌损害利比亚主权,削弱了本就脆弱的利比亚中央政府合法性。2013 年 10 月,时任利过渡政府总理扎伊丹被一度由政府雇佣的本国伊斯兰武装绑架,导火索即是因为这些武装不满扎伊丹同意美国派特种部队逮捕"基地"组织头目利比。

2014 年后,美国在中东的反恐重心转向打击"伊斯兰国",由于在利比亚本土缺乏反恐盟友,美国只对"伊斯兰国"利比亚分支进行过两次空袭,分别是针对其伊拉克籍的头目和恐怖分子训练营。③ 直到 2016 年 8 月,在米苏拉塔民兵从地面进攻"伊斯兰国"后,美国才一改零敲碎打的空袭模式,由美国非洲司令部启动代号为"奥德赛闪电"的连续空袭。至 2016 年 12 月,美国一共在苏尔特附近执行了近 500 次空袭,对将"伊斯兰国"逐出苏尔特起到重要作用。

2017 年特朗普上台后,美国对利比亚的兴趣明显下降。1 月,特朗普签署禁令,停止接受包括利比亚在内的多个伊斯兰国家的难民并暂停签证。4

---

① Alan J. Kuperman, "*Obama's Libya Debacle: How a Well-Meaning Intervention Ended in Failure*", Foreign Affairs, March/April 2015 Issue, p. 66.
② "President Obama: Libya aftermath 'worst mistake' of presidency", http://www.bbc.co.uk/news/world-us-canada-36013703(上网日期:2017 年 11 月 30 日)。
③ "U. S. airstrike kills at least 41 at ISIS base in Libya", *The New York Times*, February 20, 2016.

月,他公开表示美国在利比亚的作用仅限于击败"伊斯兰国"。① 9月,特朗普下令轰炸苏尔特东南150公里处的"伊斯兰国"沙漠营地,是其任内首次下令对利比亚进行空袭。整体上,特朗普希望减少美国在利比亚的反恐投入,只要不是恐怖组织控制了城镇据点或训练营,从而能够为恐怖分子提供安全庇护所,特朗普就无意在利比亚增加军事投入。②

相比美国,欧洲应对利比亚恐情的心态要迫切得多。除海外利益受冲击和本土遭恐袭威胁增大外,自2015年夏起,急剧恶化的难民或者说移民危机,已经开始深刻影响欧洲内政,甚至到了左右选情和政府更迭的程度。鉴于利比亚是这些难民主要出发地点之一,推动利比亚实现最低限度上的稳定以阻遏移民,便成了欧洲的当务之急。因此,比起美国将重点完全聚焦于狭义上的军事"打恐",欧洲出于利益保护和军事实力不足的考虑,更强调政治"反恐"。③ 从时间的纵向维度上看,2015年移民危机爆发以前,欧洲对利比亚的关注相当有限。2015~2016年末,欧洲在利的干预重点是借助联合国,推动利成立民族团结政府,寄希望于统一的利比亚政府能有效反恐,并稳定利比亚局势。同期,欧洲也采取了谨慎而有限的军事行动。如意大利曾被传向利比亚派遣5000名军事人员用于反恐,但政府最终辟谣表示并无类似计划。英法则被传部署了少量特种部队,用于搜集反恐情报,为地方反恐武装提供反恐支援。进入2017年后,随着"伊斯兰国"进入潜伏期,欧洲对利比亚反恐的关注度进一步下降。2月,意大利和利比亚民族团结政府达成关于移民的备忘录,规定由意方提供训练和资金,支持利比亚海岸警卫队截获地中海上的偷渡船,将船上难民与非法移民送回利比亚。

---

① https://www.reuters.com/article/us-usa-trump-libya/trump-says-only-role-for-u-s-in-libya-is-defeating-islamic-state-idUSKBN17M2OC(上网日期:2017年11月20日)。

② Ben Fishman, *The Trump Administration and Libya: The Necessity for Engagement*, The Washington Institute for Near East Policy Note 40, 2017.

③ Mattia Toaldo, "Europe: Carving Out a New Role" in Karim Mezran, Arturo Varvelli ed. *Foreign Actors in Libya's Crisis*, Milano: Ledizioni LediPublishing, 2017, pp. 57–72.

这一协议明显减少了从利比亚前往欧洲的移民，但却是以牺牲利比亚的长远稳定和为恐怖主义提供新的土壤为代价的。首先，利比亚民族团结政府在意大利支持下，直接付钱给人口走私集团和地方武装，好让他们停止组织移民偷渡。① 但这些走私集团和地方武装桀骜不驯，且本身就与恐怖组织有千丝万缕联系，在靠政府拨款坐大后，未来摇身一变就可成为新型恐怖组织。其次，大量被从地中海拦截的非法移民都被关押进拘留中心，生存环境恶劣，有的人甚至被拘留中心的管理人员标价 400 美元，作为奴隶拍卖，酿成了现代版奴隶贸易的悲剧。这些受影响者在登陆欧洲美梦破灭，自身又遭到残忍对待情况下，更容易接受极端思想洗礼。最后，欧洲内部分裂长远看不利于利比亚反恐。最典型的就是在反恐和稳定利比亚上，意大利和法国选择了不同的路径和盟友。意大利强调支持联合国支持的民族团结政府，法国则始终重视与哈夫塔尔及其"国民军"合作。这种"各唱各调"的做法，对欧洲在利比亚反恐上的努力也起到负面作用。

其他外部力量则大体可分为两个阵营。首先是受利比亚恐怖势力直接冲击的埃及、阿尔及利亚和突尼斯等邻国。埃及有百万计的劳工在利比亚就业，也有公民被"伊斯兰国"高调斩首。因此，埃及自 2015 年后就多次对"伊斯兰国"进行直接空袭。由于敌视政治伊斯兰运动，埃及将利比亚的伊斯兰武装势力一概视为恐怖分子，并且在立场相近的阿联酋的支持下，多次派出空军协助哈夫塔尔的"国民军"打击伊斯兰势力。阿尔及利亚和突尼斯则努力防止更多在利比亚受训的恐怖分子潜入本国犯案，但与埃及和哈夫塔尔站在一起不同，两国与利国内各个势力都保持了良好关系，并避免直接军事介入。② 另一个阵营积极插手利比亚内政，但对反恐基本上没有兴趣。俄罗斯主要支持哈夫塔尔和东部政府，但主要诉求是扩

---

① "Quick Fixes Won't Block Libya's People Smugglers for Long", https://www.crisisgroup.org/middle-east-north-africa/north-africa/libya/quick-fixes-wont-block-libyas-people-smugglers-long（上网日期：2017 年 11 月 27 日）。
② Tarek Megerisi., "Egypt, Algeria, Tunisia. Neighboring States-Diverging Approaches" in Karim Mezran, Arturo Varvelli ed. *Foreign Actors in Libya's Crisis*, Milano: Ledizioni LediPublishing, 2017, pp. 23 – 40.

大在能源方面利益并且获得加西附近海军基地的使用权。而土耳其、卡塔尔则一直支持利比亚的政治伊斯兰势力，因此多次被利比亚的世俗派指责为支持恐怖主义。

利比亚恐怖组织暂时衰落的主要原因仍源自内部。"伊斯兰国"在利比亚尽管发展迅速，但速度并不如在伊拉克、叙利亚那样惊人，① 主要原因即利比亚穆斯林基本上全部是逊尼派，使该组织无法像在伊叙那样利用逊尼派、什叶派间的教派矛盾坐大。② 而且，该组织大量招募外籍"圣战"者和残忍的行事作风，遭到本土恐怖组织不满。正是因为"伊斯兰国"杀死多名地方武装领袖，引发众怒，才被"基地"组织领衔的"德尔纳圣战者协商委员会"逐出德尔纳。③ 米苏拉塔民兵在付出重大伤亡后，也将"伊斯兰国"势力逐出苏尔特。其一，米苏拉塔在地理上邻近苏尔特，受到"伊斯兰国"潜在扩张的直接威胁，为除后患有必要先发制人。其二，米苏拉塔希望借反击"伊斯兰国"打压苏尔特地方势力，因为米苏拉塔民兵是当年反卡扎菲军队主力，而苏尔特则是卡扎菲老家，两地部落与武装都素有心结。其三，米苏拉塔民兵有亲伊斯兰倾向，曾支持不受国际社会承认的西部政府，其部分领导人甚至为此遭到欧洲制裁。2016 年后，米苏拉塔民兵转向与民族团结政府结盟，并视打击"伊斯兰国"为获取国际支持、提升国内地位的有效途径。④

"基地"组织与"伊斯兰国"略有不同，由于扎根地方的策略，其在利分支"伊斯兰教法辅士"并没有遭到地方伊斯兰武装的挑战，但该组织主要在利比亚东部活动，与哈夫塔尔的"国民军"地盘重叠。哈夫塔尔是强硬的世俗主义者，凭借"国民军"的强大兵力，对"基地"进行了有效打

---

① "Splitting the Islamists: The Islamic State's Creeping Advance in Libya", http://carnegie-mec.org/diwan/60447?lang=en（上网日期：2017 年 10 月）。
② Sam Jones and Heba Saleh, "Isis in Libya: Stoking conflict", *Financial Times*, March 21 2016.
③ "Islamic State 'forced out' of key Libyan city of Derna", http://www.bbc.com/news/world-africa-36104728（上网日期：2017 年 11 月 27 日）。
④ Frederic Wehrey, "Struggling to Fight Islamic State in a Fractured Libya", The Wall Street Journal, May 12, 2016.

击。但是在班加西等地,"国民军"的攻势造成了大量平民死伤,甚至被指犯下战争罪,可能会反而促进当地人的激进化。总之,无论是米苏拉塔民兵或"国民军",他们在进攻"伊斯兰国"或"基地"势力时,主要并不是将其看作恐怖组织,而是作为现实或者潜在的争夺地盘人口的对手。反恐对它们而言,主要是争权夺利的副产品,或者是争取外部支持的手段而已。

(四)小结

"伊斯兰国"近年来在利比亚的发展过程,与其全球的发展态势大体一致:2014年控制地盘、建立"政权"雏形,2015年继续扩张。但2016年"伊斯兰国"在利分支被美国支持的米苏拉塔民兵击败,被迫从肆虐转向潜伏、从地上转向地下,主要活动方式也从建立政权转向发动恐袭。与"伊斯兰国"相比,"基地"组织在利比亚渊源更深,更注重"深耕基层",在被"利比亚国民军"赶出班加西和德尔纳后,该组织通过改名、结盟等方式保存残余实力。在反恐方面,利比亚国内主要政治和武装势力对恐怖势力既打击又利用。欧洲深受利比亚恐情外溢的影响,但手段和办法有限,主要通过联合国平台发挥作用。美国在利比亚的反恐则延续了其一贯的"空中干预"思路,除空袭外不愿投入过多资源。

三 总结与展望

利比亚的恐怖主义是其2011年之前长期问题积累之后矛盾迅速爆发的产物,是加剧其国内混乱的原因,更是其治理失败的结果。对利比亚这样有较深厚恐怖主义传统,且外部恐怖主义活跃的国家,要遏制恐怖主义需要强有力的国家机器,而这又是利比亚缺乏的。强力国家机器的缺位,在利比亚对恐怖主义有双重的助长作用:一方面,这意味着打恐和反恐势力不足;另一方面,由于国家长期包办一切,社会和市场能力弱小,政府缺位会导致经济管理和公共服务水平迅速下降,令恐怖势力的意识形态更具吸引力,恐怖

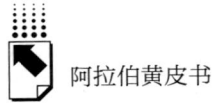

组织甚至能提供更好的公共服务,以此争取民众支持。2016年以后,"伊斯兰国"和"基地"组织在利比亚国内势力和国际反恐联盟的合作打击下,基本失去其在北部沿海城市的据点。如果利比亚乱局持续,国际社会的关注度又随着"伊斯兰国"溃败、移民危机缓解而下降,难保上述恐怖组织不会卷土重来。

Y.12
突尼斯2017年形势评估*

王光远**

摘　要： 2016~2017年，突尼斯政局发生较大变化，沙赫德政府上台执政，进行多轮大规模人事任免，反腐败成为政府工作重点；经济方面，旅游业在2017年出现复苏迹象，并开始持续好转，但总体状况不容乐观；安全形势虽有所好转，但失业等社会问题得不到有效解决，罢工和示威游行频繁出现，影响社会稳定。

关键词： 突尼斯　反腐　经济形势　安全形势

突尼斯是2011年中东剧变最早出现政权更替的阿拉伯国家，同时也是政治转型相对平稳的转型国家。截至2017年底，突尼斯政治经济转型已经七年。总体看，突尼斯各领域的形势有所好转，但面临的问题依旧突出。

一　政治出现集权化趋势，腐败问题构成巨大挑战

依照突尼斯宪法，总理有权向议会提请信任案表决。如果没有获得绝对多数支持，将被迫离职，由总统委任"适合人选"负责组建新政府。哈比

---

* 本文系北京语言大学院级项目（中央高校基本科研业务费专项资金资助，编号为18Y020003）阶段性成果。
** 王光远，博士，北京语言大学中东学院讲师，主要研究中东政治与国际关系。

卜·艾西德政府自 2015 年选举胜利以来，一直尝试刺激经济增长，扭转经济颓势，但收效甚微。2016 年 6 月 2 日，突尼斯总统埃塞卜西提议组建全国联合政府，以复兴经济，并称"新政府的当务之急是反恐、反腐败与巩固民主"。但艾西德拒绝辞职，并在 7 月 13 日向议会提请信任案表决，来决定自己作为总理的未来。7 月 31 日，埃塞卜西的统治联盟占主导的突尼斯议会，以 118 票赞成通过弹劾总理艾西德。① 2016 年 8 月 3 日，总统埃塞卜西任命优素福·沙赫德（以下简称沙赫德）担任新一任总理政府，并在 8 月 26 日获得议会信任投票。

沙赫德政府上台后，主要采取了几大集权举措。

一是人事调整。2017 年 2 月，沙赫德政府进行组建后第一次人事调整，任命了新的宗教、就业和贸易部长。之后，突尼斯议会两大政党——"复兴运动党"和"呼声党"发表联合声明，支持总理沙赫德的人事调整。但在此之后，沙赫德政府因多名部长的不当言论接连遭遇危机：4 月，财政部部长称突尼斯国家银行可能允许货币贬值至 3 个突尼斯第纳尔兑换 1 欧元，导致突货币大幅贬值，股市大跌；随后，体育部部长将突尼斯国内最有影响力的足球俱乐部与"恐怖分子"相提并论，引起俱乐部支持者强烈不满，并爆发示威抗议。虽然这些部长要么事后否认，要么道歉，但均对沙赫德政府产生了非常负面的影响。4 月底，沙赫德相继罢免了财政部部长和教育部部长。9 月，总理沙赫德又进行大规模人事任免，更换了包括内政、国防和司法等在内的 18 名部长和国务秘书，旨在改变突尼斯经济的困难局面。

二是加大反腐力度。突尼斯实行民主制度后，腐败问题未能得到有效遏制，反有愈演愈烈之势。突尼斯反腐委员会主任邵基·塔比比称，猖獗的腐败行为每年约给突尼斯经济带来 50 亿美元的损失，"腐败已经越过了红线"。据"透明国际"透露，突尼斯 2015 年的腐败指数在 168 个国家中居第 76 位，比之前的排名下降了 3 位。民间社会活动人士认为，这是突尼斯

---

① Tunisia Ousts Prime Minister Habib Essid, *The New York Times*, July 31, 2016.

政府在打击腐败方面的懈怠所致。

针对这种情况,突尼斯公共服务管理与反腐部长卡迈勒表示,"突尼斯政府正在推行举报人保护法,并与外国合作开发电子举报平台,让全民都加入打击贪污腐败的行动中来"。2016年12月,突尼斯全国反腐败大会召开,在闭幕式上政府反腐机构和民间监督组织共同签署了反腐败纲领,并制订了2016~2020年的反腐败工作计划。① 2017年5月,突政府没收了数名贪腐警察的财产,逮捕了一些向政府工作人员行贿的商人。腐败问题将是未来影响突尼斯政治生态的关键,政府反腐败的力度和措施成为今后衡量执政成果的重要因素。

另外,总统埃塞卜西重塑开国总统哈比卜·布尔吉巴雕像,此举也在突尼斯国内引发巨大争议。布尔吉巴曾执政突尼斯达30年之久,对其执政的历史评价复杂而多元。在布尔吉巴执政初期,突尼斯摆脱了殖民主义经济的控制和影响,建立了民族经济体系。在他执政后期,倾向个人集权专制,突国内政治与社会矛盾重重,经济发展困难,政局动荡。1987年11月,时任政府总理兼内政部长的本·阿里发动政变,布尔吉巴被迫辞职下台,并于2000年4月病逝。2016年4月,为纪念布尔吉巴逝世16周年,总统埃塞卜西宣布在布尔吉巴的家乡莫纳斯提尔为其重塑雕像。

这些举措遭到突尼斯国内反对者批评,他们认为政府重回集权老路,开"民主倒车"。9月,突尼斯前总统蒙塞夫·马尔祖基公开表示,突尼斯的民主"掺了假",处于非常危险的境地。他号召所有人竭尽所能保卫民主,维护自己的利益。他甚至称"毒蛇又回来了,连面具都没带"。② 一些反对派人士称总理沙赫德利用反腐败作为借口打击政敌。还有反对者指责政府为独裁者(指布尔吉巴)立塑像是民主的倒退。

---

① 《突尼斯腐败越过红线》,半岛网,http://www.aljazeera.net/news/ebusiness/2016/4/24/الفساد-في-تونس-يتجاوز-الخطوط-الحمر;《腐败分子下台但腐败仍存》,半岛网,http://www.aljazeera.net/news/reportsandinterviews/2016/4/23/تونس-رحل-الفاسدون-وبقي-الفساد(上网时间:2017年10月20日)。
② 《马尔祖基称突尼斯民主造假》,阿拉伯新闻网,https://www.albawaba.com/ar/883494-أخبار/المرزوقي-ديمقراطية-تونس-مغشوشة(上网时间:2017年10月25日)。

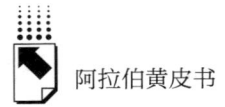

不过，突尼斯新政府在外交方面表现出色。突尼斯一直致力于政治解决利比亚问题。2016年3月，利比亚民族团结政府若干政府成员从突尼斯返回的黎波里，这有助于利比亚民族和解、反恐和国内重建。4月，突尼斯重新开放驻利比亚大使馆，为政治解决利比亚内部冲突做出贡献。2017年2月20日，突尼斯、阿尔及利亚、埃及三国外长在突尼斯会面，确定了支持利比亚问题政治解决的联合立场，反对外部军事介入利比亚事务。在2017年6月爆发的卡塔尔断交危机中，针对沙特、阿联酋、巴林等阿拉伯国家先后与卡塔尔断交的情况，突尼斯政府顶住来自外界的压力，坚持独立自主的外交政策，不追随任何一方，并呼吁各方采取理智克制立场，通过对话与沟通解决危机。

二 旅游业逐步好转，经济状况依然堪忧

在经历了2015年恐怖袭击重创后，突尼斯传统经济支柱——旅游业在2016~2017年出现复苏迹象。但整体看，突尼斯经济依然艰难，主要依靠国际组织、美国和欧盟国家的援助和贷款，第纳尔持续贬值给经济发展带来不利的影响。截至2016年5月底，突尼斯政府财政赤字达18.23亿第纳尔（约合8.26亿美元），由于政府支出大大高于预算，突政府发行了5亿美元国际债券。贸易方面，据突尼斯国家统计局统计，2016年前11个月的贸易逆差较上年同期扩大，主要原因是进口贸易额较上年同期增长4.2%。

为帮助突尼斯渡过难关，国际组织和域外大国都纷纷向突尼斯提供贷款和经济援助。2016年4月15日，国际货币基金组织宣布与突尼斯政府达成初步协议，将向突尼斯提供28亿美元的贷款，条件是政府必须进行经济改革。这一贷款将被用于公共投资、税务改革以及小企业财政。突尼斯也计划向国际市场出售10亿欧元的债券，以缓解因旅游业不景气而日益严峻的政府财政赤字。① 5月20日，国际货币基金组织向突尼斯发放了29亿美元的

---

① Tunisia start roadshow 1bln Eurobond sees issues later, Reuters, 15 APR 2016.

紧急贷款，用于复苏经济和增加就业率。在此两天前，突尼斯政府从世界银行获得 50 亿美元担保贷款。① 此外，美国驻突尼斯大使与突尼斯财政部部长签署 5 亿美元的贷款担保协议，以帮助突尼斯填补巨额赤字。7 月 22 日，突尼斯与德国签署了两项援助协议。德国将向突尼斯提供 1.59 亿美元援助，用于支持突尼斯水资源管理、农业、能源更新、地区发展和青年就业 5 大领域。

尽管得到国际社会的大力支持和援助，突尼斯经济仍复苏乏力。作为支柱产业的旅游业在 2016 年表现一般。2016 年 1 月 1 日至 7 月，突尼斯迎接近 300 万名游客，同比减少 8.9%。② 由于政局不稳，2016 年上半年突尼斯外商投资额有所下降，约 9.151 亿第纳尔（约合 4.13 亿美元），同比下降 23.4%；制造业同比下降了约 6.1%；服务业投资下降近 45.7%。只有能源领域外商投资较同比增长近 3%。为改善投资状况，突尼斯议会于 9 月 17 日重新启动了境外投资法规，以放宽资金流转限制，取消长期项目关税来吸引外国投资，该法规曾在 2012 年由于局势不稳定而被暂停。③

此外，因缺少规划的城镇化、气候变化和问题重重的农业政策，导致突尼斯水资源短缺问题日趋突出。2016 年突尼斯经历了史上最干燥的夏天，灾难性的干旱和严重的水资源短缺，超过 700 个周期性水渠被切断，其中包括西北部的卡夫，以及在 2011 年"阿拉伯之春"期间成为罢工源头的西南部加夫萨省地区。有民间组织甚至称，突尼斯将要发生"干渴暴动"。④ 因天气干旱，突尼斯农业受到严重影响，橄榄油产量仅为 10 万吨，与上年相比下降 55%。

---

① World bank approves up to ＄5 billion loan to Tunisia, Reuters, 18 MAY 2016; IMF approves ＄2.9 billion loan for Tunisia, AFP, 20 MAY 2016.
② 《突尼斯旅游业有所复兴》，驻突尼斯使馆经商处，http://tn.mofcom.gov.cn/article/jmxw/201608/20160801379809.shtml（上网时间：2017 年 8 月 4 日）。
③ Tunisian parliament approves investment law, Reuters, 17 SEP 2016.
④ Najwa Younes, Tunisia in "Water Poverty", available from: http://www.tunisia-live.net/2016/07/29/tunisia-in-water-poverty/; Nourjahen Jemaa, Drought: The Sousse Village Without Water for Four Months, available from: http://www.tunisia-live.net/2016/08/24/drought-the-sousse-village-with-no-water-for-four-months/（上网时间：2017 年 8 月 30 日）。

为改善惨淡的经济状况,2016年11月29~30日,突尼斯召开2020国际投资大会,签署协议和收到承诺的资金金额总计340亿第纳尔(约合140亿欧元),其中协议金额150亿第纳尔,承诺金额190亿第纳尔。参加会议的欧洲投资银行行长维尔纳·霍伊尔表示,突尼斯是地中海沿岸独具特色的民主国家,有能力克服各种挑战,欧洲投资银行有职责和义务帮助突尼斯实现更好的发展,将为突尼斯提供4亿欧元资金。突尼斯总理沙赫德表示,突尼斯获得了重回世界经济舞台的力量。① 与此同时,人民币首次被放入突尼斯外汇储备篮子,金额为122亿第纳尔(约合50亿欧元)。分析人士指出,此举可为突央行分担储汇风险,人民币的升值前景也有望使突央行的资产增值。②

旅游业收入占突尼斯GDP总值的12%,对突尼斯经济发展至关重要。进入2017年后,随着安全形势基本稳定,突尼斯旅游业逐渐复苏。2017年2月,赴突尼斯的游客总量超过19万人。至4月底游客人数已达到170万,较2016年同期增长36.9%。欧洲赴突游客人数达到23.5万人,较上年同期增幅达31%。到6月底,来突旅游的游客总数接近350万人。到2017年8月初,赴突尼斯游客数量与上年同期相比增长了34%。预计2017年全年的游客总数有可能突破600万人,达到650万人左右。③ 随着游客人数增加,突尼斯机场的旅客吞吐量也随之大幅上升,2017年突全国各机场的吞吐量较上年同期增长17.7%。④ 2017年前4个月,突尼斯旅游总收入达4.91亿

---

① EIB to lend Tunisia 400 million euros,Tunisian government,Reuters,28 NOV 2016.
② Aidan Lewis,Regional partners pledge billions in help for Tunisia,available from:https://www.reuters.com/article/us-tunisia-economy-investment/tunisia-hosts-investors-to-revive-post-revolution-economy-idUSKBN13N1KC.(上网时间:2017年8月6日)
③ 《突尼斯旅游市场现回暖迹象》,驻突尼斯使馆经商处,http://tn.mofcom.gov.cn/article/jmxw/201705/20170502573604.shtml.(上网时间:2017年8月24日);《突尼斯旅游收入增长》,半岛网,http://www.aljazeera.net/news/ebusiness/2017/8/23/20-عائدات-تونس-من-السياحة-ترتفع-بنحو;《突尼斯回归世界旅游市场》,半岛网,http://www.aljazeera.net/news/ebusiness/2017/8/11/تونس-تعود-إلى-خريطة-السياحة-العالمية(上网时间:2017年8月24日)。
④ 《突尼斯2017年上半年机场旅客吞吐量增加》,驻突尼斯使馆经商处,http://tn.mofcom.gov.cn/article/jmxw/201708/20170802621390.shtml(上网时间:2017年8月24日)。

第纳尔,较上年同期增长5.2%。旅游收入则达到15亿第纳尔(约合6130万美元),与上年同期相比增长了19%。

尽管如此,突尼斯经济依然困难重重。赤字问题、税收系统运转不良,经济改革推行不畅等问题,严重影响了突尼斯财政经济情况。在突尼斯央行与法国央行举行的研讨会上,突央行行长表示,突尼斯处于自"茉莉花革命"以来极度困难的时期。2017年4月初,突财政部前部长拉米娅曾表示,突尼斯央行计划让货币缓慢贬值至1欧元兑换3第纳尔水平。随后,突尼斯第纳尔对欧元的汇率一度从2.53∶1跌至2.69∶1水平。外界认为,财政部前部长的不当言论是造成突尼斯货币大幅贬值的主要原因。

为应对货币贬值和通货膨胀,2017年4月底,突尼斯央行将存款利率由4.25%上调至4.75%,为近三年来首次上调。① 根据突尼斯国家统计局的数据,2017年上半年,突尼斯经济增长率达1.9%,与2016年上半年的1%相比有所提升。尽管如此,国际社会仍不看好突尼斯的经济和财政状况。在安永会计师事务所公布的非洲国家经济吸引力排名中,突尼斯排名第13,比2016年后退5位。8月,国际评级机构穆迪下调突尼斯主权信用评级,由Ba3降至B1,展望为"负面"。降级理由是2017年突尼斯的财政状况并没有改善,反而更加恶化。突尼斯政府发行了大量债券以应对财政赤字和公共支出,但这些借债在2019年将进入偿还阶段,如果突尼斯经济状况依然无法改善,届时财政将承受巨大压力,影响债务偿还,甚至有可能爆发债务危机。

此外,社会因素和气候因素也对突尼斯经济产生较大影响。2017年4月以来,塔温省和吉比利省的示威游行和罢工中断了石油开采工程,导致突尼斯第二季度的原油产量同比下降20.5%,第三季度同比下降17.4%。"阿拉伯之春"以来,突尼斯的磷酸盐产业受到重创,由2010年的826万吨下降到2015年的400万吨。2016年全年产量受到罢工和示威游行的影响只有

---

① 《突尼斯上调利率以应对货币贬值》,半岛网,http://www.aljazeera.net/news/ebusiness/2017/4/27/تونس-تزيد-سعر-الفائدة-مع-انخفاض-الدينار(上网时间:2017年10月12日)。

380万吨,再创产量新低。2017年的产量有所增加,但仍未恢复正常水平。在农业领域,在经历了2016年历史性大旱后,2017年突尼斯农业迎来小丰收。截至2017年8月底,突尼斯夏季果品出口量为16872吨,总收益为436.1亿第纳尔,与2016年同期相比增长31.5%。面向传统出口对象国——法国的出口量较上年同期增长46%,收益增长68%。此外,对俄罗斯、科威特、科特迪瓦、布基纳法索等国家出口量也有新的增长。[1] 椰枣出口收益较2016年度有所增长,共计出口椰枣10.3万吨,收益达5.3亿第纳尔。[2]

三 安全形势有所好转,社会稳定尚需时日

2016年,突尼斯没有出现重大恐怖袭击事件,但安全形势依然紧张。突尼斯军队在山区不断与恐怖分子发生小规模激烈交火。2017年后,突尼斯安全形势进一步好转,但社会动荡依旧,罢工、游行示威影响着社会稳定和经济发展。

自2015年11月24日突尼斯总统卫队遭"伊斯兰国"恐怖袭击后,突尼斯国内宣布进入紧急状态。其间,政府颁布了一系列紧急状态规定来确保安全。据英国《泰晤士报》报道,突尼斯已经成为恐怖分子的最大输出地,估计共有超过5000名突尼斯人加入境外极端组织,他们从位于突尼斯利比亚边境的本加尔丹偷越国境,加入利比亚境内的"伊斯兰国"分支等极端组织。2016年5月19日,"伊斯兰国"一名高级头目在玛格拉山脉被突尼斯军队击毙。6月20日,总统埃塞卜西发表声明称,由于边境安全和部分地区局势问题,突尼斯政府决定将该国国家紧急状态延长一个月。7月19

---

[1] 《突尼斯2017年夏季果品出口收益增长31.5%》,驻突尼斯使馆经商处,http://tn.mofcom.gov.cn/article/jmxw/201709/20170902638932.shtml(上网时间:2017年10月5日)。

[2] 《突尼斯2016年至2017年度椰枣出口收益增加》,驻突尼斯使馆经商处,http://tn.mofcom.gov.cn/article/jmxw/201708/20170802625416.shtml(上网时间:2017年10月5日)。

日，在延长的一个月紧急状态的最后一天，总统埃塞卜西再次宣布延长两个月。9月18日，突尼斯政府宣布紧急状态再延长一个月，这是自从2015年11月以来的第六次延长。① 宣布紧急状态有助于政府控制媒体，遏制公众集会和罢工，打击恐怖活动。

尽管如此，极端恐怖组织仍不断发起恐怖袭击行动。2016年8月29日，伊斯兰武装分子在阿尔及利亚交界的山区对士兵巡逻车开火，并导致三人死亡。该袭击由"基地"组织一个分支团体发动，他们利用山区作为根据地对政府发起进攻。②

进入2017年后，突尼斯国内安全形势开始好转。5月，突尼斯法院对45名恐怖分子进行审判，判处其无期徒刑或3~34年监禁。在这之前，突尼斯部分民众曾在布尔吉巴大街举行示威游行，抗议突政府将这些恐怖分子引渡回国，要求政府采取更加强硬的立场，判处其死刑以杜绝后患。10月，欧盟表示十分重视突尼斯的安全反恐形势。欧盟将为突尼斯内政部提供7000万第纳尔的援款，用于改善安防设备、基础设施建设等，支持突尼斯国家反恐委员会的各项工作。此外，还将向突尼斯提供3亿第纳尔的援款，支持突尼斯的司法体系改革。③

尽管安全形势好转，但由于经济复苏缓慢、失业率居高不下，突尼斯社会依然处于动荡中，罢工、游行示威层出不穷。2016年10月，因失业者抗议与阻挠，突尼斯最大的磷酸盐矿再次被迫停产，失业者要求得到在矿场的工作机会，并以封堵道路和关闭设备等方式表达不满。持续示威抗议重创了突尼斯的磷酸盐产业，沙赫德政府宣布将采取强有力措施应对骚乱，但收效甚微。2017年4月，突尼斯南部城市泰塔温（Tataouine）陆续出现游行示威运动和罢工，导致石油和天然气项目停工，对经济发展造成不利影响。社

---

① 《突尼斯总统决定延长紧急状态》，Al-sharq，https：//www.al-sharq.com/article/17/09/2016/الرئيس-التونسي-يقرر-تمديد-حالة-الطوارئ-في-البلاد（上网时间：2017年9月17日）。
② 《三名突尼斯军人在西部地区触雷身亡》，突尼斯官方通讯社（TAP），2016年8月29日。
③ 《欧盟重申将继续加大投入支持突尼斯反恐》，http：//tn.mofcom.gov.cn/article/jmxw/201710/20171002658864.shtml（上网时间：2017年10月30日）。

会动荡地区选举和新能源法令颁布可视为示威游行的导火索，但其深层原因仍是就业和经济发展问题。泰塔温市的民众认为，政府在发展地方经济和解决就业方面措施不利，造成该地区经济落后。与此同时，突尼斯政府从当地的石油和天然气项目大量获利，却并未惠及本地民众。示威者要求政府安排他们在当地石油公司上班，并将石油和天然气出口收入的20%归入当地财政自行支配。示威发生后，沙赫德总理紧急前往泰塔温与示威者进行沟通和协调，承诺满足他们的要求。

2017年5月中旬，因政府承诺未能迅速兑现，当地民众再次举行示威游行，示威者关闭了天然气和石油生产泵，要求政府兑现承诺解决就业，否则就不恢复石油生产。示威者与警察发生冲突，造成一人死亡，多人受伤。政府代表团提议提供1000个就业岗位，明年再提供500个岗位。部分抗议者接受政府的提议，但仍有相当多的抗议者不满这一安排，威胁继续进行罢工和游行。针对逐渐升级的局势，突尼斯国防部部长对示威者发出警告，要求他们不要与警方发生冲突，也不要强行闯入石油生产基地。①

结　语

突尼斯民主政治趋向集权是为解决经济危机的权宜之计，还是长期发展方向，需要持续进行跟踪与观察。短期的观察点是定于2018年3月举行的突尼斯全国地方选举，这是"阿拉伯之春"革命后突尼斯的第一次地方选举，突军人和安全人员历史上第一次被赋予了投票权，是检验突民主制度实行情况的试金石，也是判断今后突政局走势的重要参考。另外，突尼斯民主政治的另一关键因素在于议会第一大党"伊斯兰复兴运动"的立场和态度。复兴运动党曾在本·阿里下台后成为突尼斯执政党，但由于政教关系不明确

---

① 《突尼斯南部冲突一人死亡多人受伤》，半岛网，http://www.aljazeera.net/news/arabic/2017/5/22/مقتل-متظاهر-وإصابة-آخرين-في-مواجهات-جنوبي-تونس；《泰塔温游行示威升级军警介入》，半岛网，http://www.aljazeera.net/news/arabic/2017/5/20/مقتل-متظاهر-وإصابة-آخرين-في-مواجهات-جنوبي-تونس（上网时间：2017年11月4日）。

且缺乏执政经验，民众支持率持续走低，最终在2014年的选举中败于埃塞卜西领导的"呼声党"。2016年5月，"复兴运动党"主席表示将逐渐实现政教分离，这一主张使该政党有可能再次通过选举成为执政党，影响突尼斯政治走势。

突尼斯的经济发展与社会稳定状况，最终取决于政治局势和政府政策。短期内，突尼斯政府对反恐的高压态势将持续保障国内安全，进而促进旅游业持续复苏，改善经济状况和缓解财政压力。中长期看，突尼斯经济唯有实现多元化，才能从根本上解决失业问题，实现社会稳定与发展，走出"经济衰退—社会动荡—安全恶化—经济崩溃"的怪圈。未来，突尼斯政府需要加速工业化发展，实现经济结构转型升级。这一目标的实现离不开外国资本和技术的广泛引进，这不仅要求突尼斯社会稳定和安全，也要求突尼斯政府在民主政治、反腐方面付出更多努力。

Y.13
2017年也门危机发展态势及前景评估

李睿恒 刘欣路 *

摘　要： 2011年，也门长期形成的政治与经济矛盾在"阿拉伯之春"背景下激化，并导致萨利赫政权最终下台。但迄今为止，政局变化并未解决也门固有问题，相反，政治失序引发各方政治势力争夺权力，胡塞武装乘机兴起。2015年3月沙特联军军事介入也门以来，也门局势向胡塞与反胡塞阵营对垒方向演进，最终导致战场形势陷入胶着，并由此产生多重影响。2017年，沙特试图通过瓦解萨利赫与胡塞武装间联盟打破僵局，但萨利赫去世、反胡塞阵营内部复杂性，以及地区格局演变态势，决定了也门局势依旧呈现高度的不确定性。

关键词： 也门　危机　胡塞运动　沙特　阿联酋

自2011年以来，也门危机已延续七年。随着局势演变，也门危机呈现代理人战争的色彩，并被打上教派冲突的烙印。媒体与学界多从沙特和伊朗地缘政治博弈、逊尼派与什叶派教派纷争等视角对这场危机进行剖析。但需要指出的是，代理人战争与教派冲突只是也门危机演变的特征与结果，并非危机的本质与全貌。也门危机的爆发及其外溢，涉及也门国内政治生态、经济状况、社会结构、地区格局、地区大国博弈和中东意识形态发展等多个层

---

* 李睿恒，教育部国别和区域研究基地海湾阿拉伯国家研究中心助理研究员，北京大学阿拉伯语系2017级博士研究生；刘欣路，博士，北京外国语大学阿拉伯学院教授。

面。准确把握也门危机生成的内部机制及其与外部因素互动的演变过程，是理解危机性质与走势的关键。

一 内部结构与"阿拉伯之春"

也门曾被分为南北两个国家，分属社会主义与资本主义两大阵营。随着苏联解体，南北也门于 1990 年合并为也门共和国，前北也门总统阿卜杜拉·萨利赫出任总统。表面看，也门自此成为统一的总统制共和国，但实际上却是典型的非同质化社会：历史上形成的地域认同、部落认同与教派认同被人们置于国家与民族认同之上，成为也门现代民族国家建设的阻碍。为尽快巩固执政根基，萨利赫经济上采取自由化政策，对外出口石油，推动经济发展；政治上以自己所属的也门最大的部落之一的哈希德部落联盟（Hashid confederation）为依托，凭借石油经济积聚的国家财富，对其他部落进行拉拢、分化与奖惩，通过建立政府与部落间的庇护体系收买政治忠诚，以此抵消部落对政权稳定的威胁；外交上，与美国、沙特、伊朗均保持较为稳定与良好的关系，以此获得各方经济援助与政治支持。

短期看，萨利赫的政策的确推动了也门民族和解与民族经济发展，并维护了国家统一；但长远看，高度依赖外部的经济结构和通过利益输送换取的政治忠诚，无法从根本上解决也门"强社会，弱国家"的结构性问题，反而弱化了国家对社会整合的力度与意愿，使萨利赫不断强化着自己独裁的家族统治。例如，萨利赫的长子艾哈迈德担任共和国卫队司令，萨利赫的两个弟弟分别担任空军司令和第一装甲师师长，三个侄子分别担任国家安全部门、反恐部门和总统卫队的负责人。此外，萨利赫家族还控制着也门的石油、通信、基础设施建设、航空等核心经济部门。但随着社会经济发展，"高度统一"下的也门社会暗流涌动，呈现不稳定的态势。

第一，南北之间裂痕久未弥合，南部催生分离运动。尽管也门于 1990 年形式上实现统一，但南北精英缺乏政治互信，依旧延续冷战思维，并于 1994 年 5 月再次引爆内战，并以北部胜利而告终。内战结束后，萨利赫全面攫取权力,对南部进行打压。南部军人得到特赦后以薪资减半、免除福利的待遇遭到卸武遣返。石油、农地和用水等核心经济资源都集中于南部省份,但都掌握在北部精英或南部少数向萨利赫效忠的部落首领手中。也门80%的石油收入来自南部省份,但只有极少量被用于南部发展。① 在战后失衡的政治经济安排背景下,南部退役军人率先成立"南部运动"(Hiraak),要求恢复对军人群体最初的工资与福利待遇。随着其他南部组织的加入,"南部运动"转变为一股结构松散的政治力量,寻求南部地区更大的自治权,并在危机爆发后表现出强烈的分离主义倾向。

第二,北部阵营内部高度分化,胡塞武装构成主要威胁。胡塞武装信仰什叶派分支的宰德教派,是也门第三大什叶派部落,由胡塞家族领导。20世纪70年代,作为宰德派宗教领袖的侯赛因·胡塞创建了胡塞武装的前身"青年信仰者组织"(Believing Youth)。随着该组织在也门北部萨达省的势力不断壮大,也门政府多次与之发生摩擦和冲突。1990年南北也门统一后,总统萨利赫为形成对抗原南也门势力的统一战线,开始积极联合、利用包括"青年信仰者组织"在内的北方部落力量。在政府的支持下,该组织实力发展迅猛,其主要成员开始参与也门政坛,侯赛因·胡塞进入议会担任议员。

然而,尽管二者同属宰德教派,但与主张激进的胡塞运动不同,军人出身的萨利赫并不强调圣裔赛义德(Sadah)和伊玛目制度(Imamate)在政治中的作用,而更推崇国家主义(Statism)和主张政治权力整合的瓦哈比主义。在特殊时期内,双方可以形成权益联盟,相互利用,但这无法消除二者在意识形态和政治理念上的分歧。

"9·11"事件后,胡塞打出反美反以口号,要求仿效伊朗在也门建立政教合一的神权体制,并于2004年宣布在萨达省建立伊斯兰政府。此外,胡塞武装还因萨利赫和沙特支持美国开展反恐战争,而公开指责二者为美国的走狗,这些行为已经触碰到萨利赫的底线,并成为沙特南部潜在的威胁。

---

① Stephen W. Day, *Regionalism and Rebellion in Yemen*, Cambridge: Cambridge University Press, 2012, p. 88.

2004～2010年，在沙特支持下，萨利赫6次对萨达省发动战争。战争没有给胡塞武装造成重大损失，反而使其淬炼出一支实战经验丰富的民兵武装力量。2004年侯赛因·胡塞的殉道成为该组织持续斗争的精神动力。胡塞武装的存在给也门政府军和沙特造成极大困扰，以至于萨利赫被迫与其和谈，并同意在萨达省实施伊斯兰教法。

第三，从也门社会来看，经济与社会发展脱节，催生出新兴政治反对派。1990年统一后，石油出口促进了也门经济发展，国内生产总值在1990～2010年20年间保持了年均5.5%的增长。但经济增长带来的收益，并未用于调整经济结构和改善民生，而是成为萨拉赫夯实庇护体系、巩固统治的资本。石油、金融、交通和通信等核心经济部门超过80%的比重都掌握在10个精英家族手中；① 政府投资的合同招标只被判授给军队和与政权关系密切的部落精英，传统的城市商人群体遭到忽视。

但是，城市化进程和快速的人口增长，使得固化的政治与经济结构难以负荷社会变化带来的压力。15～29岁青年人占也门总人口的1/3，每年新增就业人口为5万人，而单一的石油产业结构使也门创造就业能力有限，年均仅有1万人可以正常就业，军队与安全部门作为公职最大的提供者，长期被哈希德部落联盟和巴里克部落联盟把控，并已处于饱和状态。因此，也门失业率高达40%；女性人口占总人口的50%，但只占劳动力的12.1%。② 经济的增长并没有带来相应的社会发展，民生多艰，两极分化严重，由此引发民众（特别是青年人和女性）的强烈不满。

2011年"阿拉伯之春"成为引爆上述矛盾的导火索，也门主要城市接连爆发反政府游行，要求总统萨利赫下台。在各方施压下，萨利赫最终接受海合会调解方案，将权力移交给副总统阿卜杜·拉布·曼苏尔·哈迪并流亡

---

① Brian M. Perkins, "Yemen: Between Revolution and Regression," *Studies in Conflict & Terrorism*, Vol. 40, No. 4, 2017, p. 309.
② Souad Al-Sabeh, "Yemeni Women at the Front Lines for Change," *al-Monitor*, March 26, 2012, http://www.al-monitor.com/pulse/culture/2012/03/yemeni-women-hope-from-pain.html#（上网时间：2017年10月20日）。

沙特。2011年12月7日，也门全国和解政府成立。2012年2月21日，也门举行总统选举，哈迪作为唯一候选人当选新一任总统。西方国家将也门的政权过渡模式视为和平过渡的范例，并称之为"也门模式"。

需要指出的是，萨利赫之所以能对非均质化的也门社会进行长达33年的统治，且弥海湾战争、也门内战等一系列重大事件而不倒，靠的正是其如"在蛇头上跳舞"般高超的政治平衡术。可以说，萨利赫时代所建立的政治平衡虽然是脆弱且不稳定的，但短期来看却是可行有效的。

然而，面对国内复杂错综的政治局面，新总统哈迪并未有更好的解决方案。上任伊始，哈迪根基未稳，便急于清洗萨利赫家族势力，压缩宰德派的政治空间，大力扶持南部逊尼派部落，并倒向沙特和美国，同时清除伊朗在也门的影响。这些举措严重损害了各传统实力派群体的利益，矛盾在短时间内迅速激化，而手中掌握军事、经济资源的萨利赫家族、北方部落、什叶派群体，都不愿意将手中利益拱手相让。由此导致也门成为国内各派力量"八仙过海，各显神通"的权力角斗场，使也门局势日趋动荡。

二 胡塞阵营兴起与外部介入

萨利赫下台后产生的权力真空，被国内各方势力视为争夺权力与政治洗牌的良机，成为也门政局新一轮动荡的根源。除上述提到的"南方运动"、胡塞武装等传统反对派力量和"阿拉伯之春"后兴起的新生青年示威群体外，也门还存在着以也门"穆兄会"改革集团（Islah）、"基地"组织阿拉伯半岛分支（AQAP）和"伊斯兰国"组织（ISIS）为代表的逊尼派伊斯兰主义力量。在这些力量中，"南方运动"虽然早在20世纪90年代就已成立，但本质上是一个组织结构松散的政治组织；青年示威群体虽然打破了固有的地域、部落和教派限制，但并不掌握实际的经济资源与武装力量，且缺乏成体系的改革理念，难以发挥引领性作用；改革集团是萨利赫时期主要反对派，但没有独立的武装力量，而是依托于部落战士和政府常规军，目前，其选择与来自艾哈麦尔家族的阿里·穆赫森将军结盟;"基地"组织和"伊斯兰国"组织则欲图从乱局中渔利,拓展影响力。

相较起来,胡塞武装虽是部落武装,但又不同于一般的部落武装,而有着明确政治主张和庞大军事力量,因此更具行动力与政治魄力。2011年也门乱局以来,胡塞武装借南乱之机进一步壮大实力。此外,萨利赫下台不等于其建立的庇护体系的破裂,其和平下台的条件就是家族的免罪待遇,因此萨利赫在全国人民大会党、军队和部落中,依旧有大量亲信和追随者,哈迪扶植南部逊尼派势力和向沙特"一边倒"的政策,使具有共同地域及教派背景的萨利赫家族与胡塞武装再度结成权益联盟,共同反对哈迪政府。2014年8月,胡塞武装以反对政府降低燃油补贴为由,发动大规模示威游行,并于同年9月开始围攻首都萨那。此后,胡塞武装逼迫哈迪辞职,而后成立"总统委员会"和"全国过渡委员会",还上演了"捉放哈迪"的戏码。在短短几个月内,胡塞武装势如破竹,一路南下,占领首都萨那和塔伊兹等主要城市,到2015年3月已控制全国1/3的领土和70%的军事力量。[①] 哈迪政府虽是国际社会承认的合法政府,但胡塞武装造就的既成事实,已使其成为也门实际的主宰者。

胡塞武装的兴起与壮大引发沙特极大忧虑。首先,胡塞武装的传统势力范围萨达省北邻沙特西南边境,与沙特吉赞省、阿西尔省和奈季兰省三省接壤。其中吉赞省与阿西尔省本为原也门宰德派巴德尔王朝领土,与也门萨达省有着长期的历史联系,后被现代沙特国父伊本·沙特占领。胡塞武装一直视两省为也门传统属地,视沙特为侵略者和美国的走狗,采取反沙反美、亲伊朗亲真主党的外交立场。其次,胡塞武装因其什叶派的教派身份与效仿伊朗体制的政治主张,被沙特视为伊朗在也门的代理人。因此,在地缘安全、政治体制、外交政策、意识形态和宗教文化五个层面,胡塞武装的崛起,都对沙特政权稳定带来威胁与冲击。最后,奥巴马政府在中东地区的"巧外

---

① 唐志超:《也门政局再陷动荡》,http://world.people.com.cn/n/2015/0409/c1002-26821191.html(上网时间:2017年10月27日)。

交"政策,以及推动伊核协议的政策,扩宽了伊朗在中东地区的生存空间,给在叙利亚问题上不断失利的沙特造成新的战略压力,因此沙特欲借也门问题制造教派冲突,进而遏制伊朗的崛起。

面对胡塞武装南下亚丁的态势,以及盟友哈迪出逃的危局,2015年3月26日,沙特组建的"十国联军"发动名为"果断风暴"的军事行动,对胡塞武装及萨利赫集团控制下的地区及其补给线进行空袭,并实施海空封锁,并向反胡塞武装的各股势力提供装备和后勤支持。沙特的军事干涉及其与胡塞武装冲突的公开化,使也门危机开始向胡塞与反胡塞两大阵营对垒的方向演进。① 胡塞阵营方面,主要由胡塞本族部落力量和萨利赫集团力量组成,外部受伊朗和黎巴嫩真主党的政治支持和有限军事援助;反胡塞阵营,主要包括哈迪政府、"南方运动"和逊尼派伊斯兰主义武装,外部主要受到以沙特和阿联酋为主导的"十国联军"支持。

沙特的军事干预有效增强了反胡塞阵营的力量,阻断了胡塞武装南下的态势。2015年5月14日,胡塞武装同意在沙特等国停止空袭情况下恢复由联合国主导的政治对话,但要求将会谈地点设在日内瓦,并拒绝参加当月17日至19日在沙特首都利雅得举行的也门各方对话;2015年6月15日至19日,在联合国斡旋下,也门各方在日内瓦举行首轮和谈,但因分歧严重,未能达成协议。胡塞立场软化让反胡塞阵营获得反击空间。2015年7月,沙特与阿联酋出动3000人地面部队。数周内,反胡塞阵营连续夺回亚丁省、拉赫季省、阿比扬省、舍卜沃省等南部省份。但无论是胡塞阵营的南下,还是反胡塞阵营的北上,两大阵营复杂的内部构成、有限的军事力量和各自局限于南北的支持基础,决定了战线开始徘徊摇摆于也门中部、陷入拉锯战的僵局。

外部力量介入使也门局势进一步升级与复杂化,内部危机正式向地区危机转化,并被打上鲜明的代理人战争和教派冲突的标签,在也门国内、中东地区和国际社会三个层面均产生消极影响。

---

① Marcel Serr, "Understanding the War in Yemen," *Israel Journal of Foreign Affairs*, 2018, pp. 3 - 5.

第一,造成也门经济崩溃和严重的人道主义危机。也门是联合国确定的世界上最不发达的国家之一,资源匮乏,经济落后,国家财政主要依靠石油收入。近年来,持续内战,加之国际油价暴跌,也门经济几近崩溃。据统计,2014 年也门石油产量为 1700 万桶,收入达 16 亿美元。受战事影响,2015 年产量跌至 7 万桶,收入降至 7000 万美元,同年也门国内生产总值缩水 28.1%,人均国内生产总值从 2014 年的 3800 美元降至 2800 美元。① 外来援助和投资锐减,尤其是占也门全部外国投资 70% 以上的海湾国家,大幅减少对也门投资,已有的 100 多个项目已停止运作,约有 20 亿美元资金流出。此外,持续战争还造成严重人道主义危机。截至 2017 年 5 月,内战已造成 10000 人死亡,700 万人处于饥荒边缘,其中儿童占 200 万人;卫生与医疗条件恶化,导致也门暴发霍乱疫情,90 万人遭到感染,其中儿童占了一半,因霍乱丧生者已超过 2000 人。随之可能引发的难民潮或将波及地区周边国家,造成人道主义危机外溢,据统计,目前赴吉布提避难的也门人已达 1500 名。②

第二,加剧也门社会分裂。如前所述,统一后的也门南北双方在权力划分、利益分配等方面的矛盾一直存在。此轮也门危机的一大特征,就是南北对峙。北部的胡塞武装意欲夺取全国政权,支持哈迪的南方部落则极力阻止胡塞南下。从几轮和谈情况看,南北双方在权力分配上存在巨大分歧,很难达成一致。而且,在伊朗、沙特介入下,南北对立持续激化,伊朗不允许一个反伊亲沙政权在也门存在,沙特也不同意也门产生一个反沙亲伊的政权。在沙特、伊朗不能达成政治和解,以及缺少强势中央政府的情况下,势均力敌的南北双方及相关各派缺乏维护国家统一的向心力,也门再次走向分裂的可能较大,单一制国家结构恐难以为继。此外,南北阵营内部存在不同的派

---

① Mohamad Abou Kassem, "Yemen war undermines economy", *The Arab Weekly*, February 26, 2016, http://www.thearabweekly.com/? id = 4027,登录时间:2017 年 11 月 5 日。
② WHO warns that more people will die if ports in Yemen do not reopen to humanitarian aid, *WHO*, November 9, 2017, www.who.int/mediacentre/news/statements/2017/yemen – ports – aid/en/,登录时间:2017 年 11 月 10 日。

系力量，也进一步撕裂也门社会。

第三，造成恐怖主义泛滥和外溢。也门历来是恐怖主义和极端主义的重要滋生地，以及境外"圣战"者主要输出地，美国关押在关塔那摩监狱中的中东恐怖组织成员，有一半来自也门。"基地"组织甚至一度占领阿比扬省省会津吉巴尔，并宣布建立"伊斯兰酋长国"，以此为据点在西方、中东发动一系列恐怖袭击。萨利赫执政时期，以反恐为筹码，向美国寻求资金与军事援助，对"基地"组织打放结合，客观促成了恐怖主义力量的坐大。受此轮也门战争影响，也门国内反恐力量被削弱，各方力量无暇反恐，美国在也门的无人机部队和特种部队一度撤出，"基地"组织借机壮大，在也门、法国等多地发动多起大规模恐怖袭击。此外，"伊斯兰国"也伺机在也门招兵买马，建立据点，并于2014年11月宣布建立"萨那行省"。值得注意的是，沙特在也门主要诉求不是反恐，而是遏制胡塞武装，因此并不谋求消灭胡塞的敌人"基地"组织和"伊斯兰国"，甚至放纵和暗中支持两个恐怖组织对抗胡塞武装，从而为其扩展势力提供了空间和条件。

第四，加剧中东地区的动荡和伊斯兰教分裂。"阿拉伯之春"以来，中东地区持续动荡，几个传统支点国家，如叙利亚、利比亚、伊拉克、埃及等，均陷入长期内战或政治动荡。此轮也门危机将地区大国牵扯其中，并在美国撤出中东背景下，形成了联合军事介入的新干涉模式，进一步加剧了中东动荡。值得注意的是，沙特和伊朗在中东及伊斯兰世界分别组建逊尼派联盟和什叶派联盟，这种按教派划分阵营的方式，人为强化了教派偏见和教派分歧。如果沙特和伊朗不能实现和解，伊斯兰世界将更加四分五裂，身处代理人战争之中的也门也很难摆脱战争的阴霾。

三 政治和谈与地区格局

2015年3月沙特主导的"十国联军"干涉以来，也门局势大致经历了胡塞阵营扩张受挫（2015年3~6月）、反胡塞武装阵营反攻（2015年7~

8月)、两个阵营陷入战略僵局(2015年9月至今)三个阶段。① 其间,在联合国安理会框架下,2015年4月的2216号决议和6月的日内瓦首轮和谈,都以失败而告终。2015年12月15日,也门冲突各方达成为期7天的临时停火协议,同日,冲突各方在瑞士举行新一轮和谈,但各方未能实现有效停火,和谈被迫中止;2016年3月,也门冲突各方在联合国斡旋下同意从4月10日开始在全国停止敌对行动,并于4月18日在科威特再次举行和谈,后因双方指责对方违背停火协议,胡塞武装和萨利赫方面拒绝派代表团出席会议,原定和谈被迫推迟,直到同年8月仍未取得实质进展。

政治和谈解决也门危机之所以难产,根本原因在于冲突各方缺乏政治互信,冷战思维浓重,都不愿与对方分享权力。具体来看,政治和谈的困境主要体现为以下三个方面。

第一,政治互信缺失引发战略互疑。政治和谈成功的关键因素之一是谈判双方政治上互信,以及严格遵循谈判结果,但也门长期形成的"丛林政治文化"牢不可破,并随着危机升级而固化。在谈判双方看来,对方缺乏诚意,谈判只是缓兵之策。在哈迪政府方面,除了缺乏放弃权力的意愿外,与胡塞武装分享权力会壮大其力量,并产生联动效应,进一步瓦解本已松散的反胡塞阵营,引发其他力量要求分享权力。从胡塞武装角度来看,哈迪政府是受国际社会承认的也门合法政府,因此要达成政治解决,绕不开的重要一环就是裁军卸武问题,而胡塞力量担心解除武装将遭到哈迪政府与沙特报复,且2015年6月谈判以来,哈迪政府对胡塞武装的反攻,更使胡塞确信对方缺乏和解诚意。这种战略互疑使二者加剧战事投入,以换取谈判筹码,最终导致谈判破裂。

第二,政治和谈缺乏包容性框架。表面看,也门危机的主要力量为胡塞武装与哈迪政府,二者谈判看似是也门人决定也门的命运,但仅有二者参与

---

① 朱泉钢:《外部军事干预以来的也门局势及其走向》,载杨光主编《中东发展报告(2015~2016)》,社会科学文献出版社,2016,第238页。

的政治和谈不会真正解决问题。换个角度看，诉求各异的势力格局本身就是顺利和谈的阻碍。而沙特、阿联酋等外部力量深度介入也门危机，使也门的政治和解绝不仅限于也门内部各方，还牵涉地区因素。在2015年12月日内瓦第二轮和谈时，胡塞代表询问哈迪政府代表何时可以停止空袭，对方回应"决定权不在我们手中"，胡塞代表不无坦率地追问道："我们为什么要和你们谈判？我们应该和沙特人谈判。"① 和谈框架的局限性可见一斑。

第三，政治和谈缺乏中立的第三方。也门和谈的框架基础是联合国安理会通过的2216号决议，作为决议发起人和危机调停者的第三方是海湾合作委员会（GCC）和联合国，但二者并未秉持中立公正的立场。沙特主导的海合会清晰地采取反对胡塞阵营、支持哈迪政府的立场；联合国则默许沙特的立场，通过更倚向于哈迪与沙特一边的决议，这一方面是出于对"也门模式"的维护，另一方面则是唯恐胡塞武装在权力格局中得到承认后，将会以维护国家统一之名滥用暴力，加剧人道主义危机。② 此外，美国的支持也是阻断第三方中立公正促和的重要因素，特别是2017年特朗普上台后，一改奥巴马时期平衡的盟友政策和"轻脚印"式反恐策略，在中东问题上较为冒进。与沙特达成1100亿美元的军备贸易单和向红海派遣科尔号驱逐舰，都被认为是美国在也门问题上支持沙特和哈迪的表现。

不难发现，从间接推动萨利赫下台到直接军事干涉引爆也门内战，沙特都在其中发挥着重要的作用。除了出于前面提到的拱卫国家南部领土安全与战略空间、打压什叶派力量和遏制伊朗等因素外，沙特积极干预也门局势的一个重要原因，与新国王萨勒曼·本·阿卜杜勒·阿齐兹2015年1月的继位有关。萨勒曼上台后，一改前国王阿卜杜拉时代稳健的执政风格，欲图通

---

① Nawal al-Maghafi, "Behind the Scenes at Yemen's Peace Talks in Switzerland," *Middle East Eye*, December 25, 2015, www.middleeasteye.net/columns/behind‐scenes‐yemens‐peace‐talks‐switzerland‐506308571, 登录时间：2017年11月17日。

② Robert Forster, "Toward a Comprehensive Solution? Yemen's Two-Year Peace Process," *The Middle East Journal*, Vol. 71, No. 3, Summer 2017, p.484.

过冒进的内政外交行为，为其幼子王储穆罕默德·本·萨勒曼增添政治功绩，确立其未来继位与统治的根基。

但胶着的战场形势与和谈进程，不仅没有使沙特实现既定战略目标，反而加剧了其内忧外患，进一步扩大了伊朗在地区的战略优势。事实上，将沙特与伊朗在也门的较量定性为代理人战争并不准确，伊朗从未因胡塞力量的什叶派教派身份，将也门纳入自己的外交核心，也就不存在所谓"大规模投入与支持"。直到也门冲突爆发后，伊朗才开始在政治和经济上给予胡塞武装有限的支持。2014年以后，伊朗对胡赛武装的支持开始增加，但并没有达到与沙特相同的量级，支持形式也仅限于一定程度的军事训练、政策建议和组织策略帮助等。[①] 因此，也门战争在沙伊之间实际上是一场"非对称战争"。而且，胡塞武装有着较强自主性，难以称得上是伊朗的代理人。从沙特方面看，尽管其扶植了哈迪政府这一代理人，但每月在也门近60亿美元的战争消耗，对财政日益吃紧的沙特来说负担不小，近3年的军事与财力投入迟迟没有换来政治与战略回报。

目前，胡塞武装依旧控制着位于也门东部与北部的10个省份，分别是萨达省、萨那省、哈杰省、阿姆兰省、迈赫维特省、赖马省、扎马尔省、荷台达省、伊卜省和贝达省。此外，反胡塞阵营内部也存在着较大分化，沙特未能成功对其进行整合，共同应对胡塞武装。

为体面地摆脱也门危机负担，沙特在阿联酋劝说下开始考虑通过拉拢其他力量、分化胡塞武装与萨利赫集团不稳定的政治联盟来打破战场与政治僵局。2011年也门局势动荡后，也门前总理哈立德·巴哈赫与也门军队前总参谋长萨利赫之子艾哈迈德均在阿联酋定居。其中巴哈赫是危机爆发伊始阿联酋在也门选择支持的对象，但在随后的政治安排中，沙特支持的穆赫森将军被选为副总统，巴哈赫赴阿联酋政治避难。在穆罕默德·本·扎耶德的调解下，2017年上半年，艾哈迈德和巴哈赫代表萨利赫，与沙特王储穆罕默德·本·萨勒曼在迪拜举行多轮密谈。值得注意的是，受沙特支持、阿联酋

---

① Brian M. Perkins, "Yemen: Between Revolution and Regression," p. 311.

反对的也门"穆兄会"改革集团也被纳入密谈。2017年8月,双方达成政治协议,许诺巴哈赫在未来组成的也门内阁中担任总理,艾哈迈德担任国防部部长,成为事实上的统治者,萨利赫为此解除与胡塞武装的联盟。①

2017年8月下旬,萨利赫公开称胡塞武装为"民兵组织"。随后胡塞下属的"人民委员会"发布声明称,胡塞武装是"一个爱国性质的人民力量","萨利赫的言论已经触碰了红线","是变节的行为"。萨利赫对此回应道,如果胡塞武装执意独揽权力,他将退出二者的联盟。② 9月起,胡塞武装开始在其主导的政府中清除萨利赫的势力,并将军队指挥官、最高司法委员会主席和财政部部长等核心职务据为己有。③ 11月29日,萨利赫支持者拒绝胡塞武装进入也门最大的萨利赫清真寺庆祝圣纪节,由此导致冲突激化,支持萨利赫的共和国卫队和胡塞武装爆发军事冲突。2017年12月2日,萨利赫宣布,如果沙特停止对也门公民攻击,他准备"翻开与沙特关系的新篇章"。12月4日,萨利赫被胡塞武装杀害。12月19日,胡塞武装还报复性地向沙特首都利雅得发射了一枚弹道导弹,幸亏被沙特防空部队拦截,未造成人员伤亡。

萨利赫去世及其与沙特、阿联酋间密谈的泄露,加剧了胡塞武装与沙特主导的反胡塞联盟间的冲突,使也门局势持续僵化,或加强胡塞武装对萨利赫集团势力的清洗和对北部地区控制。沙特不仅没有通过密谈打破僵局,与萨利赫密谈反而使自己在盟友中进一步丧失威信,遭到国际社会谴责,被迫继续深陷战争泥潭,并加大在也门的投入,结果客观上强化了伊朗在地区崛

---

① Will Picard, "The Danger of a Grand Bargain: The Wrong Peace Deal Could Mean Endless War in Yemen," *Just Security*, July 25, 2017, https://www.justsecurity.org/43341/danger-grand-bargain-wrong-peace-deal-endless-war-yemen/,登录时间:2017年12月5日。
② "Yemen's Houthi: Ali Abdullah Saleh killed for 'treason'," *Al-Jazeera*, December 5, 2017, http://www.aljazeera.com/news/2017/12/yemen-houthi-ali-abdulla-saleh-killed-treason-171204165531953.htm,登录时间:2017年12月5日。
③ Neil Partrick, "The UAE's War Aims in Yemen," *Carnegie EndowmentforInternationalPeace*, October 24, 2017, http://carnegieendowment.org/sada/73524,登录时间:2018年1月19日。

起的态势。①

需要指出的是，也门危机不仅是沙特与伊朗间的地缘政治博弈，更是海合会内部潜伏的竞争与危机。除了在对穆兄会和伊朗问题上采取相反立场的卡塔尔外，阿曼与科威特均采取了较为中立温和的立场，二者均未参与沙特主导的对也门军事打击，阿曼还在与也门边境对其保持了一定程度的开放。在也门问题上，沙特与阿联酋虽是军事干预的主要推手，但二者的具体政策却并不相同。沙特选择支持也门总统哈迪、副总统阿里·穆赫森将军和改革集团作为自己的代理人，阿联酋则主要支持前也门副总理巴哈赫、"南方运动"和萨拉菲运动，反对改革集团，二者共同组成反胡塞阵营。

随着也门战事陷入僵局，这种阵营内部的矛盾开始凸显。2017年2月，阿联酋支持的"南方运动"就亚丁机场的控制权与哈迪部队爆发武装冲突。4月，总统哈迪罢免了伊德·鲁斯·祖贝迪的亚丁省省长职务。5月，祖贝迪联合南方26名高级部落、军事和政治领导人成立"南方过渡委员会"，反对哈迪政府。10月14日，祖贝迪在亚丁宣布成立"国民大会"并要求举行南方独立公投。

目前，阿联酋在也门的势力范围主要集中于南部与东南部沿海地区，控制亚丁、马哈等港口并建有军事基地，400名阿联酋士兵驻扎于马哈基地，占领丕林岛和索赫特拉岛，扼住红海入口曼德海峡。其支持下的民兵组织人数达1万余人。因此，对沙特而言，其也门盟友所承受的战场压力不仅来自北部的胡塞武装，也包括阿联酋在其南部的势力。通过劝说沙特与萨利赫和解来推动巴哈赫与艾哈迈德回归也门政治舞台的行动，也体现出阿联酋谋求主导未来也门政治格局、与沙特争夺地区影响力的战略野心。甚至有阴谋论称，沙特与萨利赫密谈消息走漏，与阿联酋有着密不可分的关系。随着萨利赫去世，艾哈迈德的加入或引发阵营内部不满，进一步导致分化。2017年12月14日，沙特王储和阿联酋王储在利雅得与改革集团主席穆罕默德·亚

---

① Michael Young, "What Does Ali Abdullah Saleh's Death Mean for Yemen," *Carnegie MiddleEastCenter*, December 05, 2017, http://carnegie-mec.org/diwan/74916?lang=en, 登录时间：2018年1月19日。

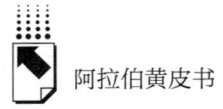

杜米会谈，欲借其与北方部落的联系打破僵局。① 一定程度上，也门战场上目前已经形成某种均势，但随着伊朗力量的不断增强和海湾地区"（沙特、阿联酋）双储并立"的格局演化，② 这种均势非常脆弱，也门危机未来因此呈现高度的不确定性。

---

① Neil Partrick, "The Saudi and Emirati Conundrum After Saleh," *Carnegie Endowmentfor International Peace*, December 18, 2017, http：//carnegieendowment.org/sada/75054，登录时间：2018 年 1 月 21 日。
② 丁隆：《阿联酋：搅动海湾的"小斯巴达"》，《世界知识》2017 年第 16 期，第 61 页。

Y.14
2017年叙利亚危机发展态势评估

汪颉珉*

摘　要： 目前，叙利亚大规模地面作战已基本平息，叙利亚政府军夺回大部分地区控制权，但仍存在不安定因素：政府军与反对派，以及各反对派之间小规模战斗不断；各股国际势力此消彼长；联合国等国际组织及许多国家仍积极倡导政治对话，使叙利亚民众看到一线希望。

关键词： 叙利亚　战场形势　外部势力　政治解决

叙利亚内战已进入第七个年头。2011年3月15日，始于年初的叙利亚民众示威活动升级为武装冲突，并最终升级为全面内战。迄今为止，这场内战已造成50多万叙利亚人遇难，受伤人数200多万，死伤人数加起来占总人口10%以上；无家可归人数超过1200万，相当于叙利亚总人口一半。

回顾叙利亚七年来的动荡局势，公众抗议、政府强势回击、外部大国干预、宗教势力介入，甚至自然灾害影响，都起到催化加剧作用。缺失政治自由及经济困境让叙民众对政府心生不满；政府对示威者的严厉打击则激化了公众的愤怒；突尼斯和埃及示威活动推翻原政府的成功，激发了叙利亚民众的斗志；武装冲突造成的社会混乱加剧了教派分裂，人口占优的逊尼派似乎看到了结束阿拉维派统治的希望。而在2007～2010年，叙利亚经历了严重干旱，致使上百万人被迫从农村迁移至城市，由此加剧了贫富不均和社会动

---

* 汪颉珉，北京语言大学中东学院副教授，主要从事阿拉伯语教学与中东问题研究。

荡,并为爆发内战埋下祸根。此外,境外政治和宗教势力的介入使叙利亚成为群雄逐鹿之地,各方关系错综复杂,使叙利亚战事久拖不决。

一 战场形势继续朝有利于政府军方向发展

叙利亚曾经一度出现政府军、反对派、"伊斯兰国"三足鼎立局面,三者又分别以大马士革、阿勒颇和拉卡为主要核心。2016年底,政府军成功收复叙利亚北部核心阿勒颇,并于12月30日午夜实行全面停火,但停火对象不包括"伊斯兰国"和努斯拉阵线及其同盟等极端组织,这意味着叙利亚反对派武装已经不再具备同政府军对抗的实力。之前阿萨德政权一直在努力进行"招安",最显著的成果当属谢赫·巴希尔回归效忠。这位前国会议员是叙利亚东北部的巴格拉部落酋长,也是内战爆发后第一批叛逃的高官之一,曾一度被视为反对派最高首脑,他回到大马士革后,宣布要和人民一起反对"伊斯兰国"等极端组织。

进入2017年,叙利亚战局继续朝着有利于政府军的方向发展。1月底,在政府军和全城居民的合力下,"伊斯兰国"被迫放弃对代尔祖尔地区的总攻。到了2月,政府军全面收复大马士革水库,困扰首都多时的水源问题逐步得到解决。在阿勒颇、霍姆斯、哈马等重要省份,政府军不断收复失地。3月中旬开始,反政府军以"解放叙利亚联盟"为先头部队,向政府军发动了几个月来最猛烈的一轮反攻,但被政府军成功压制。根据叙政府和反政府武装达成的协议,从3月中旬开始的反政府武装人员及其家属撤离瓦伊尔区的行动在5月21日顺利完成,标志着中部重镇霍姆斯省首府已经被叙政府重新控制。霍姆斯市是叙利亚第三大城市,工业中心,也是叙利亚最早爆发冲突的地区之一,近两年来,瓦伊尔区一直被反政府武装占据,收复该地区是政府军继收复北部重镇阿勒颇之后又一重要胜利。

2017年8月,叙利亚政府军和伊拉克什叶派民兵联合夺取伊叙边界附近的T2泵站,这一事件具有重大战略意义。基尔库克-巴尼亚斯原油管道是将伊拉克的基尔库克油田输送到叙利亚港口城市巴尼亚斯。该管道1952

年投产，长达 800 公里，每天石油运输量可达 30 万桶。叙利亚内战爆发后，围绕这条管线的争夺，实际是中东地缘政治博弈的暗线。这条管线共有四个泵站，在叙利亚境内有三个，分别是 T2、T3、T4。这次夺回的 T2 泵站，加上政府军之前控制的 T3 和 T4 泵站，表明这条油气管线叙利亚境内所有泵站都已回到政府军手里。为攻下 T2 泵站，叙利亚付出了沉重代价，第 60 装甲军司令萨恩·尤尼斯将军就牺牲于此。成功夺回对基尔库克－巴尼亚斯原油管道所有泵站的控制权，无论对叙利亚政府还是其盟友伊朗，都是值得庆祝的胜利。

与此同时，打击"伊斯兰国"的斗争也取得重大进展。"伊斯兰国"7 月 11 日承认，其最高领导人巴格达迪死亡，这是伊拉克和叙利亚反恐战争重要的阶段性胜利；8 月，中断六年的叙利亚大马士革国际博览会再次举办；9 月，叙利亚第四个冲突降级区建立，有效期暂定为 6 个月。10 月，俄叙联军在哈马取得重大战果，该省"伊斯兰国"最后一个据点被拔除。至此，叙政府军已经收复 90% 以上曾经被"伊斯兰国"等极端组织占领的土地；11 月 20 日，俄罗斯总统普京与叙利亚总统巴沙尔在索契会晤，普京表示叙利亚境内的反恐战争已经接近尾声。第二天，伊朗总统鲁哈尼宣布，极端组织"伊斯兰国"已经被剿灭；12 月 11 日普京突访俄驻叙利亚空军基地，并出人意料地在发表讲话时宣布俄罗斯将撤回在叙的绝大多数武装力量。

在叙利亚大局已定的背景下，叙利亚政局的外部环境出现两大新动向。

一方面，叙利亚和谈日趋机制化。2017 年 5 月初，俄罗斯、伊朗和土耳其在哈萨克斯坦首都阿斯塔纳签署了关于在叙建立"冲突降级区"的备忘录，指出叙利亚问题只能通过执行安理会 2254 号决议来解决。该备忘录执行情况良好，叙政府军已基本停止同反政府武装的战斗。在此背景下，俄罗斯武装力量总参谋部官员 6 月 9 日表示，叙利亚内战实际已经停止；7 月初，叙西南部停火协议正式生效的第二天，第七轮叙利亚问题日内瓦和谈拉开帷幕，叙利亚内战终于看到了和平的曙光。

另一方面，美国对叙利亚立场发生重大转变。在奥巴马执政时期，美国

一直要求阿萨德必须下台,并大力支持反对派推翻现政权。但现在美国常驻联合国代表黑莉公开表态称,推翻巴沙尔政权不再是美国优先要务。2017年4月,疑似化学武器袭击事件使叙利亚局势再起波澜。4月4日,叙反对派宣称,伊德利卜省遭到政府军化武攻击,致使多人伤亡。两天后,美国总统特朗普下令向叙利亚发射了59枚战斧导弹,作为对此次事件的回应。但俄罗斯坚持认为,是美国支持的极端组织使用了化武,双方都未提供确切证据,此事最终不了了之。

二 叙利亚战场上的外部势力

(一)黎巴嫩真主党

自叙利亚内战以来,黎巴嫩真主党在叙利亚战场一直表现活跃。2016年3月,在俄罗斯空袭掩护下,真主党武装和叙政府军共同收复了被"伊斯兰国"占领的帕尔米拉古城。2017年初,"伊斯兰国"组织再次大举进攻代尔祖尔。在战事吃紧的情况下,黎巴嫩真主党武装出动伞兵,紧急空投增援在代尔祖尔的叙利亚政府军。黎巴嫩政府军一直在黎叙边境打击努斯拉阵线等极端组织,因为基尔库克-巴尼亚斯油气管道在霍姆斯地区辟出一条支线,穿越黎叙边界到达黎巴嫩沿海的底里波利,而努斯拉阵线控制区正好卡在黎叙边界上,所以黎巴嫩政府军、叙利亚政府军以及真主党三方合力对其进行打击,并获得重大进展。

(二)土耳其

当前土耳其在叙利亚的主要目标就是防止叙库尔德武装坐大。2016年8月,土耳其以保障国家安全、防止"伊斯兰国"扩张为由,发动了"幼发拉底之盾"军事行动。该行动的真正用意是打击叙利亚境内的库尔德武装。土耳其担心,如果出现一个叙利亚库尔德自治区,加上既有的伊拉克库尔德自治区,将极大激励土耳其境内的库尔德工人党的斗志,推动库尔德人建立独立的民族国家。2017年3月,土耳其正式结束"幼发拉底之盾"军事行动,并称圆满完成任务。土耳其军队与部分叙亲土武装控制了叙土边境重镇杰拉布鲁斯和巴卜镇。土耳其总理耶尔德勒姆称,将来可能会发起更多跨境行动。

(三)以色列

叙利亚危机以来,邻国以色列始终坐山观虎斗,没有直接介入。以方多次重申,以方有两大"红线":第一,防止戈兰高地出现针对以色列的另一条"恐怖战线";第二,防止现代化武器经由叙利亚流入黎巴嫩真主党手中。以色列认为,叙利亚内战事实上已经结束,胜利者就是巴沙尔政府、真主党和伊朗。而特朗普政府要从叙利亚全面撤出的计划,让以色列对于伊朗在该地区的势力扩张更为担忧。叙利亚危机爆发以来,以色列屡次在库奈特拉省支持叙反政府武装。2017年11月,"征服阵线"在哈代尔镇引爆汽车炸弹,造成多人死伤。以色列军方随后发表声明,称以军已做好保护哈代尔镇居民安全、防止袭击造成更多破坏的准备,暗示其将更多干预叙利亚局势。此外,以色列频频对叙发动空袭。据叙利亚政府统计,以色列军方近来针对叙利亚军事设施、政府军车队和黎巴嫩真主党采取了近100次军事行动。

未来,以色列是否会在叙利亚采取进一步行动,主要取决于其设定的红线是否被触动。比如,向叙利亚或者黎巴嫩输出先进武器,威胁到以色列主权;在叙利亚设立永久性的伊朗军队驻地;在黎巴嫩建设可以生产新型导弹的军工设施等。[①] 以色列还表示,只要叙利亚和黎巴嫩试图控制黎叙边界,都会引来以色列军事打击。以色列控制黎叙边界,是为了阻止巴尼亚斯管道分支修建,战略上是防止进入叙利亚境内的黎巴嫩真主党武装从叙利亚返回。

---

① Brandon Friedman, *President Trump in Syria: should I stay or should I go?* TELAVIV NOTES, 2018, 5.

(四)美俄博弈

此前,美国实施"亚太再平衡"战略,加之自身实力下降,美国在中东进行战略收缩。2017年特朗普上台后,对奥巴马政府的中东政策(尤其是对伊朗以及叙利亚的立场)进行了激烈批判,大有完全否定奥巴马中东政策之意。在中东问题上,特朗普与前任最大的不同在于,他积极地同埃及、约旦以及沙特等国合作,想借此实现其所宣称的在中东三大首要任务:击溃"伊斯兰国"组织;在叙利亚实现停火并开始实施政治过渡;促进巴以和平进程。① 但实际上,特朗普上任后的中东政策,给美国许多媒体、学术界和前任官员的印象是:特朗普的中东政策更多的是继承而非改变。《纽约时报》指出"特朗普欣然接受了前任中东战略中的一些核心点"。② 在叙利亚问题上,特朗普同样采取了"既要保持影响力,又要避免投入"的做法。

俄罗斯则乘美国战略收缩之际重返中东。俄罗斯2015年9月介入叙利亚内战,使叙利亚战场形势发生逆转,原本摇摇欲坠的巴沙尔政权重新稳固下来。与此同时,俄罗斯在叙利亚的军事存在也在空前加强。2017年7月,400名俄罗斯士兵应邀进驻德拉市北部地区的坦克驾驶培训中心。以色列担心俄军进驻后,会支持叙政府军进攻由恐怖分子控制的戈兰高地交界地区。同时,叙利亚政府军如果拿下德拉,以色列和美国规划的海法-基尔库克石油管线就会受到直接威胁。

美俄在叙利亚问题上既有激烈较量,也有默契合作。2017年5月,哈萨克斯坦阿斯塔纳举行的叙利亚多边会谈机制,看似是俄罗斯、伊朗和土耳其主导,实则设立"冲突降级区"正是美国的主意。普京和特朗普电话交谈时表示,叙利亚问题如果没有美国的参与是无法有效解决的。有分析认为,美俄在叙利亚问题上的外交协调,是这两个大国在叙利亚划分势力范

---

① Uri Savir, "Trump's Mideast plan starts taking shape," al-Monitor, April 30, 2017.
② Mark Landler, Peter Baker, and David E. Sanger, "Trump Embraces Pillars of Obama's Foreign Policy," The New York Times, February 2, 2017.

围。根据各自的军事部署,似乎俄罗斯将负责包括阿勒颇、伊德利布、哈马、霍姆斯和大马士革(阿斯塔纳协议所涵盖)所构成的南北轴线以西的地区。而美国将负责同一轴线以东的领土。双方都控制着同自身利益密切相关的区域,同时对对方在自己区域内所做的事"睁一眼闭一眼"似乎是美俄之间没有说破的默契。

三 政治解决叙利亚问题任重道远

目前,围绕政治解决叙利亚问题,存在两大平行的和谈机制。但由于种种干扰因素,叙利亚真正实现和平任重道远。

(一)联合国积极推动叙利亚和谈

自2012年开始以来,联合国主持的叙利亚问题和谈时断时续,先后召集了多轮谈判,但双方分歧甚大,和谈进展有限。2017年11月底,联合国的叙利亚特使德米斯图拉,曾通过视频向联合国安理会通报第八轮日内瓦和谈的准备情况,呼吁叙政府和反对派不带任何先决条件地展开谈判,形成解决方案,实现联合国安理会2254号决议确立的目标,并强调联合国在叙利亚问题政治解决进程中应发挥主导作用。当前,在叙利亚战场形势日趋明朗、反恐取得阶段性胜利的背景下,日内瓦和谈在联合国主导下重启,将"选举"和"宪法"定为主题,标志着叙利亚政治进程进入了一个新阶段。

目前,中断数月的叙利亚问题政治进程得以重启,但双方代表团尚未进行"面对面的直接谈判"。分析称,鉴于目前叙政府与反对派之间、反对派内部各派别之间争权夺利,矛盾尖锐,此轮和谈仍难以取得突破。首先,在"巴沙尔去留"这一问题上双方的根本分歧没有变化。不论这一议题是否会在此轮和谈中被涉及,反对派代表团以"巴沙尔下台"作为政治过渡先决条件的立场非常明确,而政府代表团则坚持该议题是不可触碰的红线。叙政治分析人士穆罕默德·奥马里认为,反对派坚持要求巴沙尔下台是"不切实际"的要求。在叙利亚政府军已在战场上形成优势乃至胜势的情况下,反对派在这一问题上如不能做出妥协,和谈将很难推进。其次,尽管在形式上组成了统一的和谈代表团,但反对派内部意见并不一致。观察人士认为,反对派各派别分别受到不同外部势力影响,普遍缺乏独立性,且各有所图,因此和谈很难取得实质性成果。

不过,叙境内主要反对派"全国民主变革力量民族协调机构"发言人哈达姆认为,多轮日内瓦和谈取得了一定成果,例如,反对派代表团剔除了持极端立场的反对派成员,形式上完成了统一,各方就修订宪法、举行选举等议题也达成了一些共识。"日内瓦和谈依然是不可替代、最权威的平台,但和谈仍需要更有效、更大的推动力。"此外,反恐问题也是一大难点。当前,叙境内的"伊斯兰国"武装虽然受到严重打击,但恐怖主义势力并未被完全消灭,对恐怖组织的打击还应继续下去。

(二)俄、土、伊共同主导阿斯塔纳和谈机制

2016年底开始的阿斯塔纳进程表明,俄、土、伊三国开始联手介入叙利亚问题的解决。此后,叙利亚和谈形成了双轨态势,阿斯塔纳主谈停火,日内瓦和谈重在推进政治解决进程。俄罗斯展开了一系列主动外交行动,俄、土、伊三国领导人会晤并达成联合声明,确定了叙利亚问题政治解决的基本原则。凡此种种,表明俄罗斯正在深度介入叙利亚问题的政治解决进程。因此,下一步叙利亚和谈将如何推进,还需多方协调。2017年9月,俄罗斯、土耳其和伊朗共同宣布,经过在哈萨克斯坦首都阿斯塔纳召集多轮和谈,将在叙利亚设立4个冲突降级区,以确保停火协议得到执行。相关地区先后实现停火。

分析认为,日内瓦和谈已变成大国博弈的舞台和个别反对派组织例行公事的会场,而由俄罗斯主导的和谈更加包容务实。"叙利亚全国对话大会将包括叙利亚各政党、族群和教派人士,有着更广泛的代表性。"从外部生态来说,俄罗斯、土耳其、伊朗越来越主动地介入,为解决叙利亚问题提供了另一种可能性。尤其是面对联合国主持的日内瓦和谈的僵局,很多人把目光转向阿斯塔纳和谈机制。

结　语

　　阿拉伯谚语说"被宣布的胜利不是胜利"。这句谚语用在叙利亚问题上显得尤为令人警醒：叙利亚内战结束是俄罗斯宣布的；"伊斯兰国"组织在伊拉克和叙利亚的失败是伊朗宣布的，这些胜利是否是真正的胜利，仍存在疑问。这方面的前车之鉴就是2008年美国宣布击败了"基地"组织，但结果却是"伊斯兰国"组织迅速崛起。因此，谁也不能保证现在退缩在叙利亚境内零星据点的"伊斯兰国"残余会不会卷土重来，因为混乱的中东几乎为恐怖分子提供了他们需要的一切。叙利亚如果不能尽快完成秩序重建，当下的胜利恐怕只会成为持续的地缘政治对抗和恐怖主义肆虐路上的短暂时刻。叙利亚战争造成的深远影响早已超出国界。人民饱受磨难，前途吉凶未卜，叙利亚重建将是一个漫长而艰巨的过程。

Y.15
2017年伊拉克反恐形势及未来安全形势

魏 亮[*]

摘　要： 伊拉克一直是全球反恐战事的核心区。2016～2017年以来，伴随着费卢杰、摩苏尔等重要城镇的相继收复，以领土形式存在的"伊斯兰国"正在走向终结。但反恐战事取得进展并不等于伊拉克安全局势转好。美国和伊朗在伊拉克的竞争不断加剧，伊拉克国内民族、宗派和权力集团之间的斗争也威胁着未来安全局势。这些不确定因素和矛盾可能对未来伊拉克反恐工作造成不利影响。

关键词： 伊拉克　反恐形势　国际因素　国内因素

2014年6月28日，阿布·贝克尔·巴格达迪宣布建立"伊斯兰国"，宣称对整个伊斯兰世界拥有权威地位，并号召全球穆斯林效忠。自那时起，"伊斯兰国"取代"基地"组织，成为全球新一代的极端主义和恐怖主义的代表，并向南亚、东南亚、中亚、非洲以及欧美扩张和渗透。随之而起的，是全球范围的多个反恐联盟和涉及多国的反恐战事。伊拉克是全球反恐行动的重心，也是反恐成果的"指示牌"。经历3年多的战事，伊拉克反恐军事行动正在取得决定性胜利，但未来安全形势仍面临诸多挑战。

---

[*] 魏亮，博士，中国社会科学院西亚非洲研究所助理研究员，长期从事中东国际关系和恐怖主义研究。

一 伊拉克反恐战事的新进展

2016~2017年,伊拉克的反恐战事取得重大阶段性成果,费卢杰、摩苏尔和塔尔阿法尔三座具有战略价值和特殊意义的城镇相继收复,标志着在伊拉克境内以控制实际领土形式存在的"伊斯兰国"走向终结。不仅如此,"伊斯兰国"的媒体宣传和社会治理同样受到重创。著名的《达比奇》杂志于2016年9月停刊,有关"伊斯兰国"治理的媒体宣传锐减。2015年6~8月,该组织总计发布3305张伊拉克治理照片,2017年5~7月,该组织发布的治理照片只有171张,7~9月则减少到113张。① 伊拉克境内的反恐战事有望在2018年收尾。

费卢杰之战是打击"伊斯兰国"的首个重大胜利。费卢杰位于伊拉克安巴尔省境内,距离巴格达约69公里,逊尼派居民占比达95%。2003年伊拉克战争后,费卢杰成为反美抵抗运动的核心,富有"抵抗之城"称号。在扎卡维掌管"基地组织伊拉克分支"时,费卢杰就是最重要的据点。自2014年1月起,"伊斯兰国"控制该市,成为其掌控的第一座大城市。因此,解放费卢杰在打击"伊斯兰国"的战争中具有很高的象征意义和战略价值。

参加费卢杰收复战的主要有三种力量:伊拉克军方和内政部队;"大众动员力量";大约6000名安巴尔省的逊尼派部落武装。经美方斡旋,"大众动员力量"负责围困和孤立费卢杰,并在外围提供支援。伊拉克安全力量,尤其是反恐局成为收复城市的主力部队。为确保各部队协调作战,伊拉克政府专门成立联合指挥司令部和费卢杰解放行动司令部,并确定战后由本地逊尼派部落和当地警察力量维护治安。2016年5月23日,阿巴迪总理宣布开始攻城战,6月26日宣布解放费卢杰。费卢杰失守是对"伊斯兰国"的重大打击,它丢失的不仅是一座重要城市,还有士气。而极端分子出逃和投

---

① Aaron Y. Zelin, "Interpreting the Fall of Islamic State Governance", October 16, 2017, http://www.washingtoninstitute.org/policy-analysis/view/interpreting-the-fall-of-islamic-state-governance.

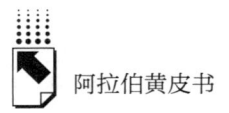

诚,使其宣称"为信仰而战"的神话极大破灭。

摩苏尔收复战则是伊拉克反恐战争的最大胜利。摩苏尔是伊拉克第二大城市,是该国最重要的工业、农业、教育和金融中心,拥有北方最大油田和最大炼油设施。2014年6月10日,"伊斯兰国"占领摩苏尔,使之成为其控制下最大的一座城市。摩苏尔虽然并非"伊斯兰国"的"首都",但其战略价值和象征意义不下于位于叙利亚的"首都"拉卡。2016年10月17日,总理阿巴迪宣布收复摩苏尔战役正式开始。2017年7月9日,阿巴迪宣布全城解放,整场战役耗时9个月。收复摩苏尔使"伊斯兰国"在伊拉克遭受重挫。不过,这并不意味着伊拉克反恐战事的终结,在摩苏尔仍有抵抗组织存在,清除简易爆炸装置需要很长时间,哈维贾和安巴尔省西部仍有诸多"伊斯兰国"控制的飞地。[1] 因此,伊拉克仍在进行收复剩余领土的战斗。

一年多的反恐战给伊拉克造成新一轮人道主义危机,包括新增难民、交战区的平民伤亡和恐袭伤亡。以摩苏尔为例,联合国人权协调办公室2016年11月估计,摩苏尔的国内流离失所者(IDPs,难民的一种)为4.2万人,约占当时城市人口的4%~6%,截至12月29日,即攻城战开始后第8天,摩苏尔流离失所者就激增15942人。[2] 据统计,2017年仅从老城区逃离的失散儿童就达到4万人。联合国难民署的伊拉克专员布鲁诺·戈多称:"老城里的居民被当成人盾,缺少食物、水、电力和燃料,他们生活在日益加剧的贫困和痛苦中。"[3] "伊斯

---

[1] Hamdi Malik, "With IS on the way out, Iraqi power struggles pose major threat", July 23, 2017, http://www.al-monitor.com/pulse/originals/2017/07/iraq-isis-mosul-terrorism-hawija-tal-afar.html?utm_source=Boomtrain&utm_medium=manual&utm_campaign=20170724&bt_ee=ItUKMOKHmF33q1OrLf5do63TuPRH3vK3NPXBWxh9YjceTw3iSqL/tGyezjlCy+54&bt_ts=1500916348722.

[2] Michael Knights, "Mosul Battle: Iraq Gaining Momentum Against IS", January 9, 2017, http://www.washingtoninstitute.org/policy-analysis/view/mosul-battle-iraq-gaining-momentum-against-is.

[3] Mustafa Saadoun, "Civilians face death, hunger in western Mosul", June 21, 2017, http://www.al-monitor.com/pulse/originals/2017/06/iraq-mosul-zanjili-civilians-children-human-rights.html?utm_source=Boomtrain&utm_medium=manual&utm_campaign=20170622&bt_ee=GH9Fsl7kqbNIF4BPSQTl5t6OQRpH6bYWAGiWAheDMCl5IyrklAkyq2HcKANxXC9V&bt_ts=1498151962675.

兰国"还将与伊拉克政府合作的居民直接处死,以起到威慑作用。"伊斯兰国"极端分子还在为赞吉利区开设的疏散通道旁的医疗中心楼布置据点,扫射楼下逃难的民众,造成大量伤亡。随着战事推进,"伊斯兰国"在巴格达、卡尔巴拉等城市制造恐袭的次数和伤亡人数也明显增加。2017年头8天,伊拉克就发生7起爆炸案,死亡87人,重伤231人。①

二 影响伊拉克未来局势的主要国际因素

1. 美国

美国是影响伊拉克局势的最主要外部因素。冷战以后,美国在伊拉克主导了两场半战争——1991年海湾战争、2003年伊拉克战争和2014年以后打击"伊斯兰国"的反恐战。每场战争都对伊拉克造成严重破坏,并一步步将其从地区大国变成所谓"失败国家"。可以说,美国是对伊拉克局势负有最大责任的国家。2011年美国从伊拉克撤军后,它在伊拉克的影响力明显萎缩,还给曾与美军方密切合作反恐的逊尼派力量与部落头领留下美国"不可信任"的负面资产。

2014年"伊斯兰国"强势崛起引起美国高度关注。"伊斯兰国"的存在对美国威胁甚大。首先,它关系到2003年美国发动伊拉克战争的成果,如果巴格达政府崩溃,将是冷战后美国扶植首个海湾地区民主政权和样板的崩溃,也是美国多年战略投资的重大失败。其次,"伊斯兰国"和它的极端思想不仅威胁美国在伊人员、设施和本土安全,还威胁美国中东和欧洲盟友的政权稳定或安全,美国不能坐视和放任其发展。最后,打击"伊斯兰国"的成败关系到美国维护全球安全的能力和世界领袖的威信,是美国作为世界第一大国和唯一霸权国的责任。因此,"直白地说,(伊拉克)对美国的各

---

① Michael Knights, "Mosul Battle: Iraq Gaining Momentum Against IS", January 9, 2017, http://www.washingtoninstitute.org/policy-analysis/view/mosul-battle-iraq-gaining-momentum-against-is.

种利益而言太重要，美国无法承受它的失败"。①

2014年9月，奥巴马宣布美国将"削弱并最终击败伊斯兰国"。② 伊拉克重新回到美国中东战略中的中心位置。伊拉克被定位为美国"基于相互尊重和共同利益的长期战略伙伴"③，以反恐为核心的安全领域也成为美国对伊政策的重点。为打击"伊斯兰国"，2014年12月美国初步制定伊叙两国打击"伊斯兰国"的计划大纲。美国国内各部有着较清晰的分工，例如，国防部主要负责搜寻和打击据点、重建本地盟友的反恐能力；国务院负责增强伊拉克中央政府的治理能力和与地区国家的工作协调；财政部负责金融监管和追踪打击、人道主义援助；中情局负责情报收集、媒体监控和去极端化。"对美国来说，打击'伊斯兰国'有三大战略任务：将伊叙战事视为长期战事，不断削弱其生存环境；在利比亚和阿富汗与其分支力量作战；保护美国本土免于恐袭。"④ 2016~2017年下半年，美国在伊的反恐活动以高科技和情报为基础的有限介入模式，尽可能控制派驻人员的数量、减少直接军事接触和伤亡。

2017年特朗普上台后，美国外交以"美国优先"为前提，以战略收缩为核心，在退出TPP和《巴黎气候协定》等问题上显示逆全球化趋势。但其打击恐怖主义（尤其"伊斯兰国"）的口径未曾更改。1月28日，特朗

---

① Michael Knights, "Memo to Trump: Iraq Is Too Big to Fail", February 13, 2017, http://www.washingtoninstitute.org/policy-analysis/view/memo-to-trump-iraq-is-too-big-to-fail.
② Statement by the President on ISIL, The White House Office of the Press Secretary, Sep 10, 2014, https://obamawhitehouse.archives.gov/the-press-office/2014/09/10/statement-president-isil-1.
③ Joint Statement by the United States of America and the Republic of Iraq, The White HouseOffice of the Press Secretary, Apr 14, 2015, https://www.whitehouse.gov/the-press-office/2015/04/14/joint-statement-united-states-america-and-republic-iraq.
④ Ash Carter, "Memo to Trump: Iraq Is Too Big to Fail", Belfer Center Report, October 2017, https://www.belfercenter.org/publication/lasting-defeat-campaign-destroy-isis?utm_source=SilverpopMailing&utm_medium=email&utm_campaign=BIN%202017-10-04%20(1)&utm_content=&spMailingID=18222425&spUserID=MjE3NzA0ODg0OTU1S0&spJobID=1120237701&spReportId=MTEyMDIzNzcwMQS2.

普签发《计划击败叙利亚和伊拉克"伊斯兰国"》的第 3 号总统国家安全备忘录,责成国防部制订击败"伊斯兰国"的全面计划。美国的反恐政策有着良好民意基础,在美国中东研究所的全国民调中,82%的受访者支持美国参与击败"伊斯兰国"的战斗,73%的人认为美国并没有取得战争的胜利。① 未来,美国在伊拉克的反恐力度不会因"伊斯兰国"消灭而减弱,而会在巩固和深化反恐成果方面加大力度。

总体看,自 2003 年以来,美国对伊拉克的政策基本一致:维护伊拉克统一,反对任何形式的国家分裂;将反恐作为第一要务,以可接受的成本推进打击恐怖主义的行动;尽可能地将伊拉克塑造成可靠的盟友与伙伴,控制和削弱伊朗对伊拉克局势的影响力。面对 2017 年 9 月的库区公投,美国政府在公投前和公投后均明确表示反对,强调维护伊拉克领土主权完整与统一的重要性,这不仅是美国政策一惯性的表现和"试金石",也是未来美国对伊政策的基石。

2. 伊朗

伊朗也是伊拉克局势的主要外部力量。伊朗和伊拉克的关系历史悠久。伊拉克在古代曾是波斯帝国的领地。波斯帝国、安息帝国和萨珊波斯帝国都将首都设在现今的伊拉克境内。伊斯兰教兴起后,不仅波斯民族和文化对伊斯兰文明的繁盛做出重大贡献,什叶派的诸多圣地也成为伊朗什叶派朝圣的首选。当前,伊拉克什叶派宗教世家中,除了萨德尔一系源自黎巴嫩,其余都来自伊朗。

2003 年萨达姆政权垮台给伊朗带来难得的战略机遇期。2017 年以来,各方热衷于讨论伊朗借助"大众动员力量"和"真主党"打通从德黑兰到地中海的"陆地走廊",这既是对什叶派力量在伊拉克壮大的反应,也是对伊朗"什叶派新月弧"成长的忧虑。

伊朗对伊拉克政策的基本原则就是:维持伊拉克主权和领土完整,防止

---

① MEI Staff, "Poll: American Attitudes on Middle East Policies", October 18, 2017, http://www.mei.edu/content/article/poll-american-attitudes-middle-east-policies.

和阻止逊尼派或库尔德人独立，确保什叶派对中央政府的有效控制，维护两伊密切和友好关系。2003年萨达姆政权覆灭后，伊朗对伊拉克进行全面的渗透和介入，并抓住一切机会扩展其影响力。

经济方面，据伊朗贸易促进组织统计，伊朗对伊拉克的非石油出口——包括食品、建筑材料、交通工具和其他事项，从2008年的23亿美元增长到2015年的62亿美元。① 例如，2016年伊朗水泥出口的70%前往伊拉克。加上旅游业、工程服务、转口贸易等，2015年双边贸易额达到120亿美元。2012年伊朗遭遇西方严厉制裁，伊拉克成为伊朗重要的转口贸易国和金融信用凭证提供者，对缓解和规避所受金融制裁起到重要作用。

政治方面，伊拉克国内各什叶派政党都与伊朗保持密切互动。以前总理马利基为代表的达瓦党、以"巴德尔组织"为核心的军事组织、控制库区苏莱曼尼亚省的库爱盟都是伊朗的长期重要抓手。现任总理阿巴迪本人不仅是什叶派出身，在重大外交政策上也与伊朗精神领袖哈梅内伊保持沟通。随着打击伊拉克境内"伊斯兰国"的战斗接近尾声，伊朗正促使其武装代理人在伊拉克安全和政治事务中发挥重要作用。② 据报道，"大众动员力量"中以"巴德尔组织"为首的五个亲伊朗组织组建"忠诚者联盟"，打算参加2018年议会大选，借机成为伊拉克境内的新生政治力量。

军事方面，伊朗竭力扩大对伊拉克的军事存在。2014年"伊斯兰国"兴起为伊朗渗透和控制伊拉克准军事力量提供了难得机会。从2014年秋季开始，伊朗开始向伊拉克政府和"自由斗士"提供武器装备和弹药援助，同时归还第一次海湾战争期间伊拉克送往伊朗的100多架战斗机。伊朗在伊

---

① Tamer Badawi, "Iran's Iraqi Market", July 27, 2016, http：//carnegieendowment. org/sada/? fa = 64187&mkt_ tok = eyJpIjoiWmpBM01qRXpaVEZsWVRJMiIsInQiOiJzam9xVVJNWVB4NXpVdXV4 S3NrMGJzWU1CYmhQaUFNa1h1bnpLMEFcL0pQTnZRUlg2VXRDbHVBOFRUOGtRUGgxN0FJUEF VZ2pFVzFvVEhLWEVyaG5YQlU1M2REZlB6XC9WMGo3cnhJcmtIIuSnlRPSJ9.

② Ahmad Majidyar, "Iran-Backed Iraqi Paramilitary Forces Form New Alliance to Contest Parliamentary Elections", August 4, 2017, http：//www. mei. edu/content/io/iran – backed – iraqi – paramilitary – forces – forms – new – alliance – contest – parliamentary – elections？ utm_ medium = email&utm_ source = cc&utm_ campaign = io – daily&utm_ content = headline.

拉克境内发动空中打击以协助"大众动员力量"作战,伊朗圣城旅的司令官卡西姆·苏莱曼尼多次在一线战场给予作战指导。① 目前,伊拉克"大众动员力量"的副主席阿布·穆罕瑟斯曾长期接受"圣城旅"和"真主党"的培训和资助。该组织下属武装"正义人民联盟"和"巴德尔组织"的领导人,以及著名什叶派教士卡伊斯·哈扎里与哈迪·阿梅利,在两伊战争中曾支持伊朗。"伊朗第一次有机会掌控其在伊拉克的军事投资不断发展,并通过议会法令成为合法武装的一部分。"② 伊朗对伊拉克这些新生军事力量最具发言权。2017 年 7 月 22 日,伊拉克国防部部长埃尔方·哈耶里访问伊朗,双方就国防合作签署谅解备忘录,两伊将加强在反恐、后勤、边境安全、技术和军事援助等方面的合作。

伊朗还竭力维护伊拉克领土统一。2017 年 9 月,伊拉克库尔德人举行独立公投,此举遭遇伊朗强烈反对。为向库区施压,伊朗不仅中断每天 1.3 万吨的燃料供应,暂停飞往苏莱曼尼亚和埃尔比勒的航班,还在两伊边境进行军事演习。

需要指出的是,随着伊拉克境内"伊斯兰国"力量削弱,美国与伊朗在反恐议题上沟通与合作的基础也在弱化和消亡。反恐战事的趋近结束,意味着美伊斗争的主要领域正逐渐集中于未来伊拉克国内政治,并通过影响新收复地区权力再分配、秩序维护和重建进程进而影响反恐成果的维系。

三 影响伊拉克未来形势的国内因素

伴随着反恐战争的发展,伊拉克国内各派力量此消彼长,政治生态也发

---

① Yousif Kalian, "Iran's Hezbollah Franchise in Iraq: Lessons from Lebanon's Shiite Militias", 2016, http://www.washingtoninstitute.org/fikraforum/view/irans – hezbollah – franchise – in – iraq – lessons – from – lebanons – shiite – militias.

② Ali Hashem, "Engaging with PMU necessary to check Iran's influence in Iraq", July 24, 2017, http://www.al – monitor.com/pulse/originals/2017/07/iran – iraq – pmu – mosul – liberation – influence – post – islamic – state.html? utm_ source = Boomtrain&utm_ medium = manual&utm_ campaign = 20170725&bt_ ee = RVjeaXbzU6kG8XeVqkwjk/D58ta6oLN03o8fdqMG4msp8BOefqtyZkGlcyU2aYAv&bt_ ts = 1501001740901.

生变化。这主要体现在阿巴迪政府示弱和改革受阻、库区与中央政府矛盾加剧、"大众动员力量"等什叶派准军事力量崛起,伊拉克什叶派、逊尼派和库尔德人三大力量持续裂化,同时库尔德、什叶派内部分裂公开化。随着"伊斯兰国"这个共同敌人的溃败和 2018 年大选在即,伊拉克政局的内压和角逐也在升温。

1. 阿巴迪政府深化改革

2014 年大选中,伊拉克国内各方和美伊(朗)就总理人选展开激烈博弈。马利基因在位期间腐败滋生、独揽大权、任人唯亲,加上恐怖主义回潮、逊尼派边缘化、什叶派党团权力分配不均等矛盾,导致其最终被"海归人员"阿巴迪取代。面对马利基留下的"烂摊子",阿巴迪政府试图通过巩固权力基础,平衡各方利益的方式推进全方位的改革,并得到美国的积极支持。2015 年夏季,高温和供电不足引发各地大规模示威游行,随后伊拉克什叶派最高宗教领袖西斯塔尼发表声明,支持抗议者并呼吁阿巴迪对腐败"施以铁拳",勇敢开启政治改革。

阿巴迪乘机宣布启动改革,并公布 6 点方案,包括:全面和立即减少所有高级官员的安保人员,被裁减的安保人员将被编入国防部和内政部;审查高级官员的车辆和住所等福利,使之符合法律规定并确保公平取消对现任和退休官员的特别津贴;停止根据政党和教派背景分配官职,将由总理领导的专门委员会根据经验、能力和品德选任官员,将不称职的官员免职;削减部长与其他高级官员的数量,以提高政府效率并降低开支;立即取消所有副总统和副总理职位,重新启动对过去和现有贪腐案件的调查,任命知名且正直的司法人员起诉和审判涉贪官员。① 此外,阿巴迪还宣布改革税制制度、加强对政府开支和公共服务水平的监管等。此后,新政府裁撤和合并部级部门,将内阁从 33 人减到 22 人。阿巴迪的改革主要基于三大考虑。

一是巩固地位,与马利基争夺权力。马利基是达瓦党的老领导,2008~2014 年任总理,在伊拉克和什叶派内部根深蒂固。2014 年被迫下野后他打

---

① "Statement", http://pmo.iq/pme/press2015en/9-8-2015en.htm.

算重夺总理"宝座"。为此，马利基在党内、什叶派阵营和议会均多次公开挑战阿巴迪，甚至拒不搬出总理办公室，并要求阿巴迪辞职。

二是急民众之所急。随着反恐战争转守为攻，伊拉克民众关心重点再次转向民生。2015 年，伊拉克政府军从"伊斯兰国"手中夺回拜伊基炼油厂，反恐战争进入相持阶段，战事稳定使民众要求改善供水、供电、恢复医疗、教育的呼声日渐高涨。

三是有效为政府和财政减负。2014 年后，全球油价从 140 美元的高位下落到 50 美元左右，由于石油销售占伊拉克 GDP 总量的 60%，占政府财政的 90%①，以卖油为支柱的经济模式难以支撑庞大的政府开支。2016 年财政赤字达 254 亿美元，占 GDP 的 14.7%，现金账户负债 122 亿美元，政府债务高达 680 亿美元。② 军费的高企和腐败消耗问题严重，例如，伊拉克军队有 5 万"幽灵兵"吃空饷。2017 年，根据"透明国际"全球腐败排名，伊拉克在 175 个国家地区中排第 170 名。2016 年则是在 176 个国家地区中排第 166 名。③ 这些均造成政府财政严重拮据。改革意在减少政府雇员、安保雇员和运行支出，消除"人头贪腐"，提高政府效率。

2016 年 3 月 31 日，阿巴迪向议会递交新内阁名单，意图将内阁席位从 22 个减少到 16 个，并替换其中 14 人，仅内政和国防部部长留任。新改组方案依然是为打破按民族和宗教派系分权的政府现状，组建一个高效的专家型政府。但该方案因触动国内各派利益而遭到强烈反对。自 2016 年 3 月起，伊拉克石油、内政等 7 位部长先后提出辞呈，他们都出自泛什叶派的"全

---

① Bilal Wahab, "Iraq Can't Commit to OPEC's Oil Output Deal", November 29, 2016, http://www.washingtoninstitute.org/policy–analysis/view/iraq–cant–commit–to–opecs–oil–output–deal.
② The World Factbook: Iraq, CIA, https://www.cia.gov/library/publications/resources/the–world–factbook/geos/iz.html.
③ Ali Hashem, "Engaging with PMU necessary to check Iran's influence in Iraq", July 24, 2017, http://www.al–monitor.com/pulse/originals/2017/07/iran–iraq–pmu–mosul–liberation–influence–post–islamic–state.html?utm_source=Boomtrain&utm_medium=manual&utm_campaign=20170725&bt_ee=RVjeaXbzU6kG8XeVqkwjk/D58ta6oLN03o8fdqMG4msp8BOefqtyZkGlcyU2aYAv&bt_ts=1501001740901.

国联盟",其中3位出自"萨德尔运动",2位出自"伊斯兰最高委员会",7月19日和20日阿巴迪接受辞呈;8月和9月,国防部部长和财政部部长也遭到议会罢免。内阁中五大"实权部长"只剩下曾任总理的外长贾法里一人。

阿巴迪"弱政府"的改革,体现出当前伊拉克政治的三大特点。首先,2003年后政治秩序的功能性紊乱。表面上,以尊重种族—宗派差异实现的代表制,成为借身份差异争夺和控制权力与利益,进而割裂社会的机制。库区的权力争夺与分离倾向(后文论述)反复显现。而逊尼派在"基地组织伊拉克分支"和"伊斯兰国"相继崛起背景下渐渐进入失语境地。其次,民众对政党的信任日减,对治理失败的愤怒日增。2015年春"伊斯兰国"连续制造恐袭,但未引起民众抗议,相反,当年夏季伊拉克电力供水不足,却成为民众示威游行的导火索。足见民众对政府和政党的真正需求所在。最后,什叶派内部分裂公开化。作为伊拉克战后最主要政治力量,什叶派不仅占人口优势,而且也基本保持团结,因而成为"一强两弱"政治格局下的"压舱石"。什叶派力量一方面能够在政治上协调分歧、组成联盟、一致对外;另一方面借纳杰夫的宗教力量——大阿亚图拉西斯塔尼和伊朗的微妙平衡,确保什叶派"斗而不破"的局面。现下,伊拉克什叶派内部角逐国家权力的斗争日趋加剧:一方面是前任总理马利基想要重新掌权;另一方面是现任总理阿巴迪想要保住权力;还有教士萨德尔决心不让马利基重夺权力。① 这两年的改革和斗争充分显示出以马利基、阿巴迪、萨德尔为首的三大集团之间权力竞争已变得难以调和。潜在的政治默契正在转换为互不相让的零和博弈,什叶派的内部争吵已经转变为公开斗争和对抗。

阿巴迪政府的军事、战略部署不断受到来自马利基、"大众动员力量"和萨德尔的干扰。解放摩苏尔的军事行动被迫延缓,改为首先攻打费卢杰;在费卢杰、摩苏尔、阿尔塔法尔之战中,中央政府只能通过协商方式获取

---

① Renad Mansour and Faleh A. Jabar,"THE POPULAR MOBILIZATION FORCES AND IRAQ'S FUTURE", APRIL 2017, http://carnegie-mec.org/2017/04/28/popular-mobilization-forces-and-iraq-s-future-pub-68810.

"大众动员力量"及下属分支的支持,对违命行为无能为力。反恐战争被国际社会看作什叶派武装在逊尼派地区扩大影响力的机会,屡有披露的教派暴行则被看作什叶派的借机报复。

2. 库尔德武装与中央政府矛盾凸显

2003年伊拉克战争中,库尔德人所在的北部地区基本没有重大战事。作为亲美势力,库尔德人政治地位空前提高。伊拉克新宪法中确认库尔德人享有自治权利,库尔德语成为全国官方语言之一,库尔德自治区也可拥有自己的武装力量。[①] 库尔德人出任伊拉克总统（名义的国家元首）成为不成文的惯例,来自库尔德斯坦爱国者联盟（简称库爱盟）的塔拉巴尼和马苏姆先后成为总统。库尔德人对美国也投桃报李,积极配合美国在伊拉克的军事和政治政策。库区和其武装一直是美国干预伊拉克事务的可靠伙伴和打击"伊斯兰国"的有效工具。2016年7月前,库尔德的"自由斗士"武装在与"伊斯兰国"对抗中共有1466人阵亡,8610人受伤,62人失踪。[②] 据美国2016年7月备忘录,在收复摩苏尔的战斗期间,美国将向"自由斗士"支付总额为4.15亿美元的援助,同美国还将提供每月6000万美元的援助和大量武器装备。虽然"自由斗士"战斗力和装备水平依然有限,但其借助反恐战争之机,发展成库区政府手中重要的准军事力量。

当前,库尔德人与中央政府权力之争从未停歇,这主要体现在几个方面。

一是基尔库克归属问题。基尔库克省探明原油储量100亿桶,出口约占全国的40%。加之建有通往土耳其杰伊汗港口和叙利亚境内的输油管道,故而是伊拉克北部重要的石油出口基地。库区每天55万桶原油产量中的34万桶来自该省。从历史角度看,基尔库克古代曾是库尔德人聚集区。近代以来大批土库曼人和阿拉伯人迁入。1973年,伊拉克宣布在库尔德地区实行

---

① "Full Text of Iraqi Constitution", Oct 12, 2005, http://www.washingtonpost.com/wp-dyn/content/article/2005/10/12/AR2005101201450.html.
② Michael Knights, "The U.S., the Peshmerga, and Mosul", July 28, 2016, http://www.washingtoninstitute.org/policy-analysis/view/the-u.s.-the-peshmerga-and-mosul.

自治，范围包括苏莱曼尼亚、埃尔比勒和多胡克三个省份，但将基尔库克省排斥在库区范围之外。近年来，库区政府一直积极鼓励库尔德人移民基尔库克，力求改变该省和首府的人口结构。2014 年，"伊斯兰国"向东部基尔库克省和库区首府埃尔比勒发动攻势。为此，库尔德人在美军支援下将"伊斯兰国"推回，并收复2.7 万平方公里土地。① 借助反恐战事，库区实际上完成了对基尔库克省大部地区、产油区和首府的控制，并力图将其合法化。2017 年 3 月，基尔库克市市长纳贾米丁·卡里姆颁令在市政大楼升起库区旗帜，此举引发国际、地区和本地力量强烈反应。② 9 月，伊拉克库区政府举行独立公投。10 月初，巴尔扎尼下令，如果政府意图靠近基尔库克的油井区，在基尔库克、萨拉赫丁和迪亚拉省的"自由斗士"民兵将向当地的伊拉克安全力量或者联邦警察发动攻击。③ 但伊拉克中央政府不为所动，11 月 15 日，伊拉克政府军在凌晨两点联合发起进攻，夺回全省大部、首府周边空军基地和一块库方控制的油田，另造成少量"自由斗士"战士伤亡。

二是独立公投。9 月 25 日库区举行全民公投，92.7% 的投票者支持独立。在笔者看来，这次公投有着较为复杂的内部动因，首先，巴尔扎尼不顾国内外各方反对执意举行公投，意在团结库尔德人，转移对库区现状和巴尔扎尼的愤怒和视线；其次，公投只是作为一种战术动作而非放弃渐进主义以求独立的基本战略。公投结果公布后，巴尔扎尼迅速表示投票不会导致发布独立宣言，而应成为启动新谈判的开始，证实他将公投作为增强在中央政府谈判时的地位和筹码。更进一步看，库区内部对公投的态度高度分裂，不但库爱盟和其控制下的苏莱曼尼亚省对公投持抵触态度，而且因缺少国际组织

---

① Hemin Hawrami, David Pollock, and Michael Knights, "The Future of the Kurdistan Region of Iraq Mosul-Economic Crisis, and Self-Determination", February 8, 2016, http://www.washingtoninstitute.org/policy-analysis/view/the-future-of-the-kurdistan-region-of-iraq.

② Göktuğ Sönmez, "The Dangerous Implications of Raising the Kurdish Flag in Kirkuk", May 19, 2017, https://jamestown.org/program/dangerous-implications-raising-kurdish-flag-kirkuk/?mc_cid=04cf0d4a04&mc_eid=fb09a80f52.

③ Ahmad Majidyar, "Tension Building up in Kirkuk after Kurdish Vote", October 3, 2017, http://www.mei.edu/content/io/tension-building-kirkuk-after-kurdish-vote?utm_medium=email&utm_source=cc&utm_campaign=io-daily&utm_content=headline.

监察和复检与市级投票结果迟迟不公布细节，外界和民众对投票率的可信性也持怀疑态度，另外库爱盟和葛兰运动到最后时刻才被迫同意公投使得"公投显示和深化了库区内各党派领导和精英阶层的分歧，暴露出他们对库民党单边主义的高度不满"。① 从目前情况看，有关基尔库克的争夺并未引发大规模武装冲突，库区政府也有意"冻结"公投结果和与中央政府分享对库区边境的控制，但这并不意味着库区决定放弃基尔库克省和其石油资源，或者放弃迈向"独立"的政治理想。围绕这两大议题和石油等其他利益的分配斗争仍将继续。

三是打击"伊斯兰国"问题的矛盾。首先，出于民族和历史原因，库尔德武装无法获得阿拉伯人的信任，进而深入伊拉克中西部协助反恐。其次，库区内部矛盾突出，爱国联盟、葛兰运动和库民党之间就巴尔扎尼逾期留任和独揽大权的权力斗争和矛盾突出，库区下属各武装因政治忠诚各异，导致战场上的各自为战、互不联络，武装力量内部分裂和矛盾严峻。最后，受全球油价低迷影响，库区财政依旧吃紧，经济压力巨大。2016 年，美国及其盟友向行将破产的库区政府提供近 50 亿美元的紧急援助，也仅够它维持一年时间。② 因此，在反恐问题上库区政府的真实意图是"御敌于国门之外"，无意替伊拉克中央政府"卖命"。在库区和有争议地区之外，反恐更多的是库区政府展示实力和讨价还价的砝码。

3. "大众动员力量"等什叶派武装兴起

2014 年 6 月"伊斯兰国"兴起后，伊拉克什叶派最高领袖大阿亚图拉西斯塔尼发布跨教派教令，号召所有有行动能力的人保卫巴格达，抵御

---

① Christine Mccaffray van Den Toorn, "Internal Divides Behind the Kurdistan Referendum", October 11, 2017, http：//carnegieendowment. org/sada/73359？ mkt_ tok = eyJpIjoiTlRBNU9HWTBaR0ZqWXpkbSIsInQiOiJabFNGd3RcL3NZalU5ZXY2aXBRVG9QUUZwc0JXbGpMeE5zSHVUc0RzaHNWbGxRMWd6YlN0MCtuMjBqcUcwZklSdmRmRFI3ZWVQcm15RlF1Wml3WXJtQ2VVMVQmRzcXV1dW9JdDg3Ujk4bHZvUxtTFRobTBOWkNZcVwvRytERDlcL1J6NSJ9.

② Michael Knights, "Using International Financial Aid to Improve Baghdad-KRG Relations", March 15, 2016, http：//www. washingtoninstitute. org/policy – analysis/view/using – international – financial – aid – to – improve – baghdad – krg – relations.

"伊斯兰国"。上一次由宗教领袖发布类似教令，还是1920年的伊拉克反英运动期间，足见"伊斯兰国"威胁之大。2014年6月15日，"大众动员力量"正式成立。鉴于当时伊拉克军队战斗力孱弱、腐败盛行，初生的"大众动员力量"是与"伊斯兰国"展开较量的主力。2015年3月15日至2017年8月3日，有超过2000名"大众动员力量"士兵在反恐战中阵亡。①"伊拉克总统媒体办公室发表声明称，总统感谢该组织和成员为保卫伊拉克的流血牺牲"。② 该组织也深受什叶派民众的欢迎。据2015年8月民调，99%的受访者支持它在打击"伊斯兰国"中的作用。③ 2016年12月，马苏姆总统签署法令，批准该组织列入国家武装力量。按照法案规定，它的核定人数为5万人，由中央政府支付薪酬和养老金，其中逊尼派成员为1.5万人。但到2017年，预算里核定人数已经达到11万。

目前"大众动员力量"具有三大特点：第一，该组织虽隶属内政部管辖，但下属武装，尤其是各什叶派武装具有很高的自主性。中央政府无法在军事行动和指挥上做到令行禁止。第二，伊朗对其有着很强的控制力，并给予坚决支持。该组织内的强硬什叶派大多得到伊朗的直接资助、武装和训练。④ 2017年7月，阿巴迪访问伊朗时，精神领袖哈梅内伊敦促他不能解散"大众动员力量"，同时决不能依靠美国。"任何时候都不能相信美国，因为

---

① Ali Alfoneh, "Iran-Backed Popular Mobilization Forces Preparing for Post-Islamic State Iraq", August 3, 2017, http://www.mei.edu/content/io/iran–backed–popular–mobilization–forces–preparing–post–islamic–state–iraq? utm_medium=email&utm_source=cc&utm_campaign=io–daily&utm_content=headline.
② Ali Hashem, "Engaging with PMU necessary to check Iran's influence in Iraq", July 24, 2017, http://www.al–monitor.com/pulse/originals/2017/07/iran–iraq–pmu–mosul–liberation–influence–post–islamic–state.html? utm_source=Boomtrain&utm_medium=manual&utm_campaign=20170725&bt_ee=RVjeaXbzU6kG8XeVqkwjk/D58ta6oLN03o8fdqMG4msp8BOefqtyZkGlcyU2aYAv&bt_ts=1501001740901.
③ Greenberg Quinlan Rosner Research, "Lack of Responsiveness Impacts Mood: August-September 2015 Survey Findings," National Democratic Institute, https://www.ndi.org/sites/default/files/August%202015%20Survey_NDI%20Website.pdf.
④ Yousif Kalian, "Iran's Hezbollah Franchise in Iraq: Lessons from Lebanon's Shiite Militias", 2016, http://www.washingtoninstitute.org/fikraforum/view/irans–hezbollah–franchise–in–iraq–lessons–from–lebanons–shiite–militias.

它一直在等待机会伤害你。"① 第三，组织内的各什叶派武装与伊朗关系和忠诚度、对阿巴迪政府的态度存在差异。到目前为止，该组织对国内非逊尼派的少数族群，如基督徒、雅兹迪人，始终保持宽容和友好态度。

目前，"大众动员力量"已发展成伊拉克不可忽视的准军事力量。在获得政府承认和资助后，它正逐渐谋求向政治力量转变，增强其合法性，并更加积极地介入议会和政府，以争取更多的权力和利益。"大众动员力量"一边借助伊朗和各下属组织的影响力和强力支持，一边将马利基视为最大的政治盟友，加强合作。通过反腐败委员会，它利用议会中的盟友削弱阿巴迪和其内阁的合法性，并排挤其盟友。它还在互联网和社交媒体发动公关，为"伊斯兰国"败亡后的存在提供合法性。目前，什叶派民兵组织的合法化问题理论上已经得到解决，想解散或者剥夺其独立性十分困难，短期内更难有成效。

总之，打击"伊斯兰国"的军事行动，使伊拉克政治派系、宗派分野、央地权力分配与准军事力量竞争和斗争日渐公开化、激烈化和失控化。未来，反恐战事的扫尾和安全局势的维护，更容易受到国内政治斗争的影响和掣肘。虽然短期看"伊斯兰国"难有机会"东山再起"，但伊拉克未来安全局势的各种不定因素会越来越多，面临的挑战也在增加。

结　语

随着"伊斯兰国"势力被清剿，伊拉克将面临更为复杂的政治、经济和社会环境。首先，收复地区的管理将面对复杂的民族多样性和宗派矛盾。西北部诸省是阿拉伯人、库尔德人、土库曼人、亚述人、雅兹迪人等的聚集区和传统家园。2016年"大众动员力量"在基尔库克周边与"自由斗士"，在摩苏尔附近与当地逊尼派部落都发生过武装冲突。什叶派和逊尼派的分

---

① Ahmad Majidyar, "P. M. F. Spokesman We'll Not Be Disbanded, Will Remain Key Player in Iraq", August 7, 2017, https://www.mei.edu/content/io/pmf-spokesman-we-ll-not-be-disbanded-will-remain-key-player-iraq.

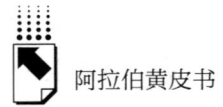

歧，伊斯兰教和基督教、雅兹迪教派的差异，加之"伊斯兰国"统治期的极端政策，伊拉克中西部地区的潜在矛盾始终在不断积累和激化。其次，阿拉伯人和库尔德人对争议地区的争夺也会更为剧烈。西北部诸省中库尔德人相对聚居区的归属和管辖方式将成为新的引火点。同时"自由斗士"借助战事对尼尼微省的渗透也为本地库尔德人力量和离心力的增强提供有力支撑。再次，重建本身就涉及各民族、党派、部落之间的权力和利益分配，而重建的效果则是影响人心向背、社会秩序的最直接因素。考虑到低油价导致的更多资金困难，西北部诸省重建工作的难度远比2003年伊拉克战争结束后更为艰巨。最后，安全保障和抵御"伊斯兰国"等其他组织的回归是一项艰巨挑战。西北部各省受"伊斯兰国"管控达3年之久，组织根基牢固，影响深远。清除极端化思想的"土壤"和教化遣返的组织成员需要伊拉克中央政府、以美国为首的反恐联盟和当地政治力量的全面合作才能保障。

因此，伊拉克战后秩序恢复是个漫长过程，既包括基础设施重建和经济重启这样宏大的工程，也包括治安维护和持续反恐的进行，同时还包括平民向占领前日常生活的回归。另外世俗化的生活模式也在逐渐恢复，民众对"伊斯兰国"的诸多法规，如禁止吸烟与喝酒、禁止女性穿牛仔裤和使用化妆品、禁止抛头露面等并不赞同。"伊斯兰国"得到的民众支持无疑是有限的。但"国家"形态的"伊斯兰国"的终结，并不预示或者等同于它作为一个实体的终结。在此轮反恐军事行动后，"伊斯兰国"仍将以极端和恐怖方式继续威胁伊拉克的安全和稳定。

阿拉伯与外部世界篇

The Arab World and the Outside World

Y.16 简析特朗普的中东政策

余万里[*]

摘　要： 相比于奥巴马政府的"亚太再平衡"战略，2017年上台执政的特朗普政府继续将中东作为战略重点。但特朗普简单粗暴的中东政策，如禁穆令、反对伊核协议、使馆迁往耶路撒冷等，明显激化了美国与中东国家的关系，加剧了美国在中东整体影响力持续下滑的问题。

关键词： 特朗普　中东政策　颓势

在美国政府更替过程中，新总统的对外政策通常都有一段时间的"学

---

[*] 余万里，北京语言大学国别与区域研究院研究员，主要从事美国问题研究。

习期",在政党轮替的情况下,这个"学习期"会长达1~2年。而特朗普执政第一年,全世界都领教了这位特立独行的美国政坛"全新人"带来的"政策震撼",包括美国在内的世界各国都在"学习"和适应他的对外政策思路和风格,而不是相反。

唐纳德·特朗普给世界带来的前所未有的不可测性,不仅是因为这是一位没有任何从政记录可循的政治新人,而且因为他似乎根本不在乎所谓的"国际惯例"和外界反应,他也不打算继承美国既有的外交政策路线,甚至打算通盘颠覆美国外交现有的机构和机制,再加上他极具戏剧性、哗众取宠、夸夸其谈的个性,使外界很难把握他的言论和政策逻辑。与此同时,他的内阁组成人员主要由将军和富豪组成,缺乏对外政策(特别是区域政策)的经验,他执政一年后各部门的关键领导岗位(副部级)的到位率不到40%,加上执政团队不稳定,导致其包括中东政策在内的地区政策存在很大的不确定性。然而,从美国的全球战略态势、区域国际关系的角度看,特朗普执政第一年的外交在诸多不确定当中依然可以寻找到若干的确定性,从中可以大致判断其中东政策的基本走势。

一 中东依然是美国对外政策的重点

奥巴马在其执政八年期间推出了所谓的"亚太再平衡战略",试图将美国的战略注意力从中东的泥潭中解放出来,但实际的结果是"树欲静而风不止",在中东地区发生的"茉莉花革命"、叙利亚战争、"伊斯兰国"崛起、伊朗核谈判等一系列事件,使美国的"战略之踵"依然深陷其中不能自拔。特朗普特立独行的性格决定了他不屑拾人牙慧,上台伊始就宣布退出TPP,将其前任苦心经营的"亚太再平衡"战略丢进了废纸篓,继而将执政后的"首访"选在了沙特,同沙特老国王跳起了弯刀舞,表明风云变幻的中东局势和全球"反恐"的黑洞,依然牢牢吸引着美国的战略注意力。

第一,中东作为全球战略中心舞台的地位将进一步加强。首先,中东依然是全球能源的中心,尽管全球能源价格下跌,美国试图借助"页岩气革命"实现"能源独立",但中东油气依然在全球能源价格走势中举足轻重。其次,中东是伊斯兰教的发源地和圣地,其宗教与意识形态动向对遍及全球的穆斯林产生影响,伴随着伊斯兰教极端化,以及穆斯林人口在世界快速增长趋势,其在未来数十年都将对国际安全局势产生持续性影响。最后,俄罗斯、欧洲等域外力量都在主动或被动地加大对中东事务干预的力度,使中东进一步成为大国力量博弈的中心舞台。

第二,中东的"地缘政治黑洞"持续吸引美国的战略资源。2003年伊拉克战争、利比亚战争、叙利亚战争,以及也门战争等一系列冲突,彻底打碎了本地区的统治秩序与战略格局。首先,这些战争都摧毁了本地区原本脆弱的国内统治秩序,形成了一个又一个"无政府"或者"弱政府"的"地缘政治黑洞",为激进的伊斯兰"圣战"组织提供了生存和发展的空间,并且吸引着世界各地的激进"圣战分子"源源不断地流入。其次,"茉莉花革命"打乱了美国原有的地区盟友格局,埃及穆巴拉克政权的倒台,美国国内的反伊斯兰思潮,使沙特、阿联酋、巴林等美国传统盟友都发生了动摇。最后,以色列作为美国在本地区"铁杆盟友"的存在,加上犹太利益集团的强大游说能力,使得美国必须时刻关照其战略利益,而"巴以问题"又将时刻触及整个伊斯兰世界的敏感神经。

第三,特朗普及其团队的右翼鹰派色彩也必然把主要注意力投向中东。"反伊斯兰主义"是特朗普竞选过程中的主要政策主张,也是其动员国内保守派选民并取得大选胜利的主要手段。因此,特朗普在执政后,必然要将其付诸实践,以回应选民的诉求。特朗普挑选的主要对外政策班底,都与中东有不解之缘。上任24天就"闪辞"的国家安全事务助理迈克尔·弗林,曾任美国国防情报局局长,以公开对"伊斯兰"强硬而著名;继任者赫伯特·雷蒙德·麦克马斯特被誉为"学者型的将军",当年也是海湾战争的前线指挥官,并长期参与阿富汗、伊拉克的作战指挥和指导。国务卿雷克斯·蒂勒森在全球最大石油公司埃克森·美孚工作了40多年,担任CEO十二年之久,必然熟悉中东事务。国防部部长詹姆斯·马蒂斯退役前是美军中央司令部司令,掌管中东北非美军部队,曾作为海军陆战队指挥官参加过海湾战争、阿富汗战争和伊拉克战争，因作风强悍获得"疯狗"的绰号。国土安全部部长约翰·凯利也参与过伊拉克战争，其子罗伯特 2010 年战死在阿富汗服役期间。最为核心的还有白宫的"第一女婿"贾里德·库什纳，俨然已经成为特朗普政府"首席外交官"，作为一位犹太人，其中东政策烙上了鲜明的"亲以"标签。

二 特朗普的粗暴政策激化中东矛盾

奥巴马八年在中东推行的实际是"三心二意"的半介入政策。在其执政之初，为了摆脱小布什"反恐战争"的包袱，奥巴马一方面宣布从伊拉克撤军，另一方面试图摆出与伊斯兰世界和好的姿态。2011 年爆发了不期而至的"茉莉花革命"，奥巴马政府在国务卿希拉里的主导下，没能克制住"自由民主"的冲动，出手支持了突尼斯的革命、埃及的政变以及利比亚和叙利亚的内战。当极端的"伊斯兰国"在叙利亚和伊拉克的废墟上崛起的时候，奥巴马政府一方面竭力遏制大规模出动地面部队的强硬派主张，另一方面实施了无人机空中打击和特种部队的介入。在其第二任期，克里主导的国务院积极推动了与伊朗的核协议谈判，推动与伊朗的缓和，同时在联合国支持对以色列扩张定居点进行制裁。

特朗普执政第一年就基本上全盘颠覆了奥巴马在中东的布局，在几乎所有地区热点上都采取了简单、粗暴而且严重激化矛盾的政策，由此给本来就动荡不安的地区局势带来一轮又一轮的冲击波。

特朗普上任后在中东丢下的第一颗重磅炸弹，就是签署《阻止外国恐怖分子进入美国的国家保护计划行政令》，要求禁止来自伊朗、伊拉克、叙利亚、利比亚、索马里、苏丹和也门七国的公民入境，暂停美国难民接收项目，并无限期暂停接收叙利亚难民。这实际上是在兑现其在竞选期间发表的一项承诺："全面禁止"穆斯林入境，以避免"9·11"事件重演。这一"禁令"赤裸裸地针对伊斯兰世界，因而被称为"禁穆令"。尽管阿拉伯世界的很多国家政府对此保持克制，但还是在伊斯兰世界引发大规模抗议浪潮，舆论情绪也是怒不可遏。

而这项政策本身的简单粗暴，也带来了自相矛盾的麻烦。例如，伊拉克政府随即宣布，如果特朗普执行这个"禁令"，伊拉克将不得不采取对等措施，禁止美国公民入境，而大量美国军人正在伊拉克执行打击"伊斯兰国"的使命。随后，特朗普不得不修改这项行政令，在名单上移除了伊拉克和苏丹，加入了朝鲜、委内瑞拉和乍得。

特朗普的第二颗带着燃烧引信的"炸弹"是伊核协议。2017年10月，特朗普拒绝确认伊朗遵守核协议，并将是否恢复对伊制裁的决定权交到国会手中，而国际原子能机构（IAEA）的历次报告都认为，伊朗方面遵守了核协议的规定。根据规定，美国行政部门需要每隔90天向国会提交报告，评估伊朗是否履行伊核协议承诺。2018年1月12日，特朗普宣布最后一次延长对伊朗核问题的制裁豁免期，同时要求国会和欧洲国家同意修改协议条款，否则美国将立即退出协议。

伊核协议是奥巴马政府留下的为数不多的几项重要外交遗产之一，由伊朗与六国（美国、英国、法国、俄罗斯、中国和德国）达成，随后在2015年7月在联合国安理会一致通过。该协议规定，伊朗接受对其核计划的限制，美国和欧洲各国相应取消对其经济制裁。尽管联合国原子能组织的历次核查都确认伊朗未违反协议，协议的其他主要签字方，包括英法德等美国传统盟国都坚决反对修改协议，但特朗普坚持认为这是"最糟糕的一项协议"，要求修改协议并威胁退出。

2017年12月5日，白宫新闻发布会扔下了第三颗引发轩然大波的重磅炸弹：美国政府将承认耶路撒冷为以色列首都，并将把美国驻以色列大使馆从特拉维夫迁至耶路撒冷。耶路撒冷问题是巴以问题的一条红线，特朗普此举无异于将美国置于与整个伊斯兰世界为敌的地位。这个决定立即引发了巴勒斯坦民众的抗议与骚乱。随后，美国副总统彭斯访问中东，但在阿拉伯国家普遍遭到冷遇。与此同时，特朗普的这个决定也意味着美国抛弃了自1993年《奥斯陆协定》以来在巴以问题上的"中立调停"路线，尽管这些年来美国始终在实质上偏袒以色列，而特朗普的这个决定，把最后的遮羞布

也撕毁了。

特朗普标榜自己是"天生具有直觉的生意人",在中东这片土地上,他一方面在肆意挑动地区热点,另一方面则在推销美国的利益。尽管国家利益是任何一国外交的根本出发点,但以特朗普这般赤裸裸地"做交易"着实令人咂舌。在候任总统期间,特朗普公开宣称,若当选总统将考虑暂停从沙特购买石油……获得美国保护的国家应支付费用,"如果没有我们,沙特也存在不了多久。我们保护很多国家,而此类巨量的服务却没有获得相应的报酬。沙特就是其中一个"。① 2017年5月20日,沙特成为特朗普就任后首个出访的国家。尽管美国国会以压倒多数推翻总统否决通过《对恐怖主义资助者实行法律制裁法案》(Justice Against Sponsors of Terrorism Act,JASTA),使得在"9·11"事件受害的美国普通民众可以据此向沙特政府提出天文数字的索赔诉讼,但特朗普还是在对抗伊朗的问题上与沙特找到了共同立场。此次访问,特朗普为美国签下了立即生效的1100亿美元的军售协议,此外还有未来10年总价值3500亿美元军售的协议。他个人还带回了国王赠送的83件豪礼,长长的礼品清单上包括阿拉伯弯刀、皮凉鞋、大袍子和"很大的用黄金装饰的木盒子装满了古龙香水"。

相对而言,特朗普在中东做的为数不多的"正事",就是加大了清除"伊斯兰国"的军事行动力度。首先,特朗普不再支持"国家建设"之类的代价昂贵的政策目标,放弃了在叙利亚实现民主的幻想。其次,特朗普放弃了奥巴马的自我设限的政策,全面扩大和升级在伊拉克的军事行动规模和层级,除全力武装反"伊斯兰国"的库尔德武装外,再度派出地面部队加入在摩苏尔等地的战斗。

三 特朗普难掩美国在中东的颓势

作为成功的地产商,特朗普在自我吹嘘的著作《做生意的艺术》当中

---

① 《特朗普将考虑美国暂停从沙特购买石油》,http://bank.eastmoney.com/news/2189,20160329608761318.html(上网时间:2018年1月3日)。

宣称自己的成功秘诀是"简练，直截了当"，然而在中东错综复杂的世俗与宗教矛盾格局中，简单的强硬恐怕也不能"直截了当"地解决问题。特朗普执政首年的中东政策，尽管为美国军火商赚取了一些利益，但在短期内加剧了地区的动荡不安，长期看，则进一步削弱了美国的战略优势。特朗普"简单粗暴"的强硬恐怕难以掩盖美国在中东地区战略地位下滑的趋势。

第一，"伊斯兰国"覆灭，恐怖主义威胁仍在扩散。"伊斯兰国"脱胎于"基地"组织，但是在目标上更为激进，主张立即建立"哈里发政权"，手段上更为残暴，不仅在西方世界，而且在穆斯林内部也已成为众矢之的。在各方联手打击下，"伊斯兰国"在伊拉克和叙利亚已无法存续。但是，极端"圣战"思潮的土壤并不会因"伊斯兰国"的崩溃而消失，随着"伊斯兰国"的衰亡，主张"通过争取民心实现哈里发"的"基地"组织在很多地区呈现再度壮大的态势。叙利亚"胜利阵线"（al-Nusra Front）的演变就很具有代表性：该组织最早受"伊斯兰国"的指派进入叙利亚活动，但是很快宣称效忠"基地"组织并且与老东家"伊斯兰国"兵戎相见；2016年7月底，"胜利阵线"再次宣布与"基地"组织切断联系，并更名为"征服沙姆阵线"。该组织的更名就是为了摆脱恐怖组织标签、躲避国际社会的打击，而这种所谓的"香草瓦哈比主义"更具有隐蔽性和欺骗性。

第二，"伊斯兰国"的崩溃将带来"圣战"在世界各地的扩散。"伊斯兰国"的崛起一度带来了全球极端分子的聚集效应，来自世界各地的伊斯兰激进分子纷纷来到伊拉克和叙利亚加入创建和保卫"哈里发国"的斗争。随着国际社会逐步形成打击"伊斯兰国"的共识，从财政、政治和军事上收紧对它的围剿，这一"地上天国"的覆灭已无法避免。随之带来的问题是，必然有相当数量的极端"圣战战士"成为漏网之鱼，在他们分散返回各自的故乡之时，就会把极端思想和行动扩散到世界各地。如今困兽犹斗的"伊斯兰国"已经发出了外线"圣战"的号召，在包括美国在内的世界各地发生和破获的暴恐活动都显示了这一全球性的扩散趋势。

第三，特朗普"反伊斯兰主义"的立场，无形中成为极端组织动员民众的有效手段。特朗普在竞选期间发表的种种敌视伊斯兰的言论，早已在伊斯兰世界广为流传，大选期间中东国家的一项民调显示，特朗普在阿拉伯民众当中的好感度只有20%，远远低于希拉里的56%。在得知特朗普当选后，阿富汗的"伊斯兰国"指挥官说："这家伙完全是个疯子。他对穆斯林发表的仇恨言论会使我们的工作更容易，因为我们可以招募数以千计的（圣战战士）""激进组织，特别是伊斯兰国家和基地组织，招募成员的关键是说服西方国家的穆斯林：西方憎恨他们，永远不会接受他们作为他们社会的一部分。"[1] 长期以来，美国在"反恐"战争中虐待战俘、无人机空袭造成无辜平民死伤等事件，一直是极端组织动员民众的重要宣传工具，如今，特朗普不加掩饰的"反伊斯兰"面目可谓正中其下怀。

第四，特朗普在中东推行强硬路线必将激化美国与中东各国的矛盾。"巴以矛盾"始终是阿拉伯世界的一块伤疤，如果特朗普再度撕开这个伤疤，将1991年马德里进程以来美国为自己塑造的"中立面目"彻底撕碎。伊朗的核协议眼看已无可挽回，伊朗与沙特的明争暗斗成为未来一段时期地区的主要矛盾。如果特朗普继续推行"一边倒"地支持沙特的立场，极有可能将美国陷入另一场地区危机的旋涡当中。土耳其2017年7月未遂政变后，埃尔多安镇压反对派的举措已经造成了与美国及西方盟友的疏远。普京成功地出手挽救了叙利亚阿萨德政府，俄罗斯直接出兵打击"伊斯兰国"，使其地区影响力达到海湾战争以来的巅峰。

第五，美国在中东地区"一家独大"的地位已然受到挑战。20世纪90年代，苏联解体和海湾战争后，美国成为主导中东事务的唯一"霸主"，这一"单极霸权"格局在2003年的伊拉克战争中达到顶峰，美国可以不顾联合国和国际社会的普遍反对出兵颠覆一个主权国家的政府。

然而，在冷战结束近30年后，尽管特朗普将美国在中东地区的肆无忌惮发挥到了极致，但值得关注的是，突破"美帝国体制"的种种迹象已然出现，特朗普的强硬无法掩饰美国在本地区的战略颓势。2017年在阿斯塔

---

[1] 《特朗普与普京通电话 称将合作打击恐怖主义》，http：//world.chinadaily.com.cn/2016-11/15/content_27382898.htm（上网时间：2018年1月5日）。

纳召开叙利亚各派和平大会，俄罗斯、土耳其和伊朗主导了大会，美国派出的低级别外交官在会场上竟然只能充当看客。2017年6月，沙特、阿联酋等纠结若干国家以支持恐怖主义活动并破坏地区安全局势为由，与卡塔尔断绝外交关系，美国国务卿蒂勒森只能呼吁有关国家"坐下来、继续对话"。更令人诧异的是，2018年1月，在美国宣布继续支持叙利亚库尔德武装"人民保护部队"的话音未落，土耳其就公然出动陆空军越界对其发起了攻击，此举突破了近30年来在中东地区使用武力"只许州官放火，不许百姓点灯"的局面。

由此可见，特朗普在中东国际政治舞台上面临的环境，要比房地产市场复杂得多，单纯依靠实力和暴力手段并不能解决本地区错综复杂的矛盾和冲突局面。特朗普在中东色厉内荏的强硬政策路线，不仅会进一步搅乱已经支离破碎的中东地缘黑洞，继续吞噬美国的战略资源，而且将加速地区战略力量对比变化和调整的进程，由此将开启一个全新的中东战略格局。

Y.17
"欧拉伯"现象研究

贾烈英　陈苗*

摘　要："欧拉伯"（Eurabia）是由英文"欧洲"（Europe）与"阿拉伯"（Arabia）两词组合而成，意思是随着大量阿拉伯人涌入欧洲，欧洲正在经历伊斯兰化和阿拉伯化。尤其是"阿拉伯之春"以来，中东地区持续战争和动乱，使大量阿拉伯人涌向欧洲。英国"脱欧"、难民危机、恐怖主义等问题，令欧洲内忧外患，加剧了欧美和中东各界学者对"欧拉伯"现象的关注。一些历史学家、报刊评论家、犹太复国主义者和欧洲的保守派人士认为，他们的文化价值观与阿拉伯移民不一致，使"伊斯兰恐惧症"和"欧拉伯威胁论"日渐成为主流。本文以"欧拉伯"现象为主要线索，对其发展由来、主要表现及影响等进行初步探析。

关键词：欧拉伯　欧洲　阿拉伯　穆斯林

2010年底，北非文明古国突尼斯掀起的"茉莉花革命"浪潮，很快在阿拉伯世界产生了一系列连锁反应。人们原本希望通过革命实现政权更替和民主转型，从而使经济得到发展，政治实现民主。然而，这场革命"只开花，未结果"。如今，叙利亚内战、卡塔尔断交危机、也门内乱、库尔德独

---

* 贾烈英，北京语言大学国际关系学院院长、教授、博士生导师，研究领域为国际组织；陈苗，北京语言大学2017级国别与区域研究专业研究生。

立问题、巴以耶路撒冷争端,等等,表明中东地区局势依然动乱不堪。这种战乱局势(尤其自叙利亚危机爆发以来)造成大量阿拉伯难民冒着生命危险,涌入欧洲。欧洲在面对内部"英国脱欧"、经济低迷、社会分裂等问题的同时,日益严重的难民危机以及伴随而来的恐袭潮,令欧洲各国苦不堪言。一些极端主义分子和种族主义者打着"伊斯兰"的旗号,在欧洲接连制造恐怖袭击,这无疑加剧了欧洲民众的"伊斯兰恐惧症"(Islamophobia)。在此背景下,"欧拉伯"现象更加受到各界的关注和讨论。

一 "欧拉伯"概念的由来与发展

(一)产生与转变

"欧拉伯"概念最早来源于一份法国期刊。20世纪70年代中期,"欧洲委员会友好合作协会"与阿拉伯世界共同发起了一份名为 *Eurabia Newsletter* 的期刊,这份期刊由法国-阿拉伯友好团结协会主席、亲阿拉伯中东专家 Lucien Bitterlin 主编,主要对欧洲与阿拉伯国家之间的合作对话展开评论和报道。1975年7月出版的"欧拉伯"期刊公布了斯特拉斯堡会议①通过的《欧洲-阿拉伯协约方案》,欧阿合作项目成为广泛共识,开始走上欧洲的政治舞台,欧阿对话作为一种社会、政治和文化概念,已经深刻影响了西欧的变化,但"欧拉伯"这个概念并没有因此受到关注。

"欧拉伯"成为欧美和中东学者和政客们的关注和讨论的热点,主要归功于贝特·叶奥(Bat Ye'or),一位自称"埃及犹太之女"的英国作家。2005年3月,叶奥出版了《欧拉伯:欧洲—阿拉伯轴心》,阐述了自己对于"欧拉伯"一词的理解。叶奥出生于开罗一个犹太家庭,之后作为难民逃到英国伦敦,她用自己作为无国籍难民的流亡经历,讲述了犹太人社区遭到破

---

① 由欧洲-阿拉伯合作议会协会于1975年6月7~8日在法国东北部城市斯特拉斯堡主持召开。

坏以及欧洲正在经历的阿拉伯化和伊斯兰化。在书中,叶奥描述了受基督教和犹太教启蒙并发展成"后犹太基督文明"的欧洲,正屈服于"圣战"和伊斯兰教势力意识形态的传播,在这个过程中产生了"齐米心态文明"(civilization of dhimmitude)。叶奥将欧洲描述为一个沉没的大陆,就像沉没的"泰坦尼克号"一样,是欧洲人亲手制造了这一结果,但他们没有为此反思自责,相反活在一个虚拟替代现实的世界,甚至在"欧阿对话"的"阴谋"下开始了肮脏的政治合作和商业交易。在叶奥眼中,欧洲已经放弃了与伊斯兰世界的独立和反抗,欧洲人由于害怕社会动乱和恐怖主义,越来越遵从穆斯林移民的宗教和政治准则,这种遵从正在把欧洲变成阿拉伯世界的一个附属物。

(二)发展与传播

《欧拉伯:欧洲—阿拉伯轴心》出版后,"欧拉伯"理论得到传播和发展,叶奥拥有了众多的追随者。2005年8月1日,美国资深记者托尼·布兰克利在《西方最后的机会:我们能否赢得文明的冲突?》书中写道:"如果现在的出生率持续下去,如果欧盟目前的政策保持不变,如果当前的多元文化情结始终不对西方的风俗进行保护和特别尊重,如果欧洲(以及在美国相当大的范围内)目前流行的观点不改变,欧洲的西方价值观和生活方式将被激进的伊斯兰教的价值观所取代。"① 在布兰克利看来,"如果西方国家不能阻止穆斯林进入欧洲大陆,(欧洲)将遭受巨大的损失。欧洲向伊斯兰化的转变与20世纪纳粹纳入欧洲一样令人担忧。欧洲四五十年的多元文化实验已经失败,虽然一些穆斯林已经融合,但还有许多人没有融合。事实上,越来越多的欧洲穆斯林不想融入而是希望主宰"。布兰克利认为,欧洲早已踏上了成为"欧拉伯"的道路。他说:"就像美国人在五六十年前无法忍受与希特勒统治的欧洲共存一样,我们也不能接受与'欧拉伯'共存。"

2006年,在欧洲生活和工作多年的美国学者和记者克莱尔·伯林斯基

---

① The West's Last Chance: Will We Win the Clash of Civilizations? Tony Blankley. 2005.

出版了《欧洲威胁论》,她认为欧洲已经迷失了方向,已经无法认识到面临的威胁和危险,欧洲正处于重大危机之中。这场危机不仅影响欧洲,也将影响美国和其他国家。在她看来,欧洲过去摒弃基督教是这场危机的原因之一,另一个原因是激进的伊斯兰教企图把欧洲变成穆斯林的据点。

2007年5月,德国资深历史学家沃尔特·拉克尔在《欧洲的最后日子:给旧大陆写墓志铭》中也表达了他对欧洲的担心:曾经辉煌的欧洲,如今正一步步走在下坡路上。拉克尔认为,欧洲的"衰老"是人口下降、新移民(特别是穆斯林移民)和经济衰落共同造成的。他认为自己的书名与欧洲的危机是相符的,甚至现实情况比标题还要糟糕。他悲观地感叹道:即使欧洲已经决定改革,也为时已晚。欧洲在世界上的领导角色已不复存在,或许欧洲将仅仅存在于博物馆中。

2009年4月30日,克里斯托弗·考德威尔在《欧洲革命的反思》中提出了很多直接且敏感的问题:你希望与别人共同拥有一个欧洲吗?为什么少数人支持移民会产生这么多的移民?移民者想要一个更好的生活,但是他们当中有多少人希望过上欧洲人的生活呢?为什么少数民族的自豪是一种美德,而欧洲的民族主义是一种疾病呢?政治的正确性仅仅是由于害怕而伪装成宽容吗?[①] 考德威尔在书中对欧洲的自由主义和移民主义发起猛烈的攻击,在他看来,欧洲的移民是不成功的,不过,欧洲面临的最重要的问题是欧洲民主处理缺乏自信心。

2010年,美国《外交政策》杂志刊登了一篇名为《欧拉伯的荒唐事》的文章,文章中描绘了一幅欧洲未来的画面,"到2050年,欧洲将会无法辨认。浪漫的咖啡馆在巴黎的圣日耳曼大道将不复存在,取而代之的是清真肉食店和水烟吧;柏林的街道标志将用土耳其语书写,柏林的路标将用土耳其语书写;从挪威奥斯陆到意大利那不勒斯的学生们将在课堂上诵读《古兰经》,妇女们将戴上面纱"。[②]

[①] Reflections on the Revolution in Europe. Christopher Caldwell. 2009.
[②] "Eurabian Follies", http://foreignpolicy.com/2010/01/04/eurabian-follies/(上网时间:2017年12月3日)。

近年来，类似的文章数不胜数，比如《欧洲还需要更多的人吗？》《垮台之后：欧洲梦的终结和一块大陆的衰落》《欧拉伯谎言》《我们眼睁睁地看着世界末日降临》等。由此使"欧伯拉"问题日趋受到欧洲乃至整个世界的高度关注。

二 "欧拉伯"现象在欧洲的主要表现

（一）穆斯林人口剧增

"欧拉伯"现象在欧洲最突出的表现之一，就是欧洲的穆斯林人口正以创纪录的方式不断增长。2017 年，美国皮尤研究中心最新数据调查显示，到 2050 年，欧洲的穆斯林人口将至少增加一倍，甚至可能增加三倍。截至 2016 年中期，欧洲①穆斯林约有 2580 万，占欧洲总人口的 4.9%，皮尤中心对这 2580 万穆斯林人口的上涨情况作了三种预测：第一种情况，"零移民"，即欧盟停止所有的移民，那么欧洲穆斯林人口会从 4.9% 上升至 7.4%，在这种情况下，欧洲的穆斯林人口预计将增加约 1000 万人，即从 2016 年估计的 2580 万人增加到 2050 年的 3580 万人；第二种情况，"中等移民"，即在控制难民和正常移民政策下，欧洲穆斯林人口会从 4.9% 上升至 11.2%，在这种情况下，欧洲的穆斯林人数可能达到 5790 万人；第三种情况，"高迁移"，即类似于近几年的难民流入加上政策移民，在这种情况下，到 2050 年，穆斯林的人数将达到 7560 万人，占欧洲人口的 14%，几乎是目前的三倍。② 这些情景对不同欧洲国家的影响令人震惊：例如，在高迁徙的情况下，瑞典的穆斯林人口到 2050 年将达到总人口的近 1/3（30.6%），其次是塞浦路斯（28.3%），奥地利（19.9%），德国（19.7%），比利时（18.2%），法国（18%），挪威（17%），英国（16.7%），丹麦（16%），荷

---

① 皮尤中心定义的欧洲为目前在欧盟的 28 个国家以及挪威和瑞士。
② "Europe's Growing Muslim Population"，http：//www.pewforum.org/2017/11/29/europes-growing-muslim-population/（上网时间：2017 年 12 月 20 日）。

兰（15.2%），芬兰（15%）和意大利（14.1%）。

因欧盟各国政策各不相同，所以上述三种预测结果在欧盟各国的表现不完全相同。根据英国穆斯林委员会（MCB）最新的人口普查数据显示，作为地球上最多元化的穆斯林社区之一，英国穆斯林社区遍布英伦三岛，在英国的经济、文化和政治生活的各个领域都有代表。英国的穆斯林社区人口从2001年到2011年内翻了近一番，已达到约280万人，其中9～14岁有29万穆斯林；19.9%的穆斯林年龄在19岁以下。[1] 到2014年，英国穆斯林人口约300万，占英国总人口的4.6%。在法国，截至2017年1月1日，法国穆斯林人口已达670万人，约占法国总人口的10%，而在6年前，法国的穆斯林人约占7.5%。至于德国，作为欧洲大陆人口及经济规模最大的国家，它对待阿拉伯移民和难民的态度是积极接纳，因此德国成为阿拉伯难民的最佳目的地，同时也是难民和移民的结合地。高迁徙率和高出生率，让德国开始与法国"竞争"西欧穆斯林人口最多的国家。2015年，德国新增约80万穆斯林移民。2016年，德国新增约24万穆斯林移民，再加上1.6%人口增长率的7.7万人，德国共增加了约111万的穆斯林。2016年底，德国穆斯林人口达到约626.2万人，约占德国总人口的7.6%。根据皮尤调查结果显示，截至2017年1月，德国包括难民在内的穆斯林人口总数大约为789万人。

除了移民和难民涌入，生育率也是推动欧洲穆斯林人口日益增长的动力之一。欧洲的穆斯林比该地区其他宗教团体（或无宗教信仰的人）拥有更多的子女，且穆斯林的孩子们比其他人更可能采用父母的宗教信仰身份。2016年，整个欧洲穆斯林的中位年龄（30.4岁）比非穆斯林（43.8岁）年轻13岁。皮尤研究中心估计，在2015～2020年，欧洲非穆斯林妇女的总生育率为1.6，而穆斯林的生育率是2.6。考虑到欧洲穆斯林的生育率超过替代水平（即维持人口规模所需的出生率），而非穆斯林没有足够的儿童保持

---

[1] "Rooted in Britain, Connections Across the Globe", http://www.mcb.org.uk/british-muslims/（上网时间：2017年11月5日）。

人口稳定，每个女性的这一个孩子的差异显得尤为关键。因此，欧洲非穆斯林人口的低生育率是造成该地区总人口预计将下降的主要原因，而不是未来的移民。

（二）清真寺取代教堂

除穆斯林人口数量增长迅速外，欧洲一些国家的清真寺数量也在显著增长。在倡导多元文化的欧洲，清真寺不仅仅坐落在大城市中心，一些小城市和城镇也纷纷建起了清真寺。随着伊斯兰教取代基督教成为欧洲占主导地位的宗教，越来越多的教会变成清真寺，这些清真寺不仅作为宗教机构，而且还作为在欧洲建立独立平等的穆斯林社区的基本政治基石。清真寺的新建和教堂的关闭，从侧面反映出"后基督教时代"欧洲的伊斯兰教的影响力快速增长。

在德国，罗马天主教会宣布，由于前往教堂人数减少，他们正计划关闭该国西北部工业城市杜伊斯堡的6座教堂。[①] 总人口为50万的杜伊斯堡市，有大约10万土耳其穆斯林居民，是德国穆斯林人口较多的城市之一。据德国网站Derwesten报道，居住在杜伊斯堡的穆斯林现在吵着要求政府关闭空教堂，建造清真寺。这些准备关闭的教会都位于杜伊斯堡北部，在前一轮教堂关闭后，其他几座天主教会已经放弃挣扎，伊斯兰教已经取代基督教，成为当地主导宗教。马克斯洛（Marxloh）是德国最大清真寺杜伊斯堡-梅尔克兹清真寺（Duisburg Merkez Mosque）所在地，这座奥斯曼风格的超级大清真寺2008年完工，耗资750多万欧元（约合1000万美元），可同时容纳1200多名穆斯林信徒。现在，梅尔克兹清真寺想要把哈博恩（Hamborn）和马克斯洛（Marxloh）的教堂变成清真寺和祈祷中心，作为其延伸。

除罗马天主教堂外，一些新教教堂也被改造成清真寺。自2000年以来，在整个德国，超过400座罗马天主教教堂和100多座新教教堂已经被关闭，

---

① "Muslims Converting Empty European Churches into Mosques"，https：//www.gatestoneinstitute.org/2761/converting-churches-into-mosques（上网时间：2017年11月14日）。

据估计，另外约 700 座罗马天主教教堂将在未来几年内关闭。① 与此同时，根据德国阿奇夫伊斯兰研究中心（Zentralinstitut Islam - Archiv）的数据显示，德国现有 200 多座清真寺（包括 40 多座超大清真寺），2600 个穆斯林祈祷厅和许多非官方清真寺，另有 128 座清真寺正在建设中。

在邻国法国，清真寺比罗马天主教教堂建得更多。荷兰阿姆斯特丹大学社会科学研究中心的研究结果表示，在过去十年，法国清真寺的数量已经翻了一番，总数达 2000 多个，法国成为欧洲最大的穆斯林社区所在地。相比之下，法国在过去十年里建立了 20 座新的罗马天主教堂，但同时也关闭了 60 多座旧教堂。尽管法国有 64% 的人称自己是罗马天主教徒，但实际上只有 4.5% 的人去教堂。与此相反的是，每个星期五，在巴黎和其他法国城市，穆斯林会关闭企业、停下工作，走进清真寺进行祈祷礼拜。由于穆斯林人数增长，当地清真寺已不能容纳所有祈祷者，一些人开始走上街头，在街上进行祈祷。因此，法国巴黎大清真寺伊玛目达利·布贝克尔呼吁该国清真寺的数量应该再增加一倍，达到 4000 个，这样才能满足不断增长的穆斯林的需求。综上看，伊斯兰教正在赶超罗马天主教，成为法国主要宗教。

在英国，伊斯兰教已超越英国国教成为主要宗教。英国穆斯林机构调查显示，每周至少有 193 万穆斯林参加礼拜，而基督教徒只有 91 万。英国穆斯林领导人声称，鉴于伊斯兰教在英国的崛起，英国的穆斯林应该得到英格兰教会的特权地位。自 1960 年以来，英国至少有一万座教堂被关闭，其中包括 8000 座卫理公会教堂和 1700 座圣公会教堂，到 2020 年，还有 4000 座教堂将被关闭。② 截至目前，英国已建清真寺数量为 1825 座，主麻日（星期五）租用的礼拜厅为 131 个，普通祈祷室为 55 个，拥有礼拜设施的慈善产所 46 个，临时产所 8 个，在建清真寺 11 座，计划筹建 3 座。而在两年

---

① "Muslims Converting Empty European Churches into Mosques", https：//www.gatestoneinstitute.org/2761/converting - churches - into - mosques（上网时间：2017 年 11 月 14 日）。

② "Muslims Converting Empty European Churches into Mosques", https：//www.gatestoneinstitute.org/2761/converting - churches - into - mosques（上网时间：2017 年 11 月 14 日）。

前，英国的清真寺数量仅为1640座，主麻日（星期五）租用的礼拜厅也只有81个。① 未来数年里，伊斯兰教将会进一步取代英国的基督教。

三 "欧拉伯"现象评述

（一）反犹太主义与反美主义情结的产物

欧洲历史上的反犹太主义是由政治、经济、文化等众多差异现象所致，欧洲人对犹太人的仇恨可以说是人类历史上所有仇恨中持续时间最长、散布范围最广、结局最惨的一种以一个民族为对象的仇恨。② 早在古希腊罗马时期，欧洲就已经对犹太人进行迫害，第二次世界大战期间，反犹主义在欧洲更是猖獗，犹太人在欧洲遭到大规模的屠杀。文化上，尽管基督教脱胎于犹太教，但基督教为了自身在欧洲的发展，开始诋毁和攻击犹太教。长期以来，作为寄居在欧洲的"异教徒"，犹太人遭受了无数的磨难，他们开始被迫害、被驱逐甚至遭遇了大屠杀。经济上，由于文化的不兼容，犹太人在欧洲从事的行业也受到了限制，但是勤劳聪明的犹太人凭借不断努力，慢慢集聚了大量财富，这又使犹太人成为被妒忌的对象。同样，政治上，犹太人在欧洲属少数民族，所以他们的政治地位也很低，经常成为权力者政治斗争的牺牲品。

这种反复性、持续性和广泛性的反犹太主义，使二战后那些被迫害的犹太人逃到巴勒斯坦，在那里建立了以色列犹太国。因为犹太人和阿拉伯人的祖先都曾经在巴勒斯坦土地上居住生活，两个民族便对同一块土地提出排他性的主权，因此巴以冲突自以色列建国后的第一次中东战争就已展开。阿拉伯石油对欧洲的束缚，欧洲与阿拉伯世界的经济联系，使欧洲在巴以问题上不得不站在阿拉伯一边，这与欧洲根深蒂固的反犹太主义一拍即合。

---

① "UK Mosque Statisticas/Masjid Statistics"，http：//www. muslimsinbritain. org/resources/masjid_report. pdf（上网时间：2017年10月27日）。

② 徐新：《反犹主义解析》，上海三联书店，1996，第2页。

尤其石油危机爆发期间，每一次石油供应危机都立即给欧洲带来紧迫感，同时伴随着欧洲反以色列政策的进一步强化。欧盟将公正的巴勒斯坦事业等同于巴勒斯坦人的合法权利，最终暗示着以色列的"不公正"。此外，欧洲通过接受穆斯林移民和难民，以及通过多元文化主义，巩固其在阿拉伯世界的外交政策，并逐步加深着与阿拉伯伊斯兰世界的共生关系。这种心态使欧洲对穆斯林移民和难民态度友好，由此导致"欧伯拉"问题日趋凸显。

欧洲除了反犹太主义，反美主义也一直盛行。特别是在两极格局结束后，随着美国与欧洲共同的敌人——苏联的消失，欧美之间的矛盾日趋加剧。2003年2月15日，欧洲爆发了大规模的反对美国发动伊拉克战争的示威游行。这种新的、激烈的、协调一致的反美暴力运动，体现了欧美关系的裂痕，欧洲敌视美国和以色列，支持帮助阿拉伯世界，特别是对巴勒斯坦事业的支持。美国的霸权主义和强权政治在中东也激怒了阿拉伯人，他们纷纷加入反美的行列中。随着美国对中东事务的不断干涉，最终也将欧洲和阿拉伯世界进一步推向了合作的怀抱。

（二）安达卢西亚——欧拉伯乌托邦式自我辩护？

欧洲存在穆斯林已有数百年，这似乎为解释穆斯林定居点在欧洲合法化提供了可能。无论是在伊比利亚半岛还是在巴尔干半岛，人们都将穆斯林描述为善意和开明，称伊斯兰教在欧洲有着历史的合法性，穆斯林不是由战争和征服而来的敌对入侵者，他们属于欧洲，欧洲是他们的家园。穆斯林移民的辩护人援引了穆斯林对欧洲文明和安达卢西亚哈里发的宽容所做出的宝贵的历史贡献，几个世纪以来，基督徒、犹太人与穆斯林在这里和平共处。伊斯兰宽容诞生于17~18世纪的法国，对启蒙运动的政治思想家产生了影响。在19世纪，这种宽容充分发挥了其政治功能，支持了法国在中东的殖民野心。20世纪，这种宽容政策继续被用来支持欧洲政治家的亲穆斯林政策。

欧洲对穆斯林移民采取宽松的政策，作为欧洲-阿拉伯联盟的建设者，他们欢迎"欧拉伯"。实际上，欧洲接纳数百万穆斯林移民的同时，经常受到经济衰退和恐怖主义的困扰。而在欧洲看来，安达卢西亚的"神话"解

阿拉伯黄皮书

释了有关是否应该接纳穆斯林移民的争论,因此欧洲-阿拉伯对话将安达卢西亚"神话"纳入其中,作为其政治上的支持力量。①

(三)"欧拉伯威胁论"是真的吗?

所谓"欧拉伯威胁论"产生,是多种原因共同造成的结果,比如移民问题、难民危机、缺乏文化自信、欧洲经济衰落等。前面已经指出,最先关于"欧拉伯威胁论"的灵感主要来自英国作家贝特·叶奥的《欧拉伯:欧洲-阿拉伯轴心》。贝奥在将"欧拉伯"一词应用于她眼中的"阴谋项目"欧洲-阿拉伯对话中。我们在接受贝奥的观点时,则必须相信存在一个精心筹划的征服欧洲的伊斯兰计划,同时阿拉伯世界存在一个秘密的议会团体,它拥有改造欧洲主流政治、经济和文化制度的惊人能力。但事实真的是这样吗?叶奥在书中指出,在20世纪80年代,欧洲对伊拉克进行了科学经济援助,是欧洲阿拉伯联盟腐败的一个验证②,而对在同一时期对美国给予伊拉克的援助只字未提。叶奥认为,欧洲人受阿拉伯人控制,那么在巴尔干战争时期,欧盟为什么没有帮助波斯尼亚的穆斯林?事实上,这些没有被叶奥举出的事例阻碍了其所谓的"欧拉伯威胁论",所以她自然忽略了这些。

二战结束后,一些西欧国家由于缺少劳工,从埃及、摩洛哥、阿尔及利亚等伊斯兰国家输入了大量劳工,这些劳工没有"如约"回到母国,确实在一开始就增加了欧洲穆斯林人口。他们带来了家人,带来了生活习惯和宗教信仰。再加上欧洲近几年接受阿拉伯移民和难民,导致在欧洲的穆斯林人口增加。欧洲非穆斯林生育率下降,为了雇佣足够的工人为其养老金计划提供资金,他们需要数百万移民,地理位置优势加上曾经的殖民关系,使他们更倾向于接收穆斯林。如果欧洲人觉得这样对其生活方式构成威胁,他们可以选择抵制,可以增加非穆斯林的生育率,减少移民,并鼓励移民回国。至于清真寺的增长,它是随着人口的变化而变化的,而且,众所周知,穆斯林

---

① Eurabia: The Euro-Arab Axis. Bat Ye'or. 2005.
② Eurabia: The Euro-Arab Axis. Bat Ye'or. 2005.

之间拥有众多派系,他们的清真寺思想主题也不一样。比如,在英国的1934座清真寺中,包括迪奥班迪派(Deobandi)、巴雷利派(Bareilvi)、萨拉菲派(Salari)、伊巴德派(Ibadi)、伊斯玛仪派(Shi'a, Ismaili)等。①

此外,在倡导多元文化的欧洲,许多欧洲人不再珍爱他们的历史和习俗。对法西斯主义、种族主义和帝国主义的愧疚,使许多欧洲人感到自己的文化与移民文化相比缺乏价值。这种自我蔑视对穆斯林移民产生了直接影响。如果欧洲人回避自己的文化,为什么移民会选择融入其中呢?结果,欧洲的穆斯林慢慢开始抵制同化。

综上,至少目前来看,"欧拉伯威胁论"被过于放大。大多数欧洲穆斯林是守法公民,他们不是欧洲城市恐怖袭击的制造者,对那些极端施暴者更是毫无同情之心。文明是一个过程,欧洲的多元文化主义也需要一个过程。人类文明正是由多元文化影响和点缀,文化应该具有多样性,基督徒、犹太教徒、世俗主义者共同去创造人类文明。20世纪欧洲的奇迹是,它经历了一战和二战,然后不流一滴血地推倒了柏林墙,使欧洲聚集在一起,欧洲人民聚集在一个议会。进入21世纪后,欧洲在面对伊斯兰文化时,笔者更愿意相信奇迹会再次在欧洲土地上发生。穆斯林无论生活在阿拉伯还是在欧洲,他们对伊斯兰的信仰是不变的,发展了1400多年的伊斯兰教仍然是一个倡导和平的宗教。只要欧洲人民积极倡导多元文化,尊重各文化间的差异,在文化自信的同时,敞开心扉引导穆斯林融入欧洲,阿拉伯与欧洲定能和平共处,"欧拉伯威胁论"也会不攻自破。

---

① "UK Mosque Statisticas/Masjid Statistics", http://www.muslimsinbritain.org/resources/masjid_report.pdf(上网时间:2017年10月27日)。

Y.18
俄罗斯中东政策新趋势评估

赵玉明*

摘　要： 2017年以来，俄罗斯与中东国家互动密切，呈现三大趋势：一是俄罗斯与美国传统地区盟友关系密切；二是俄罗斯与土耳其关系迅速改善；三是俄罗斯加大了在叙利亚冲突中的投入。从深层看，俄罗斯中东政策新趋势，与其自身利益诉求有关。

关键词： 俄罗斯　中东政策　叙利亚　新趋势

近年来，俄罗斯在中东地区表现活跃。2016年5月至2017年10月，俄罗斯继续与中东国家保持密切往来，其中东政策呈现若干新趋势。具体地说，这主要表现在以下几个方面。

一　俄罗斯与美国传统地区盟友关系日趋密切

长期以来，美国一直将中东视为禁脔，并在中东地区拥有一批地区盟友。然而，近年来，诸多美国地区盟友纷纷强化与俄罗斯关系。

第一，以色列总理频繁访俄。以色列是美国在中东的铁杆盟友，但近年来，以色列与俄罗斯关系却越走越近。2016年6月7日，以色列总理内塔

---

* 赵玉明，中国社会科学院俄罗斯东欧中亚研究所助理研究员，博士，主要从事俄罗斯外交问题研究。

尼亚胡访俄，庆祝两国建立外交关系 25 周年，并与普京举行会谈。这是内塔尼亚胡自 2015 年 9 月以来第三次访问俄。双方讨论了经济合作与人文交流问题，并就地区形势、打击国际恐怖主义、叙利亚局势与巴以关系交换了观点。2017 年 3 月 9 日，普京在克里姆林宫再次会见内塔尼亚胡。双方讨论了叙利亚问题与中东局势、协作反恐及双边合作问题。① 8 月 23 日，以色列总理年内第二次对俄进行工作访问，双方主要交流了双边关系与地区问题。②

第二，积极参与解决卡塔尔危机。海湾地区一直是美国禁脔，俄罗斯甚少有插足的机会。但 2017 年 6 月卡塔尔断交事件使俄罗斯乘机在该地区扩大影响。2017 年 6 月 5 日，巴林、沙特、阿联酋、埃及、也门、利比亚六国宣布与卡塔尔断交。6 月 7 日，普京在与卡塔尔埃米尔电话会谈时，强调通过政治和外交途径解决危机的重要性。③ 6 月 13 日，俄总统新闻秘书佩斯科夫表示，俄主张与所有海湾国家建立友好关系，在打击国际恐怖主义等共同任务面前，危机必须通过政治和外交手段解决。7 月 1 日，普京在与巴林国王电话会谈中，再次指出危机对地区局势具有负面影响，各方必须进行直接、相互尊重的对话。④ 8 月 28 ~ 30 日，俄外长拉夫罗夫就协调解决卡塔尔危机对科威特、阿联酋与卡塔尔三国进行工作访问。

第三，沙特国王首次访俄。沙特长期推行"亲美疏俄"政策，但近年来却不断加大与俄罗斯亲近力度。2017 年 4 月 4 日，普京应邀与沙特国王通话，沙特国王谴责圣彼得堡地铁恐袭行为，并对受害者及家属表达了深切慰问，两国领导人还强调了共同打击恐怖主义的重要性，普京还邀请沙特国

---

① Встреча с Премьер-министром Израиля Биньямином Нетаньяху, http：//kremlin.ru/catalog/countries/IL/events/54016（上网时间：2017 年 8 月 19 日）。
② Встреча с Премьер-министром Израиля Биньямином Нетаньяху, http：//kremlin.ru/catalog/countries/IL/events/55399（上网时间：2017 年 8 月 30 日）。
③ Телефонный разговор с Эмиром Государства Катар Тамимом Бен Хамадом Аль Тани, http：//kremlin.ru/events/president/news/54929（上网时间：2017 年 9 月 2 日）。
④ Телефонный разговор с Королём Бахрейна Хамадом Бен Исой Аль Халифой, http：//kremlin.ru/events/president/news/54926（上网时间：2017 年 9 月 2 日）。

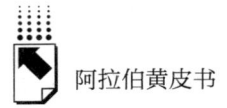

王访俄。① 10月5日，沙特国王萨勒曼正式对俄进行国事访问，这是双方建交90多年来沙特国王首次访问俄罗斯。两国元首讨论了原油市场形势、中东局势、军事合作等问题，并签署了14项合作协议。② 这其中，军售内容尤其令人注目。据报道，军售包括S-400防空导弹系统、"短号-EM"反坦克导弹系统、TOS-1A喷火系统、AGS-30自动榴弹发射器，以及AK-103式突击步枪等，总价超过30亿美元。普京表示，萨勒曼国王访俄是标志性事件。③

二 俄罗斯与土耳其、伊朗结成地区三角联盟

土耳其长期推行"向西看"政策，与俄罗斯关系甚为疏远。尤其2015年11月24日土耳其击落俄战机后，两国关系陷入空前危机。俄罗斯不仅对土耳其出台各种制裁措施，还中断了在建的土阿库尤核电站和"土耳其流"天然气管道上的合作。土耳其急于修补与俄罗斯关系。2016年6月27日，土耳其总统埃尔多安去信给普京，表示愿改善因俄战机被击落而导致两国关系恶化的状况。④ 6月30日，普京签署法令，部分解除在2015年11月28日通过的对土经济制裁。⑤

尤其2016年7月15日土耳其未遂政变后，土耳其与美欧关系日趋疏远，急速倒向俄罗斯一边。8月9日，两国元首在圣彼得堡举行会晤，讨论

---

① Телефонный разговор с Королём Саудовской Аравии Сальманом Бен Абдель Азизом Аль Саудом，http：//kremlin.ru/events/president/news/54208（上网时间：2017年10月12日）。

② Документы, подписанные по итогам российско-саудовских переговоров, http：//kremlin.ru/supplement/5236（上网时间：2017年10月12日）。

③ Путин назвал знаковым событием визит короля СаудовскойАравии, https：//rg.ru/2017/10/05/putin-nazval-znakovym-sobytiem-vizit-korolia-saudovskoj-aravii.html（上网时间：2017年10月12日）。

④ Владимиром Путиным получено послание Президента Турции Реджепа Тайипа Эрдогана，http：//kremlin.ru/catalog/countries/TR/events/52282（上网时间：2017年7月19日）。

⑤ Внесены изменения в Указ о мерах по обеспечению национальной безопасности России и защите граждан России от преступных и иных противоправных действий и о применении специальных экономических мер в отношении Турции, http：//kremlin.ru/catalog/countries/TR/events/52300（上网时间：2017年7月19日）。

恢复与改善双边关系问题。① 在会后举行的新闻发布会上，普京表示，计划与埃尔多安就俄土关系进行全面讨论，包括反恐和经济问题。9月3日，在G20杭州峰会期间，普京再次会见埃尔多安，双方讨论了关系恢复进展状况。② 10月10日，赴伊斯坦布尔参加第23届世界能源大会期间，普京在外交部部长拉夫罗夫、外交助手乌萨科夫、能源部部长诺瓦克的陪同下，与埃尔多安就"土耳其流"天然气管道协议等合作项目进行了商谈。③

进入2017年后，俄土关系更加密切。2月7日，普京签署法令，正式批准俄土两国建造"土耳其流"天然气管道协议。④ 3月10日，埃尔多安访俄，两国领导人讨论了经贸合作恢复情况，并就地区与国际现实问题交换了观点。普京表示，土耳其是俄重要合作伙伴，双方保持高水准、紧密政治对话。埃尔多安则表示，俄为土耳其稳定供给能源，能源在两国合作处于优先位置。⑤ 5月3日，埃尔多安在年内再次访俄。两国元首讨论了经贸合作、叙利亚局势，及俄向土耳其提供S-400防空武器系统等问题。7月8日，在G20汉堡峰会期间，普京与埃尔多安再次会面，双方讨论了双边关系、叙利亚危机、"土耳其流"天然气管道项目和阿库尤核电站建设问题。⑥ 9月28日，普京访问土耳其，两国总统主要就"土耳其流"管道项目和阿库尤核电站建设问题进行了磋商。

值得注意的是，两国元首除了频繁会面，还经常保持着高密度电话交

---

① 《普京与埃尔多安危机后首次小范围会谈持续两小时》，http://sputniknews.cn/politics/201608091020462541/（上网时间：2017年7月19日）。
② Встреча с Президентом Турции Реджепом Тайипом Эрдоганом, http://kremlin.ru/catalog/countries/TR/events/52816（上网时间：2017年7月19日）。
③ Встреча с Президентом Турции Реджепом Тайипом Эрдоганом, http://kremlin.ru/catalog/countries/TR/events/53065（上网时间：2017年7月19日）。
④ Подписан закон о ратификации межправсоглашения между Россией и Турцией по проекту газопровода 《Турецкий поток》, http://kremlin.ru/catalog/countries/TR/events/53824（上网时间：2017年7月19日）。
⑤ Встреча с Президентом Турции Реджепом Тайипом Эрдоганом, http://kremlin.ru/catalog/countries/TR/events/54021（上网时间：2017年7月19日）。
⑥ Встреча с Президентом Турции Реджепом Тайипом Эрдоганом, http://kremlin.ru/catalog/countries/TR/events/55011（上网时间：2017年7月19日）。

流。自 2016 年 6 月底以来,普京与埃尔多安进行了多达 27 次电话会谈,表明两国关系恢复并发展至新高度。这是近年来俄外交活动中罕见的现象。两国领导人的 27 次电话会谈的时间和具体内容见表 1。

表 1　普京与埃尔多安电话会谈统计

会谈时间	会谈主要内容
2016 年 6 月 29 日	普京对伊斯坦布尔机场恐袭表达慰问,强调共同打击恐怖主义,并恢复经贸关系,考虑撤销俄公民赴土耳其旅游限制措施
2016 年 7 月 17 日	围绕 7 月 15 日土耳其未遂政变,普京强调俄罗斯秉承不允许在国家生活中出现反宪法和暴行的立场,对平民和执法人员伤亡表示慰问,希望土耳其尽快恢复秩序和稳定
2016 年 8 月 26 日	讨论两国元首 8 月 9 日圣彼得堡会晤期间达成的协议基础上进一步进行政治和经贸合作问题;就叙利亚局势交换观点,共同反恐的重要性
2016 年 9 月 8 日	讨论了继续发展两国合作问题,商定就解决叙利亚问题继续协调
2016 年 9 月 21 日	埃尔多安祝贺俄成功举行国家杜马选举。两国元首讨论双边关系和解决叙利亚危机的现实问题
2016 年 10 月 5 日	两国元首就发展双边关系进行了讨论,指出恢复经贸联系与阿库尤核电站和"土耳其流"天然气管道建设符合双方利益。强调国际社会共同努力推动和平政治过程的进展,解决叙利亚问题
2016 年 10 月 18 日	商讨政治、经贸和其他领域合作进程;就叙利亚问题交换观点。还触及了解放摩苏尔问题
2016 年 11 月 21 日	讨论两国政治和经贸合作。就叙利亚危机交换观点。两国外交部、国防部和安全部门负责人就保障国际反恐斗争进行协调
2016 年 11 月 26 日	就叙利亚局势交换了观点
2016 年 11 月 30 日	普京就土耳其重大儿童伤亡事件表示慰问。双方讨论双边关系问题,就叙利亚问题,特别是阿勒颇局势详细交换了观点
2016 年 12 月 14 日	普京对 12 月 10 日伊斯坦布尔大规模恐袭表达慰问。共同应对中东恐怖主义威胁。就叙利亚问题交换观点。讨论双边合作中的现实问题
2016 年 12 月 25 日	埃尔多安就俄图-154 飞机在索契失事表示慰问。就叙利亚问题交换了观点。哈萨克斯坦总统纳扎尔巴耶夫也参加了电话会谈
2016 年 12 月 18 日	普京就 12 月 17 日土耳其开塞利恐怖袭击事件表达慰问。就叙利亚问题交换了观点
2016 年 12 月 23 日	埃尔多安向普京通报俄驻土大使遇袭身亡调查。讨论叙利亚问题
2016 年 12 月 29 日	对俄土调停叙利亚政府与温和反对派达成停火协议表示满意,强调了组织阿斯塔纳政治谈判进程的重要性。继续巩固在反恐问题上的相互合作
2017 年 1 月 12 日	讨论了叙利亚问题。讨论了双边关系,包括恢复经贸联系问题
2017 年 2 月 9 日	就叙利亚危机交换观点。双方商定继续就打击"伊斯兰国"分子进行协调。审核俄罗斯、土耳其、伊朗阿斯塔纳会晤中调停活动结果

续表

会谈时间	会谈主要内容
2017年4月4日	埃尔多安对圣彼得堡地铁恐怖袭击表示慰问,确认双方将继续在打击恐怖主义问题上进行合作。商定将继续合作保障阿斯塔纳和日内瓦会谈期间叙利亚停火制度。讨论两国合作中的某些现实问题
2017年4月13日	讨论叙利亚局势。商定就4月4日化学武器事件进行客观和仔细的国际调查。推进双边合作
2017年4月18日	普京对土耳其公投结果表示祝贺。就叙利亚问题交换观点。讨论推进双边合作中的现实问题
2017年5月27日	普京对埃尔多安当选土耳其正义与发展党主席表示祝贺。双方确认将继续深化战略伙伴关系。强调尽快在叙建立冲突降级区
2017年6月5日	讨论卡塔尔局势。要求国际社会在打击恐怖主义问题上进行协调和配合。共同促进叙利亚危机的解决。讨论双边合作的个别问题
2017年6月23日	普京在"土耳其流"管道铺设船上与埃尔多安进行通话
2017年6月30日	讨论了7月初即将举行的第五次叙利亚问题阿斯塔纳国际会谈与叙利亚危机的关键问题
2017年9月25日	讨论叙利亚问题,强调在叙建立4个冲突降级区。两国在叙利亚问题上继续紧密配合。讨论双边合作中的一系列重要问题
2017年10月21日	对当前两国各方面合作状况表示满意。就叙利亚问题交换了观点
2017年10月28日	普京祝埃尔多安10月29日共和国日快乐。就能源合作交换观点。强调加强努力保障冲突降级区的运转。讨论与恐怖主义斗争及政治解决叙利亚问题

此外,俄罗斯还与伊朗保持密切关系,并形成"俄罗斯—伊朗—土耳其"地区新轴心。2016年8月8日,普京赴巴库参加俄罗斯、阿塞拜疆、伊朗三方峰会并通过巴库峰会宣言。三国表示,要加强在反恐、解决地区冲突、里海问题上的协作及能源、交通运输等领域的合作。① 峰会期间,普京会见了伊朗总统鲁哈尼,并表示俄伊关系在所有领域均取得进展。2017年3月27~28日,鲁哈尼访俄,先后与俄总理梅德韦杰夫、总统普京举行会谈。双方签署了经贸、能源、反恐、交通、军工、文化、旅游等领域的一揽子合作协议,并承诺加强在国际舞台上的战略合作。② 此外,对于特朗普上台后

---

① Трёхсторонняя встреча глав Азербайджана, Ирана и России, http://kremlin.ru/catalog/countries/IR/events/52666(上网时间:2017年8月19日)。
② Встреча с Президентом Ирана Хасаном Рухани, http://kremlin.ru/events/president/news/54119(上网时间:2017年8月19日)。

威胁退出伊核协议的举动，俄在不同场合表示反对。2017年10月11日，俄罗斯外交部北美司司长鲍里先科在接受采访时表示，莫斯科尚不明确美国退出伊朗核协议将有何益处，但华盛顿此举将进一步造成中东局势动荡。①

三 以叙利亚问题为主战场，继续介入叙利亚局势

自2015年9月俄出兵叙利亚以来，阿萨德政权逐渐扭转局势。2016年12月23日，普京对叙利亚政府军解放阿勒颇行动的顺利结束表示祝贺，指出行动是叙利亚国际反恐斗争中各方的共同胜利，叙利亚主要任务是通过签订综合性危机解决协议来推动国内和平进程。②12月29日，普京再次与阿萨德举行电话会谈，高度评价在俄、土两国调停下达成的停火协议。③综合来看，2016年5月以来，两国关系及俄罗斯在解决叙利亚危机上的努力主要有以下几点。

第一，俄与叙签订使用塔尔图斯军港长期协议。2017年1月18日，俄叙两国签订协议，俄海军将无偿使用塔尔图斯军港作为后勤补给基地。协议有效期为49年，在协议到期前如双方均未提出停止履行该协议，则协议将自动延期25年。协议有效期内，该基地不受叙司法管辖。协议还规定，可停泊核动力军舰在内的所有军舰，只要舰只遵守核安全和生态安全规定即可。俄目前在塔尔图斯拥有一处海军舰队物资设备保障基地，是俄在地中海地区的唯一军用港口。

第二，利用叙利亚问题阿斯塔纳多边会谈机制，积极推动和平解决叙利亚问题。2017年1月23~24日，叙利亚问题阿斯塔纳国际多边会谈召开，哈萨克斯坦、伊朗、叙利亚政府代表团、叙利亚武装反对派代表团、联合

---

① 《俄外交部：美国退出伊核协议将造成中东局势动荡》，http://sputniknews.cn/politics/201710111023783445/（上网时间：2017年10月30日）。
② Телефонный разговор с Президентом Сирии Башаром Асадом, http://kremlin.ru/events/president/news/53578（上网时间：2017年9月8日）。
③ Телефонный разговор с Президентом Сирии Башаром Асадом, http://kremlin.ru/events/president/news/53660（上网时间：2017年9月8日）。

国、美国、土耳其、俄罗斯代表参加。1月24日，俄罗斯、伊朗和土耳其发布联合声明，决定成立三方机制，将对叙利亚停火情况进行监督。2月6日，俄、土、伊三国叙停火监督联合行动小组在阿斯塔纳召开会议。会议各方讨论了叙利亚冲突双方对停火制度执行情况，并协商制定制止破坏停火行为的措施。阿斯塔纳国际会谈表明，俄不仅从军事方面支持阿萨德政权，还力图通过政治手段解决叙利亚危机。自此，在俄罗斯、土耳其、伊朗三国共同努力下，叙各方阿斯塔纳国际会谈成为解决叙利亚冲突的机制性手段之一。到10月底，共成功举行七次会谈。在缓解叙利亚局势方面，会谈取得了一定的效果。

第三，美导弹袭击叙利亚引发俄强烈抗议。2017年4月7日，美军向叙中部霍姆斯省沙伊拉特空军基地发射59枚巡航导弹，作为叙利亚西北部伊德利卜省化学武器攻击事件（美国认为系阿萨德政权所为）的回应措施。尽管没有俄军人员在空中打击中伤亡，但俄方反应激烈，认为美国此举是侵犯叙利亚主权，这不仅无助于打击国际恐怖主义，反而给建立国际联合反恐战线制造了严重障碍。① 俄外交部还认为美国是侵略行为，将暂停执行俄美叙领空飞行安全备忘录。俄国防部表示，已通过军事外交渠道向美国五角大楼递交照会，将从4月8日起停止执行俄美国防部在叙利亚领空防止空中事件和保障行动期间飞行安全的谅解备忘录。② 10月19日，普京在2017年度瓦尔代国际辩论俱乐部会议上表示，某些国家不是去共同打击恐怖主义，而是反对这点，以使中东的混乱得到持续。③ 尽管其使用了"某些国家"这个词语，但普京指的显然是美国。

第四，积极促成叙利亚冲突各方达成协议，以缓和叙利亚局势。2017年5月4日，俄罗斯、土耳其和伊朗签署了关于在叙利亚建立"冲突降级

---

① Комментарий пресс-службы Президента России, http://kremlin.ru/events/president/news/54241（上网时间：2017年9月8日）。
② 《俄国防部向五角大楼递交关闭国防热线照会》，http://sputniknews.cn/russia/201704081022293870/（上网时间：2017年9月8日）。
③ 《普京：某些国家不是去共同打击恐怖主义 而是在中东制造混乱》，http://sputniknews.cn/politics/201710191023848114/（上网时间：2017年10月20日）。

区"的合作备忘录。自此,俄不断推动扩大冲突降级区范围。7月27日,俄总统新闻秘书佩斯科夫表示,克里姆林宫认为,叙利亚境内设立冲突降级区的区域形势出现积极好转。①

由此可见,介入叙利亚危机、支持阿萨德政权在俄参与中东事务中占据了中心位置之一。自2017年以来,俄国家安全委员会常务委员会共举行26次会议,其中直接涉及叙利亚危机的有16次,具体内容见表2。

表2 俄安全委员会、常务委员会涉及叙利亚议题统计

时间	涉及叙利亚问题的内容
2017年1月13日	叙利亚问题阿斯塔纳会议准备工作进展
2017年1月19日	叙利亚问题阿斯塔纳会议准备工作
2017年1月27日	讨论1月23~24日阿斯塔纳叙利亚问题谈判结果、政治途径解决叙利亚问题的前景问题
2017年3月17日	叙利亚问题
2017年4月6日	讨论美国空袭叙利亚之后的叙利亚局势;讨论俄空天部队继续支持叙利亚反恐行动相关的各种问题
2017年4月14日	就叙利亚局势交换观点,进一步讨论俄美关系的现状和前景
2017年4月21日	叙利亚局势等涉及国际与地区安全问题
2017年5月5日	就叙利亚设立冲突降级区交换观点
2017年5月10日	叙利亚问题
2017年5月19日	讨论叙利亚问题,指出美国在叙利亚的军事行动是非法的,恶化了设立冲突降级区工作进程
2017年5月26日	俄罗斯空军在叙利亚的军事行动
2017年6月16日	国防部长绍伊古通报俄空天部队对拉卡军事打击情况
2017年7月3日	7月初在阿斯塔纳举行的叙利亚问题谈判准备情况
2017年9月15日	绍伊古通报会见叙利亚高层结果,讨论冲突降级区问题
2017年9月29日	详细讨论了叙利亚及总统出访土耳其的问题
2017年10月7日	就叙利亚问题交换了观点

资料来源:作者根据俄安全委员会网站统计。

① 《俄总统新闻秘书:克宫积极评价叙冲突降级区局势发展》,http://sputniknews.cn/politics/201707271023221255/(上网时间:2017年9月27日)。

结 论

苏联解体以来，俄罗斯的中东战略主要从三个基点出发：首先是希望通过南下中东，在北约的南翼地区扩大影响，以此来牵制和阻挠北约东扩的战略态势。其次是中东北部国家同独联体南部国家有边界接壤，因此俄罗斯加强在中东的存在，将进一步提高独联体南部边界的安全系数。最后是中东地区的石油及其他经济利益，不可能不对俄罗斯产生巨大的诱惑力。①

纵览2016年5月以来的俄罗斯中东政策，从中可以看出，一方面，俄继续保持与叙利亚、伊朗这两个传统伙伴的密切关系；另一方面，俄与以色列、土耳其、沙特等美国传统盟友的关系正在改善和加强，尤其是沙特国王历史性访俄，表明俄正在深度介入中东事务，地区政策更加平衡。

俄从维护地区安全与稳定，进而保障自身安全与利益的角度出发，出兵叙利亚、签订长期租借塔尔图斯军港协议，并表达"叙利亚决不能出现任何分裂，这将在中东引发连锁反应"的立场。② 而与以色列、沙特这两个美国盟友改善关系的行为，既有出乎意料的一面，也符合俄的中东政策目标。

从深层看，当前俄罗斯微调和改善中东政策，主要有几个原因。

第一，俄面对的恐怖主义威胁加大。根据俄军总参谋部情报总局和俄联邦安全局统计，叙利亚极端分子中有近4000人来自俄罗斯，约有5000人来自苏联其他国家。③ 这表明，俄面对着极为严重的来自中东的极端思想扩散和来自苏联地区恐怖分子回流问题，圣彼得堡地铁袭击事件的发生充分说明了这一点。而与以色列、土耳其和沙特改善关系，能推动共同打击恐怖主义问题的进展。

---

① 庞大鹏：《俄罗斯外交战略中的中东》，《俄罗斯东欧中亚研究》2016年第1期，第76页。
② 《俄外长：叙利亚决不能被分裂　这将在中东引发连锁反应》，http://sputniknews.cn/politics/201709231023661886/（上网时间：2017年10月20日）。
③ Выездное совещание Секретаря Совета Безопасности Российской Федерации в Северо-Кавказском федеральном округе，http://www.scrf.gov.ru/news/allnews/2199/（上网时间：2017年9月26日）。

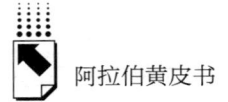

第二,俄与叙、伊、土关系仍存在一定的不确定性。尽管俄在叙利亚问题上投入巨大,但叙反对派仍受到西方强力支持,阿萨德政权根基仍不稳固。换言之,俄的叙利亚政策仍存在失败的可能性。俄罗斯与伊朗关系同样存在隐忧。正如欧洲外交关系委员会在报告《新权力伙伴:俄罗斯与伊朗在中东》中所分析的:"俄罗斯为伊朗提供了保护地区安全利益的关键手段。但伊朗的领导层在就如何更好地对冲东西方大国的赌注以实现国家战略目标方面存在分歧",即伊朗的对俄战略仍存在摇摆概率。① 美国布鲁金斯学会的报告《模糊不清的伙伴关系:普京与埃尔多安时代俄土关系的蜿蜒轨道》则表示:"将土耳其和俄罗斯之间的不稳定伙伴关系升级为'排他性轴心'战略的可能性很低,但是因关系恢复和争吵所产生的风险是显著的。"② 这表明俄土两国仍存在一定的利益冲突,并随时可能爆发。

第三,从现实看,俄并不具备塑造和维持地区秩序的充分能力和十足意愿,因此尽可能改善与各国关系,借此推动自身利益发展的合理行为。德国阿登纳基金会在《俄罗斯在叙利亚:国内驱动和地区意义》报告中指出:"尽管通过与土耳其、伊朗及埃及(在一定程度上)形成联盟,俄罗斯已经暂时成功地将美国在叙利亚问题上边缘化"③,但显而易见,俄罗斯没有充分的能力和充足的意愿来维持中东地区秩序,其中东政策目标更多是从现实利益出发,维持阿萨德政权的稳定为维护自身利益,并通过武器出口、能源合作等手段从本地区获取经济利益。

尽管俄与中东国家的互动在增加,但其与大部分地区国家在战略利益存

---

① The new power couple Russia and Iran in the Middle East, http://www.ecfr.eu/publications/summary/iran_and_russia_middle_east_power_couple_7113(上网时间:2017年10月28日)。

② An ambiguous partnership: The serpentine trajectory of Turkish-Russian relations in the era of Erdoğan and Putin, https://www.brookings.edu/research/an-ambiguous-partnership-the-serpentine-trajectory-of-turkish-russian-relations-in-the-era-of-erdogan-and-putin/(上网时间:2017年10月28日)。

③ HANNA NOTTE, RUSSIA IN SYRIA: DOMESTIC DRIVERS AND REGIONAL IMPLICATIONS, Konrad-Adenauer-Foundation, p32. http://www.kas.de/syrien-irak/en/publications/47817/(上网时间:2017年10月28日)。

在差异，美国在中东事务中仍具有举足轻重的地位，这限制了俄发展地区影响力的空间。美国兰德公司的报告《俄罗斯的中东战略》（*Russian Strategy in the Middle East*）就明确指出："第一，地区大部分国家与俄之间的关系可描述成事务性的，并存在不可逾越的障碍；第二，中东国家普遍将俄作为一种选择和对西方的信号。"①

---

① Russian Strategy in the Middle East，https：//www. rand. org/pubs/perspectives/PE236. html（上网时间：2017 年 10 月 28 日）。

中阿关系篇
Sino–Arab Relations

Y.19
2017年中阿经贸合作状况

丁隆　卜晶晶*

摘　要： 当前，中阿经贸合作主要面临三大新特征：中国从阿拉伯国家进口额大幅增长，出口额小幅下降；中阿非石油贸易稳步增长；中阿贸易产品结构不断升级。随着"一带一路"倡议的推进，中阿经贸合作获得新动力，未来发展前景广阔，但双方深化经贸合作也面临诸多困难和挑战。

关键词： 中阿经贸合作　贸易投资　"一带一路"

近年来，中阿双边贸易经历多年高速增长后开始放缓，但2017年中阿

---

* 丁隆，对外经济贸易大学外语学院副院长、教授、博士生导师，主要从事阿拉伯语教学与中东政治研究；卜晶晶，对外经济贸易大学外语学院博士研究生。

经贸合作趋于平稳,扭转了大幅下滑势头。与此同时,中国对阿拉伯国家投资出现新一轮增长,与主要贸易伙伴经贸往来发展顺利。受油价暴跌影响,阿拉伯国家对中国贸易和投资双双下降,尚无显著反弹。随着"一带一路"倡议推进,中阿经贸合作获得新动力,未来发展前景广阔。以中阿共建"一带一路"为契机,以习近平总书记提出的中阿经贸关系发展"1+2+3"战略为指引,扩大经贸、能源、基础设施、产能合作,为中阿经贸关系发展勾画了路线图。

一 中阿贸易投资基本状况

(一)中阿双边贸易发展态势

2007~2017年十多年间,中国和阿拉伯国家双边贸易取得了较快发展,2016年,中阿贸易总额为1711亿美元,2017年1~10月,中阿贸易总额为1552亿美元,同比增长11%,占中国进出口总额的4.7%。2007年中阿贸易总额占中国对外进出口贸易总额的4%,2015年上升至7%,阿拉伯国家一度成为中国第七大贸易伙伴。[①]

2017年1~10月中阿贸易发展主要呈现以下三大特征。

第一,中国从阿拉伯国家进口额大幅增长,出口额小幅下降。其中,自阿进口743.51亿美元,同比上升33.11%。我国对阿出口808.62亿美元,同比下降3.68%。如图1所示,2007~2016年,受国际金融危机和国际油价下跌影响,中阿双边贸易经历2次下滑(分别是2009年和2015年)。2009年,受国际金融危机影响,中阿贸易额下降18.5%,从2008年1333.7亿美元下降到1082.1亿美元,但中阿贸易额在中国进出口贸易总额的比重从2000年的3.2%上升至2009年的4.9%。2009~2014年,中阿贸易额增速较快,2014年达到2481.8亿美元,增长129%,不仅快于同时段中国对

---

① 数据根据中经网海关统计月度数据整理计算得出。

外贸易75%的增速,而且快于中国与美国、日本等发达经济体的贸易增速。到2014年,国际油价出现断崖式下跌,中阿贸易历来以石油贸易为主,非石油贸易在近几年才获得较快进展,油价下跌直接影响了中国从阿进口额。2016年中国自阿拉伯国家进口原油1.5亿吨,占中国进口总量的40.5%,① 我国从阿进口额很大程度上受油价下跌影响,同比下降19.7%。在2017年1~10月,中国从阿进口有所反弹,但受全球贸易保护主义抬头,中国企业生产成本上升等因素,中国对阿出口额较2016年仍有所下降。

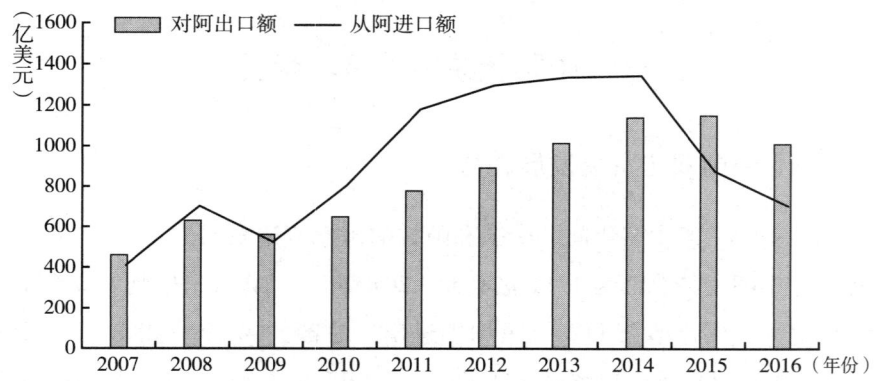

图1 2007~2016年中阿双边贸易额变化

资料来源:根据国家海关总署资料整理。

表1 2007~2016年中国与阿拉伯国家整体贸易状况

单位:亿美元

年份	进出口贸易额	出口额	进口额	比上年增加百分比(%)		
				进出口	出口	进口
2007	869.8	459.4	410.4	31.4	33.6	29.0
2008	1333.7	630.9	702.7	53.3	37.4	71.2
2009	1082.1	559.4	522.8	-18.9	-11.3	-25.6
2010	1454.5	648.6	805.9	34.4	16.0	54.2
2011	1958.5	778.1	1180.4	34.6	20.0	46.5

---

① 数据参见中国商务部2016年2月17日发布的《2016年商务工作年终综述之三十三》。

续表

年份	进出口贸易额	出口额	进口额	比上年增加百分比(%)		
				进出口	出口	进口
2012	2186.5	890.6	1295.9	11.6	14.5	9.8
2013	2349.2	1013.5	1335.6	7.4	13.8	3
2014	2481.8	1138.5	1343.3	5.6	12.3	0.5
2015	2025	1150	875	-9.2	17.2	-33.2
2016	1711	1008	703	-15.6	-12.4	-19.7

资料来源：根据联合国贸易数据库（COMTRADE）计算整理得出。

第二，中阿非石油贸易稳步增长。2007~2016年，中阿双边非石油进口贸易量不断上升。2008年虽受到国际金融危机的影响，中阿非石油贸易进口量于2009年出现下滑现象，从2008年104.7亿美元的进口额下降到102.6亿美元，但此后非石油贸易发展势头仍强劲，于2015年突破440亿美元，占中国从阿进口额的47.9%。2016年中阿非石油贸易进口额因受整体贸易进口额下跌影响，下降到382.4亿美元，但是占同年中国从阿进口额的54.3%，与2008年占中国从阿进口额的14.8%相比，增长了39.5%。

在非石油贸易领域，中国已从2000年阿拉伯国家第十大贸易伙伴，转变为如今第一大贸易伙伴；而阿拉伯国家也从2000年中国第十八大贸易伙伴转变为第七大贸易伙伴。

第三，中阿贸易产品结构不断升级。油气、矿产品、石化产品一直占据着中国从阿拉伯国家进口商品的前列。如图2所示，2016年，在非石油贸易领域，矿产品进口额占非石油产品进口总额的40%左右，排第二位的为化学工业及其相关工业制品，大约占30%，第三位为塑料、橡胶及其制品，约占21%，主要进口国为沙特和阿联酋。[①] 这三大类产品历年占据了中国从阿进口的非石油商品的90%，商品结构较为单一。

随着中国制造业的快速崛起，产品不断优化，中国对阿出口产品结构不

---

① 数据参见商务部数据中心。

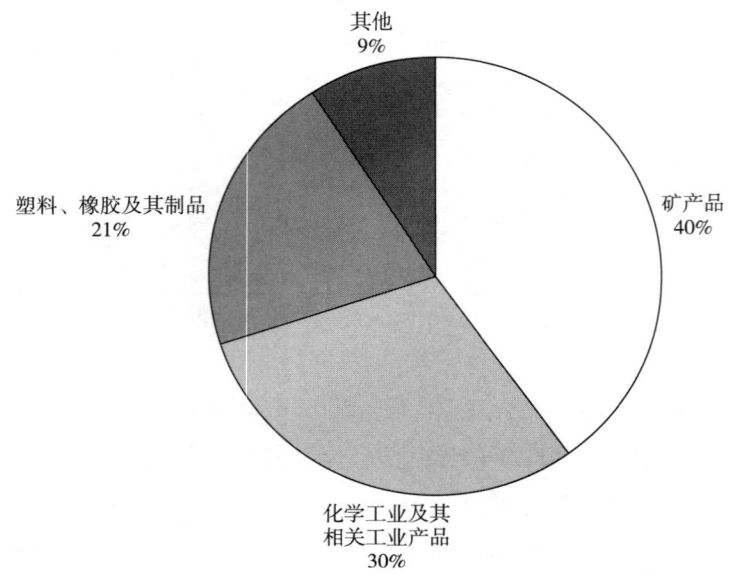

图 2　2016 年中国从阿拉伯国家进口的非石油产品结构

断升级，出口产品的技术含量逐年增加，不再局限于纺织品、原料等。2003年中国对阿出口排首位的是纺织品和原料，占中国对阿出口总额的31.5%。排第二位的是机电产品，对阿出口额为32亿美元。2016年，中国对阿拉伯国家出口产品最多的是机电产品，从2003年占比25.2%增长到30%以上，而2003年排首位的纺织原料及纺织品到2016年占比下降至近19%。可见，虽然近几年中国对阿出口的主要产品类别未发生重大变化，但主要出口商品排名出现显著变动，可见中国对阿出口商品结构已逐渐从劳动密集型产品，向技术密集型产品转变，阿拉伯国家对中国高附加值产品需求上升。此外，中国在运输设备、陶瓷、塑料、化学工艺产品对阿出口增长明显，显示中阿经济较强的互补性。

（二）中阿双向直接投资一波三折

如图3所示，2007～2017年十多年间，中国对外投资仅出现2次大幅下降，2012年出现自2008年全球金融危机最严重时期以来的首次下降，同比下降50%，但从2013年情况看，中国对阿直接投资已走出困境，当年中国对阿直接投资增长速度达77.3%。2014年，中国经济增长率明显下降，但对阿拉伯国家的投资仍高速增长，达到22.2亿美元。2016年，在"一带一路"倡议推动下，中国对外直接投资为1701亿美元，同比增长44.1%。其中，中国对阿拉伯国家直接投资为29.5亿美元，创历史新高，同比增长33.2%，中国对阿拉伯国家非金融类直接投资11.5亿美元，同比增长74.9%。到2017前10个月，中国对阿非金融类直接投资达10.14亿美元，同比增长15.2%，有望超上年全年再创新高。可见，当前中国对阿直接投资呈高速增长态势。相比而言，阿拉伯国家对华直接投资受国际油价暴跌及中东剧变影响，自2011年起一直下跌，尚无反弹。

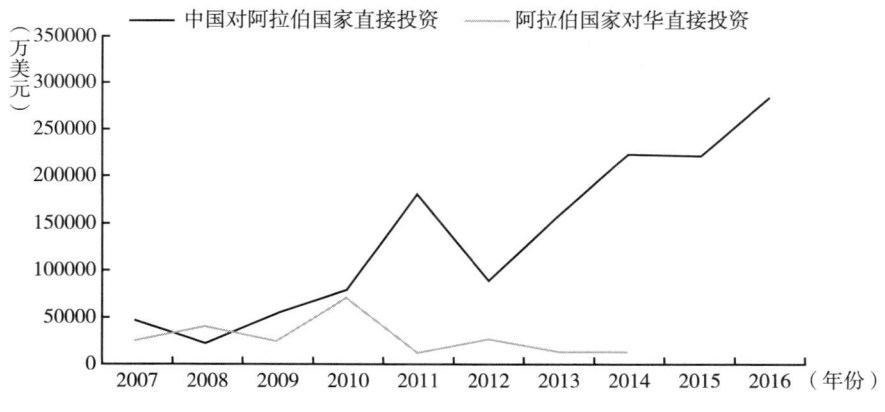

图3　2007～2016年中阿双边直接投资情况

资料来源：根据中国商务部《2016年度中国直接投资统计公报》及相关资料整理。

如表2所示，2012～2015年中国对阿拉伯国家直接投资集中于阿联酋、沙特、阿尔及利亚、埃及、苏丹、伊拉克六大支点国家，对其投资主要集中在石油、矿产资源开发，这些国家的自然禀赋、产业结构与我国具有很大的互补性。随着"一带一路"倡议推进，中国与科威特、卡塔尔等国的投资合作也有了较大进展，2015年中国对卡塔尔直接投资同比增长293%。对叙利亚、也门、利比亚等战乱国家投资则大幅减少。

表2 2012~2015年中国对阿拉伯国家直接投资流量情况

地区	2012年 投资流量	比重(%)	2013年 投资流量	比重(%)	2014年 投资流量	比重(%)	2015年 投资流量	比重(%)
阿联酋	10511	11.7	29458	18.56	70534	31.7	126868	57.3
沙特	15367	17.1	47882	30.17	18430	8.28	40479	18.28
阿尔及利亚	24588	27.4	19130	12	66571	29.9	21057	9.5
科威特	-1188	-1.32	-59	-0.03	16191	7.2	14444	6.52
卡塔尔	8446	9.4	8747	5.5	3579	1.6	14085	6.36
埃及	11941	13.3	2322	1.46	16287	7.3	8081	3.64
苏丹	-169	-0.1	14091	8.87	17407	7.8	3171	1.43
摩洛哥	105	0.1	774	0.48	1144	0.51	2603	1.17
吉布提	—	—	200	0.12	953	0.42	2033	0.091
伊拉克	14840	16.5	2002	1.2	8286	3.72	1231	0.55
阿曼	337	0.37	-74	-0.04	1516	0.68	1095	0.49
突尼斯	-65	-0.07	706	0.44	71	0.03	564	0.25
毛里塔尼亚	3087	3.45	1527	0.96	-733	-0.3	216	0.09
约旦	983	1	77	0.04	674	0.3	158	0.07
叙利亚	-607	-0.67	-805	-0.5	955	0.42	-356	-0.16
利比亚	-668	-0.74	45	0.02	13	0	-4106	-1.85
也门	1407	1.57	33125	20.8	596	0.26	-10216	-4.6
巴林	508	0.56	-534	-0.33	—	—	—	—
巴勒斯坦	2	—	2	—	—	—	—	—
科摩罗	—	—	—	—	—	—	—	—
索马里	—	—	—	—	—	—	—	—

注：缺科摩罗、索马里数据。
资料来源：《2015年度中国直接投资统计公报》。

二 "一带一路"建设稳步推进

阿拉伯国家地处"一带一路"西端交汇地带，是连接亚非欧三大洲的交界地带，因得天独厚的区位优势和资源优势，成为"一带一路"倡议重要参与方。2014年6月5日，国家主席习近平在中阿合作论坛第六届部长级会议中提出"1+2+3"的合作格局，即以能源合作为主轴，以基础设施建设、贸易和投资便利化为两翼,以核能、航天卫星、新能源三大高新领域为新突破口。未来 10 年,争取把中国对阿拉伯国家非金融类投资存量从 100 亿美元增至 600 亿美元以上。① 在"1+2+3"战略指引下,中阿经贸合作取得突破性进展。境外合作区建设更是使中阿产能合作从石化领域转向非石油领域的新阶段。

(一)基础设施建设

基础设施建设是"一带一路"倡议的重点领域。中国拥有较强的基础设施建设能力。沙特实施"2030 愿景",计划投资 5000 亿美元建设"尼尤姆"新城。卡塔尔正在建设 2022 年世界杯足球赛场馆和设施,迪拜正在筹备 2020 年世博会,埃及计划建设新行政首都,部分战乱国家急需战后重建,为中阿基建和公共设施建设带来巨大机遇。2017 年 10 月,中国建筑工程总公司与埃方签署新行政首都建设 198 亿元人民币大单,合同工期 43 个月,拟建面积约 170 万平方米,包括 1 幢 345 米高的非洲第一高楼,12 幢高层商业写字楼、5 幢高层公寓楼等在内共计 20 个高层建筑单体及配套市政工程,成为目前中资企业在埃及承建的最大单体项目,也是 2017 年中国在阿投资金额最大的基建项目和头号重点工程。其成功实施将打造中阿基建合作的典范。

(二)产能合作

积极建设经贸合作区是实现"一带一路"倡议的重要承接点,是中阿产能合作的主要合作方式。当前"一带一路"沿线的多数阿拉伯国家都处于工业化生产初期,甚至还未达到工业化初期水平,市场潜力巨大,引进外资意愿强烈。中国工业制造能力强,具备较完善的工业体系,有能力将中国优势产业带入阿拉伯国家,同时开展经贸合作区是中国改革开放实践中重要

---

① 《习近平出席中阿合作论坛第六届部长级会议开幕式并发表重要讲话》,《经济日报》2014 年 6 月 6 日。

经验,经过40年的发展,中国在建设、运营产业园区方面已形成一套成熟的运作系统。将中国成熟的产业园区模式对外输出,利用双方优势产业,形成产业互补,是推动中阿产能合作的应时之举。自2016年起中国企业开展经贸合作区取得的成绩主要有以下几方面。

(1)由宁夏主导投资的中国—阿曼杜古姆产业园区和中国—沙特吉赞产业园区。这两大产业园区被纳入2016年国家发改委重点建设的20个国际产能合作示范区,是中阿共建"一带一路"的标志性项目,也是中国对阿拉伯国家开展国际产能合作的重点项目。中国—阿曼杜古姆产业园区占地11.72平方公里,预计投资额达到670亿元(约97.3亿美元),涉及包括石油化工、建筑材料、电子商务产业在内的9个方面的规划。其中,宁夏、河北等省的企业将投资5.6亿元建造海水淡化厂,28亿元用于电厂建设,在天然气制甲醇、甲醇制烯烃项目上预计投资160亿元。① 鉴于阿曼缺乏淡水,在杜古姆产业园区建设过程中,中国企业首要任务就是为园区提供海水淡化,以便为重型工业项目做好前期准备。

中国—沙特吉赞产业园区是"一带一路"倡议和沙特"2030"愿景高度契合的产物,是在习近平主席和沙特国王萨勒曼见证下签约,由广州开发区、银川开发区联合沙特阿美石油公司共同建设。沙特是中东最大的经济体和消费市场,广东省有较成熟的园区开发经验,三者之间有着良好的合作基础与发展潜力。在"1+2+3"合作格局引擎下,中沙吉赞产业园区建设有利于扩大和便利中沙能源合作,同时也使中国家电、建筑、汽车等优势产业"走出去",为中国经济发展提供新机遇。目前三方正加紧落实入园项目的对接工作,全力推进园区建设。

(2)毛里塔尼亚海洋综合产业园。该项目预计投资2.66亿美元,旨在帮助解决毛塔南部海域渔船接驳靠岸问题,改善海洋资源上岸交易、加工、出口事宜。毛里塔尼亚拥有丰富的海洋渔业资源,其南部海域是世界著名的

---

① Jason Lee, *China-Oman Industrial Park boosts China-Oman cooperation*, Belt and Road Portal, 2017.4.

渔场,渔业资源储量高达400万吨。但由于近年来毛塔存在过度捕捞现象,毛塔政府对外资企业参与合作的条件日趋苛刻,加之缺乏基础设施建设能力,中国企业在毛塔投资经营出现困难。中毛海洋综合产业园的建设为两国未来渔业持久合作搭建新平台。该项目已被纳入2016年商务部西亚非洲司重点推进项目,目前已初步完成实施工程的可行性报告,及与毛里塔尼亚相关部门就具体投资政策展开的谈判工作。

(3)摩洛哥丹吉尔穆罕默德六世科技城。中方企业作为唯一外资在摩洛哥北部沿海城市丹吉尔参与建设,占地2000公顷,预计投资总额达110亿美元,涉及包括航空、电子商务、铁路运输在内的多个方面的合作,计划到2022年将创造1200个永久就业岗位。科技城建设得到摩洛哥政府高度重视,摩方希望通过鼓励私人投资、增强青年技能、保护地方遗产,促进地区的可持续和全面发展。该项目合作备忘录已签署完毕。

(4)中国—阿联酋产能合作示范园。该项目是阿联酋首家"一带一路"产能合作园区,在阿联酋阿布扎比港哈利法工业区规划建设,由中江国际集团公司领头,同苏州工业园区、江宁经济技术开发区等共同组建江苏省海外投资有限公司,负责示范园区的开发与运营管理。园区总体投资成本不高,能源成本相对较低,且在园区内进行投资的企业或个人,无须缴纳增值税等任何税费。目前中国与阿联酋产能合作示范园招商引资全面进行,截至2017年12月,已有10家中资企业签署入园意向协议书,投资总额约34亿元。

三 深化中阿经贸合作的机遇与挑战

阿拉伯国家多处于工业化初级阶段,普遍缺乏完整的工业体系。"一带一路"倡议将中阿全面合作伙伴关系推向新的高度,依靠中国制造业优势,深化中阿产能合作,将促进阿拉伯国家工业化进程。因此,双方合作面临巨大机遇。但与此同时,由于种种原因,双方合作也面临一些挑战。

（一）中阿深化经贸合作发展面临的机遇

（1）中阿资源禀赋、能源供需互补性强

阿拉伯国家油气资源丰富，中国是能源消费大国。以能源为主轴的"1+2+3"合作格局是深化中阿经贸合作的重要导向。自1993年中国由石油出口国转变成石油净进口国以来，中国石油进口数量逐渐增长，对外石油依存度逐年上升。2016年，中国原油对外依存度上升至65.5%，预计到2020年前超过70%。[1] 中国进口石油约50%来自阿拉伯国家。[2]

美国曾是阿拉伯国家原油的主要出口市场。然而，近几年随着页岩油等非传统能源的开发，美国对阿拉伯国家石油依存度逐渐下降。国际油价暴跌使阿拉伯国家财政状况恶化，在此背景下，同原油对外依存度逐年上升的中国大力发展能源合作，成为未来阿拉伯产油国经济发展的重要因素。从产业结构看，阿拉伯国家制造业相对落后，工业品进口需求大。中国利用基础设施建设能力和剩余产能，同阿拉伯国家进行产能合作，实现优势互补。

（2）"一带一路"倡议与阿拉伯国家发展战略对接

中国提出"一带一路"倡议正逢沙特等多个阿拉伯国家提出经济改革战略。在经历油价暴跌重创后，许多阿拉伯国家（尤其是产油国）开始探寻经济改革道路，以缓解原油价格下跌带来的冲击，并为"后石油时代"来临做准备。以沙特和埃及为例，沙特的石油收入对经济的贡献率为40%，占财政收入的75%，出口收入的90%。为应对油价下跌带来的影响，现任王储穆罕默德·本·萨勒曼于2016年4月25日提出"2030愿景"经济改革方案，希望通过经济改革，发展工业、房地产和旅游业等非石油产业，使沙特摆脱地租型经济模式。主要措施包括阿美石油公司股份制改革，部分股权公开上市，募集资金设立主权财富基金，投资非石油产业。

埃及方面，2014年塞西总统上台以来，致力于恢复埃及经济活力，促

---

[1]《中石油经济技术研究院副院长刘朝全的报告：2016年国内外油气行业发展报告》。
[2] David P., Goldman, *China's Growing Middle East Footprint: Israel's Opportunity*, BESA Center Perspectives, February 1, 2015.

进经济增长和就业。2016 年，埃及政府发布"可持续发展战略：埃及 2030 愿景"。"一带一路"倡议对埃及经济发展是难得的机遇，尤其有利于埃及工业化和中小企业发展。埃及具有较好的工业基础，劳动力充沛，地缘优势突出，中埃发展战略对接具有巨大潜力。目前中国在埃投资项目中，中埃苏伊士经贸合作区被认为是发展最好的一个项目。自 2016 年起，中国"一带一路"倡议和埃及"苏伊士运河走廊"开发计划又步入新的发展阶段。园区宣布新建扩展区 6 平方公里，分三期开发，可容纳 200 家企业入驻，吸引投资 30 亿美元，销售额 100 亿美元，提供超过 4 万个就业机会，并最终形成"产业+生活"的国际化产业基地和现代化新城。[①] 2016 年底，中国巨石集团投资 1.1 亿美元在苏伊士经贸合作区建设的第三条生产线正式启动，完工投产后将生产出 20 万吨玻璃纤维，成为埃及历史上单体最大的制造类项目，对埃及经济发展起着重要的推动作用。

（3）阿拉伯国家重建带来机遇

目前，叙利亚、也门、利比亚等国仍处于战乱中，面临艰巨的重建任务。随着叙利亚局势趋于平稳，重建问题将逐渐提上日程。中国企业在技术、资金、施工能力等方面具有显著优势，在未来将是叙利亚等国战后重建的重要参与者。

（二）中国对阿经贸合作面临的主要问题

（1）阿拉伯国家缺乏完备的工业化条件

大规模工业开发并进行工业利用的自然资源分为四类：土地、水源、能源、原料。其中土地是工业生产活动的空间场地，水源是工业选址和布局的先决条件。[②] 阿拉伯国家气候炎热干旱，18 个阿拉伯国家处于缺水状态。尤其是海合会六国，境内绝大部分为沙漠，近 87% 的土地是干旱或半干旱地

---

① 朱敏、丁飞：《中埃苏伊士经贸合作区 8 年风雨路：跨越文明的发展坐标》，中央新闻网，2016 年 1 月 22 日。
② 金碚：《中国工业化的资源路线与资源供求》，中国社会科学院工业经济研究所，2008 年第 2 期。

带。另外,阿国缺乏成熟的教育、培训政策,普遍缺乏优秀的技术工人。据阿拉伯劳工组织的报告,一个阿拉伯产业工人的年产值为800美元,而工业国家的一个产业工人的年产值是6万美元。因此,阿拉伯国家由于缺乏工业化生产所必需的土地资源、水资源和人力资源,工业化发展的必要条件不完备。

(2)阿拉伯国家资金短缺

中方承建的阿拉伯国家大型基建项目,多依靠中方贷款。然而,许多阿拉伯国家因债务负担沉重,濒临警戒线,不愿新增贷款。如埃及政府规定各部门各自偿还新建项目贷款,国家不再提供主权担保。除甲方为军方的项目,所有新增贷款项目须经议会批准,这使中资企业难以利用中国两优贷款、商业贷款在埃及建设大型基础设施项目。部分中资企业尝试垫资开工,但埃方不能按时付款,或提出用埃磅还款。埃磅汇率波动较大,中国不能接受。

(3)中资企业面临日韩企业竞争

阿方重大项目并非只与中资企业签订意向书,就同一项目也与日本、韩国等企业达成合作意向。对于资金短缺,债务负担沉重的国家如埃及,日韩两国政策行可提供更优惠的贷款条件。日本国际协力协会(JICA)贷款利率为0.4%,还款期为40年。以此条件,日本企业中标开罗地铁4号线项目已开始施工。韩国进出口银行也提供相似的优惠贷款条件。在技术不如中资企业情况下,韩国企业中标埃及清洁煤电站项目一期工程,上海电气则被推后至项目二期工程。相比,中国政策行贷款门槛较高,中国进出口银行贷款利率为2%,还款期20年。中国商业银行贷款利率为3%,还款期15年。日韩企业一般使用承包加援助的捆绑模式,在承建项目的同时,无偿赠送一些附属设备,或援建小型设施,这种"买一送一"的模式受到埃方欢迎。中国对外工程承包和援建项目则很少打包运作。

(4)中东局势动荡,投资环境恶化

受到阿拉伯剧变浪潮影响,阿拉伯世界乱象横生,战乱不迭,冲突不断。受动荡局势冲击,多数阿拉伯国家经济下滑,据摩洛哥希斯新闻网报道，阿拉伯银行联合会预测 2017 年阿拉伯国家经济增长率为 2.3%，低于 2016 年 3.3% 的增长率。阿拉伯国家经济低迷对"一带一路"实施带来负面影响。由于中国在阿拉伯国家的投资项目多数具有周期久、投资大、收益慢等特点，政局动荡直接影响海外项目的运营实施。以叙利亚为例，虽然中资企业对参与叙重建热情很高，但叙问题全面解决仍需时日，重建时机远未成熟。

四 中阿经贸合作前景展望

在"一带一路"倡议下，中阿经贸关系发展揭开崭新一页。针对阿拉伯部分国家动荡不安的局势对中阿贸易投资带来的负面影响，中国应积极采取应对措施。但换个角度考虑，中东动荡局势中同样蕴藏着商机。阿拉伯世界正积极寻找复兴之路，寻求全方位改革，以沙特为首的海湾国家，提出经济多元化、摆脱对石油依赖的目标；埃及为重振经济，不断出台投资举措，改善投资环境；承受能力较弱的国家，如伊拉克、阿尔及利亚受 2014 年石油价格暴跌，放宽对外能源合作条件；叙利亚、利比亚等国家战后重建，为中阿基建合作带来巨大机遇。因此，在新形势下，"一带一路"倡议的稳步推进，将为中阿经贸合作开辟广阔前景。

Y.20
中国与海合会自贸区建设进程与经济效益分析

刘 冬*

摘　要： 中国与海合会具有实现贸易自由化的良好基础，但石油这一海合会最具优势的货物商品难以借助贸易自由化实现优化配置，因此在现有中海谈判机制下，自贸区建设不仅对中国货物出口拉动作用有限，中国反而会因海合会石化产品大量涌入而承受较大经济调整成本。只有借助自贸区建设促进石油资源在双方实现优化配置，消除海合会国家对华石油出口"亚洲升水"，中海自贸区才可能成为互惠性的贸易机制安排。

关键词： 中国　海合会　自由贸易协定

2004年7月《中国与海合会国家经济、贸易、投资和技术合作框架协议》的签订，标示着中国—海湾合作委员会（海合会）自由贸易区谈判正式启动。自2005年4月启动首轮自贸区谈判以来，中海自贸区谈判已历经九轮、历时十余年，却迟迟未能落地，这与双方快速发展的经贸关系形成鲜明反差。因此，对自贸区建立的经济效益进行评估，对中海自贸区谈判及其他相关机制建设具有重要指导意义。

---

* 刘冬，中国社会科学院西亚非洲研究所副研究员、中东研究室副主任，经济学博士，主要研究领域为中东经济、能源经济。

一 中海经贸关系的发展近况与自贸区谈判历程

近年来,中国与海合会经贸关系发展迅速,但中海自贸区谈判却一波三折。在此,有必要对相关问题进行梳理和回顾。

(一)中海经贸关系发展近况

早在20世纪50年代,中国便与沙特等海合会国家有经贸关系往来。但中海经贸关系取得快速发展还是在2001年中国加入世贸组织后。双方经贸关系的快速发展主要体现在货物贸易、双向投资和中国对海工程承包三个方面。

1. 货物贸易状况

中国与海合会国家经济互补性高,近年来,随着中国工业制成品生产和出口能力的迅速提高,以及能源进口需求的持续扩大,中海货物贸易发展十分迅速。2005~2014年,中国对海合会国家货物进出口贸易额,由337.6亿美元增至1751.8亿美元,年均增幅高达20.1%。其中,中国对海合会货物出口贸易额由137.6亿美元增至685.9亿美元,年均增幅为19.5%,中国对海合会货物进口由199.9亿美元增至1065.9亿美元,年均增幅为20.4%。2015年,受国际油价回调影响,中国对海合会货物进出口贸易均出现收缩,其中,中国对海出口贸易同比下降0.9%,贸易额降至679.4亿美元,对海货物进口贸易同比下降35.3%,贸易额下降至689.5亿美元。受进口同比大幅下降影响,2015年,中国对海合会货物进出口贸易总额同比出现21.9%的降幅,贸易额降至1369.0亿美元(见图1)。在货物贸易平衡方面,近年来,中国对海合会货物贸易均存在逆差。

从国别分布来看,沙特和阿联酋是中国在海合会国家最大的货物贸易伙伴。2015年,中国对沙、对阿货物进出口总和超过1000亿美元,占中国对海合会货物进出口贸易总额的73.4%,其中,阿联酋是中国在海合会最大货物出口贸易伙伴。2015年,中国对阿联酋货物出口贸易额,占中国对海合会货物出口贸易总额的54.6%。沙特是中国在海合会最大的货物进口贸

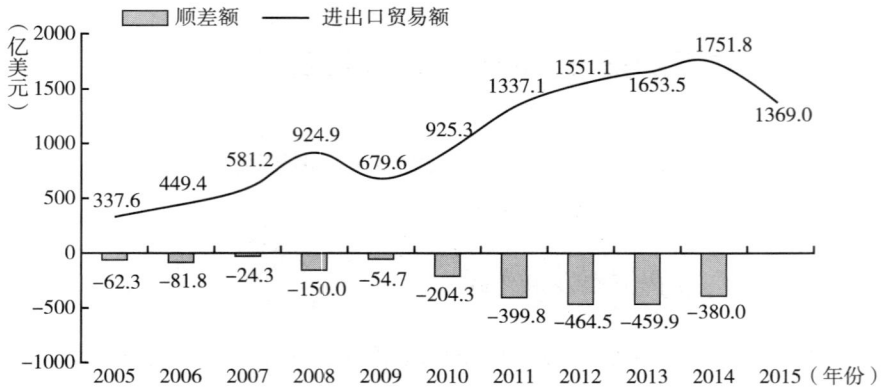

图 1　中国对海合会国家货物进出口贸易发展

资料来源：http://unctad.org/en/Pages/statistics.aspx，(上网日期：2017年9月23日)。

易伙伴，2015年，中国对沙货物进口贸易额，占当年中国对海合会货物进口贸易总额的43.7%。

从货物贸易的商品结构来看，中海货物贸易长期呈现中国用工业制成品换取海合会能源类商品的贸易结构。目前，中国对海货物出口的构成，主要是以低附加值工业制成品为主。2015年，中国对海合会出口的主要货物商品是纺织服装、通信产品、家用电器、金属及金属制品等。与中国对海合会货物出口相比，中国从海合会货物进口的商品结构相对简单，原油是中国最重要的进口货物商品。2015年，受国际油价下跌影响，原油在中国对海货物进口贸易中占比有所下降，但仍占当年中国对海货物进口贸易总额的66.3%。除原油外，石化产品也是中国对海进口的主要货物。2015年，石化产品占中国对海货物进口贸易总额的19.1%。从石化产品构成看，中国对海合会石化产品进口仍以醇、酚、酚醇等有机化学品，以及初级形态塑料等基础化工产品为主。

随着货物贸易的快速发展，中海双边贸易对双方经济重要性显著提升。2005年，中国是海合会第五大货物进出口贸易伙伴、第五大出口目的国和第四大进口来源国。到2015年，中国跃升成为仅次于欧盟的海合会第二大货物进出口贸易伙伴，是海合会第二大出口目的国、第二大进口来源国。

2005年，海合会是中国第七大货物贸易伙伴、第七大货物出口目的国、第七大货物进口来源国。到2015年，海合会依然保持了中国第七大货物进出口贸易伙伴的地位，是中国第六大出口目的国、第七大货物进口来源国。

2. 相互投资状况

近年来，中国对海合会投资发展十分迅速，2007~2015年，中国对海直接投资流量由1.7亿美元增至18.4亿美元，存量由7.2亿美元增至82.3亿美元，2010~2015年，中国对海直接投资存量实现年均37.5%的高速增长，其中，中国对阿曼、科威特两国直接投资年均增长速度超过50%（见表1）。从国际直接投资的国别分布来看，阿联酋是中国在海合会国家最重要的投资目的国。2015年，中国对阿直接投资流量占到中国对海直接投资流量的69.0%，截至2015年底，中国对阿直接投资存量占到中国对海直接投资存量的55.9%。从投资流向来看，中国对海直接投资主要流向能源和基础设施建设部门。

表1 中国对海合会国家直接投资

单位：万美元

	流量			存量			2010~2015年年均增幅(%)
	2007年	2010年	2015年	2007年	2010年	2015年	
阿联酋	4915	34883	126868	23431	76429	460284	43.2
阿 曼	259	1103	1095	3717	2111	20077	56.9
巴 林	—	—	—	75	87	387	34.8
卡塔尔	981	1114	14085	3979	7705	44993	42.3
科威特	-625	2286	1444	51	5087	54362	60.6
沙 特	11796	3648	40479	40403	76056	243439	26.2
海合会	17326	43034	183971	71581	167388	823155	37.5

资料来源：商务部、国家统计局、外汇管理局：《中国对外直接投资统计公报》，中国统计出版社，2016，第42、48页。

与中国对海合会直接投资相比，中国吸引海合会直接投资规模十分有限，2005~2010年，中国实际利用海合会国家直接投资流量实现年均42.4%的高速增长，实际利用资金量由 1.0 亿美元增至 6.0 亿美元。但从 2010 年以后，海合会国家对华直接投资活动迅速萎缩。2010～2014 年，中国实际利用海合会国家直接投资流量年均降幅高达 100%。到 2014 年，中国实际利用海合会国家直接投资流量仅 6625 万美元，仅为当年中国对海直接投资规模的 6%。不过，到 2015 年，中国实际利用海合会国家直接投资流量同比涨幅接近 4 倍，资金利用额达到 3.2 亿美元。从近 20 年来中国实际利用海合会国家直接投资情况来看，沙特和阿联酋是对华直接投资规模最大的海合会国家，1997～2015 年，中国实际利用海合会国家直接投资总计 28.3 亿美元，其中，15.2 亿美元来自沙特阿拉伯，10.3 亿美元来自阿联酋（见表 2）。

表 2　中国实际利用海合会国家直接投资流量

单位：万美元

年份 地区	2005	2010	2011	2012	2013	2014	2015
阿联酋	9203	11003	7140	12963	4381	2855	3899
阿 曼		5					
巴 林	6	105		79		15	
卡塔尔		51	73	2706	1771		90
科威特	45	47	25		69	694	220
沙 特	937	48397	2394	4987	5851	3061	27774
海合会	10191	59608	9632	20735	12072	6625	31983

资料来源：http：//data.stats.gov.cn/easyquery.htm? cn = C01，上网日期：2017 年 9 月 23 日。

随着中海经贸关系快速发展，来自中国的直接投资在海合会国家吸引外国直接投资中占比快速提升。2007 年，来自中国的外国直接投资占到海合会当年吸引外国直接投资总量的 0.4%，到 2015 年这一比例上升至 12.4%。不过，来自海合会国家的外国直接投资在中国吸引外国直接投资中占比却一直很低。2015 年，中国吸引海合会国家直接投资流量虽然同比出现较大涨幅，但也仅占到当年中国吸引外国直接投资流量总额的 0.3%。

3. 工程承包状况

除货物贸易和双边投资外，工程承包也是中海经贸关系发展的重要内容。根据中国国家统计局统计，2015年，中国对海合会承包工程完成营业额为116.5亿美元，占当年中国对亚洲国家承包工程完成营业额的16.9%，占当年中国对世界承包工程完成营业额的7.6%。从中国对海合会国家工程承包业务的发展看，2005~2009年，中国对海合会工程承包业务发展十分迅速，承包工程完成营业额由8.6亿美元迅速攀升至81.1亿美元，年均增幅高达75.3%。2009年以后，中国对海工程承包业务仍有发展，但发展速度明显放慢，2009~2015年，中国对海承包工程完成营业额仅由81.1亿美元增至116.5亿美元，年均增长速度放慢至6.1%。

从国别来看，沙特是中国在海合会最大的承包工程市场，并且，沙特在中国对海承包工程合作中的重要性不断提高，2005~2015年，中国对沙承包工程完成营业额由3.2亿美元迅速增长至70.2亿美元，中国对沙承包工程完成营业额在中国对海承包工程完成营业额中占比由36.9%增至60.2%，2015年，中国对海承包工程完成营业额超过10亿美元的国家除沙特外，还有科威特、卡特尔和阿联酋三国（见表3）。

表3 中国对海合会承包工程完成营业额

单位：万美元

年份 地区	2005	2008	2010	2011	2012	2013	2014	2015
阿联酋	28039	210954	297160	193825	154369	133959	115007	153943
阿曼	8634	16367	45627	58892	29681	24229	30408	44949
巴林	—	3478	8873	1519	179	533	265	27
卡塔尔	15877	11307	40754	65926	72217	104947	140063	136173
科威特	1643	41980	104330	112918	151785	166010	156402	128114
沙特	31729	245371	322705	435846	462231	588411	594713	701812
海合会	85922	529457	819449	868926	870462	1018089	1036858	1165018

资料来源：http://data.stats.gov.cn/easyquery.htm?cn=C01，上网日期：2017年9月23日。

（二）中海自贸区谈判进程

虽然中国与海合会经贸关系发展十分迅速，但双方贸易机制的建设却是十分滞后。2004年7月中海自贸区谈判启动后,双方围绕自贸区的建设总共开展过九次谈判,但始终都无进展。

前四轮谈判主要集中2005~2006年。2005年4月23~24日,中海在沙特首都利雅得举行中海自贸区首轮谈判。在此期间,双方建立了自贸区谈判工作机制,制定了谈判工作大纲,并就货物贸易、服务贸易、知识产权、关税减让、相互投资和技术合作等问题进行了初步探讨。① 2005年6月20~21日,中海双方在北京举行第二轮谈判。双方就自贸区市场准入和原产地规则进行磋商,成立了双边经贸混委会,并签订《投资保护协定》与《经济贸易协定》,此外,中国还与除沙特阿拉伯以外的其他海合会国家签署了《避免双重征税的协定》。② 2006年1月17日,中海双方在北京举行了第三轮谈判。该轮谈判在前两轮谈判的基础上进行了深入磋商,并在海关核查程序、技术性贸易壁垒、卫生和植物卫生措施、贸易救济、与货物贸易有关的法律问题、自由贸易协定文本等问题上取得了积极的进展。③ 2006年4月3日,中海双方在阿曼首都马斯科特举行第四轮谈判。谈判主要围绕一般货物贸易的进口市场准入进行,包括进口关税的减让,非关税措施的规范化等问题。④

2006年马斯科特会谈结束后,中海自贸区谈判出现长达3年的停滞,直到2009年6月才重新恢复。6月22~24日,时隔三年后,中海在沙特首都利雅得举行新一轮自由贸易区谈判。谈判期间,中海双方就货物贸易主要关切和服务贸易初步出价进行了深入磋商,并就原产地规则、技术性贸易壁垒、卫生和植物卫生措施、经济技术合作和自贸协定案文等议题广泛交换了

---

① 《中国与海湾六国完成自贸区首轮谈判》,http://fta.mofcom.gov.cn/article/chinahaihehui/haihehuinews/201005/2720_1.html,上网日期:2017年9月23日。
② 刘杰、李志鹏:《中国与海合会自贸区发展前景及经贸合作趋势》,《国际石油经济》2016年第12期,第40页。
③ 陈沫:《中国与海湾合作委员会国家经济关系探析》,《西亚非洲》2011年第8期,第26页。
④ 陈沫:《中国与海湾合作委员会国家经济关系探析》,《西亚非洲》2011年第8期,第26页。

意见，取得了积极进展。① 但此轮谈判会谈结束后，中海自贸区谈判再次陷入停滞，停滞时间达 6 年之久。

2016 年 1 月 19 日，习近平主席对沙特进行国事访问期间，商务部与海合会秘书处发布关于中海自贸区谈判的联合声明中，声明宣布恢复自贸区谈判，表示中海双方原则上实质性地结束货物贸易谈判，力争在 2016 年内达成一个全面的一揽子协议。按照双方达成的共识，中海双方在 2016 年内密集举行总计四轮自贸区谈判，分别是当年 2 月、5 月、10 月和 12 月在沙特利雅得、中国广州、中国北京、沙特利雅得举行了第六、第七、第八和第九轮自贸区谈判。

中海双方在这四轮谈判达成的具体成果如下：2016 年 2 月 29 日至 3 月 3 日，中海双方在沙特首都利雅得举行第六轮自贸区谈判。双方就服务贸易、投资、经济技术合作以及货物贸易遗留问题等内容进行了深入交流。② 2016 年 5 月 10 日，中海双方在广州举行第七轮自贸区谈判。双方继续就服务贸易、投资、经济技术合作以及货物贸易遗留问题等内容进行了深入交流。③ 2016 年 10 月 25 ~ 27 日，中海双方在北京举行第八轮自贸区谈判。双方就服务贸易、投资、电子商务以及货物贸易遗留问题等内容进行了深入磋商。④ 2016 年 12 月 19 ~ 21 日，中海双方在利雅得举行第九轮自贸区谈判。双方就服务贸易、投资、电子商务以及货物贸易遗留问题等内容进行了深入磋商，结束了经济技术合作等章节的谈判。⑤

根据商务部公布的文件，中国与海合会自贸区经历过九轮谈判之后，双方已就 15 个谈判议题中的 9 个结束谈判，并就技术性贸易壁垒（TBT）、法

---

① 《中国与海合会重启自贸区谈判》，http：//fta.mofcom.gov.cn/article/chinahaihehui/haihehuinews/201508/27735_1.html（上网日期：2017 年 9 月 23 日）。
② 《中国—海合会自贸区第六轮谈判在沙特利雅得》，http：//fta.mofcom.gov.cn/article/chinahaihehui/haihehuinews/201603/30839_1.html，上网日期：2017 年 9 月 23 日。
③ 《中国—海合会自贸区第七轮谈判结束》，http：//fta.mofcom.gov.cn/article/chinahaihehui/haihehuinews/201605/31778_1.html，上网日期：2017 年 9 月 23 日。
④ 《中国—海合会自贸区第八轮谈判在京举行》，http：//fta.mofcom.gov.cn/article/chinahaihehui/haihehuinews/201610/33462_1.html，上网日期：2017 年 9 月 23 日。
⑤ 《中国—海合会自贸区第九轮谈判在沙特利雅得闭幕》，http：//fta.mofcom.gov.cn/article/chinahaihehui/haihehuinews/201612/33882_1.html，上网日期：2017 年 9 月 23 日。

律条款、电子商务等3个章节内容接近达成一致,在核心的货物、服务等领域取得积极进展,中海双方计划在2017年3月底开启新一轮中海自贸区谈判。① 不过,截至2017年9月底,原计划3月举行的新一轮自贸区谈判仍未如约举行,中海自贸区谈判再次陷入事实上的停滞。

二 中国与海合会建立自贸区的理论评估

根据世界贸易组织的有关解释,所谓"自由贸易区"是指两个以上的主权国家或单独关税区通过签署协定,在世贸组织最惠国基础上,相互开放市场,分阶段取消绝大部分货物的关税和非关税壁垒,改善服务和投资的市场准入条件,从而形成实现贸易和投资自由化的特定区域。② "自贸区"概念是在关税同盟的基础上发展而来,其理论基础是"比较优势理论"。自由贸易区的支持者认为,国际贸易的基础是生产要素丰腴程度带来生产成本上的差异,具有不同比较优势的国家通过建立自由贸易区消除包括关税在内的贸易壁垒,实现自由贸易,便能够实现资源在区域内的更为有效的配置,进而使双方都能够更好地发挥各自资源禀赋,提高双方的整体福利。

从比较优势的角度看,在货物商品生产方面,中国与海合会国家的比较优势差异十分明显。中海双方比较优势的差异在其货物商品的贸易竞争力指数中有较好的反映。贸易竞争力指数(TC指数)是国际贸易研究经常用来测度特定商品国际竞争力的指数。③ 该指数介于 -1~1,取值越高,表明商品的比较优势越强。一般来说,如指数介于 0~0.5,表明商品具有比较优势,但比较优势并不明显,介于 0.5~0.8,表明具有较为明显的比较优势,高于 0.8

---

① 《中国—海合会自贸区第九轮谈判在沙特利雅得闭幕》,http://fta.mofcom.gov.cn/article/chinahaihehui/haihehuinews/201612/33882_1.html,上网日期:2017年9月23日。
② 《商务部、海关总署关于规范"自贸区"表述的函》,http://www.mofcom.gov.cn/aarticle/b/e/200805/20080505531434.html,上网日期:2017年9月23日。
③ 贸易竞争力指数的计算公式是:$TC_{ij} = (X_{ij} - M_{ij})/(X_{ij} + M_{ij})$,式中,$TC_{ij}$ 表示 i 国 j 产品的竞争力指数,X_{ij} 表示 i 国 j 产品的出口额,M_{ij} 表示 i 国 j 产品的进口额。

则表明具有非常明显的比较优势。反之，如指数为负值，则表明商品具有比较劣势。在货物商品的生产方面，通过计算 2015 年海合会国家各类货物商品的贸易竞争力指数，可以看到，海合会国家的比较优势主要展现在原油、石油产品、天然气等矿物燃料的生产以及有机化学品、初级形状塑料和肥料等基础化工产品的生产方面。而中国上述产品的生产上，除肥料外，均没有比较优势。其中，有机化学品、石油产品虽有比较劣势，但比较劣势并不明显，初级形态塑料的比较劣势较为明显，原油和天然气的比较劣势则非常明显（见图2）。①

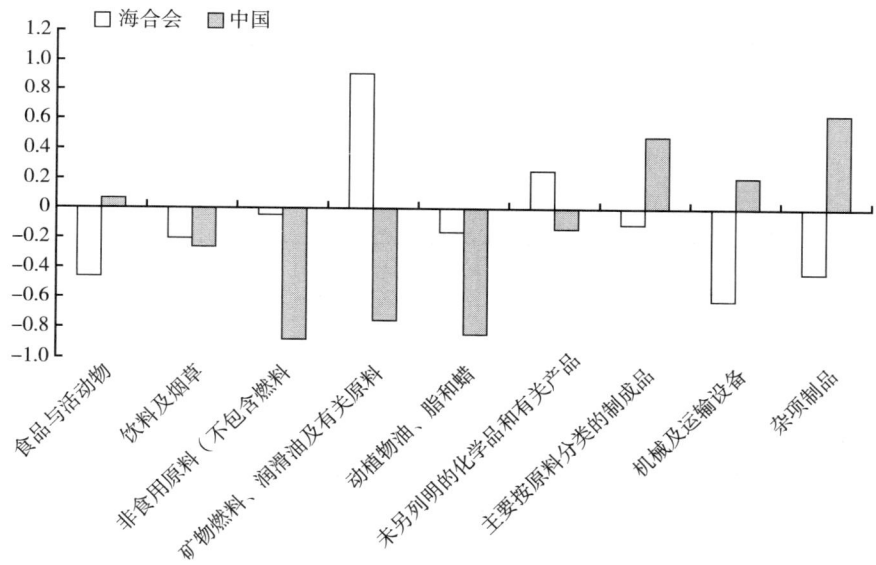

图 2　2015 年中国、海合会各部门货物商品的贸易竞争力指数

资料来源：http：//unctad. org/en/Pages/statistics. aspx，上网日期：2017 年 9 月 23 日。

与海合会不同，中国货物商品生产的比较优势主要集中在工业制成品，特别是轻工产品生产上，中国展现出较强比较优势的货物商品主要有：纺织服装、电信、录音机重放装置和设备、办公用机器及自动数据处理设备，包括玩具、文具、办公用品等在内的杂项制品，金属制品、家具机器零部件、

---

① http：//unctad. org/en/Pages/statistics. aspx，上网日期：2017 年 9 月 23 日。

鞋类、旅行用品、手提包及类似容器，包括卫生、水道、供暖、照明设备在内的预制建筑物，除家具外的软木及木材制品以及纸和纸制品，而海合会在以上货物商品的出口上大多具有比较劣势。①

与货物商品的生产不同，中国与海合会在服务商品的生产上展现出来的比较优势差异并不明显。在服务类商品的生产上，除与货物贸易相关的服务外，中国仅在建筑服务和电信、计算机和信息服务表现出一定比较优势，但比较优势并不明显，海合会国家则仅是在电信、计算机和信息服务方面表现出并不明显的比较优势。因此，就服务业而言，除在建筑服务领域，中国与海合会国家建立自贸区的基础并没有像货物商品的生产那样牢固（见图3）。

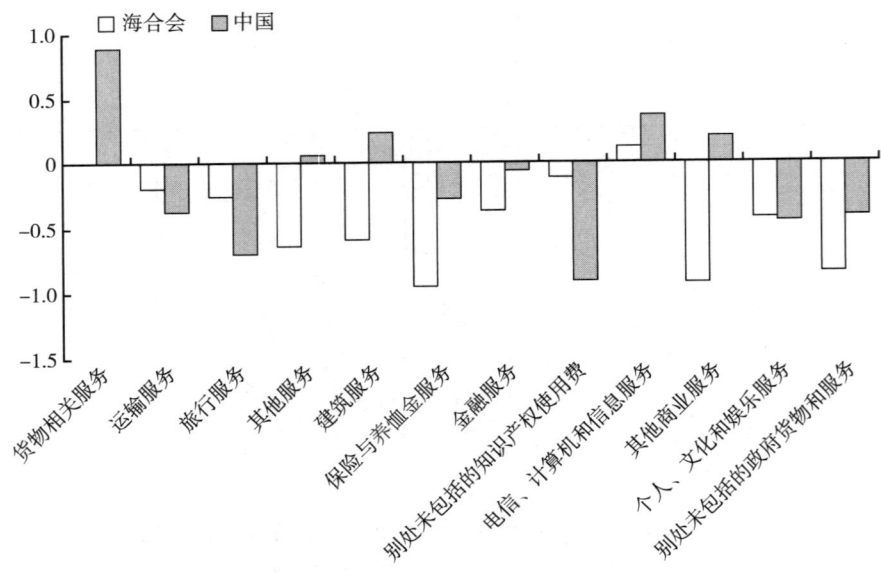

图3　2015年中国、海合会各部门服务商品的贸易竞争力指数

资料来源：http://unctad.org/en/Pages/statistics.aspx，上网日期：2017年9月23日。

通过计算海合会国家与中国货物、服务类商品的贸易竞争力指数，可以看到，中海自贸区建立的基础主要来自中海双方在货物商品生产方面展现出的互

---

① http://unctad.org/en/Pages/statistics.aspx，上网日期：2017年9月23日。

补性。而在服务贸易方面，中海双方的比较优势差异并不明显。因此，对于中海自贸区建立的经济效益分析也应当着重于货物生产和工业制造业领域。

基于比较优势的分析框架，中国与海合会国家经济互补性高，资源禀赋差异显著，自贸区建立具有良好的经济基础。而且，近年来一些广泛用于评估自贸区建立收益的可计算一般均衡模型（Computable General Equilibrium，CGE），包括全球贸易分析模型（GTAP）对中海自贸区收益的实证研究也表明，中海自贸区建立将让中海双方同时受益，并且中国从自贸区建立中获益较海合会还要大一些。①

不过，比较优势分析框架对于自贸区建立收益的分析是建立在贸易自由化促进资源优化配置的基础上的，而海合会最具比较优势的货物商品——石油的生产和出口并非是竞争性，在现有谈判机制下，中海自贸区建立也不会带来海合会对华石油出口的增加和国内能源价格的下降，也不会让海合会国家给予中国能源企业投资本国资源的国民待遇，考虑到这一因素的影响，基于比较优势分析框架或 GTAP 模拟分析对中海自贸区建立收益的评估必然会大打折扣。此外，以消除关税壁垒影响为主要分析对象，以家庭效用最大化为重要前提建立的 GTAP 模型也无法评估对贸易发展至关重要的非关税壁垒及家庭消费偏好的影响。因此，对中海自贸区收益的评估仅仅是依靠比较优势分析框架和 GTAP 模拟分析还是不够的，而是必须考虑其他因素的影响。

三 中海建立自贸区的收益评估

（一）自贸区建立对双边货物贸易的影响

1. 自贸区建立对中国货物出口的影响

从货物出口的商品结构来看，中国对海货物出口主要是以面向消费者的

---

① 刘素君、李董林：《"一带一路"视角下中国—海合会 FTA 经济效应研究——基于 GTAP 的模拟分析》，《工业技术经济》2017 年第 9 期，第 140 页。

轻工业产品为主，虽然价格因素对轻工产品的销售具有重要影响，但消费者消费偏好的影响也不能忽视，并且消费者收入水平越高，偏好的影响也就越强烈。① 海合会国家国民收入普遍很高，消费者对轻工产品的消费不仅会受到商品价格因素影响，很大程度上也受到消费者偏好的影响。此外，中国出口到海合会市场的很多货物商品，例如，品牌服装、家用电器、数码产品等，都是以贴牌的形式出口到海合会市场，这些产品在海合会市场上的销售价格往往会受到跨国公司全球定价策略影响。目前，海合会对从中国进口的货物商品仅征收5%的统一关税，关税税率并不算高，即使中海双方签署自由贸易协定，受海合会居民消费偏好，以及跨国公司全球定价策略的影响，5%的关税税率减免也很难有效带动中国对海货物出口贸易的发展。

2. 自贸区建立对海合会货物出口的影响

与中国不同，除石油、天然气等矿物燃料外，海合会具有比较优势的货物商品主要是基础化工产品，而该类货物商品的销售对象并不是普通消费者，而是厂商，而厂商对该类货物商品的选择很少会受到消费偏好的影响，在同等质量条件下，价格是影响其市场竞争力最为重要的因素。因此，与中国生产具有优势的轻工产品相比，海合会国家生产的石化产品更容易凭借比较优势在贸易自由化过程中占领整个共同市场。

虽然得益于极为丰富的油气资源，海合会国家发展石化产业具有其他国家无法比拟的优势，但从石化产品进出口贸易的总体情况来看，2016年，海合会化学品及其相关制品的贸易竞争力指数仅为0.28，虽然具有比较优势，但比较优势并不明显，分类别来看，海合会出口规模最大，贸易竞争力指数得分最高的石化产品分别是初级形态塑料、有机化学物和肥料，而根据贸易竞争力指数的衡量标准，除在肥料的生产上，海合会表现出非常明显的比较优势，在初级形态塑料、有机化学物的生产上均表现出较为明显的比较优势。此外，海合会有机化学物的贸易竞争力指数与2000年相比，不但没

---

① 〔日〕小岛清著《对外贸易论》，周宝廉译，南开大学出版社，1987，第170~171、222~223页。

有升高,反而有所下降(见表4)。以上数据并非意味着海合会在石化产品的生产上已经实现了规模经济,而是说明海合会在石化产品生产上尚没有发挥出资源禀赋,仍具有较大的发展潜力。

表4 海合会比较优势货物商品的贸易竞争力指数变化及其他相关指标

年份 项目	2000	2005	2010	2016	2016年出口额 (亿美元)	在化工产品中 占比(%)
有机化学物	0.73	0.73	0.66	0.65	180.4	29.5
肥料	0.83	0.92	0.91	0.92	48.7	8.0
初级形态塑料	0.48	0.66	0.66	0.72	270.4	44.3

资料来源:http://unctad.org/en/Pages/statistics.aspx,上网日期:2017年9月23日。

海合会石化产业发展受到抑制,主要是与石化产品发展的国际贸易环境有关。从全球范围来看,由于主要石化产品消费国均十分重视对本国市场的保护,石化产品也就成为全球遭受贸易摩擦最频繁的货物商品之一。根据张华、李细满的研究,1995~2014年,在全球最终采取反倾销措施的案件中,化工产品和相关工业产品是占比第二高的货物商品,在全球最终采取反倾销措施的案件中占比高达21%。[1] 而恰恰是极为不利的贸易环境,致使海合会在石化产业的发展上难以发挥出巨大的潜在比较优势。

而且,中国因石化产品发生的贸易摩擦较全球平均水平还要高出很多。根据刘爱东等人的统计,2000~2012年,中国提起的反倾销诉讼案件为181起,其中140起指向化工行业,占比高达77.3%。[2] 而从市场规模来看,2016年,中国有机化学物、初级形态塑料的进口额达到海合会出口额的2.7倍和1.9倍。因此,中海自贸区建立后,随着贸易障碍的消除,巨大的中国市场很可能会带来海合会石化产品出口和生产能力的爆发式增长。

---

[1] 张华、李细满:《国际AD活动的类别特征分析》,《中国商论》2015年第8期,第87页。
[2] 刘爱东、沈红柳:《我国对外反倾销案件的统计分析与启示》,《山东财政学院学报》2013年第4期,第93页。

（二）自贸区建立对中海经济的冲击

自由贸易区虽然会给本国不具备比较优势而区内其他国家具有比较优势的贸易部门带来一定冲击，但克鲁格曼（Krugman）通过新张伯伦模型证明，如果本国弱势产业部门与区内其他国家存在较为密切的产业内贸易，贸易自由化对本国的冲击也将会缓和很多。① 对于中海自贸区而言，由于中海双方的贸易主要是产业间贸易，几乎不存在产业内贸易，这就意味着，中海实现贸易自由化，完全取消关税及非关税壁垒，对方具有比较优势货物商品将会直接冲击本国相关经济部门，而冲击的严重程度，也主要取决于对方国家优势产品向本国的渗透能力以及本国相关产业在国民经济中的重要性。②

1. 自贸区建立对中国经济的冲击

中海自贸区建立后，中国很可能会因为海合会对其基础化工产品出口规模的迅速增加以及由其带来对国内石化产业的冲击而遭受较大的经济调整成本。这主要是因为，海合会国家最具比较优势的货物商品是石化产品，而石化产品主要是以厂商为主要销售对象，作为工业生产的中间产品，更易于凭借贸易自由化在共同市场中形成垄断，而海合会在上述产品生产上还远未获得规模经济，自贸区建立很可能会带来海合会对华石化产品出口规模的迅速扩大，从而给中国基础化工业造成巨大冲击。而从中国国内的情况来看，基础化工在国民经济中占有较重要的地位。根据联合国工发组织统计数据，2010年，基础化工业吸纳的就业人口占到中国制造业吸纳总就业人口的3.0%，2007年，基础化工创造的工业增加值占到中国当年制造业创造工业增加值总额的4.5%。③ 因此，中海自贸区建立以后，中国很可能会因本国基础化工产业遭受的严重冲击，而要承受非常大的经济调整成本。

---

① Paul R. Krugman, "Increasing Return, Monopolistic Competition, and International Trade", *Journal of International Economics*, November 1979, Vol. 9, No. 4, pp. 469 – 479.
② 刘冬：《货物贸易视角下中海自贸区受益的实证分析》，《西亚非洲》2014年第3期，第78页。
③ http://www.unido.org/statistics，上网日期：2014年9月23日。

2. 自贸区建立对海合会经济的冲击

与中国相比，中海自贸区建立对海合会经济的冲击要小很多。首先，这是因为中国向海合会出口的产品主要是以劳动密集型的轻工业品为主，而中国该类货物商品对海出口很少受到非关税壁垒的影响，而且，受消费者消费偏好及跨国公司全球定价策略的影响，自贸区建立后，海合会对华取消5%的进口关税也很可能不会带来中国对海货物出口贸易的大幅增长。而且，海合会经济结构十分单一，劳动密集型轻工业部门对其经济发展的贡献十分低，即便是有大量中国轻工业产品涌入海合会市场，也不会对其经济构成太大冲击。也正是基于上述原因，中国与海合会签订自由贸易协定，组建自由贸易区后，海合会国家所需承受的经济调整成本也将十分微小。

结　论

中海自贸区谈判于2004年7月正式启动，历时十余年始终未能落定，尽管从经济结构和资源禀赋来看，中海双方比较优势差别巨大，双方经济互补性高，具有实现贸易自由化的良好基础。而且，包括GTAP模拟分析在内，很多对中海贸易自由化收益的实证分析也都支持中海自贸区的建立，认为这是能够让中海双方同时获益的货物贸易安排。不过，无论是比较优势的分析框架，还是基于可计算一般均衡模型的GTAP模拟分析都是以市场完全竞争为根本出发点。但实际情况是，海合会国家最重要的贸易商品——石油的生产和出口却是受到所在国家的严格控制。受欧佩克配额和产油国自身财政需求的制约，中海自贸区建立很可能不会带来海合会国家石油产量及对华石油出口规模的增加，也不会带来中国国内能源价格的下降。因此，中海自贸区带给双方的实际收益也将会低于基于比较优势分析框架的预期以及GTAP模型的模拟结果。

如果考虑到非关税因素的影响，自贸区建立给中国造成的经济损失可能远远高于海合会国家。这是因为，海合会国家最具竞争优势的制造业部门是基础化工产业，只是受制于极为不利的国际贸易环境，其发展潜力难以得到充分发挥，如若完全放开对海合会基础化工产品的进口限制，则很有可能带来海合会国家相关产业的快速发展和对华出口规模的迅速增加，给中国基础化工产业带来沉重打击。而基础化工业不但是中国重要的战略产业，而且对中国经济增长和就业都有重要贡献，因此，中海在石化产业方面完全实现贸易自由化，很可能给中国带来巨大的经济调整成本。反观海合会，由于中国对其销售的产品主要是以轻工产品为主，受当地消费者偏好和跨国公司全球定价策略影响，贸易自由化并不一定会带来中国对海货物出口贸易的迅速增加，又因为相关部门对海合会经济的贡献非常低，自贸区建设也就不会给海合会经济带来太大冲击。

如上所述，在不涉及石油出口定价问题的现有谈判模式下，中海自贸区建立很可能会成为单方面有利于海合会的贸易机制安排。也正是基于上述原因，不单是中国，包括美国、欧盟、日本、印度等主要经济体在内，与海合会展开的自贸区谈判也都是步履蹒跚，进展缓慢，美国也只是绕过海合会，单独与巴林、阿曼两个小国签订了自由贸易协议。因此，中国也不应对中海自贸区建立的收益抱有太大期望，在对海自贸区谈判中仍需像其他大国那样保持谨慎，避免过于仓促。

基于比较优势的分析框架，贸易自由化收益的基础是要素在区内实现更为优化的配置，而在当前谈判机制下，中海双方最具优势的资源——石油，却难以实现更为优化的配置，而这恰恰是导致中海自贸区收益远远低于预期的重要原因。因此，除非自贸区建立能够带来海合会对华油气出口价格的下降，中国将很难从贸易自由化中获得实质性利益。也正是基于此，在当前的中海自贸区谈判中，将海合会对华原油出口定价问题纳入中海自贸区谈判也就变得十分重要。借助自贸区建设，在保证海合会对华原油出口规模的同时消除当下存在的"亚洲升水"，降低国内能源价格，也能在一定程度上增进中国在自贸区建设中获得的收益。

Y.21
中国广播电视对阿传播分析与研究

李贤睿*

摘　要： 本文主要分析研究了我国广播电视媒体机构对阿拉伯国家开展传播的发展历程、基本情况和方式方法，总结归纳了当前中国广播电视媒体机构对阿传播的主要特点以及面临的新机遇、新挑战。站在新的历史起点上，围绕中国特色大国外交理念，结合中阿关系发展现状，从战略高度和长远角度着手分析，提出了新形势下中国广播电视对阿传播的基本方略。

关键词： 中国广播电视　阿拉伯　传播

中阿友好交往历久弥新，2000多年以前，闻名世界的陆上和海上丝绸之路就将中国和阿拉伯国家紧紧连接。20世纪中叶以来，新中国同22个阿拉伯国家全部建立外交关系，双方在各领域彼此配合，合作密切。而媒体是人们交流交往、加深了解和友谊的重要途径和桥梁，在中阿各领域合作快速发展的今天，加强中阿人文交流、促进民心相通对深化中阿合作关系，夯实双方友好的民意基础和社会根基具有重要意义。广播电视则是媒体的重要组成部分，是我国对外传播事业的重要载体，因此中国广播电视媒体机构肩负着对阿传播的重要使命，是向阿拉伯国家宣传阐释习近平新时代中国特色社会主义思想的重要渠道。

---

* 李贤睿，国家广播电视总局国际合作司亚非拉地区业务主管，主要从事国际传播研究。

阿拉伯黄皮书

中国的广播电视对阿传播体具有事业、产业双重属性，本文主要分析研究了我国中央和地方两级广播电视媒体机构及部分有代表性商业机构对阿拉伯国家开展传播的发展历程、基本情况和方式方法，总结归纳了当前中国广播电视媒体机构对阿传播的主要特点以及面临的新机遇、新挑战。站在新的历史起点上，围绕中国特色大国外交理念，结合中阿关系发展现状，提出了新形势下中国广播电视媒体对阿传播的基本方略。

一 广播媒体对阿传播的基本概况和主要特征

中国国际广播电台是中国最先开始对阿拉伯国家开始传播的广播媒体专业机构，也是截至目前唯一通过广播形式进行对阿拉伯国家传播的媒体机构。随着媒体技术的快速发展，中国国际广播电台对阿拉伯国家的传播呈现"跨媒体融合，全方位发展"的基本特征，作为传统媒体，广播节目播出、内容及形式本土化、多领域品牌推介等方面仍不乏生机与活力，在媒体对阿传播整体格局中发挥着十分重要的作用。其中，阿拉伯语部是 CRI 重要的业务部门之一。1957 年 11 月 3 日，中国国际广播电台正式开播阿拉伯语广播，播出的第一个专题节目是《阿拉伯兄弟，我们支持你们！》。① 中国国际广播电台 1980 年开始设立海外派驻机构，目前在亚洲、非洲、欧洲、美洲、大洋洲等世界各地设立了 32 个海外记者站，其中在阿拉伯国家地区设有中东地区总站，位于埃及开罗，同时还设有卡塔尔多哈记者站、埃及开罗记者站及节目制作室，驻阿拉伯国家地区人员数量逐步上升，同时还雇用了部分外籍员工，进一步提高了新闻采编能力和节目本土化水平。随着形势发展，"本土化传播，跨媒体发展"理念给中国国际广播电台对阿拉伯国家传播带来新变化。目前，中国国际广播电台总部和本土制作的阿拉伯语广播节目，已成为当地民众了解外部信息的主要渠道之一，对促进当地受众了解中国、认识中国、提升中国形象具有重要作用。

---

① 胡耀亭：《中国国际广播大事记》，中国国际广播出版社，1996。

(一)短波与海外调频广播

在我国,中国国际广播电台负责制作对外广播节目,国家广播电视总局无线电台管理局承担发射任务,就广播方式而言,主要通过短波广播和海外调频广播。60年来,阿拉伯语部从最初的每天播出半小时短波广播,已经发展成为在埃及、毛里塔尼亚、科摩罗和吉布提拥有短波广播和海外调频节目。

新形势下,"本土化传播 跨媒体发展"的理念在一定程度上给中国国际广播电台对阿拉伯国家传播带来了新的变化。目前,每天播出18~24小时中国国际广播电台总部和本土制作的阿拉伯语广播节目,已成为当地民众了解外部信息的主要渠道之一,对促进当地受众了解中国、认识中国、提升中国形象具有重要作用。其中,毛里塔尼亚调频节目合作机构为毛里塔尼亚国家广播电台,每天24小时播出中国国际广播电台制作的阿拉伯语、法语节目,节目类型为新闻、专题、音乐,该项目覆盖首都努瓦克肖特及周边地区100多万人口。科摩罗调频节目合作机构为科摩罗广播电视局,每天18小时播出中国国际广播电台制作的法语、阿拉伯语节目,节目类型为新闻、专题和音乐,该项目覆盖首都莫罗尼及周边地区约30万人口,占大科摩罗岛全部人口的近70%。吉布提调频节目合作机构为吉布提广播公司,每天24小时播出中国国际广播电台制作的阿拉伯语和法语节目,节目类型为新闻、专题、音乐。该项目覆盖首都吉布提港及周边地区约60万人口,占全国总人口的70%。埃及项目合作机构为埃及开罗之声。该项目通过埃及国家电台综合频道中波频率以及卫星广播和短波广播播出,仅调频频率和中波频率就覆盖埃及全境9000多万人口。节目夏季播出时间为18:30~19:00,冬季播出时间为14:00~14:30,这两个时段均为埃及广播黄金时段。节目内容为中国国际广播电台阿拉伯语部与开罗节目制作室联合编辑制作的《丝绸之路》。这是中国广播节目首次以日播形式落户埃及,标志着我国对阿拉伯世界重点国家的传播实现了重大突破。《丝绸之路》节目一经播出,就受到埃及听众关注,他们纷纷通过电话、邮件等方式对节目开播表示祝

贺,对节目的精良制作表示赞赏。据埃及国家新闻委员会收听率调查数据显示,该节目自开播以来,在综合频率各节目收听率中排名第三。

(二)影视节目译制

中国国际广播电台从 2011 年开始译制中国优秀影视作品,并于 2014 年 1 月设立了包括阿拉伯语在内的多语种国家影视译制基地。截至目前,已经使用 20 多个语种译制了 200 多部、6000 多集的中国影视作品。中国国际广播电台已与埃及、突尼斯、摩洛哥、也门、阿尔及利亚等多个阿拉伯国家的主流媒体机构签署了中国影视剧播出协议,并与埃及等国电视台合作开办固定栏目《中国剧场》。

2013 年,中国国际广播电台译制的阿拉伯语版电视剧《金太狼的幸福生活》在埃及国家电视台播出,这是埃及荧屏首次播映阿拉伯语配音的中国电视剧。此后,以《父母爱情》为代表的十多部反映中国当代题材的影视剧陆续在一些阿拉伯国家播出。埃及国家电视台二套节目播出的阿语版《金太狼的幸福生活》和《媳妇的美好时代》,分别创下 2.8% 和 3.2% 的收视率。《环球时报》驻突尼斯、埃及、尼日利亚、南非特派记者通过采访当地文化部和普通观众,于 2014 年 5 月刊登了《中国电视剧在非洲有了粉丝》一文,称"李小璐和王雷在《金太狼的幸福生活》中扮演的角色已经成为非洲年轻人学习的榜样"。由于播出效果好,埃方主动与中方洽谈广告合作,百度和长安汽车分别在《媳妇的美好时代》播出时进行贴片广告,产生了总共 21 万埃镑的广告收益。

2016 年 1 月,习近平主席访问埃及期间,由中国国际广播电台译制的阿拉伯语中国电视剧《父母爱情》和 99 集系列短片《你好,中国》在埃及国家电视台二套节目播出,开启中埃文化年及中埃建交 60 周年庆祝活动的序幕。据埃及国家电视台调查显示,该剧收视率为 3.8%,观众人数多达 400 万。《父母爱情》阿语脚本译者埃及夏姆斯大学中文系教授纳西德在访谈中说:"电视剧在埃及国家电视台上映之后得到了很高的评价和关注度,我们非常高兴。我们学校很多院系的学生都在看这部电视剧,据我了解不光是中文系的学生,其他像阿语系、意大利语、法语系的学生,等等,他们都在看这部电视剧,通过这部电视剧了解中国。"

2017年4月20日,中国国际广播电台与摩洛哥2M电视台签署《影视节目播出合作协议》。同日,电视连续剧《金太狼的幸福生活》阿拉伯语配音版在该台开播。根据该协议,由中国国际广播电台译制的《杜拉拉升职记》《101次求婚》等阿拉伯语版、法语版影视剧也将在该台播出。2017年,中国国际广播电台中东地区总站与影视译制中心密切配合,全面启动了阿拉伯语版影视剧的译制工作。采用了埃及本土翻译,中国专家定稿,埃及本土配音制作的方式,目的是使译制作品更加专业、精准。配音演员来自埃及、叙利亚等不同国家,兼顾了面向整个阿拉伯世界推广的需要。

(三)多领域品牌推广

为有效推介中华传统优秀文化,加强国际传播能力建设,不断提升我国际话语权和影响力,中国国际广播电台参与策划和实施了孔子课堂、影视作品开放日、歌唱大赛等多个领域的品牌项目。

2007年,经国家汉办授权,广播孔子学院在中国国际广播电台成立,开创了汉语国际推广的新局面,以孔子课堂等为主要载体,用38种外语向全世界范围内的学员传授汉语,传播中华优秀传统文化。[①] 中国国际广播电台《学汉语》节目为数以千万计海外受众学习汉语提供服务,中国国际广播电台广播孔子学院将成为各国人民学习汉语言文化、了解当代中国的重要渠道。在埃及、突尼斯等阿拉伯国家,中国国际广播电台均设立了孔子课堂,教师们借助媒体优势教授汉语,推广汉语文化。在中国,从2011年起,中国国际广播电台与北京语言大学连续合作举办了五届《"CRI杯"全国高校阿拉伯语演讲比赛》,来自中国各地近30所开设阿拉伯语专业的高校学生参与比赛,在全国阿拉伯语界产生了巨大反响,受到中阿媒体的高度关注和好评以及阿语受众的欢迎和赞赏。

---

① 《广播孔子学院成立五周年》,新华网,2012年12月17日。

2016年、2017年，中国国际广播电台中东地区总站连续两年联手苏伊士运河大学孔子学院举办《走进现代中国——中国电影开放日》活动。2016年，阿拉伯语版中国影视作品《杜拉拉升职记》举行首次试映，绝大多数观影埃及大学生对中国影片给予了正面评价。2017年10月，在苏伊士运河大学再次举办试映活动，播映了阿拉伯语版中国影视作品《逃出生天》，近九成的埃及大学生认为《逃出生天》"好"或"很好"，超过七成的埃及大学生高度肯定了该片的译配质量。

2017年9月至12月，中国国际广播电台中东地区总站与开罗中国文化中心联合举办了《唱响埃及——首届华语歌曲大奖赛》，通过中国国际广播电台埃及广播平台、各网络媒体窗口对活动进行了广泛推介和报道，吸引了不少不懂中文的埃及人士积极参与，还吸引了埃及国家电视一台、二台、埃及卫视、《金字塔报》以及中国新华社、人民日报、中央电视台、光明日报等多家媒体争相报道。

二 电视媒体对阿传播的基本概况和主要特征

中国电视媒体对阿拉伯国家传播的机构主要为中央级媒体机构、地方省级媒体机构和商业机构。在针对阿拉伯国家传播方面，努力拓宽播出渠道，不断提高节目质量，为提高国家文化软实力做出了积极的贡献。

（一）中国中央电视台的对阿传播

为提升国际传播能力，增强我国国际话语权和影响力，中央电视台用联合国6大工作语言24小时向世界不间断播出电视节目。中央电视台作为中央级媒体对阿拉伯传播的主力军十分重视与阿拉伯国家的媒体开展更加广泛的合作。中央电视台中东中心记者站及11个阿拉伯国家记者站全方位、多角度地报道阿拉伯世界的热点新闻。同时，为进一步增强中国电视媒体特别是中央级电视媒体机构在阿拉伯地区的传播力、影响力，中央电视台阿拉伯语国际频道于2009年7月25日正式开播。开播之初，消息类节目《综合新闻》栏目除了日常报道发生在中国和世界上的重要消息外，还通过特别节目或直播节目的形式，对部分中国的、中阿之间和与中国有关的国际重要活动、重大事件做出及时、全面的报道；访谈类节目《对话》，做好对中国发展的深度分析，阐述中国对国际热点问题的原则和立场；《话说中国》《纪录片》《中国文艺》等7个栏目肩负着向阿拉伯世界报道中国、让阿拉伯世界了解中国的伟大事业、伟大工程。

2011年，中央电视台阿拉伯语国际频道全面改版，进一步突出新闻报道，增加文化类节目的比重和自制类节目的数量，满足阿拉伯观众对获取中国信息日益增长的需求，播出方式由4小时一单元增加到6小时一单元，并且进行3次重播。改版后的《综合新闻》根据阿拉伯地区的黄金时段，增加了播出次数，重点打造24点档的《综合新闻》，增加重要新闻的深度报道和评论。开播了消息类节目《每周财经》和杂志类节目《中国中东》，同时增加有关中阿之间投资咨讯、财经和法律服务等方面的节目内容，由特约评论员对近期发生的与中阿有关的财经大事进行分析与评述。《中国中东》节目以演播室嘉宾和主持人串联的形式，通过新闻资讯、访谈和人物故事，报道中国和阿拉伯地区的政治、文化和经贸交流，以及双方人民共同关注的问题和阿拉伯人在中国的工作和生活状态。改版后的节目受到阿拉伯国家观众的积极评价和广泛欢迎。此外，阿拉伯语国际频道将《跟我学》栏目的内容定位在武术教学，起用阿拉伯功夫演员和中国名师的特色组合，互动教学、体验教学，力求在形式上和内容上积极创新。该栏目在2011年先后拍摄了《陈式太极拳》系列、《太极推手》系列、《双截棍》系列和《太极开元棍》系列，得到阿拉伯观众一致好评。[①] 2014年，中央电视台阿拉伯语国际频道搬入央视新址大楼播出，启用全新的新闻演播室，实现16:9高清播出，并进行了全新改版，在阿拉伯黄金时间播出报道阿拉伯国家新闻的资讯节目，增加《尼罗河边的对话》《生活在中国》《动画公园》等全新的栏目。自2015年起，中央电视台阿拉伯语国际频道每年选送节目参加阿拉伯

---

① 胡占凡、罗明、魏地春等：《中国中央电视台对外传播史》，人民出版社，2013，第207页。

国家广播联盟举办"阿拉伯广播电视节"期间配套举办的阿拉伯语节目大赛。

近年来,中央电视台阿拉伯语国际频道越来越多受到阿拉伯观众欢迎。从 2010 年开始,中央电视台阿拉伯语国际频道每年都通过中国网络电视台网站进行观众问卷调查,在 2014 年中国网络电视台网站上的调查结果显示,42.43%的观众对中央电视台阿拉伯语国际频道的节目表示满意,30.3%的观众表示比较满意,两项合计达 72.73%,说明阿拉伯语国际频道已经在国际阿拉伯语媒体竞争中站稳了脚跟。2013 年 6 月,中央电视台进行了入户及收视调查,37%的受访者认为,中央电视台阿拉伯语国际频道是"了解中国的最好窗口"。阿拉伯国家媒体人士普遍认为,中央电视台阿拉伯语国际频道的一大优势是新闻报道"视角独特,不同于西方价值观",阿拉伯语国际频道的涉阿新闻报道不"人云亦云",显示了中国的立场。① 阿拉伯语国际频道的优势还在于"报道公正客观,不偏袒任何一方"。据统计,截至 2016 年底,阿拉伯语国际频道的海外整频道用户约为 1000 万户。先后有近 60 家阿拉伯国家的媒体代表团和外交、青年机构来参观中央电视台阿拉伯语国际频道。2016 年 12 月 31 日,根据中央部署,经过多方共同努力,中国国际电视台(中国环球电视网,CGTN)隆重开播。中央电视台阿拉伯语国际频道等外语频道均列入中国国际电视台框架内。

中央电视台还与阿联酋阿拉伯卫星电视台、摩洛哥 2M 电视台、卡塔尔半岛电视台、突尼斯国家电视台、苏丹国家广播公司、利比亚国家电视台、沙特阿尔马吉德电视台、阿尔及利亚国家电视台、科摩罗国家电视台、毛里塔尼亚国家电视台等分别签署了关于授权使用新闻素材的合作协议。此外,未签约的其他阿拉伯地区媒体也通过美联社、路透社等央视国际视频通信有限公司合作伙伴和渠道,使用国际视通发布的新闻素材。据统计,2011 年 1 月至 2017 年 12 月,有来自埃及、伊拉克、约旦等阿拉伯国家的 66 家电视台(频道)通过国际视通使用中央电视台新闻素材,使用量达 4.3 万条,

---

① 中国网络电视台提供。

约 24.1 万次。

影视节目译制与发行方面，中央电视台下属中国国际电视总公司与约旦中东媒体公司和 Fadaa Media 公司有长期稳定的合作关系。近年来，中国国际电视总公司在迪拜中阿卫视开播"China Hour"中国节目时段，定于每周五、周六 18:00 播出一小时动画片。中国国际电视总公司代理的《李小龙传奇》《美人心计》《红楼梦》《唐山大地震》《克拉恋人》和《克拉之恋》等电视剧，《金砖之国》《超级工程》《瓷路》《丝路》《天河》《第三极》等纪录片，以及《小虎还乡》《渴望蓝天》《小鲤鱼历险记》《熊猫和小鼹鼠》等动画片，通过约旦中东媒体公司和 Fadaa Media 公司的本土化译制，在中东十几个阿拉伯国家播出，观众反响热烈。2017年，中国国际电视总公司与约旦 MEM 公司就《航拍中国》《超级工程》（第二季、第三季）《长城》《我的小小美猴王》等纪录片和动画片销售达成译制发行合作意向，并与巴林电视台、黎巴嫩国家电视台、摩洛哥国家广播公司、苏丹东方电视台、突尼斯电视台、埃及国家新闻委员会和黎巴嫩 OTV 电视台等 7 家广播电视媒体机构开展了电视剧《生活启示录》阿拉伯语版联播活动。

（二）宁夏广播电视台的对阿传播

宁夏广播电视台成立于 2004 年 12 月，由原宁夏人民广播电台、宁夏电视台、宁夏有线电视台等 21 家事业单位、宁夏广播电视网络有限公司等 3 家产业公司整合组建成宁夏广播电视总台，拥有卫视、公共、经济、影视、少儿 5 个电视频道和新闻、交通、经济、都市、音乐 5 套广播频率。

为充分发挥宁夏回族自治区地域及文化优势，做好对阿拉伯国家媒体传播工作，宁夏广播电视台进一步明确定位，致力于将宁夏卫视打造成为中国和阿拉伯国家文化交流的窗口和平台，通过聘任阿拉伯国家和本地专职阿语翻译，成立了宁夏广播电视台阿拉伯语节目译制中心，并与北京外国语大学阿拉伯语系、宁夏大学阿拉伯语学院等单位建立了翻译团队输送机制。利用宁夏广播电视台设备和人员，从翻译到配音、合成包装等，一

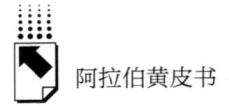

阿拉伯黄皮书

揽子解决节目译制全过程的问题。此外，宁夏台还与诸多阿拉伯国家主流媒体机构、驻华使领馆保持了良好的沟通和联系，加深共识，将展现自治区优秀少数民族文化、宁夏当地风土人情的节目通过各个机构传递到阿拉伯民众眼里。

近年来，宁夏广播电视台已与阿拉伯国家电视媒体机构开展了相关合作事宜，准备将拍摄的节目逐步纳入与阿拉伯国家各主流媒体电视台交流范围。目前，宁夏广播电视台与阿拉伯国家电视媒体机构的合作及节目交换工作已取得一定成效，与诸多阿拉伯国家电视媒体机构就开展合作事宜进行了更深入、更广泛的交流。此外，一批宁夏台自办的栏目走向阿拉伯世界。精选体验式真人秀节目《这里是宁夏》、人物故事类节目《天下回商》、休闲旅游类节目《周末旅行家》近 200 集译制成阿拉伯语，陆续发往阿拉伯国家电视媒体机构。

为加强与阿拉伯国家媒体机构间的交流合作，推动"引进来"和"走出去"相结合，2015 年 6 月，宁夏台已在少儿频道开办《学阿语》栏目，每天一期。9 月 8 日，宁夏台在宁夏卫视频道开设了《阿拉伯之窗》栏目，并首先播出了 2015 年中阿博览会主宾国约旦国家电视台提供的节目，之后苏丹等其他阿拉伯国家也纷纷推荐优质节目在《阿拉伯之窗》栏目播出。2016 年 7 月，宁夏广播电视台的节目借助迪拜中阿卫视平台，通过有线及卫星电视传输等方式实现了广播电视节目在阿拉伯国家的播出，22 个阿拉伯国家的观众可通过中阿卫视收看到宁夏广播电视台的节目。迪拜中阿卫视在黄金时间开辟专门时段，每周两小时播出宁夏台提供的专题片和纪录片。此外，宁夏台还专门为中阿广播电视交流开发了中阿双语手机 App——"中阿视界"。阿拉伯国家手机用户将能够随时随地观看来自中国的电视节目。内容将依托宁夏广电网的"宁夏互联网视频档案馆"丰富的视频节目资源，先期为手机客户端提供整理视频资源近 20 万条。①

---

① 马莉：《中阿广电握手宁夏－中阿广播电视交流合作谱写新篇》，2018 年 8 月。

（三）民营传媒企业的对阿传播

近年来，民营传媒企业也积极加入对阿拉伯国家传播行列，通过联合制片、国际版权交易等加强与阿拉伯国家电视媒体机构间的交流合作，推动中阿文化贸易健康、快速发展。其中最具有代表性的为苏州欧瑞动漫有限公司。

苏州欧瑞动漫成立于2006年，是经过中国政府认定的国家动漫企业，国家文化出口重点企业、江苏省重点文化科技企业、苏州文化产业示范基地、苏州市重点文化企业。欧瑞动漫以自有产业基地——欧瑞大厦为载体，已经建成集原创动画的制作发行、对外文化贸易、动漫人才教育等于一体的动漫文化产业发展基地。欧瑞动漫至今已经完成了4部动画电影，8部电视动画的制作，诸多作品荣获了国家重要奖项。从2013年开始，欧瑞动漫开始实践"走出去"战略，与超过70个国家的600多家影视、传媒、动漫机构建立联系，并开展了一系列国际合作，包括国际版权贸易、联合制片、人才交流、服务外包等，是目前中国动漫企业"文化走出去"最成功的企业之一，尤其在与丝绸之路沿线国家，特别是阿拉伯国家的合作中，获得了较大的成绩，获得了一系列显著的成果。

这其中最重要的合作成果是：与沙特广播电视局共同投资、联合制作中沙首部合拍电视动画片《孔小西与哈基姆》。《孔小西与哈基姆》一片以中沙儿童友谊为主题，讲述了两国少年之间的美食情缘，不仅呈现沙特当地的本土化文化特征，也融入了包括中国美食、服饰、功夫等方面丰富的中国元素，人物角色活灵活现，剧情整体轻松活泼，体现了中沙特有的文化特色。2017年2月该片首映式在沙特广播电视局剧场举行。这是中沙影视合作的良好开端，相信双方有关部门会再接再厉，为两国民众带来更多高水平节目和产品。目前阿联酋、阿曼、巴林、约旦、埃及和阿尔及利亚均获得授权播出许可。为进一步加强对阿拉伯国家传播，欧瑞动漫建设完成阿拉伯语译配中心，并投入运营，译配中心的设备投入在150万美元左右，欧瑞动漫主要负责设备投入，日常运行和当地合作伙伴共同完成，译配平台每年可以提供

至少10000分钟作品的译配服务,欧瑞动漫还将计划联合阿拉伯地区优质电视栏目制作方,推出一档专门播出中国动漫的儿童电视栏目,成为中国优秀动画作品在阿拉伯地区播出的最便捷渠道。

三 中国广播电视对阿传播的机遇、挑战及政策思考

(一)机遇与挑战

一方面,阿拉伯国家与我国政治、经济、文化交往历史悠久,现实联系密切。特别是在中阿合作论坛、中非合作论坛框架下,中国与阿拉伯国家战略合作伙伴关系保持良好发展势头。近年来,阿拉伯国家与西方国家关系比较紧张,有"向东看"趋势。大部分阿拉伯国家广播电视产业起步较晚,节目制作水平有限,专业技术和人才相对匮乏,阿拉伯国家对中国特色影视文化产品的兴趣逐渐升温。特别是我国电视剧、动画片、纪录片以及融入双方文化元素的合拍片,为我国影视文化产品进入阿拉伯市场,扩大对阿拉伯国家媒体传播效果,提升我国在阿拉伯国家的话语权和影响力提供了机遇和空间。

另一方面,我国广播电视进入阿拉伯国家也面临着一定困难和挑战。首先,阿拉伯国家媒体发展水平不一,尽管海湾国家广播电视媒体较为发达,对国外影视文化产品具有一定的购买实力,但由于宗教信仰、民族习俗等因素,大多引进海湾合作委员会国家和埃及、黎巴嫩、叙利亚等宗教、文化相通的阿拉伯国家作品。其次,土耳其、印度从英国、美国、韩国等引进的作品以家庭伦理剧、喜剧为主。非洲的科摩罗、索马里、吉布提、毛里塔尼亚等阿拉伯国家的广播电视媒体发展相对滞后,商业购买国外影视文化产品意愿不高。沙特阿拉伯、阿曼等国家对内容审查较为严格,较少引进国外影视文化作品。尽管近年来诸如《金太狼的幸福生活》《父母爱情》等国产优秀电视剧受到一部分阿拉伯民众的热爱和追捧,但由于宗教信仰、风俗习惯差异较大,我影视文化作品与阿拉伯国家文化亲缘不足,进入当地播出的内容

产品总量上还是相对较少，吸引力和针对性较弱。此外，大部分阿拉伯国家采取天空开放政策，电视收视以卫星接收方式为主，我国在阿拉伯国家电视传播面临本土和国外媒体的激烈竞争。当地观众以收看阿拉伯国家卫星电视频道为主，比较受欢迎的有卡塔尔半岛电视台、阿拉比亚电视台、中东广播中心电视台、阿联酋迪拜卫视和阿布扎比卫视。而西方国家为扩大对中东地区的影响，历来重视对阿拉伯国家广播电视媒体的传播和投入，美、英、法、德、俄分别开办了美国自由电视台阿拉伯语频道、英国 BBC 阿拉伯语频道、法国 24 小时阿拉伯语频道、德国之声电视台阿拉伯语频道、今日俄罗斯阿拉伯语频道等国际频道通过卫星传播。2013～2015 年，笔者先后 3 次对来华参加由商务部主办、国家新闻出版广电总局研修学院承办的"阿拉伯国家广播电视中高层管理人员研修班"的阿拉伯官员共 66 人进行了调查，其中听说过中央电视台阿拉伯语国际频道的有 50 人，占 75.75%，收看过该频道的有 26 人，占 39.39%，只有 5 人每周至少收看 1 次，占 7.5%，而 66 人当中基本每人每周都至少关注 3 次以上西方开办的对阿传播频道。上述数据虽然并不是完全系统的，但在一定程度上表明，我广播电视对阿传播主渠道在阿拉伯民众之间，特别是阿拉伯媒体专业人士之间的知名度和影响力还不高。

总之，我对阿传播渠道已相对完整和完善，但由于受到西方对阿传播平台的竞争压力，渠道受众规模较小，需进一步加强对外传播能力和内容生产能力，塑造良好的对阿舆论环境，取得阿拉伯国家对中国各项内外政策的理解与认识，对中国坚持走和平发展道路以及推动构建新型国际关系和人类命运共同体理念的支持，提升我广播电视在阿拉伯国家的影响力。在国际传播竞争日益激烈的今天，不能一味抱怨西方媒体的双重标准，也不能要求所有受众都具备判断信息真伪的能力，而只能努力提升自身的国际传播能力，积极应对困难与挑战，提升对阿传播话语权和影响力。

（二）政策思考

新形势下，如何发展我对阿传播整体策略，提升我广播电视对阿传播的

话语权和影响力？总体来说，主要有以下三个方面。

一是围绕元首外交，加强媒体交流合作。元首外交在中国特色大国外交中占有极为突出的地位。2013 年以来中国外交在诸多层面都逐步体现出朝向大国外交的转型，中国与外部世界的关系进入一个新的重塑阶段。在这一背景下，元首外交成为观察中国外交新变化的最重要窗口之一。[①] 随着中国国际影响力的延伸和海外利益拓展，中国与诸多国家关系实现了前所未有的内涵式跨越发展。元首外交是深化中外媒体交流合作的重要渠道，我广播电视媒体应积极围绕新时代中国特色大国外交，借力中阿元首外交，从根本上促进中阿双方民众的认知与了解。近年来，中阿之间存在经贸关系热，人文关系冷；政治关系热，民间关系冷；老一代关系热，青年一代关系冷的普遍现象，国之交在于民相亲，民相亲在于心相通，而媒体合作最重要的就是为人与人之间深层次交流构筑坚固的桥梁，通过媒体传播推动确立中国与阿拉伯社会在价值观上的认同关系，中阿广播电视媒体机构间的合作传播势必会带动中阿民众积极参与，促进民心相通，将为中阿双方关系保持高水平运行发展发挥积极作用，推动构建新时代中阿命运共同体。

二是传播核心价值，赢得价值认同。新时期中国广播电视对阿传播，应进一步坚定和强化文化自信，提高文化自觉，通过多形式、多渠道让世界了解、体验中国文化的魅力。中国广播电视媒体应旗帜鲜明地向阿拉伯民众传播、阐释中国特色社会主义文化的丰富内涵。同时，应注重文化交流、文化互鉴，体现相互尊重、相互借鉴精神，达到文化特性与多元性的和谐统一，实现"各美其美，美美与共"。向阿拉伯世界推出更多接地气、惠民生、聚人气的影视内容合作制作、合作传播的项目，通过广播电视媒体更生动、具体地阐释好"中国梦""一带一路""经济新常态""命运共同体"等概念，让阿拉伯民众更好地认知中华文化为全球提供的公共产品，从而为构建更加多元繁荣的世界文明贡献中国智慧、中国方案。

三是完善合作机制，创新话语体系。中国广播电视应借助中阿广播电视

---

① 赵明昊：《中共中央对外联络部当代世界研究中心》，《瞭望》2014。

合作机制平台，以我为主、兼收并蓄，积极学习借鉴阿拉伯国家有益的文明成果，不断丰富我们的概念、范畴和表述，使中阿话语体系更好地相融相通。通过中阿媒体交流，努力打造融通中外的新概念新范畴新表述，找准中外利益交汇点、话语共同点、情感共鸣点，多贴近阿拉伯受众的思维习惯和语言习惯，构建对阿传播话语体系，丰富作品艺术表现形式，增强吸引力、创造力、感召力、公信力。要用好广播电视公共外交和多边舞台做好对阿传播，讲好中国故事，传播好中国声音，增进阿拉伯社会对我国基本国情、价值观念、发展道路、内外政策的了解和认识，避免误解，增信释疑，凝聚共识。策划和实施广播电视对阿传播精品项目，重点突出内容优势，以媒体精品内容、媒体品牌活动打动阿拉伯民众。特别是要注重加强合作传播，通过影视作品合拍、本土化译制改编、国际化营销推广等方式，巧用外力和拓展渠道，提高在阿拉伯国家社会中中国话语体系的独特魅力，同步建立健全评估机制和指标体系，加强对阿传播效果评估，全面优化对阿传播战略布局，整合外宣力量，形成共同做好对阿传播的大格局，全面提升对阿传播话语权和影响力。以中国权威声音有效引导阿拉伯国家和地区舆论。

结　论

在信息技术高度发达的当今时代，媒体是国际传播的主力军，合作互信的桥梁、民心相通的纽带，壮大媒体力量是提升国际传播能力、加强对外话语体系建设的基础环节。广播电视是媒体的重要组成部分，是我国对外传播事业的核心要素，更是提升国际传播能力和国家文化软实力的重要载体。中国广播电视肩负着对阿传播的重要使命，增强我广播电视媒体在阿拉伯国家的话语权和影响力，不仅仅是在阿拉伯国家和地区"说话"的权利，更是指"说话"的有效性和影响力。话语权与传播能力、话语体系息息相关，增强对阿拉伯国家传播话语权，必须以提升对阿传播能力和对阿话语体系为基础，努力在阿拉伯国家舆论场中占据更大份额、发挥更大影响，推动构建有利于中国和阿拉伯国家发展的舆论环境和传播秩序。

附 录
Appendix

Y.22
2017年阿拉伯国家大事记

李赫男[*]

1月

1月2日 伊拉克首都巴格达当天上午发生一起汽车炸弹袭击,造成至少35人死亡、61人受伤。

1月3日 突尼斯内政部长称,突尼斯安全部门掌握了一份2929人的突尼斯籍恐怖分子名单,这些人通过非法途径滞留在冲突地区。其中,超过半数的人在叙利亚,约500人在利比亚,近150人在伊拉克。

1月5日 联合国伊拉克援助团日前在一份公报中说,2016年伊拉克至少有6878名平民死于暴力冲突和恐袭,有12388人受伤。

1月7日 土耳其总理比纳利·耶尔德勒姆访问邻国伊拉克,与伊拉克

---

[*] 李赫男,北京语言大学阿拉伯研究中心科研秘书。

总理会面。

1月8日 苏丹军方成功拦截115名非法移民,他们试图经苏丹偷渡至欧洲。

1月9日 埃及北西奈省阿里什市的一个检查站遭炸弹袭击,造成至少9名军警死亡、10人受伤。

1月13日 美国总统奥巴马签署行政命令,宣布将解除部分对苏丹制裁,苏丹政府对此表示欢迎。

1月15日 苏丹政府决定,将在苏丹所有冲突地区的单方面停火再次延长6个月。

1月16日 埃及西南部瓦迪杰迪德省发生武装分子袭击检查站事件,导致8名警察死亡,3名受伤。

1月16日 伊拉克摩苏尔大学被解放,城市东部基本重回政府控制。

1月18日 伊拉克政府军对极端组织"伊斯兰国"在摩苏尔的地盘发动猛烈攻势3个月后,一名高级指挥官当天表示,伊拉克部队已完全收复摩苏尔东区。

1月19日 石油输出国组织(欧佩克)最大产油国沙特阿拉伯石油大臣法利赫表示,2017年欧佩克成员国将再次石油减产。

1月19日 埃及国务委员会行政法院作出终审裁定,宣布埃及政府与沙特签署的有关蒂朗、塞纳菲尔两岛主权归属沙特的协议无效。

1月22日 根据最新普查,到2017年底,伊拉克全国人口将达到3800万,其中70%在城市,30%在农村。国家将制定人口增长和资源平衡策略。

1月25日 伊拉克总理正式宣布收复摩苏尔城东部

1月31日 非洲联盟第二十八届峰会在埃塞俄比亚首都亚的斯亚贝巴闭幕。摩洛哥在时隔33年后重新成为非盟成员国。

2月

2月6日 阿尔及利亚媒体报道说,该国航空公司一架客机在降落时爆

胎，机上64人无人伤亡。

2月7日 伊拉克政府军对"伊斯兰国"的打击取得了重大胜利，"伊斯兰国"占领的摩苏尔60%的地区已被政府军控制，准备对该市西区发动总攻，以彻底收复摩苏尔。

2月12日 埃及开罗紧急事务法院作出裁决，宣布被怀疑与埃及穆斯林兄弟会有关联的"决断"组织为恐怖组织。

2月13日 法国总统候选人埃马纽埃尔·马克龙访问阿尔及利亚，并与阿尔及利亚领导人举行会谈，希望能进一步促进双方的伙伴关系。

2月13日 伊拉克空军战机突袭了IS高层会议地点，13名高级负责人被打死，该组织首脑巴格达迪去向不明。

2月15日 埃及总统会见到访的联合国秘书长古特雷斯，就地区热点问题举行会谈。

2月16日 苏丹已逮捕26名来自阿拉伯国家的外国人，他们涉嫌与日前首都喀土穆的民房爆炸事件有关。

2月16日 突尼斯外交部宣布，从即日起对持中国护照入境突尼斯的游客实施免签政策，中国游客可在突尼斯境内停留90天。

2月16日 伊拉克首都巴格达当天下午发生汽车炸弹爆炸袭击，造成至少45人死亡、56人受伤。

2月19日 伊拉克总理阿巴迪宣布伊政府军正式发起收复摩苏尔西部城区的军事行动。

2月19日 第十三届阿布扎比国际防务展在阿联酋首都阿布扎比国家展览中心开幕。据主办方统计，在防务展首日，阿联酋签署合同的交易总额达44.16亿阿联酋迪拉姆（约合12亿美元）。

2月20日 苏丹政府发表声明说，连年战争造成全国面临大饥荒，有一半人口在挨饿。

2月26日 一名自杀式袭击者在阿尔及利亚君士坦丁市制造一起针对警察的爆炸袭击事件，造成数人受伤。

2月28日 阿尔及利亚国防部发布声明说，阿军方当天在阿东部提济乌祖省打死9名恐怖分子。

2月28日 黎巴嫩境内最大的巴勒斯坦难民营再度爆发武装冲突,造成至少1人死亡、6人受伤。

3月

3月1日 苏丹总统巴希尔决定,任命第一副总统巴克里为总理。根据该决定,巴克里将同时担任第一副总统和总理。

3月1日 伊拉克政府军发起收复摩苏尔的"总攻",攻下摩苏尔城西最后一条交通要道,对"伊斯兰国"武装形成围剿之势。为躲避战乱,已有26000多名居民逃离摩苏尔西部城区。

3月2日 叙利亚军方宣布,政府军当天成功收复叙中部古城巴尔米拉。叙利亚军方在一份声明中说,在俄罗斯和叙利亚空军支持下,叙政府军重创极端组织"伊斯兰国"武装,目前已控制巴尔米拉及周边地区。

3月5日 阿尔及利亚与突尼斯官员强调,利比亚危机必须通过政治方式解决。

3月8日 苏丹总统巴希尔签署命令,赦免259名此前被判处死刑的反对派武装人员。

3月10日 美国总统特朗普就中东和平进程与巴勒斯坦总统阿巴斯进行电话磋商,并邀请阿巴斯近期访美。

3月12日 叙利亚总统巴沙尔在大马士革同到访的欧洲议会代表团会谈,并指出,一些欧洲国家错误的对叙政策,导致了恐怖主义在叙利亚的蔓延态势。

3月13日 埃及总统塞西赦免了200余名罪犯,这些人被指在2013年参与非法抗议活动。同一天,埃及检方下令批准释放前总统穆巴拉克,结束其3年的牢狱生涯。

3月13日 日本首相安倍晋三与到访的沙特国王萨勒曼会晤,两人讨

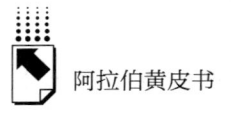

论的议题包括日本企业进驻沙特经济特区。

3月14日 一件重达3吨的巨型雕像残块在埃及首都开罗的迈泰里耶社区被起重机吊起。考古学家推断它属于拉美西斯二世。

3月19日 埃及前总统穆巴拉克的支持者在开罗南部马阿迪军事医院外举行集会。

3月20日 美国总统特朗普与阿巴迪在华盛顿举行会谈。

3月21日 伊拉克总理阿巴迪称,美国特朗普政府打算加大对伊拉克在打击"伊斯兰国"恐怖组织方面的援助。

3月21日 埃及苏伊士运河大学孔子学院在埃及英国大学设立的汉语教学点举行签字仪式,这是首个在埃及私立大学开设的汉语教学点。

3月23日 埃及军方发表声明说,埃及军队在北西奈省遭炸弹袭击,10名军人身亡。

3月23日 联合国主导的新一轮叙利亚问题和谈在日内瓦开启非正式磋商。联合国秘书长叙利亚问题副特使拉姆齐与各方开始初步非正式磋商。

3月24日 埃及内政部发表声明,开罗市郊当天上午发生爆炸,造成1人死亡、4人受伤。

3月24日 埃及前总统穆巴拉克获释回到位于开罗市内的家中。

3月26日 埃及布海拉省一家法院判决,56名埃及人因2016年9月非法移民船沉没事故获判2~13年不等的有期徒刑。这些人被判犯下过失杀人、从事非法移民活动及诈骗等罪行。

3月29日 第28届阿拉伯国家联盟首脑会议在约旦死海拉开帷幕。为期两天的会议将聚焦地区政治、经济、社会等重要议题,并将商讨如何加强地区反恐合作。

3月30日 伊拉克政府称,不会允许美国在伊拉克建军事基地,但接受美国军事顾问对伊军进行训练。

3月31日 苏丹外交部发表声明,谴责并反对美国国务院发布关于提醒美国公民不要前往苏丹的警告,并敦促美国尽快撤销这一警告。

4月

4月1日 "伊斯兰国"领导人巴格达迪的副手朱马伊利在叙利亚边界附近的安巴尔省的一次空袭中丧生。

4月5日 考古人员在埃及开罗西南约40公里处的代赫舒尔,新发现一座金字塔,距今已有约3700年的历史。

4月4日 伊拉克北部萨拉赫丁省首府提克里特市遭武装分子袭击,造成32人丧生、28人受伤。

4月9日 埃及北部城市坦塔发生爆炸事件,造成至少4人死亡、20人受伤。"伊斯兰国"宣称制造了这两起爆炸袭击。

4月12日 伊拉克军方称,在伊拉克境内的"伊斯兰国"武装遭到致命打击,他们控制的地区在迅速缩小,目前仅控制着伊拉克约7%的国土面积。

4月19日 叙利亚国家电视台说,叙利亚阿勒颇发生炸弹爆炸,造成6人死亡、32人受伤。

4月21日 古巴与摩洛哥两国驻联合国代表在古巴常驻联合国代表处签署了重新建交的协议。

4月23日 埃及总统塞西抵达沙特首都利雅得,开始对沙特进行为期两天的正式访问。

4月27日 阿尔及利亚北部艾因迪夫拉省发生炸弹爆炸,造成3人死亡、4人受伤。

4月30日 突尼斯总理优素福·沙赫德宣布,国民卫队安全人员当天与一伙极端分子在突中部城市西迪布宰德交火,两名极端分子死亡,4人遭逮捕。

5月

5月2日 一辆埃及警方巡逻车在开罗近郊遭遇武装袭击,造成至少3

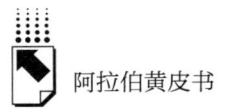

名警员丧生，另有5人受伤。

5月4日 伊拉克国防部称，美军在伊拉克西部部署了300名海军陆战队官兵，目的是打击从摩苏尔逃出的"伊斯兰国"武装分子。

5月7日 埃及总统塞西抵达科威特，与科威特国王萨巴赫举行会面，二人就两国关系以及中东地区问题进行了探讨。

5月8日 利比亚及其邻国代表在阿尔及利亚首都阿尔及尔举行第11次利比亚周边国家会议，各方一致强调，在利比亚问题上反对任何外来军事干预。

5月11日 苏丹第一副总统兼总理巴克里宣布，苏丹民族和解政府已经组成。

5月11日 美国悬赏1000万美元，捉拿与"基地"组织有关联的叙利亚恐怖组织"努斯拉阵线"的军事头目戈拉尼。

5月17日 伊拉克军方称，政府军在解放摩苏尔西部城区的行动中击毙了"伊斯兰国"武装负责安全的头目，并缴获了大量武器和弹药。

5月19日 毛里塔尼亚总统阿齐兹在努瓦克肖特总统府会见中国外交部部长王毅。

5月19日 沙特领导的多国联军称，沙特防空部队当天成功拦截也门胡塞武装向沙特首都利雅得发射的导弹。这是迄今胡塞武装向沙特境内发射导弹距离利雅得最近的一次。

5月20日 美国总统特朗普与沙特国王萨勒曼签署了价值高达1100亿美元的军售协议。

5月21日 阿尔及利亚当地媒体报道，阿军方一架军用直升机当晚坠毁，机上5人遇难。

5月23日 利比亚特种部队证实，特种部队在利比亚首都的黎波里逮捕了曼彻斯特恐怖袭击案嫌疑人萨勒曼·阿贝迪的弟弟哈希姆·阿贝迪。

5月26日 满载科普特基督徒的公交车队在埃及明亚省遭不明身份武装分子枪击。埃及卫生部官员表示，袭击造成至少28人死亡、20多人受伤。死亡人数可能继续上升。

6月

6月4日 叙利亚军方说，政府军当天在北部阿勒颇省东部地区夺取了极端组织"伊斯兰国"的重要据点马斯卡纳，军事行动取得"很大进展"。

6月5日 巴林、沙特、阿联酋、埃及、利比亚分别宣布与卡塔尔断绝外交关系，指责卡塔尔支持恐怖主义活动并破坏地区安全局势。

6月6日 毛里塔尼亚外交部发表声明，宣布毛里塔尼亚决定与卡塔尔断绝外交关系。

6月9日 阿拉伯卫星电视台报道称，沙特、阿联酋、埃及和巴林以资助恐怖主义和获得卡塔尔支持为由，将59名个人和12家机构列入了恐怖主义名单。

6月14日 阿联酋称，如果卡塔尔不改变立场，将继续对其施加压力，但不会对其采取军事行动。

6月17日 埃及开罗刑事法院宣布，31名涉嫌参与2015年刺杀埃及前总检察长的极端分子被判处死刑。

6月19日 也门政府和胡塞武装分别发表声明，证实近两日内交换了224名战俘。交换战俘是联合国主导的也门停火协议的一部分，但协议自签署以来从未完全生效，也门新一轮和谈目前正在科威特进行。

6月22日 埃及政府内阁当天决定，将目前实施的全国范围紧急状态延长3个月。

6月22日 伊拉克总理阿巴迪表示，摩苏尔有望在"几天之内"获得解放。阿巴迪当天在每周内阁会议后举行的记者会上说，摩苏尔只剩极少数地区没有收复。

6月24日 叙利亚政府宣布，为增进民族和解，释放672名被关押的叙利亚人。

6月24日 埃及政府发表声明说，总统塞西已于当天正式批准埃及—沙特两国的海上边界划定协议，该协议确定蒂朗、塞纳菲尔两岛主权归属沙特。

阿拉伯黄皮书

6月27日 苏丹副外长阿卜杜勒·加尼·纳伊姆表示,希望美国总统特朗普提出的移民限制令部分解冻后不会影响到7月正式解除对苏丹制裁。

6月28日 突尼斯外交部宣布,北欧的丹麦、挪威和冰岛三国当天取消对突尼斯的旅行警告。

7月

7月2日 叙利亚首都大马士革东部城区的解放广场发生自杀式汽车炸弹袭击事件,目前已造成8人死亡、20人受伤。

7月3日 叙利亚"征服阵线"极端组织准备使用沙林毒气发起挑衅行动,以破坏叙利亚政府的声誉,并阻挠7月初在哈萨克斯坦首都阿斯塔纳举行的叙利亚问题谈判进程。

7月3日 沙特2017年第一季度经济萎缩0.5%,这是该国经济自全球金融危机以来首次出现下降。

7月4日 伊拉克政府称,将在两天内全面解放摩苏尔。伊拉克尼尼微省军事行动指挥部负责人朱布里说,摩苏尔全城解放的最后期限是7月6日目前摩苏尔老城仅剩迈丹区尚未解放。

7月6日 埃及与科威特空军在埃及举行代号为"耶尔穆克3"的联合军演。

7月7日 卡塔尔通讯社报道,卡塔尔外交部当日对沙特、阿联酋、巴林、埃及四国的声明表示遗憾。

7月8日 利比亚红新月会通知埃及驻利使馆,其工作人员在利境内发现19具疑遭偷渡团伙杀害的人的遗体。埃方已确认其中7人为埃及人。

7月9日 在美国、俄罗斯和约旦的支持下,叙利亚三个省份的停火协议已经生效。

7月11日 伊拉克媒体报道,极端组织"伊斯兰国"承认其最高头目阿布·贝克尔·巴格达迪死亡,并称该组织将在不久之后产生新头目。

7月12日 埃及与法国联合海上军演"克娄巴特拉2017"结束,法国海军两艘"西北风"级两栖攻击舰参演。

7月11日和12日 埃及和摩洛哥的航空公司分别表示,美国已解除这两个国家赴美航班禁止携带笔记本电脑的规定。

7月12日 苏丹总统巴希尔宣布,决定暂停与美方有关就解除制裁的谈判工作,直至2017年10月12日。

7月16日 埃及军方发言人,埃及武装部队参谋长马哈茂德·赫加齐强调应继续加强与美国的军事合作,尤其在反恐领域,以应对地区安全挑战。

7月17日 突尼斯共和国外交部部长赫米斯勒·杰希纳维对中国进行正式访问。

7月17日 埃及外交部宣布取消对卡塔尔公民的免签证优惠措施,只有部分人士例外。

7月21日 埃及军方发表声明,埃及军方过去几天在北西奈省击毙30名极端分子,逮捕5名极端分子。

7月23日 埃及内政部发表声明说,埃及警方当天在法尤姆省的一次交火中打死8名穆兄会成员。

7月25日 埃及军方发表声明称,埃及武装部队针对北西奈省极端分子的打击行动已持续7天,击毙40名极端分子,逮捕5人,摧毁了20多部车辆和100多个爆炸装置,收缴大批武器和通信设备。

7月26日 埃及总统塞西颁布总统令,宣布成立"全国反恐怖主义和反极端主义委员会",以应对日益严峻的恐怖主义威胁。

7月27日 据沙特阿拉伯媒体报道,也门胡塞武装当天向沙特的伊斯兰教圣城麦加方向发射一枚导弹,被沙特防空部队成功拦截。

7月31日 阿尔及利亚国防部发表声明说,阿政府军当天在该国北部的一次反恐行动中打死6名恐怖分子。

8月

8月4日 联合国在科威特组织也门问题和谈,也门政府希望反政府武

装先撤出占领地区，反政府武装则要求先解决分享权力的问题和沙特军事力量撤出也门。双方在关键问题上互不让步，谈判陷入僵局。

8月5日 叙政府军夺取极端组织"伊斯兰国"在中部霍姆斯省的最后一处重要据点苏赫奈市。

8月7日 摩洛哥旅游部门公布的统计数据显示，2017年上半年，中国旅摩游客人数比上年同期增长接近6倍，创摩洛哥游客增幅最高纪录。

8月7日 苏丹副总统哈赛卜宣布，将立即在达尔富尔地区开展收缴民间轻武器和没收未登记机动车辆的行动。

8月7日 毛里塔尼亚公投结果显示：支持修改宪法，将取消参议院并改变国旗。

8月8日 伊拉克中央刑事法庭依据该国反恐法，判处27名涉嫌参与屠杀1700名政府军士兵的极端组织"伊斯兰国"罪犯死刑，同时因证据不足释放25名嫌疑人。

8月11日 埃及卫生部说，埃及北部亚历山大省发生两列火车相撞事故，造成49人死亡、100多人受伤。

8月11日 美军正在伊拉克北部建新的军事基地，目前已完成一半的工程。美国军方解释说，是为了有效打击仍在伊拉克境内的恐怖武装。

8月13日 阿尔及利亚民防部门发布消息说，从7月初至8月上旬，该国已有170余人死于溺水，死亡数字为近年最高。

8月14日 苏丹政府呼吁联合国提供必要预算，以满足在该国的约200万难民的需要。

8月15日 阿尔及利亚总统府发布声明称，总统布特福利卡罢免了现任总理阿卜杜勒马吉德·特本的总理职务，任命艾哈迈德·乌叶海亚为新任政府总理。这是阿尔及利亚2017年5月议会选举以来，第二次更换总理人选。

8月20日 叙利亚总统巴沙尔·阿萨德说，今后，叙利亚在发展过程中应当"向东看"，在政治、经济和文化上加强与"东方"的交往。

8月22日 黎巴嫩说，黎军在黎东北部地区清剿"伊斯兰国"的军事行动取得进展，有望全部收复被这一极端组织占据的地区。

8月23日 利比亚退役将领、世俗势力代表人物哈利法·哈夫塔尔领导的"国民军"在该国南部的一个检查站遭"伊斯兰国"武装分子袭击,造成11人死亡。

8月24日 卡塔尔外交部表示,将与伊朗全面恢复外交关系。这一举动被解读为卡塔尔立场进一步强硬,与沙特阿拉伯等国公开"对抗"。

8月29日 利比亚海岸警卫队在利比亚附近海域截获近700名试图偷渡的非法移民。

8月30日 总部位于英国伦敦的叙利亚人权观察组织表示,叙利亚政府军与"伊斯兰国"在拉卡市爆发的激烈战斗持续超过24小时,战斗共造成64人丧生。

8月31日 伊拉克总理阿巴迪宣布,政府军收复极端组织"伊斯兰国"在伊北部的最后据点泰勒阿费尔,北部尼尼微省全境得到解放。

9月

9月3日 埃及总统塞西抵达厦门,出席新兴市场国家与发展中国家对话会。

9月5日 国家主席习近平在厦门会见来华出席新兴市场国家与发展中国家对话会的埃及总统塞西。

9月6日 由利比亚退役将领、世俗势力代表人物哈夫塔尔领导的"国民军"表示,该武装力量当天在东部城市图卜鲁格附近发现16具非法移民遗体。

9月12日 苏丹国民议会召开专门会议,讨论苏丹阿拉伯胶生产及出口议题。苏丹政府将采取严厉措施打击阿拉伯胶走私犯罪。

9月12日 伊拉克国民议会通过决议,反对伊拉克库尔德自治区即将举行的独立公投。

9月15日 为期两天的叙利亚问题会谈在哈萨克斯坦首都阿斯塔纳结束。俄罗斯、土耳其和伊朗在会后发表的联合声明中说,将在叙利亚设立4个冲突降级区,以确保停火协议得到执行并维护叙利亚领土完整。

9月16日 埃及最高上诉法院以向卡塔尔泄露国家机密的罪名,对埃及前总统穆尔西作出终身监禁的终审判决。

9月17日 阿尔及利亚总理乌叶海亚对媒体表示,该国正面临非常严峻的财政危机,但政府有信心解决这一问题。

9月17日 据美国媒体报道,科威特将把朝鲜驻科威特的大使以及其他四名外交官驱逐出境。

9月17日 巴勒斯坦伊斯兰抵抗运动(哈马斯)发表声明,宣布解散掌握加沙地带管理权的"行政委员会",同意由巴和解政府接管加沙地带并行使行政权力。

9月24日 伊拉克库尔德自治区(库区)政府否认了媒体有关库区独立公投推迟的报道,重申公投将于9月25日如期举行。

9月25日 也门媒体消息,战争导致国家财政混乱,国库空虚,工作人员发不出工资,为解决严重的经济危机,中央政府决定印制发行新货币。

9月25日 伊拉克库尔德自治区(库区)举行独立公投,并获得92%的支持率。此后,伊拉克政府以及土耳其、伊朗等国作出强烈反应,采取禁飞出入库区国际航班、举行联合军演、停止石油产品贸易等强硬措施向库区持续施压。

10月

10月6日 美国国务院发表声明,宣布将从本月12日起解除对苏丹长达20年的经济制裁。苏丹外交部随即发表声明,欢迎美国政府这一决定。

10月9日 苏丹总统巴希尔宣布,将在冲突地区实施的单方面停火期限,再延长两个月至2017年12月。

10月10日 伊拉克军方宣布,已全面解放被极端组织"伊斯兰国"占领的哈维杰地区。

10月12日 突尼斯总统埃塞卜西宣布,从10月13日起,突尼斯全国继续实施紧急状态,为期一个月。这意味着从2015年11月开始实施的突全国紧急状态将继续延长1个月。

10月19日 卡塔尔已从主权财富基金中撤回200亿美元的海外投资资金，为其经济"救急"。卡塔尔断交风波眼下仍在持续。

10月20日 伊拉克军方证实，政府军当天在基尔库克省与库尔德自治区（库区）交界处附近与库区武装发生冲突。

10月20日 埃及警方一支车队执行突袭抓捕任务时反遭恐怖分子伏击，16名警察殉职。

10月22日 埃及议会在全体会议上通过了总统令，全国范围紧急状态再度延长3个月。

10月23日 巴勒斯坦总统阿巴斯在拉姆安拉总统府接受新华社采访时表示，为实现巴民族和解，巴政府每天都在努力，但民族和解需要时间与忍耐，无法一蹴而就。

10月23日 阿尔及利亚外交部部长阿卜杜勒－卡德尔·迈萨赫勒表示，非洲萨赫勒地区面临越来越严峻的恐怖主义威胁。

10月24日 伊拉克库尔德自治区（库区）议会决定，将自身任期延长8个月，同时将库区新议会和主席选举推迟8个月。

10月24日 摩洛哥国王穆罕默德六世罢免了在东北部城市胡塞马区域发展计划实施中不作为的4名部级官员。

10月30日 叙利亚内战爆发6年多以来，大量民众因战乱、物资短缺等原因逃离家园。联合国紧急救援协调员马克洛克说，叙利亚有1300多万人需要人道主义援助，其中大约一半民众亟待援助。

10月31日 伊拉克政府宣布，将于2018年5月15日举行议会选举，政府应为选举提供安全环境。

11月

11月1日 伊拉克军方联合行动指挥部指责库尔德自治区（库区）采取单方面行动，违反与政府军达成的停火协议草案。10月28日 伊拉克军

方与库区武装就政府军进驻"争议地区"过程中实现停火举行了磋商。

11月9日 沙特总检察长沙特穆吉卜说,在沙特近日发起的反腐风暴中,目前已有201人因涉贪被捕,涉案金额预计达1000亿美元。

11月12日 伊拉克北部苏莱曼尼亚省发生强烈地震,伊朗西部边境省份有强烈震感。

11月12日 黎巴嫩总理哈里里本月初在沙特访问时突然宣布辞职,之后一直没有公开露面。当天,他终于现身,否认遭沙特软禁的传言,强调自己行动自由。

11月14日 伊拉克总理阿巴迪敦促库尔德自治区(库区)政府尽快将库区控制下的边境口岸移交给中央政府,并称将采取措施接管口岸。

11月18日 日前宣布辞职的黎巴嫩总理哈里里表示,下星期返回黎巴嫩贝鲁特后,他将表明立场。

11月20日 伊拉克国家电视台报道称,该国联邦最高法院裁定,库尔德自治区(库区)此前举行的独立公投违宪。联邦最高法院在裁决中宣布废除公投的所有结果。

11月20日 连日来叙利亚政府军及其盟友与盘踞在叙东部城市阿布卡迈勒的极端组织"伊斯兰国"展开激战,最终全面收复阿布卡迈勒。

11月22日 沙特同意向美国购买价值约70亿美元的精确制导武器。美方尚未就此正式确认。

11月23日 伊拉克军方在伊拉克西部安巴尔省沙漠地带对极端组织展开清剿行动。伊拉克内政部表示,极端组织力量已经土崩瓦解,但还有少数武装分子流窜于沙漠地带,打击极端组织的行动将会继续。

11月25日 黎巴嫩总理哈里里出席会议时发表讲话,再次把矛头对准黎巴嫩真主党,指责其威胁其他阿拉伯国家安全与稳定,称黎巴嫩不能接受这样的行为。

11月28日 联合国秘书长叙利亚问题特使德米斯图拉在联合国日内瓦总部与叙反对派代表团"叙利亚谈判委员会"进行会谈,标志着中断四个多月的叙利亚问题政治进程重新启动。

12月

12月6日 美国总统特朗普宣布承认耶路撒冷为以色列首都,并将启动美驻以使馆从特拉维夫迁往耶路撒冷的进程。国际社会对此普遍表示反对。

12月7日 沙特掀起反腐风暴一个月后,检察官宣布重大进展:目前仍被关押的159人中,大多数人已经同意与检方达成和解,即交出非法所得,换取获释。

12月7日 在约旦首都安曼,约旦国王阿卜杜拉二世与巴勒斯坦总统阿巴斯交谈。约旦国王阿卜杜拉二世与来访的巴勒斯坦总统阿巴斯会谈,重申约旦在耶路撒冷问题上对巴勒斯坦的支持。

12月10日 在伊拉克巴格达解放广场,人们集会庆祝击败"伊斯兰国"。伊拉克总理阿巴迪9日宣布,政府军已收复"伊斯兰国"在伊控制的所有领土,伊拉克取得打击"伊斯兰国"的历史性胜利。

12月10日 英国国防大臣加文·威廉姆森在卡塔尔首都多哈出席一项军售协议签字仪式。英国最大军火商、世界第三大国防军工企业英国航空航天系统公司与卡塔尔国防部谈妥一项总额为67亿美元的合同。

12月11日 俄罗斯空天部队总司令兼俄驻叙利亚部队司令苏罗维金表示,俄驻叙部队已开始分批撤离叙利亚。

12月14日 新一轮叙利亚问题日内瓦和谈提前一天于14日结束。联合国秘书长叙利亚问题特使德米斯图拉表示,尽管过去两周联合国作出巨大努力,但和谈并未取得预期结果。

12月19日 沙特阿拉伯公布2018年财政预算案,其支出规模预计达9780亿里亚尔(1里亚尔约合0.27美元),为该国历史上最高水平。

12月19日 中国和阿联酋以互换照会方式再次修订《中阿关于互免持外交护照人员签证的谅解备忘录》,将两国持普通护照人员纳入免签范围。

12月20日 伊拉克库尔德自治区(库区)的两个政党"变革运动"

和库尔德斯坦伊斯兰组织 20 日决定退出由库尔德民主党主导的自治政府。

12 月 22 日 巴勒斯坦卫生部发言人卡德拉宣布，以军当天在加沙地带东部打死 2 名巴勒斯坦人，另有 200 多名巴勒斯坦人在冲突中受伤。

12 月 25 日 沙特阿拉伯媒体报道，沙特上月掀起反腐风暴以来，已有 23 人与政府达成"和解"，获得释放。

12 月 28 日 打击极端组织"伊斯兰国"的西方多国部队副指挥官、英军少将费利克斯·格德尼 27 日对媒体透露，多国部队短期内不会撤出叙利亚。

12 月 28 日 沙特媒体报道，在同意向政府缴纳"和解金"后，沙特已故国王阿卜杜拉的两个涉嫌腐败的儿子被释放。根据此前报道，他们的哥哥、前国民卫队司令米特阿卜上个月交出 10 亿美元后已先期被释放。

Abstract

Seven years have passed since the outbreak of the Arab Spring, but the Middle East countries have not changed from chaos to governance, and many contradictions are still developing in depth.

At the national level, the Syrian civil war is drawing to a close, but the game between the various parties remains fierce; the war in Yemen is still deadlocked and the humanitarian crisis continues to worsen; Tunisia continues to transform, its economic plight becoming increasingly apparent; Libya is still torn apart, economic growth severely hampered; Algeria's political transition has been fraught with worries, and its economy is struggling forward; and Iraq is busy fighting terrorism and has been badly hurt by the disruption of the Islamic State.

At the regional level, the Islamic State is rapidly fading, but there is the possibility of a resurgence at any time; the Iraqi Kurds have failed in the referendum on independence, but the independence of the Kurds has always been a "time bomb" in the Middle East; the Palestinian-Israeli issue is increasingly marginalized, the Palestinian side becoming ever weaker; and Saudi Arabia and Qatar have suddenly broken off their ties, leaving the GCC, which has long been known for its unity, to split openly.

Internationally, the Trump administration of the United States pursues "transactional realism" in the Middle East, unwilling to invest more in the Middle East but trying to maintain its control and profit from such control; Russia pursues a strong return to the Middle East, and has exerted a growing influence in Syria; and the trend of "Eurabia" has become increasingly apparent in Europe as a result of the influx of refugees. By contrast, China's cooperation with the Arab world has progressed steadily in all fields.

Arab Development Report (*2017 – 2018*) is divided into four parts. The first part is the general report, which analyzes the main characteristics of the Middle East

chaos from four aspects: political transformation, regional order, anti-terrorism situation, and the game between great powers. The second part is the special topics, which analyzes the situation of terrorism in the Middle East, the "post-Islamic State era", the trend of the Palestinian-Israeli issue, the break-up of relations between Saudi Arabia and Qatar, and the relation between Iran and the Arab world. The third part is national studies, presenting an assessment of the situations in Egypt, Libya, Tunisia, Qatar, Algeria, Syria, Yemen, Iraq and other countries in 2017. The fourth part focuses on the relationship between the Arab and the outside world, including the Trump administration's Middle East policies, Russia's Middle East policies, and the "Eurabia" phenomenon. Finally, the *Report* systematically analyzes the economic and trade cooperation between China and the Arab world in 2017, and the progress of negotiations between China and the GCC on a free trade zone.

Contents

I   General Report

Y. 1   Situation in the Middle East Still Adjusting in Turmoil
Tian Wenlin / 001

Abstract: In 2017, the situation in the Middle East showed four basic trends: first, its political transformation was polarized; second, the divide and decline of the Arab world intensified; third, the days were numbered for the Islamic State, with regional hot issues coming one after another; fourth, the game of big powers became increasingly fierce in the Middle East, the "post-American era" approaching at an accelerated rate.

Keywords: Middle East Pattern; Transformation; Restructuring; Regional Issue; America

II   Special Topics

Y. 2   Anit-terrorism Situation in the Arab Region in 2017:
Results and Prospects   *Dai Bei, Tu Longde* / 023

Abstract: The Arab region's anti-terrorism situation in 2017 is mixed. On the one hand, the multinational military campaign against the Islamic State has entered a decisive phase, which will wipe out the cancer of terror that has ravaged the Middle East for years. On the other hand, terrorist organizations have been

fragmented and spilling over. The constant creation of terrorist incidents to protect their sense of existence intensifies the unprecedented pressure on countries in the region to fight terrorism, also highlighting the importance and necessity of international cooperation against terrorism. In addition, the Middle East and foreign big powers are scrambling for anti-terrorism dividend, which brings great uncertainty to the Middle East.

Keywords: Arab World; Anti-terrorism Situation; Results and Prospects

Y. 3 Global Anti-terrorism Situation in the Islamic State Era
Wang Zhen / 034

Abstract: The large-scale military presence and continued expansion of the Islamic State in Syria and Iraq came to an end in 2017. The global anti-terrorism has entered the "post-Islamic State era", but this does not mean the complete demise of the organization or the disappearance of its advocacy of the "Jihad Salafi" movement. In the future, the organization will continue to operate in this area not only by mutating into small cells, changing loyalty or transferring to the underground, but also by launching a new wave of terror worldwide through the "jihad veterans" returning home. The international community needs to rationally understand the historical causes of international terrorism, strengthen international cooperation in combating terrorism, and establish an efficient and extensive transnational anti-terrorism cooperation mechanism.

Keywords: Global Anti-terrorism; "Post-Islamic State Era"; Anti-terrorism in the Middle East; International Jihad

Y. 4 Evolution of the "Support Front" and al Qaeda's Strategic Response
Bao Chengzhang / 052

Abstract: The outbreak of the Syrian Civil War and the rise of the "Islamic

State" have intensified the internal division of international terrorist forces, forcing al Qaeda to make three strategic responses: "develop the network", "reshape authority" and "improve the image". The development and evolution of the "Support Front" embodies the strategic considerations of al Qaeda in Syria, specifically: using the Syrian Civil War to strengthen the idea of overthrowing secular political rule and implementing the "Islamic Governance" model by means of violent revolution; taking advantages of Syria's fragile political process to integrate the Syrian opposition groups with a view to accelerating the localization process and expanding the transnational network, and re-establishing the authority of al Qaeda to the global "jihad" Salafi movement. In order to achieve the long-term goal of al Qaeda in Syria, the "Support Front" announced its separation from al Qaeda in July 2016 and changed its name to "Conquering the Sharm Front", and six months later merged with the opposition groups and formed the "Liberating Sharm Organization". All this highlights al Qaeda's attempt to undermine the Syrian peace process, evade international an-terrorism attacks, and reshape its authority.

Keywords: "Support Front"; "al Qaeda"; "Islamic State"; Syrian Civil War

Y.5　Progress and Prospects of the Palestinian-Israeli Issue in 2017

Liu Fenghua / 075

Abstract: The conflict between Palestine and Israel continued in 2017, which was characterized by the construction of Jewish settlements, the belonging of Jerusalem and military violence. The root cause of the obstacles to the progress of the Palestinian-Israeli peace talks is multifaceted. First, there are differences within Israel over the realization of Palestinian-Israeli peace. Second, Palestine is internally divided. Third, the Trump administration's pro-Israel stance has intensified the Palestinian-Israeli issue. Fourth, it is difficult for the Arab world to form a joint force on the Palestinian-Israeli issue. Looking ahead, the prospects for the

Palestinian-Israeli issue remain bleak.

Keywords: Palestinian-Israeli Conflict; Palestine; Israel; Jerusalem; Situation in the Middle East

Y.6　The Iranian Factor in the Arab Region of 2017　　*Qin Tian* / 092

Abstract: In 2017, the Iranian factor loomed large in the Arab region. In the three major battlefields of Syria, Iraq and Yemen, the Iranian-backed armed forces achieved considerable successes. In diplomatic turmoils such as the Qatar diplomatic crisis, Iran, though low in profile, objectively alienated relations between Saudi Arabia and Qatar, and undermined the unity of the GCC. The strength of Iran has deepened the weakening and differentiation of the Arab world, while at the same time forcing Saudi Arabia, the United Arab Emirates and other countries to take the lead in integrating the Arab camp, and even to some extent, promote Saudi Arabia to carry out unprecedented reforms.

Keywords: Arab World; Iran; Saudi Arabia; Regional Pattern

Y.7　Causes and Impacts of the Severing of Relationship Between
　　　Saudi Arabia and Qatar　　*Wang Xiaoli* / 108

Abstract: Sectarian conflicts continued in the Arab world in 2017. The most prominent was the severing of relationship of two Sunni countries, Saudi Arabia and Qatar, which has resulted in a divisive trend within Sunnis as well as a chain reaction at the regional and international levels. The severing of relationship of the two countries reflects the continuing game between the United States, Russia, Iran, Turkey and other countries in the Arab world. The sectarian issue has become a tool of political struggle.

Keywords: Saudi Arabia; Qatar; Severing of Relationship; Sectarian Conflict

III   National Concerns

Y. 8   An Assessment of Egypt's Security Situation in 2017

Zhou Hua / 120

Abstract: In 2017, Egypt's anti-terrorism situation as a whole remained grim. Currently, there are still a number of terrorist organizations in Egypt, posing a great threat to its security situation. Despite the various anti-terrorism measures taken by the Sethi government, extremist groups still frequently launch terrorist attacks. Egypt still has a long way to go in the fight against terrorism, where challenges and opportunities coexist.

Keywords: Egypt; Security Situation; Assessment

Y. 9   Power Game Behind Qatar's Diplomatic Crisis   *Luo Lin / 136*

Abstract: Qatar's diplomatic crisis in 2017 has brought the relatively stable Gulf region into the focus of attention. The crisis has experienced three stages of development: relation deterioration, unilateral relaxation, and further deterioration. At the root of the crisis are the dispute over the Saudi Crown Prince, the power game among regional leaders, and the competing interests of concerned parties. The future of the diplomatic crisis is still full of uncertainties.

Keywords: Saudi Power Game; Qatar's Diplomatic Crisis

Y. 10   Current Situation in Algeria and the Main Challenges

Lu Yingbo / 151

Abstract: The year 2017 is the gestation period of social changes in Algeria.

The instability of political situation, the decline of economic development, the persistence of the anti-terrorism struggle, the accumulation of public discontent and the unsustainability of the policy "buying support in internal affairs" jointly call for fundamental changes in the country's domestic politics and economy. The "political strongman" Bouteflika, who has been in power for 20 years, is still planning for the country's future, but it remains to be seen whether Algeria can achieve a smooth transition of power through the 2019 presidential election in the context of an overall economic downturn.

Keywords: Algeria; Transform; Anti-terrorism; Challenge

Y.11　An Assessment of the Anti-terrorism Situation in Libya

Tang Tianbo / 165

Abstract: The current situation in Libya shows several major characteristics. Firstly, the political division continues and has resulted in the chaos of "one country, three governments". Secondly, the security situation is unstable; the melee is slowing down but warlord separation has taken shape. Thirdly, the economic situation is grim, with a relatively poor prospect of oil production increase. In terms of anti-terrorism, as of the autumn of 2017, terrorist groups such as the Islamic State and al-Qaeda no longer had a solid presence in Libya. But the domestic political forces in Libya were not active in anti-terrorism. Instead, they hoped to use it to expand their territory, strengthen their strength and gain external support. The forces of the international anti-terrorism coalition, Europe and the United States included, relied unilaterally on military activities, which often dealt with only the symptoms, rather than the root of the problem.

Keywords: Libya; Anti-terrorism Situation

Y.12　An Assessment of the Situation of Tunisia in 2017

Wang Guangyuan / 187

Abstract: In 2016 −2017, great changes took place in the Tunisian political situation: the Shahd government came to power; a number of large-scale personnel appointments and dismissals were undertaken; and anti-corruption became the focus of the government's work. On the economic front, tourism showed signs of recovery and began to improve, but the overall situation was still not optimistic. Although the security situation had improved, unemployment and other social issues remained to be effectively resolved. Frequent strikes and demonstrations posed threats to social stability.

Keywords: Tunisia; Anti-corruption; Economic Situation; Security Situation

Y.13　Development Situation and Prospect of Yemen Crisis

Li Ruiheng, Liu Xinlu / 198

Abstract: In 2011, Yemen's long-standing political and economic conflicts intensified in the context of the Arab Spring, eventually leading to the fall of the Saleh regime. So far, the political changes have not resolved Yemen's inherent problems. On the contrary, political disorder has triggered a struggle for power by various parties, and the Houthi armed forces have seized this opportunity to rise. Since March 2015, when the Saudi coalition military began to intervene in Yemen, the situation in Yemen has evolved in the direction of confrontation between the Houthi and the anti-Houthi camp, resulting in a deadlocked situation with multiple consequences. In 2017, Saudi Arabia tried to break the deadlock by breaking up the alliance between Saleh and the Houthi armed forces, but the effort was underminde by Saleh'd death, the internal complexity of the anti-Houthi camp, as well as the evolution of the regional pattern. The situation in Yemen is

full of uncertainty.

Keywords: Yemen; Crisis; Houthi Movement; Saudi Arabia; UAE

Y.14　Syria in Turmoil　　　　　　　　　　　　*Wang Jiemin / 213*

Abstract: Presently, the large-scale ground fighting in Syria has basically subsided, with the Syrian government forces regaining control of most areas. However, there are still unstable factors: there is still small scale fighting between the government forces and the opposition, as well as that between the different opposition parties; international forces have grown and waned one after another; and international organizations such as the United Nations and many countries still actively advocate political dialogue, so that the Syrian people can see a glimmer of hope.

Keywords: Syria; Battlefield Situation; External Forces; Prospects for Peace

Y.15　Iraq's Anti-terrorism Situation and Future Security Situation

Wei Liang / 222

Abstract: Iraq has always been the core arena of the global war on terrorism. Since 2016 – 2017, with the successive recovery of the major towns such as Fallujah and Mosul, the "Islamic State" is coming to an end in terms of territory. But progress in the war on terrorism does not mean a better security situation in Iraq. Competition between the United States and Iran in Iraq is intensifying, with ethnic, sectarian and power struggles threatening future security. These uncertainties and conflicts may have a negative impact on Iraq's future anti-terrorism efforts.

Keywords: Iraq; Anti-terrorism Situation; International Factors; Domestic Factors

Ⅳ The Arab World and the Outside World

Y. 16 A Brief Analysis of Trump's Middle East Policies *Yu Wanli* / 239

Abstract: In contrast with the Obama administration's "Asia-Pacific rebalancing" strategy, the Trump administration, which came to power in 2017, continues to focus on the Middle East. But Trump's simple and brutal Middle East policies, such as the immigration ban on Muslims, opposition to the Iran nuclear deal and the relocation of US embassy to Jerusalem, have clearly harmed the relations between the United States and the Middle East countries, exacerbating the continuing decline of the overall U. S. influence in the Middle East.

Keywords: Trump; Middle East Policies; Brief Analysis

Y. 17 A Study on the Phenomenon of "Eurabia"

Jia Lieying, Chen Miao / 248

Abstract: "Eurabia" is a blending of "Europe" and "Arabia", meaning that Europe is experiencing Islamization and Arabization as large numbers of Arabs pour into Europe. Especially since the Arab Spring, the continued war and unrest in the Middle East have driven a great number of Arabs to Europe. Brexit, refugee crisis, terrorism and so on have caused internal and external troubles in Europe, and the phenomenon of "Eurabia" has attracted intensified attention of scholars from Europe, America and the Middle East. Some historians, press critics, Zionists and the conservatives in Europe maintain that their cultural values are at odds with those of Arab immigrants, bringing into mainstream "Islamophobia" and "Eurabia threat". Based on the phenomenon of Eurabia, this paper makes a preliminary analysis of its origin, main manifestations and influence.

Keywords: Eurabia; Europe; Arabia; Muslim

Y.18　New Trends in Russia's Middle East Policies

Zhao Yuming / 260

Abstract: Since 2017, Russia and the Middle East countries have been interacting closely, which shows three major trends: first, Russia has developed a close relation with America's traditional ally in this region; second, Russia-Turkey relation is improving rapidly; third, Russia has increased its investment in the Syrian conflict. On a deeper level, the new trends in Russia's Middle East policies are all related to its own interests.

Keywords: Russia; Middle East Policies; New Trends; Impact Assessment

V　Sino – Arab Relations

Y.19　Sino-Arab Economic and Trade Cooperation in 2017

Ding Long, Bu Jingjing / 272

Abstract: At present, there emerge three new features in Sino-Arab economic and trade cooperation: China's import volume from Arab countries has increased substantially, with the export volume declining slightly; the Sino-Arab non-oil trade is increasing steadily; and the product structure of Sino-Arab trade has been continuously upgraded. With the promotion of the Belt and Road initiative, Sino-Arab economic and trade cooperation has gained new impetus and broad prospects for future development, though both sides are also faced with difficulties and challenges in deepening cooperation in this line.

Keywords: Sino-Arab Economic and Trade Cooperation; Feature; "Belt and Road"; Opportunities and Challenges

Y. 20　An Analysis of the Construction Process and Economic Benefits of a Free Trade Zone Between China and GCC

Liu Dong / 286

Abstract: China and the GCC have a good basis for trade liberalization, but since the allocation of oil, the GCC's most advantageous commodity, is difficult to optimize through trade liberalization, under the existing mechanism of China-GCC negotiation, the construction of a free trade zone can only have very limited stimulating effect on China's export of goods; moreover, it will impose on China a large economic adjustment cost due to the influx of the GCC's petrochemical products. Only through promoting the optimal allocation of oil resources between the two sides and eliminating "premiums in Asia" in oil exports to China can the free trade zone become a mutually beneficial trade mechanism.

Keywords: China; GCC; Free Trade Agreement

Y. 21　An Analysis of the Transmission of China Radio and Television in Arabia　　*Li Xianrui* / 303

Abstract: This paper mainly analyzes the development course, basic situation and methods of China radio and television media organizations' operation in Arab countries, highlighting the main characteristics and new opportunities and challenges faced by Chine radio and television media. Standing on a new historical starting point, focusing on the diplomatic concept of a great power with Chinese characteristics, taking into consideration the current development of Sino-Arab relations, and analyzing from a strategic and long-term perspective, this paper puts forward the basic strategy for the transmission of China radio and television in Arabia in the new situation.

Keywords: China Radio and Television; Arabia; Transmission

权威报告·一手数据·特色资源

皮书数据库
ANNUAL REPORT(YEARBOOK) DATABASE

当代中国经济与社会发展高端智库平台

所获荣誉

- 2016年，入选"'十三五'国家重点电子出版物出版规划骨干工程"
- 2015年，荣获"搜索中国正能量 点赞2015""创新中国科技创新奖"
- 2013年，荣获"中国出版政府奖·网络出版物奖"提名奖
- 连续多年荣获中国数字出版博览会"数字出版·优秀品牌"奖

成为会员

通过网址www.pishu.com.cn访问皮书数据库网站或下载皮书数据库APP，进行手机号码验证或邮箱验证即可成为皮书数据库会员。

会员福利

- 使用手机号码首次注册的会员，账号自动充值100元体验金，可直接购买和查看数据库内容（仅限PC端）。
- 已注册用户购书后可免费获赠100元皮书数据库充值卡。刮开充值卡涂层获取充值密码，登录并进入"会员中心"—"在线充值"—"充值卡充值"，充值成功后即可购买和查看数据库内容（仅限PC端）。
- 会员福利最终解释权归社会科学文献出版社所有。

社会科学文献出版社 皮书系列
SOCIAL SCIENCES ACADEMIC PRESS (CHINA)
卡号：119493623221
密码：

数据库服务热线：400-008-6695
数据库服务QQ：2475522410
数据库服务邮箱：database@ssap.cn
图书销售热线：010-59367070/7028
图书服务QQ：1265056568
图书服务邮箱：duzhe@ssap.cn

基本子库
SUB DATABASE

中国社会发展数据库（下设 12 个子库）

全面整合国内外中国社会发展研究成果，汇聚独家统计数据、深度分析报告，涉及社会、人口、政治、教育、法律等 12 个领域，为了解中国社会发展动态、跟踪社会核心热点、分析社会发展趋势提供一站式资源搜索和数据分析与挖掘服务。

中国经济发展数据库（下设 12 个子库）

基于"皮书系列"中涉及中国经济发展的研究资料构建，内容涵盖宏观经济、农业经济、工业经济、产业经济等 12 个重点经济领域，为实时掌控经济运行态势、把握经济发展规律、洞察经济形势、进行经济决策提供参考和依据。

中国行业发展数据库（下设 17 个子库）

以中国国民经济行业分类为依据，覆盖金融业、旅游、医疗卫生、交通运输、能源矿产等 100 多个行业，跟踪分析国民经济相关行业市场运行状况和政策导向，汇集行业发展前沿资讯，为投资、从业及各种经济决策提供理论基础和实践指导。

中国区域发展数据库（下设 6 个子库）

对中国特定区域内的经济、社会、文化等领域现状与发展情况进行深度分析和预测，研究层级至县及县以下行政区，涉及地区、区域经济体、城市、农村等不同维度。为地方经济社会宏观态势研究、发展经验研究、案例分析提供数据服务。

中国文化传媒数据库（下设 18 个子库）

汇聚文化传媒领域专家观点、热点资讯，梳理国内外中国文化发展相关学术研究成果、一手统计数据，涵盖文化产业、新闻传播、电影娱乐、文学艺术、群众文化等 18 个重点研究领域。为文化传媒研究提供相关数据、研究报告和综合分析服务。

世界经济与国际关系数据库（下设 6 个子库）

立足"皮书系列"世界经济、国际关系相关学术资源，整合世界经济、国际政治、世界文化与科技、全球性问题、国际组织与国际法、区域研究 6 大领域研究成果，为世界经济与国际关系研究提供全方位数据分析，为决策和形势研判提供参考。

法律声明

"皮书系列"(含蓝皮书、绿皮书、黄皮书)之品牌由社会科学文献出版社最早使用并持续至今,现已被中国图书市场所熟知。"皮书系列"的相关商标已在中华人民共和国国家工商行政管理总局商标局注册,如LOGO( )、皮书、Pishu、经济蓝皮书、社会蓝皮书等。"皮书系列"图书的注册商标专用权及封面设计、版式设计的著作权均为社会科学文献出版社所有。未经社会科学文献出版社书面授权许可,任何使用与"皮书系列"图书注册商标、封面设计、版式设计相同或者近似的文字、图形或其组合的行为均系侵权行为。

经作者授权,本书的专有出版权及信息网络传播权等为社会科学文献出版社享有。未经社会科学文献出版社书面授权许可,任何就本书内容的复制、发行或以数字形式进行网络传播的行为均系侵权行为。

社会科学文献出版社将通过法律途径追究上述侵权行为的法律责任,维护自身合法权益。

欢迎社会各界人士对侵犯社会科学文献出版社上述权利的侵权行为进行举报。电话:010-59367121,电子邮箱:fawubu@ssap.cn。

社会科学文献出版社